CMMI V2.0
개발 해설서

저자 이민재 (티큐엠에스 대표이사/공학박사)

지난 20여 년간 국내 60여 개 기업을 대상으로 CMMI 컨설팅 및 인증심사를 수행한 저자는 현재 CMMI 전문 컨설팅 기업인 주식회사 티큐엠에스의 대표이사이다.

미국 CMMI Institute 공인 CMMI 선임심사원 및 강사 자격을 보유하고 있는 저자는 미국 로체스터공대(Rochester Institute of Technology)에서 응용수학을 전공했고, 미국 뉴욕대(New York University)에서 정보시스템감리학 석사학위를 받았다.

그리고 숭실대에서 CMMI에 대한 연구로 소프트웨어공학 박사학위를 취득했다.

저서로는 『CMM 적용 지침 : 국내 기업의 CMM 도입 및 적용을 위한 안내서』와 『CMMI 개발 해설서 : CMMI 레벨 5, 끝이 아닌 새로운 시작』 그리고 번역서인 『CMMI의 이해 : 프로세스 개선을 위한 접근 방법』이 있으며, 논문으로는 《CMMI의 GP와 SP간 연관성에 관한 실증적 연구》와 《소프트웨어 프로세스 심사 모델에 관한 연구》 등 다수가 있다.

그동안 약 80여 회의 CMMI 공식 인증심사를 수행하고 650여 명의 CMMI 공인교육 수료생을 배출한 저자는 국내 소프트웨어 산업의 발전을 위해 컨설팅뿐만 아니라 교육, 세미나 발표, 전문지 기고 등 다양한 방법을 통해 그의 지식과 경험을 산업계에 전파하는 데 온 힘을 쏟고 있다.

얼마 전에는 꿈속에서 김일성종합대학의 학생들에게 CMMI를 가르치기도 했다.

CMMI V2.0 개발 해설서: 현장에서 길어 올린 사례중심의 이야기

Interpreting the CMMI® V2.0 Development View

CMMI V2.0
개발 해설서

현장에서 길어 올린 사례중심의 이야기

이민재 지음

한티미디어

CMMI V2.0 개발 해설서:
현장에서 길어 올린 사례중심의 이야기

발행일 2019년 6월 10일 1쇄
지은이 이민재
펴낸이 김준호
펴낸곳 한티미디어 | **주소** 서울시 마포구 동교로 23길 67 3층
등 록 제 15-571호 2006년 5월 15일
전 화 02)332-7993~4 | **팩스** 02)332-7995
ISBN 978-89-6421-377-3 (93000)
정 가 25,000원

마케팅 박재인 최상욱 김원국 | **관리** 김지영
편 집 김은수 유채원 | **본문** 이경은 | **표지** 유채원
인 쇄 (주)우일미디어디지텍

이 책에 대한 의견이나 잘못된 내용에 대한 수정정보는 한티미디어 홈페이지나 이메일로 알려주십시오.
독자님의 의견을 충분히 반영하도록 늘 노력하겠습니다.

홈페이지 www.hanteemedia.co.kr | **이메일** hantee@hanteemedia.co.kr

머리말

국내 소프트웨어 산업계에서는 소프트웨어 개발 능력을 향상시키기 위해 산업계 표준인 CMMI를 도입하여 적용해 왔다. 하지만 CMMI의 내용이 소프트웨어 개발 프로세스 개선을 위한 구체적인 접근 방법을 제시하기보다는 개념적인 내용으로 구성돼 있고, 사용하고 있는 용어 또한 국내 환경과는 다소 이질적인 경우가 있어 국내기업에서 적용하는 데 어려움을 겪어 왔다. CMMI에 대한 이해가 충분하지 않은 다수의 기업에서는 정작 필요한 활동은 등한시 여기고 불필요한 활동은 무리하게 요구함에 따라 오히려 소프트웨어 개발자들의 반발을 사는 경우도 많았다.

이에 필자는 그동안 국내 다수의 기업을 대상으로 CMMI 기반의 프로세스 개선을 위한 컨설팅 및 심사를 수행하면서 얻은 경험과 지식을 통해, 여러분이 CMMI를 조금 더 쉽게 이해하고 보다 효과적으로 적용할 수 있도록 도움을 주고자 지난 2013년 11월에 CMMI V1.3 개발 해설서를 출판하였다.

그러다 2018년 3월에 CMMI V1.3의 개정판인 CMMI V2.0이 발표됐는데, 모델 구조와 구성 그리고 내용 면에서 많은 변화가 있어 이번에 개정증보판을 다시 출판하게 되었다.

이 책은 전체 5개의 장과 2개의 부록 그리고 하나의 이야기로 구성되어 있는데 제1장에서는 CMMI V2.0이 만들어지게 된 배경과 CMMI V2.0의 구조, 구성 및 활용 방법과 같은 일반적인 내용을 다루고 있으므로 CMMI V2.0에 대한 기본적인 내용을 이해하고 있는 독자라면 건너 띄어도 무방하다. 제2장은 CMMI V2.0의 프랙티스 영역에 대한 설명으로 CMMI V2.0 개발 뷰의 20개 프랙티스 영역별 각각의 프랙티스에 대한 의미와 함께 적용하는 방법을 설명하고 있다. 여러분이 CMMI V2.0의 각 프랙티스가 갖는 실질적인 의미를 이해하는 데 도움이 될 것이다. 제3장에서는 CMMI V2.0 기반의 프로세스 개선 활동을 수행하기 위한 방법을 설명하고 있으며, 제4장에서는 CMMI V2.0의 성숙도 4단계와 5단계를 달성하기 위한 방법을 현장에 적용한 실제 사례를 중심으로 설명하고 있다. CMMI V2.0을 여러분 조직에 적용할 때 많은 참고가 될 것이다. 마지막으로 제5장에서는 필자가 그동안 국내 여러 기업을 대상으로 프로세스 개선 컨설팅을 수행하면서 프로세스 개선 활동을 수행할 때 반드시 고려하기를 바라는 사항들을 정리한 것이다. 이 책을 읽는 독자가 경영진이나 관리자라면 꼭 읽어 보기를 권해 드리고 싶고, 실무자라면 경영진과 관리자들께 꼭 읽어 보시기를 권했으면 한다.

필자가 이 책에서 사용한 용어는 부록 1의 용어 정의에 상세하게 기록되어 있으며, 이 책을 읽기 전 용어 정의부터 먼저 읽는다면 여러분이 그동안 사용해온 용어와 필자가 쓴 용어가 달라 혹시라도 생길지 모르는 혼란을 다소 줄여줄 수 있을 것이다. 부록 2는 이 책을 집필하는 데 참고한 문헌들이다. 여러분이 CMMI V2.0이나 소프트웨어 공학을 보다 깊이 있게 이해하고자 할 때 도움을 얻을 수 있을 것이다.

프롤로그와 인터미션 그리고 에필로그는 하나의 연결된 이야기이다. 프로세스 개선의 바람직한 사례와 바람직하지 않은 사례를 동화의 형식을 빌려 설명하였다. 여러분에게 친숙한 동화 속 캐릭터들이 등장하니까 재미있게 읽어 보시기 바란다.

CMMI V2.0 개발 해설서를 쓰면서 가장 우려했던 부분은 혹시라도 CMMI V2.0에 대한 필자의 해설이 잘못되어 오히려 여러분에게 잘못된 방향을 제시하지는 않을까 하는 것이었다. 필자 또한 CMMI V2.0을 현장에 적용하며 배워 나가는 중이기에 만약 책 내용 상 잘못된 부분이 있다면 미리 사과드리며 추후 보완할 것을 약속드린다.

2019년 6월 이민재

감사의글

CMMI는 모델이다. 모델은 여러 모범사례를 모아 놓은 것이다. 그러나 이러한 모델에는 일반적으로 모범사례에서 제시하는 '어떻게 일을 수행하는가?'에 대한 내용보다는 '무슨 일을 수행하는가?'에 대한 내용 위주로 정의되어 있다. 이것이 모델과 모범사례의 차이다.

그러다보니 CMMI를 적용하는 조직에서는 CMMI에서 제시하고 있는 요건들을 어떻게 그리고 어디까지 고려하는 것이 좋을 것인지에 대해 많은 고민을 하게 된다. 뿐만 아니라 정의되어 있는 내용 중 우리와 환경이 달라 이해가 어려운 부분도 있고, 영어권이 아닌 우리가 하나의 영어 단어가 가지는 실제 의미를 분명하게 파악하는 데에도 어려움이 따른다.

그래서 필자는 필자보다 늦게 CMMI를 접하게 되는 분들이 조금이나마 쉽게 CMMI를 이해하고 적용할 수 있도록 해 주자는 취지로 책을 쓰게 되었다.

하지만 회사 일을 병행하며 자투리 시간을 이용해 책을 집필하는 것이 생각처럼 쉽지만은 않았다. 아마도 주변의 격려와 도움이 없었다면 이 책은 출간되지 못했을 것이다.

또한 필자가 프로세스 개선 현장에서의 컨설팅과 심사 경험이 없었다면, 이 책을 쓰는 데 어려움이 많았을 것이다. 이런 소중한 경험을 하게 해 주신 고객사 분들께 감사드린다.

이 책의 프롤로그와 인터미션 그리고 에필로그의 소재를 제공해 준 박정훈님과 프로세스 개선 활동을 수행하며 고려해야 할 사항에 대해 의견을 제시해 준 박남직님께 감사드린다.

CMMI 성숙도 4단계와 5단계에 관련한 의견을 제시해 준 김성태님과 이 책에 들어간 여러 그림들을 보기 좋게 다듬어 준 장량석님께도 감사드린다.

이 분들의 도움이 없었다면 책을 출간하는 데 시간이 더 걸렸을 것이다.

그리고 이 책이 더 나은 모습으로 세상에 나올 수 있도록 도와주신 한티미디어의 김준호대표님과 임직원분들에게 감사드린다.

끝으로 이 책을 읽어 주시는 독자들께 감사드린다. 여러분들이 없다면 이 책의 존재 의미가 없을 것이다. 모쪼록 이 책을 통해 CMMI를 더 잘 이해하게 되고, 그 결과로써 한층 더 우수하고, 안전하며, 철저하게 보안이 이뤄진 솔루션을 개발하고자 하는 여러분들의 노력이 지속적인 성공으로 보상받게 되기를 바란다.

차례

CHAPTER 1   CMMI 개요   43

CHAPTER 3　CMMI 적용　　275

■ 그림 차례

■ 표 차례

프롤로그

동화나라의 CMMI

동화나라의 한 도시에 돼지 삼형제가 살았습니다. 삼형제는 각자 소프트웨어 개발 회사를 하나씩 가지고 있었습니다. 삼형제 회사의 소프트웨어 개발자들은 실력이 정말 좋았고, 일들을 엄청 열심히 했습니다. 날마다 야근에, 월화수목금금금. 그런데 이렇게 열심히 일하는 개발자들에게 청천벽력 같은 일이 생겼습니다. 갑자기 고객이 소프트웨어를 개발하는 모든 협력사에게 CMMI 인증을 받아오라고 한 것입니다. 인증하나 받아오라고 하는게 무슨 문제냐고요?

CMMI 인증을 받으려면 먼저 조직의 표준 프로세스를 구비해야 합니다. 'CMMI V2.0 개발 뷰'를 기준으로 성숙도 2단계는 10개, 성숙도 3단계 이상은 20개의 프랙티스 영역을 만족하는 표준 프로세스를 갖춰야 합니다. 표준 프로세스가 정의되면 이 표준 프로세스를 현장의 개발자들이 쉽게 사용할 수 있도록 관련 절차, 지침, 체크리스트, 양식 등을 만들게 됩니다.

이러한 것들을 통틀어서 프로세스 자산이라고 하며, 프로세스 자산을 개발하고 관리하는 조직을 프로세스 개선 팀이라고 합니다.

그럼 프로세스 자산만 구비하면 끝날까요? 아닙니다. 프로세스 자산은 조직의 표준 프로세스에 따라 체계적으로 작업을 수행하기 위한 준비일 뿐입니다. 실제로 중요한 것은 개발자들이 시스템을 개발할 때 정의된 표준 프로세스에 따라 작업을 수행하고 관련 작업산출물들을 작성하는 것입니다. 그리고 정기적으로 조직의 품질보증 담당자로부터 품질감사를 받고 부적합한 사항은 시정조치 활동을 수행하게 됩니다. 이런 일련의 활동과 작업들이 반복적으로 수행되어 안정화되면 CMMI 인증심사를 통해 성숙도 단계에 대한 인증을 받을 수 있습니다.

어찌 보면 당연히 해야 할 일들이고 그 결과로써 인증을 받는 것이지만, 정해진 규칙에 따라 작업을 수행하고 문서를 작성하는 걸 체질적으로 싫어하는 개발자들을 대상으로 CMMI 인증을 받으라고 하니 돼지 삼형제는 걱정이 이만저만이 아니었습니다.

표준 프로세스를 정의하고 이 프로세스에 따라 일을 하면 왠지 납기를 준수하기가 어려울 것 같았습니다. 소프트웨어의 품질이야 높아지면 당연히 좋은 거지만, 지금까지의 경험으로는 소프트웨어를 납품하고 문제가 발생하면 욕 한번 얻어먹고 고쳐주면 되었기 때문입니다.

솔직히 고객들은 우리가 작업산출물을 제출해도 잘 보지 않습니다. 그러면서도 소프트웨어 품질을 작업산출물로만 평가하려고 합니다. 왜냐고요? 납품된 소프트웨어 시스템에서 결함을 찾는 일은 쉬운 일이 아니기 때문입니다. 몇 가지 시험사례로 시험을 하고 특별한 결함이나 오류가 없다고 판단되어 납품된 시스템은 사용자의 사용빈도가 높지 않으면, 추가적인 결함이나 에러를 쉽게 발견할 수 없기 때문입니다. 그래서 품질보증 담당자들은 작업산출물 작성이 잘됐는지, 오탈자는 없는지 등 그냥 눈에 보이는 것만을 위주로 평가합니다. 잠재된 문제는 더 큰데도 말이죠.

어쨌거나 하늘과 같은 고객의 요구인지라, 돼지 삼형제는 CMMI 기반의 프로세스 개선 활동과 인증을 추진했습니다.

성질 급한 첫째 돼지는 CMMI 성숙도 2단계를 추진하기로 했습니다. 평가 프랙티스 영역도 10개 밖에 안 되고, 실질적인 프로세스 개선보다는 인증서만 받으면 된다고 생각했기 때문입니다. 고객이 회사 프로세스가 정말로 개선되었는지 어떻게 알겠어요? CMMI 인증서만 받아서 제출하면 그냥 인정해 줄 거라 생각했습니다.

대충 프로세스 정의하고 개발자들 닦달해서 작업산출물 만들게 하고, 심사준비 열심히 해서 CMMI 성숙도 2단계 인증을 받았습니다. 과정이야 어찌되었든 인증을 받아 기분이 좋았던 첫째 돼지는 CMMI 성숙도 2단계 인증을 받았다고 신문에 크게 광고를 했습니다. 『국제 수준의 프로세스 구축과 CMMI 인증 달성!』

하지만 첫째 돼지가 간과한 게 있었습니다. CMMI 인증을 받는 순간, 그것이 프로세스 개선과 품질경영의 출발점이라는 것을. 프로세스를 구축하고 지속적인 개선이 없다면, 그건 프로세스가 없는 것이나 마찬가지이고 오히려 개발자들을 더욱 힘들게 만들 뿐입니다.

둘째 돼지는 CMMI 성숙도 3단계 인증을 추진했습니다. 어차피 할 거라면 높은 성숙도 단계를 받는 게 좋겠다고 생각했기 때문입니다. 아예 최고 단계인 CMMI 성숙도 5단계 인증을 바로 받을까 싶었지만, 그건 안 된다고 하네요. CMMI 성숙도 5단계 인증을 받으려면 우선 성숙도 4단계에서의 정량적이고 통계적인 관리 활동이 선행돼야 하기 때문입니다. 일단 통계 얘기가 나오면 골치 아프죠. 그래서 그나마 도전해 볼만한 성숙도 3단계를 추진하기로 했습니다.

둘째 돼지는 프로세스 개선 작업을 하기 전에 회사의 관리자들과 개발자들을 모아 놓고는 이야기 했습니다.

"우리가 좀 더 나은 품질의 소프트웨어를 개발하기 위해서는 프로세스가 혁신돼야 합니다. 그래야 고객에게 신뢰를 얻을 수 있습니다. 프로세스 개선 활동과 이로 인한 작업이 힘들겠지만 능동적으로 동참해 주시기 바랍니다. 우리가 프로세스를 개선하는 목적은 인증이 아니기에 너무 인증 받는 것에 연연하지 말고 실질적인 개선 활동이 수행될 수 있도록 해주시기 바랍니다."

둘째 돼지는 말로는 인증이 목적이 아니라고 했지만, 내심 걱정이 많이 됐습니다.

인증을 꼭 받아야 했기 때문에 큰형처럼 성숙도 2단계만 추진할 걸 하고 후회도 했습니다.

어쨌든 둘째 돼지는 추진 팀을 구성하고 컨설턴트의 도움을 받아 표준 프로세스를 구축했습니다. 하지만 급히 먹는 밥이 체한다고 했나요? 개발자들의 불만이 터져 나오기 시작했습니다.

"누가 이딴 짓을 시작한 거야? 가뜩이나 바빠 죽겠는데 작업산출물 만들고 게다가 인터뷰 심사까지 받아야 하고, 그리고 내가 잘못한 게 뭔데 이래라 저래라 하는 거야! 그럼 자기들이 와서 직접 해보라지. 하여간 개발을 안 해본 것들이 입만 살아서는…"

터져 나오는 개발자들의 불만에 둘째 돼지는 걱정이 많이 되었지만, 빨리 인증을 받고 싶은 마음에 매주 점검사항을 체크하고 말 안 듣는 개발자에게는 인사고과에 반영하겠다고 엄포도 놓고 해서 프로세스를 이행하도록 했습니다. 인증심사가 가까워오자 둘째 돼지는 개발자들을 대상으로 회사의 표준 절차에 대한 시험을 보고, 심지어는 컨설턴트에게 부탁해서 인터뷰 질문서를 만들어 인터뷰 심사 리허설까지도 했습니다.

이런 노력 탓인지 둘째 돼지의 회사는 작업산출물도 잘 만들고 인터뷰 심사도 잘 받아서 CMMI 성숙도 3단계 인증을 획득했습니다. 인증을 받았으니 소기의 목적은 달성했다고 판단해서인지 인증준비를 위해 참여했던 추진 팀원들과 품질보증 담당자들은 모두 원래의 팀으로 돌려보냈습니다. 당연히 인증 이후에 프로세스에 대한 지속적인 개선과 보완은 이뤄지지 않았죠. 아마도 인증 유효기간이 만료되는 3년 후, 재인증 심사를 받아야 하는 시점에 임박해서야 또 부랴부랴 프로세스 개선 활동이 수행되지 않을까 싶습니다.

셋째 돼지도 CMMI 인증을 추진했습니다. 셋째 돼지는 인증을 추진하기 전에 CMMI 전문컨설턴트를 만나 CMMI에 대한 전반적인 내용과 추진방법 등에 대해 설명을 자세히 들었습니다. 컨설턴트는 CMMI 기반의 표준 프로세스를 구축하고 이것을 내재화하는 것은 쉬운 일이 아니며, 처음에는 조직 내부에 많은 불만과 반발이 있을 거라 말했습니다.

셋째 돼지는 의아했습니다. 프로세스 개선은 보다 효율적이고 효과적으로 작업을 수행하자고 하는 것인데, 왜 조직구성원들이 불만을 갖고 반발을 하는지 이해가 되지 않았습니다.

"표준 프로세스를 만드는 것은 기성복을 사서 입는 것과 같습니다. 기성복은 표준 체형을 기준으로 만들기에 본인 사이즈에 가장 적합한 옷을 사서 입었을 때 잘 맞는 경우가 있지만, 때에 따라서는 짧거나 길거나 혹은 폼이 안 나기도 합니다. 프로세스를 표준화하는 경우에도 각기 다른 작업환경에서 공통적으로 사용할 수 있도록 만들기 때문에 표준 프로세스를 현장에 적용할 때, 딱 들어맞을 수도 있고 아니면 현장이 갖고 있는 특성이나 환경으로 인해 내용을 일부 조정해야 하는 경우도 있습니다. 개발자들은 이것저것 신경 안 쓰고 하라는 대로만 하면 좋겠는데, 프로세스를 조정해야 한다거나 하는 경우 불만이 나오는 것입니다. 또한 개발 프로젝트에 대해서 조직적이고 가시적으로 관리하기 위해 관련 데이터를 모아야 하는데, 이러려면 어쩔 수 없이 현장 개발자들의 노력이 필요합니다. 그리고 개발자들은 작업산출물을 만드는 데에 익숙하지가 않습니다. 기존에는 말로만 진행했던 일들에 대해서도 문서로된 작업산출물을 만들어야 하는 것이 귀찮습니다. 게다가 품질감사를 통해 누군가가 내가 한 일에 대해 잘못됐다고 지적하면 엔지니어로서의 자존심이 상해, 기분 또한 좋지 않죠. 지금까지는 하지 않았던 이런 일련의 활동과 작업들로 인해 개발자들은 반발을 하게 되는 것입니다. 하지만 결함을 조기에 발견하여 해결하고, 프로젝트의 위험을 완화시켜 궁극적으로 프로젝트를 성공시키기 위해서는 반드시 필요한 활동들입니다."

셋째 돼지는 컨설턴트의 이야기에 귀를 기울이면서도 지금까지 그런 활동을 하지 않고도 개발을 하는데, 크게 문제가 되었던 것 같지는 않았습니다. 그러다보니 컨설턴트의 말이 이해가 되면서도 한편으로는 CMMI를 도입해서 적용하는 것에 대한 명확한 확신이 서지 않았습니다.

"저희는 그 동안 소프트웨어 개발 활동을 하면서 치명적인 결함 때문에 고객이 불만을 가지거나 문제가 된 경우는 거의 없었습니다. 물론 소프트웨어 개발 일정 안에 모든 프로젝트는 완료가 되었고요. 표준 프로세스 없이도 일은 잘 돌아갔습니다."

컨설턴트는 이미 알고 있다는 듯 미소를 지으며 고개를 살짝 끄덕였습니다.

"당연하지요. 우리 동화나라에서 납기가 준수되지 않았던 사례는 거의 없습니다. 어떠한 경우에도 정해진 일자에 프로젝트는 완료가 됩니다. 하지만 여기에는 보이지 않는 노력과 비용이 있습니다. 혹시 개발된 시스템 납품 후에 재작업을 얼마나 많이 하는지 점검해 본적이 있으신가요?"

셋째 돼지는 갑작스런 질문에 살짝 당황하면서도 며칠 전 프로젝트 관리자에게서 보고 받은 일이 생각났습니다. 프로젝트가 끝나서 그 프로젝트를 수행했던 개발자를 다른 프로젝트에 투입하려고 했는데, 프로젝트 관리자가 그 개발자는 유지보수를 위해 다른 프로젝트에 투입할 수 없다는 것이었습니다. 검수까지 이미 받았는데도 말이지요. 이유인즉슨 검수는 받았지만, 시험단계에서 나온 고객의 요구사항을 마무리하기 위해서라고 했습니다.

"재작업이라니요?"

셋째 돼지는 컨설턴트의 질문의도를 확인하기 위해 되물었습니다.

"보통 프로젝트의 요구사항은 분석단계에 도출되고 정의되어야 하지만, 의외로 시험단계에서도 많은 요구사항이 나옵니다. 결국 시험단계에 나온 요구사항들은 일단 시스템은 오픈해야 하기에 유지보수하며 반영하는 조건을 달고 검수를 받는 경우가 많습니다. 이 유지보수에 대한 투입공수와 비용은 회계 상에는 거의 잡히지 않고, 개발자들이 야근과 심지어는 주말작업을 통해 해결하곤 합니다. 그야말로 '월화수목금금금' 생활을 하게 되는 원인이기도 합니다. 시험단계의 추가적인 요구사항과 기존 요구사항의 변경에 대해서는 시험도 잘 이뤄지지 않고 결국에는 시스템의 잠재적인 문제요인이 됩니다."

셋째 돼지는 컨설턴트의 말에 입이 마르는 듯 침을 살짝 삼켰습니다.

"모든 활동은 기록되지 않으면 잊혀 집니다. 더구나 표준 프로세스 없이는 무엇이 잘못되었는지 알 수도 없고요. 처음에는 모든 활동이 귀찮고 하기가 싫습니다. 하지만 조직의 책임과 역할을 명확히 하고 활동에 문제가 있는 부분을 식별해서 개선해 나가다 보면, 생산성이 향상되고 그 결과를 조직원들과 공유하면서 프로세스는 자연히 내재화됩니다."

"정말 그런 것이 가능할까요?"

셋째 돼지는 아직도 의심이 가시지 않는 듯 눈을 끔벅거리며 컨설턴트를 바라보았습니다.

"가능합니다. 조직원들이 하나의 목표와 방향으로 노력한다면 2~3년 내에는 가능한 일이지요. 저희는 CMMI의 근본 철학인 합리적이고 인간중심적인 프로세스를 구축해서 조직이 능동적으로 변화하는 모습을 보는 것이 큰 보람입니다. 일을 하는데 보람이 없다면 그것만큼 재미없는 것도 없으니까요."

나지막하지만 확신에 찬 컨설턴트의 말에 셋째 돼지는 지금까지의 망설임이 기우였다는 생각이 들었습니다.

"좋습니다. 많이 도와주세요. 개선 활동은 어떻게 진행이 되나요?"

셋째 돼지는 결심을 하고 나니 모든 것이 빨리 진행됐으면 하는 마음에 급한 목소리로 컨설턴트에게 재촉하듯 말했습니다.

"개선 활동은 크게 네 개의 단계로 진행됩니다. 먼저 조직의 현행 프로세스에 대한 진단을 하고 두 번째로 진단결과에 따라 표준 프로세스 체계를 구축하며, 세 번째로 는 표준 프로세스 이행 및 내재화 그리고 마지막으로 CMMI 인증심사입니다. 각 단계 마다 쉬운 일이 없기에 대표님이나 조직구성원 모두 마음 단단히 잡수셔야 합니다."

"성숙도 단계 목표는 어떻게 정하지요?"

"성숙도 단계 목표는 단위 프로젝트 관리 중심의 성숙도 2단계를 먼저 구축하고 난 다음에 조직차원에서 프로세스를 전개해 나가는 성숙도 3단계로 가시는 게 좋을 것 같습니다. 성숙도 3단계로 바로 가는 경우도 있지만, 그러면 조직원들이 감당해야 하 는 부담이 커져 많이 힘들어 할 수 있습니다."

셋째 돼지는 다시 생각에 잠겼습니다. 빨리 목표를 달성하고 싶었기 때문입니다. 하 지만 모든 일을 꼼꼼하고 정석대로 하기를 좋아하는 셋째 돼지는 컨설턴트가 제시하 는 대로 하기로 했습니다. 이왕 믿고 맡기는 거, 경험이 많은 컨설턴트의 말을 따르는 것이 좋을 거라 생각되었습니다.

이렇게 셋째 돼지 회사의 프로세스 개선 작업은 시작됐습니다. 시간은 빨리 지나갔 습니다. 어느새 프로세스 구축이 완료되고 중간보고 일자가 되었습니다.

셋째 돼지는 만들어진 프로세스와 양식들을 보면서 감탄을 했습니다. 그 동안 열심 히 작업을 해준 프로세스 개선 팀과 지원을 아끼지 않았던 컨설턴트가 고마웠습니다. 드디어 중간보고가 시작되고 구축된 표준 프로세스를 보자 셋째 돼지는 마음이 뿌듯 했습니다. 그런데 이게 웬일인가요? 뿌듯한 마음의 셋째 돼지와는 달리 참석한 프로 젝트 관리자들과 개발자들은 눈을 내리깔고 한숨을 쉬고 있는 것이었습니다.

중간보고가 끝나고 화장실로 향한 셋째 돼지는 용변을 보고 있는데, 갑자기 개발자 들이 웅성거리는 소리를 들었습니다.

"우리보고 어쩌란 말이야. 지금도 일이 많은데, 어떻게 저 많은 작업산출물들을 만 들면서 일을 해. 프로세스대로 하면 좋지. 하지만 그렇게 일을 하면 어떻게 일정을 맞쳐. 이야기 들으니까 둘째 돼지 회사도 이걸 했는데 아주 죽어났다고 하던데."

셋째 돼지는 보고 있던 용변이 갑자기 몸 속으로 다시 들어가는 것 같았습니다. 개발자들 좋게 하자고 시작했던 일이었는데, 이런 불만이 쏟아지다니. 자신이 의사결정을 잘못했던 게 아닌가하는 생각이 들었습니다. 밖이 조용해지길 기다렸다가 조심스럽게 밖으로 나온 셋째 돼지는 컨설턴트에게 면담을 요청했습니다.

"개발자들 불만이 많은가 봐요. 프로세스가 너무 복잡하게 구축된 건 아닌가요? 작업산출물 개수도 많은 것 같고."

셋째 돼지는 걱정이 되었습니다. 하지만 컨설턴트는 당연하다는 듯 고개만 끄덕였습니다.

"예상된 일입니다. 제가 미리 말씀 드렸던 것처럼 처음 구축된 프로세스를 적용하는 것은 어렵습니다. 아무리 완벽하게 구축된 프로세스라 하더라도 몸에 익숙해 질 때까지는 힘들고 불편합니다. 그래서 꾸준한 이행이 필요한 것이고요. 이제 겨우 첫걸음을 뗐습니다. 대표님께서는 조직구성원들이 어떻게 변화하는지 그리고 그들의 불만이 어떻게 환호로 바뀌는지 지켜보시면 됩니다."

셋째 돼지는 이젠 다시 되돌릴 수 없다는 생각이 들어 조금 더 지켜보기로 했습니다. 프로세스에 대한 교육이 시작되고 프로세스에 대한 이행에 들어갔습니다. 프로젝트에서는 범위 및 공수와 비용견적을 통해 계획을 세우기 시작했습니다. 지금까지는 정해진 납기에 역순으로 대충 일정을 잡아 계획을 세웠었는데, 범위를 검토하고 계획을 세우다 보니 지금까지의 일정이 너무 터무니없었고 개발자들의 투입공수도 많이 부족하다는 것을 알게 됐습니다. 더구나 형상관리는 제멋대로 이뤄져서 심지어는 최종 버전이 아닌 요구사항으로 설계가 되는 바람에 개발자들이 불필요한 재작업을 하고 있다는 것도 알게 됐습니다.

셋째 돼지는 지금까지 뭔가가 잘못되고 있었다는 것을 느꼈습니다. 고객의 요구사항 관리도 마찬가지였습니다. 프로젝트 중간 중간 바뀌는 요구사항 때문에 프로젝트의 범위가 엄청나게 늘어남에도 불구하고 계획이나 인력투입의 변경도 이뤄지지 않았기 때문입니다. 그리고 지금까지는 프로젝트에 대한 진척사항도 주로 말로만 이뤄지거나 실적에 대한 정확한 분석 없이 보고서가 작성되었다는 사실도 알게 됐습니다. 이러한 문제들이 프로젝트 완료가 가까워지는 시점에 발견되다 보니 시스템에 대한 시험도 제대로 못하고 품질 점검도 대충한 채로 고객에게 납품되어 고객의 불만이 쌓여가고 있었다는 사실도 알게 되었습니다. 그렇다고 이 모든 것을 프로젝트 관리자나 개발자의 책임으로만 돌릴 수도 없었습니다. 사실 그러한 위험을 사전에 점검하고 관리할 수 있는 어떠한 체계도 없었기 때문이지요.

셋째 돼지는 앞이 캄캄했습니다. 무엇부터 해결해야 할지 도대체 감이 잡히질 않았습니다. 해결하고 개선해야 할 사항들이 너무나 많았기 때문입니다. 셋째 돼지는 이렇게 하다가는 회사가 망해버릴지도 모른다는 불안감이 엄습해왔습니다.

셋째 돼지는 근심이 가득한 채 옥상으로 향했습니다. 그 동안 끊었던 담배를 피워 물고는 깊게 들이쉰 다음 허공으로 연기를 날려 보냈습니다. 이 모든 근심이 허공에서 흩어지는 연기와도 같이 사라지길 바라면서요. 그때였습니다. 여느 때와 같이 활기찬 모습의 컨설턴트가 모닝커피를 손에 들고 옥상으로 올라왔습니다.

"안녕하세요. 대표님! 날씨가 많이 따뜻해 졌습니다."

밝은 목소리로 인사를 건네는 컨설턴트와는 대조적으로 걱정을 한 가득 안고 있는 셋째 돼지는 풀 죽은 목소리로 속내를 이야기하기 시작했습니다.

"제가 지금까지 회사를 어떻게 꾸려왔는지 모르겠습니다. 그저 열심히만 하면 된다고 생각했는데, 지금 보니 저희 회사에 문제가 많았던 것 같습니다. 야근하는 직원들을 보면 안쓰러운 생각이 들다가도 월급 받으면서 그 정도는 해야지 하고 생각했던 일들이 부끄럽게만 느껴집니다. 그 동안 납품된 시스템에 결함이 발견되면 무조건 개발자 잘못이라고 생각했습니다. 그들 탓이 아닌데도 말이죠."

"프로젝트의 품질이 나빠지는 것이 모두 개발자의 탓만은 아니지요. 품질이 좋아지지 않는 데는 여러 가지 이유가 있는데, 대개의 경우 그 책임을 개발자에게만 돌리려고 하지요. 개발자들에게 적절한 교육과 환경이 주어진다면 품질은 당연히 좋아집니다. 하지만 개발이라는 것이 사람의 능력에 따라 차이가 있기 때문에 그 편차를 줄이기 위해 표준화된 프로세스가 필요한 것이고요. 제가 느끼기에 대표님 회사는 곧 좋아질 거라고 생각합니다. 이미 대표님께서는 회사 내에서 개선해야 할 것이 무엇인지를 많이 알고 계신 것 같습니다. 컨설턴트 일을 오래하다 보면 반 점쟁이가 되거든요. 대표님 얼굴에 다 나타납니다."

컨설턴트의 말에 셋째 돼지는 살짝 놀랐습니다.

"제 얼굴에 다 나타나나요?"

"대표님 안색이 좋지 않아서 넘겨짚어 봤습니다. 개선작업이 이쯤 진행되면 대개의 후원자 분들이 비슷한 걱정을 많이 하시지요."

"잘 될까요?"

"대표님의 의지가 중요합니다. 한 가지 질문을 드려도 될까요? CMMI를 하다보면 내재화란 용어가 자주 나옵니다. 내재화가 무엇이라고 생각하시나요?"

뜬금없는 컨설턴트의 질문에 셋째 돼지가 뭐라고 말해야 할지 몰라 우물쭈물 하자, 컨설턴트가 먼저 말을 했습니다.

"일반적으로 내재화는 해야 할 일에 익숙해져서 누가 시키지 않아도 알아서 하는 것이라 설명할 수 있지만, 저는 다른 대답을 듣고 싶었습니다."

"다른 대답이라면..."

"저는 내재화를 신뢰라는 단어로 요약하고 싶습니다. 회사의 모든 조직원들이 프로세스를 신뢰하고 프로세스와 절차에 따라 일하면 적정한 품질을 보장할 수 있다는 확신, 뭐 이런 것들이 모두 신뢰라는 단어로 요약될 수 있지 않을까요? 프로세스 개선이 회사를 위해서도 필요하지만 개발자들의 업무환경이나 다른 여러 가지 경우에도 도움이 되어야 프로세스에 대한 신뢰가 생기고, 나아가 개발자들에게 도움이 된다면 굳이 시키지 않아도 프로세스에 따라 일을 하지 않을까요?"

셋째 돼지는 마음속을 가득 메우고 있던 먹구름이 조금씩 걷히고 있는 것 같았습니다. 하지만 어떻게 해야 개발자들과 신뢰를 쌓을 수 있을지는 알 수가 없었습니다.

"어떻게 하면 개발자들과 그런 신뢰를 쌓을 수 있을까요?"

"먼저 많이 들으세요. 프로젝트를 수행하면서 어려운 점이 무엇인지, 프로세스를 이행하면서 어려운 점이 무엇인지, 그리고 나서 회사가 지켜내야 할 가치가 무엇인지를 개발자들과 자주 대화를 하시다 보면 해결점을 찾으실 수 있을 겁니다. 저는 중간 중간에 이행 점검을 하고, 객관적인 조언을 해드리도록 하겠습니다."

컨설턴트와의 짧은 티타임을 통해서 셋째 돼지는 많은 것을 생각하게 되었습니다. 가만 돌이켜 보니 근래에 개발자들과 대화를 별로 한 것 같지가 않았습니다. 가끔 회식은 했지만 서로의 마음을 터놓고 진지하게 이야기 해본적은 거의 없었던 것 같습니다.

셋째 돼지는 그날 이 후로 많이 변했습니다. 프로세스 개선 활동을 진행하면서 개발자들이 힘들어 하는 사항이 무엇인지 회사가 영속성을 유지하기 위해 무엇을 어떻게 해야 하며, 그것을 뒷받침하는 프로세스는 무엇이고 개선해야 하는 프로세스는 무엇인지를 개발자들과 진지하게 대화하기 시작했습니다.

개발자들은 서서히 회사의 표준 프로세스에 대해 이해하기 시작했고, 자신들의 의견이 반영된 프로세스가 만들어지고 개선되어 가는 것을 보며 점차 능동적으로 프로세스 개선 활동에 참여하게 되었습니다. 회사의 공적인 회식자리나 직원들 간의 사적인 술자리에서도 CMMI에 대한 용어가 자연스럽게 흘러나왔고, 어떤 팀은 열심히 공부해보겠다고 스터디 그룹까지 만들었습니다.

시간은 참 빠릅니다. 신나게 일하면 더 빠르게 지나갑니다. CMMI 성숙도 2단계를 달성하고 그로부터 약 1년 후, 드디어 CMMI 성숙도 3단계 인증심사 결과보고 날이 되었습니다.

셋째 돼지와 중간관리자들 그리고 프로젝트 관리자들과 개발자들, 프로세스 개선 팀원과 컨설턴트 모두 숨을 죽이고 선임심사원이 발표하는 결과 보고를 지켜보고 있었습니다. 드디어 CMMI 성숙도 3단계를 달성했다는 마지막 장표가 보이고, 화면 배경음으로 박수 소리가 울려 퍼지자 누가 먼저라고 할 것도 없이 박수가 터져 나왔습니다.

셋째 돼지가 소회를 밝혔습니다.

"감사합니다. 먼저 프로세스 개선 활동을 수행하는데 지금까지 많은 도움을 주신 컨설턴트와 주도적으로 활동을 이끌어 주었던 프로세스 개선 팀원들 그리고 바쁘고 힘든 업무 중에도 묵묵히 회사를 위해 열심히 프로세스 개선 작업에 동참해주신 프로젝트 관리자분들과 개발자 여러분께 진심으로 감사를 드립니다. 이번 인증 달성은 끝이 아니며 개선의 첫 출발점이라고 생각합니다. 앞으로도 우리 회사에 보다 적합하고 안정된 프로세스를 갖춰 나갈 수 있도록 지금보다 더 열심히 노력해주시기 바랍니다."

셋째 돼지 회사는 인증을 달성하고 난 후에도 기존의 추진 팀 인원을 프로세스 개선 조직에 배속시키고 개발자 중에서 프로세스와 품질에 관심이 있는 직원들로 품질보증팀을 구성해서 지속적인 개선작업을 수행하도록 했습니다. 프로젝트 일정도 합리적으로 계획할 수 있도록 하였고, 고객의 요청 때문에 어쩔 수 없는 경우를 대비하여 지원조직도 풀(pool) 형태로 구성하여 개발자들이 보다 나은 환경에서 일할 수 있도록 하였습니다.

이렇게 첫째 돼지, 둘째 돼지, 셋째 돼지 모두 CMMI 인증을 달성했습니다. 그런데 이 평화로운 동화나라에 리스키란 이름을 가진 늑대 해커가 나타났습니다. 리스키는 오랜 개발 경험을 통해 시스템의 취약점을 잘 알고 있었습니다. 시스템에 조그마한 결함만 있어도 그것을 찾아내서 시스템을 다운시키곤 했습니다.

'이히히히, 내 실력을 봐라. 아무리 방화벽을 치고 보안을 강화해도 시스템에는 결함이 있기 마련이지. 발주자나 개발자들은 잘 모른다. 요구사항을 똑바로 분석하지 않고 시험도 엉망으로 해서 오픈한 시스템은 모두 내 밥이다. 킬킬킬'

리스키는 왜 이렇게 시스템을 망가뜨리는 것을 좋아할까요? 리스키에게는 아픈 추억이 있습니다. 리스키도 예전에는 착한 개발자였습니다. 하지만 시도 때도 없는 요구사항 변경으로 인해 거의 매일이다시피 야근을 하며 개발을 하다 보니 몸도 마음도 지쳐갔습니다. 그런데 어느 날 리스키가 개발해 납품한 시스템에 오류가 발생했습니다. 그것 때문에 리스키가 다니던 회사는 발주사에게 엄청난 비용의 손해배상을 하고 거래도 끊기게 되었습니다. 리스키는 당연히 회사에서 해고됐고요. 리스키는 억울했습니다. 허구한 날 밤을 새고 열심히 일을 했는데, 자신에게 돌아 온 것은 해고였으니 말이죠. 리스키는 세상에 복수하고 싶었습니다. 하지만 힘없는 리스키가 할 수 있는 일은 아무 것도 없었습니다.

이렇듯 좌절과 고통의 나날을 보내고 있던 리스키가 어느 날 우연히 인터넷 검색을 하다가 자동화된 해킹 툴을 손에 넣게 되었습니다. 그 툴을 사용하니 많은 시스템들이 쉽게 해킹이 되는 것이었습니다. 여기에 자신감을 얻은 리스키는 열심히 해킹공부를 했습니다. 자신이 예전에 일했던 것과 같은 환경에서 개발이 된 많은 시스템들에 결함이 있을 거라는 생각이 들었습니다.

리스키는 첫째 돼지 회사가 CMMI 성숙도 2단계 인증을 받았다는 이야기를 들었습니다.

'쳇, CMMI 인증을 받았다고? 그러면 품질이 좋아질 것 같아? 인증이 아무 소용없다는 걸 보여 주겠어.'

리스키는 첫째 돼지가 개발한 시스템을 찾기 시작했습니다. 그리고는 해킹방법 중에서도 손쉬운 디도스 공격을 하기로 했습니다. 야동에 악성코드를 심고 무작위로 배포해서 좀비 PC를 모았습니다. 마침내 D-Day. 어이쿠, 이게 웬일이래요. 너무나 허술하게 만들어진 첫째 돼지 회사의 시스템은 단번에 서비스가 중단되었습니다.

아마도 시스템을 개발할 때 보안이나 성능, 트래픽과 같은 비기능적 요구사항들을 제대로 점검하지 않았던 것 같습니다. 나중에 들은 이야기지만 일정에 쫓기다 보니 품질보증 활동이나 시험도 형식적으로 했다고 합니다. 결국 첫째 돼지 회사는 이 일로 인해 고객사와의 거래도 끊기고 쫄딱 망하게 되었습니다.

한껏 재주를 뽐낸 리스키는 다음은 어떤 시스템을 망가뜨릴지 검색을 하고 있었습니다. 그런데 둘째 돼지가 CMMI 성숙도 3단계 인증을 받았다는 신문기사를 보았습니다.

'푸하하하, CMMI 인증이 유행인가, 다 따라 하는군. 인증을 받아서 시스템 품질이 좋아지면 내 손에 장을 지진다. 그래 여기도 쫄딱 망하게 해주자.'

리스키는 첫째 돼지에게 했던 것처럼 디도스 공격을 했습니다. 그런데 둘째 돼지가 만든 시스템은 잘 버텨내는 것이었습니다. 리스키는 고개를 갸우뚱했습니다.

'어라! 이럴 리가 없는데, 제법 품질관리 활동을 하는가 보군. 얼마나 잘하는지 한번 직접 가서 볼까?'

리스키는 둘째 돼지가 어떻게 품질관리를 하는지 궁금했습니다. 그래서 양마을의 감리원으로 변장을 하고는 둘째 돼지 회사에서 프로젝트를 하는 곳에 감리를 빌미로 찾아갔습니다.

"프로젝트를 수행하면서 만든 작업산출물들 다 가지고 와 보세요. 아! 먼저 제안서와 프로젝트 수행계획서를 보여 주십시오."

리스키는 정말 감리원 같았습니다. 변장을 해서 양처럼 온순해 보였지만, 늑대 본연의 걸걸한 목소리는 감출 수가 없어 조금 무섭게 들렸습니다. 제안서와 수행계획서를 맞춰보던 리스키는 수행계획서가 제법 짜임새 있게 잘 정리되었다는 느낌을 받았습니다. CMMI 성숙도 3단계 인증을 받았다고 하니 프로젝트 관련 작업산출물들이 조직적으로 잘 관리되고 품질보증 활동도 잘 이뤄지고 있나보다 싶었습니다. 모든 문서들은 깔끔하게 작성되어서 형상관리 라이브러리에 보관되어 관리되고 있었습니다. 그런데 리스키는 문서를 검토하고 프로젝트 관리자와 개발자들을 인터뷰하면서 이상한 점을 발견했습니다.

"프로젝트 수행계획서는 무엇을 근거로 작성되었나요? 혹시 중간에 요구사항의 변경이나 다른 이유로 인해 프로젝트 수행계획이 변경된 적이 있었나요?"

프로젝트 관리자는 리스키의 질문을 다이어리에 받아 적으며 마음을 가다듬었습니다.

"수행계획서와 프로젝트 진척사항 보고서를 보시면 아시겠지만, 저희 프로젝트는 처음 계획했던 것과 별반 차이 없이 순조롭게 진행되고 있습니다. 개발자들이 워낙 잘하고 있어서요. 요구사항도 바뀐 것이 별로 없고요. 아마 모든 작업산출물들이 잘 만들어져 있을 겁니다. 아참! 계획에 변경이 있었냐고 물으셨죠? 계획의 변경은 없었습니다."

프로젝트 관리자는 여유롭게 대답을 했습니다. 리스키는 갑자기 반짝이는 송곳니를 살짝 드러내며, 알 듯 말 듯한 미소를 지었습니다.

"아! 그래요, 고객이 좋은 분들이시군요. 일반적으로 프로젝트는 요구사항 때문에 범위가 자꾸 늘어나서 힘들어지는데..."

사실 리스키는 문서를 검토하면서 몇 가지 중요한 사항들을 발견하고 그 내용들을 확인하고 있는 중이었습니다.

"뭐, 고객이 좋다기보다는 저나 저희 프로젝트 팀원들이 워낙 실력이 뛰어나고 업무 경험이 많아서 고객이 요구사항을 제시하기도 전에 이미 그 내용들을 잘 정리하기에 고객들은 굳이 요구사항을 제시할 필요를 못 느끼고 있습니다."

프로젝트 관리자는 자신감과 함께 조금씩 잘난 척을 하기 시작했습니다. 리스키는 프로젝트 관리자에게 수행계획서를 펼쳐 보이며 변경기록을 가리켰습니다.

"그런데 여기 수행계획서에 변경기록이 있는데요. 변경사유도 고객 요구사항 증가로 인한 프로젝트 일정 조정이라고 쓰여 있네요."

"예! 그럴리가요. 제가 어제도 수행계획서를 봤는데, 작업산출물에는 변경기록이 없었는데요."

그러고는 자신의 노트북 컴퓨터에 있는 수행계획서를 리스키에게 보여 주었습니다. 그런데 재미있게도 수행계획서의 형상 속성이 [Modified]라고 되어 있는 것 아니겠어요. 리스키는 터져 나오는 웃음을 참을 수가 없었습니다. 프로젝트 관리자는 자신이 가지고 있는 수행계획서와 형상 라이브러리에 등록된 수행계획서의 버전이 다르다는 것을 모르는 것 같았습니다. 리스키가 마우스로 클릭을 몇 번하자 수행계획서의 형상 속성이 [Current]로 바뀌었습니다. 그러고 나서 수행계획서를 열자 거기에는 분명히 변경기록이 있는 것이 아니겠어요.

"어떻게 프로젝트 관리자도 모르게 수행계획서가 바뀌죠? 범위변경도 없다고 하지 않았나요? 요구사항 관리대장도 가져와 보시죠."

프로젝트 관리자는 기세등등하던 아까와는 달리 조금은 주눅이 들어 책꽂이에 꽂힌 요구사항 관리대장 바인더를 가지고 왔습니다. 깨끗한 바인더 안에는 요구사항 관리대장과 명세서들이 두껍게 바인딩 되어 있었습니다. 요구사항 관리대장에는 많은 변경사항들이 기입되어 있었지만, 명세서는 처음에 만들어진 이후로는 한 번도 수정이 된 것 같지 않았습니다. 관리대장의 내용과 명세가 일치하지 않는 부분도 많았고요. 더욱 놀라운 건 요구사항은 변경이 많이 된 것 같은데, 요구사항 추적표는 전혀 변경되지 않았다는 거죠.

리스키는 요구사항 추적표에 따라 설계문서를 검증해 봤습니다. 아니나 다를까, 요구사항과 설계내용은 일치하지 않았고, 프로그램 ID도 일치하지가 않았습니다. 프로젝트 관리자나 개발자들은 이 문서들을 한 번도 보지 않은 것 같았습니다. 리스키는 혹시나 하는 마음에 품질보증 활동 보고서도 살펴봤습니다. 역시 품질보증 문서도 기대에 어긋나지 않는군요. 품질보증 체크리스트에는 문서를 만들었는지 안 만들었는지에 대한 표시만 되어 있었습니다. 품질보증 활동을 제대로 했다면 문서의 존재유무 뿐만 아니라, 프로세스의 이행과 활용부분도 점검했어야 하는데 둘째 돼지 회사의 품질보증 담당자는 그냥 형식적으로만 품질보증 활동을 한 것이었습니다.

리스키는 이 여세를 몰아 프로젝트 관리자와 함께 시험을 진행했습니다.

"시험 시나리오 가져 와 보세요."

프로젝트 관리자는 공손하게 시험 시나리오를 리스키에게 전달했습니다. 리스키는 시험 시나리오를 쭉 훑어보고는 책상에 내 던지듯 내려놓았습니다. 리스키는 그 동안의 경험으로 여러 가지 경우의 시험을 수행했습니다. 시스템은 제대로 돌아가지 않았습니다.

"이정도 에러나 버그는 금방 수정이 가능합니다. 아마도 내일까지는 다 해결될 수 있는 문제입니다."

프로젝트 관리자의 말이 조금 빨라지기 시작했습니다.

"아하, 그래요! 저는 그렇게 생각하지 않는데요. 시스템을 보니 요구사항들이 전혀 반영되지 않은 것 같은데요."

"무슨 말씀입니까?"

프로젝트 관리자의 언성이 조금 높아졌습니다.

"저희는 고객의 요구사항이 접수되는 대로 바로 처리했어요. 요구사항은 모두 반영된 것입니다. 다만 일정이 촉박해서 조금의 문제가 있는 것뿐이라고요. 이 정도는 하루 이틀 밤새면 다 해결되는 문제라니까요."

"그래서 요구사항 관리대장만 변경되고 명세서와 설계서는 그대로였군요. 요구사항이 변경되어도 관련되는 영향에 대한 분석도 없이 바로 바로 수정을 하고."

리스키는 프로젝트 관리자를 살살 약 올리며 소프트웨어 품질관리에 대한 이론적인 이야기를 했습니다.

"이봐 감리원, 당신 개발해 봤어? 문서, 그거 만들면 좋은걸 누가 몰라! 하지만 프로젝트 일정상, 문서 다 만들고 어떻게 프로젝트를 진행해. 이론이야 그럴싸하지."

프로젝트 관리자는 더 이상 참을 수가 없었나 봅니다. 리스키는 속으로 쾌재를 불렀습니다. 그러고는 프로젝트 관리자가 뭐라고 하던 설교를 계속했습니다.

"프로세스는 지키라고 있는 것이고, 이행하기 어렵다면 회사 품질부서에 개선 요청을 하셨어야죠. 이렇게 형식적으로 문서만 만들어 놓으면 뭐 합니까? 보지도 않는 문서를..."

"나도 알고 있다고. 지난번 품질보증 담당자도 한방 쥐어박고 싶은 걸 간신히 참았는데, 마침 너 잘 걸렸다. 바빠 죽겠는데, 프로젝트 감리라고 와서는 도와주지는 못할 망정 쓸데없는 지적질만 하고, 도대체 당신이 하는 일이 뭐야!"

자신의 페이스에 점점 말려드는 프로젝트 관리자를 보며 리스키는 이제 모든 것을 마무리 지을 때가 되었다고 생각했습니다.

"자꾸 당신, 당신, 하지 마세요! 저는 엄연히 이 프로젝트의 감리원입니다."

"그래서 뭐 어쨌다고. 제대로 알지도 못하면서, 대충하고 가라고."

프로젝트 관리자는 이 상황이 빨리 끝나기를 바랐습니다.

"이 프로젝트는 부적합입니다. 시스템 오픈 일자를 연기하고 프로젝트 계획을 보완해서 진행 하세요."

리스키는 판사가 판결하듯 말하고는 유유히 자리를 떠났습니다. 물론 감리보고서는 이미 고객의 손에 들어가 있었죠.

결국 프로젝트 일정은 지연되었고, 둘째 돼지 회사는 막대한 비용의 지체상금을 물게 되었습니다. 더구나 동화나라의 소프트웨어 개발 시장이 너무 좁아 이 소문은 금방 퍼졌습니다. 둘째 돼지 회사에는 그 어떤 회사도 사업기회를 주지 않게 되었고, 결국 둘째 돼지 회사도 쫄딱 망했습니다.

신이 난 리스키는 또 다른 먹잇감을 찾던 중에 셋째 돼지 회사 이야기를 들었습니다. 셋째 돼지 회사는 CMMI 추진 후에 프로세스에 의해 모든 일을 처리하고 지속적으로 개선 활동을 통해 소프트웨어 품질이 크게 향상되었다는 소문이 업계에 쫙 퍼져 있었습니다.

'흥! 이번에도 나의 무서운 실력을 보여주지.'

리스키는 셋째 돼지 회사도 망하게 하려고 작전을 짰습니다.

'첫째 돼지 회사보다는 소프트웨어 품질이 좋다고 하니 둘째 돼지에게 했던 방법을 사용해야 되겠군.'

리스키는 다시 감리원으로 변장을 하고 셋째 돼지 회사가 수행하는 프로젝트 사무실로 향했습니다.

띵동~, 리스키는 사무실 벨을 누르고 잠시 기다렸습니다.

"누구세요?"

"저는 이번 프로젝트의 종료 감리를 맡은 양마을 감리원입니다."

"잠시만 기다리세요."

리스키는 지난 번 둘째 돼지 회사의 프로젝트와는 다른 느낌을 받았습니다. 일단 프로젝트 사무실의 보안이 잘되어 있었기 때문입니다. 셋째 돼지 회사는 지난번에 프로세스 개선을 하면서 작업환경을 위한 표준을 정했기 때문에 모든 프로젝트에서는 그 표준에 따라 작업환경을 구축하고 운영을 했습니다. 당연히 물리적인 보완 표준도 정의했고요.

잠시 밖에서 기다리자 안에서 밝은 표정을 한 돼지가 나와 리스키를 반갑게 맞아주었습니다.

"저희 프로젝트의 감리원이신가요?"

"네, 그렇습니다."

"하지만 종료 감리까지는 시간이 조금 남았는데요. 혹시 일정을 잘못 알고 계신 것 아닌가요?"

리스키는 속으로 뜨끔했습니다. 하지만 여기 오기 전에 만약을 대비해 발주기관의 동료 늑대에게 미리 이야기를 해 놓았습니다. 발주기관의 동료 늑대도 실상은 종료 감리 전에 프로젝트가 어떻게 진행되는지 궁금했기에 리스키가 프로젝트를 미리 점검할 수 있도록 손을 써 놓았던 거죠.

"예, 실은 발주기관에서 종료 감리가 진행되기 전에 미리 품질점검을 해보라고 했어요. 저번 둘째 돼지 회사에서 수행한 프로젝트가 부적합 판정을 받으면서 발주기관도 조금 난처해져서 그런 일이 재발하지 않도록 저에게 사전에 점검해보라 했거든요."

"그렇군요. 잠시 확인하는 동안 기다려 주시겠습니까?"

"그러지요."

마중 나온 돼지는 어디론가 전화를 걸어 무엇인가를 확인하는 것 같더니, 잠시 후 리스키를 사무실 안쪽에 있는 회의실로 안내해 주었습니다.

"발주기관에서 프로젝트에 대해 걱정이 많은가 보네요. 마침 잘 오셨습니다. 그렇지 않아도 감리 전에 미리 점검을 받아 보고 싶었습니다. 저희 회사 품질보증팀에서 점검을 했지만, 보는 관점에 따라 차이가 있을 수도 있기에 그렇지 않아도 저희가 먼저 요청을 드릴 생각이었습니다. 제 소개를 깜박했네요. 저는 이 프로젝트를 맡고 있는 PM입니다. 점검하시고 보완해야 할 사항이 있으면 말씀해 주세요. 그리고 필요한 것이 있으면 말씀해 주시고요."

리스키는 첫째와 둘째 돼지 회사의 프로젝트 관리자와는 전혀 다른 느낌을 받았습니다. 왠지 자신감이 넘친다고나 할까. 리스키는 작업산출물과 점검에 필요한 시스템 ID도 부여받았습니다.

작업산출물은 바인더로 각 항목마다 깔끔하게 정리되어 있었고, 시스템 ID도 리스키가 점검은 할 수 있지만, 임의로 사용할 수는 없도록 권한이 설정되어 있었습니다. 리스키는 작업산출물도 점검하고 시스템도 들여다봤지만 약점을 찾을 수가 없었습니다. 그래도 꼬투리를 잡아 보려고 작업산출물을 더욱 꼼꼼히 보았지만 허사였습니다. 그런데 제안서와 시스템을 보니 처음에 정의한 범위와 구현된 시스템의 일부가 불일치되는 것이 아니겠어요.

'흐흐, 그러면 그렇지. 이제 프로젝트 관리자를 골려 먹을 일만 남았군!'

리스키는 만면의 미소를 띠고 프로젝트 관리자를 불렀습니다.

"PM님, 여기 제안서와 구현된 시스템 상에 불일치하는 부분이 있는데, 요구사항 추적이 잘못된 것이 아닌가요?"

리스키는 불일치가 되는 부분을 가리키며 말했습니다. 프로젝트 관리자는 문서를 보더니 여느 사람 좋은 미소를 띠며, 리스키에게 요구사항 관리라고 적혀진 바인더를 펼쳐 보였습니다.

"여기 요구사항 관리대장과 추적표를 보시면 아시겠지만, 제안서의 요구사항은 고객과 협의 하에 변경을 하였습니다. 기능이 중복되었고 다른 요구사항과 충돌이 발생해서 해당 요구사항을 다른 기능으로 대체하였습니다. 요구사항 추적표를 보시면 해당 요구사항이 여기 설계문서에 반영되었고 프로그램과 시험사례도 이에 맞춰 수정된 걸 알 수 있으실 겁니다."

프로젝트 관리자가 보여준 문서를 보니 모든 것이 일괄적으로 추적되어 변경이 이뤄졌음을 알 수 있었습니다. 리스키는 더 이상 할 말이 없었습니다.

"그렇군요. 제가 거기까지는 미처 점검하지 못했네요."

리스키는 멋쩍게 웃으며 대답했습니다. 보기 좋게 프로젝트 관리자에게 한방 먹은 리스키는 다시 문서를 들여다봤습니다. 하지만 아무리 살펴봐도 문제점을 찾을 수가 없었습니다. 문서를 보다가 지친 리스키는 커피나 한잔 마시려고 휴게실로 갔습니다. 휴게실에는 여러 개발자들이 휴식을 취하며 이런 저런 이야기를 하고 있었습니다.

"우리 QA, 정말 대단하지 않아?"

"그러게... 아마 그 QA가 없었으면, 시험할 때 큰일 날 뻔 했어."

"지난번에 QA가 오리엔테이션하면서 개발 프로세스하고 작업산출물 설명해 줄 때는 저렇게 프로세스 지키면서 어떻게 개발을 할까 불만도 많았지만, 막상 시키는 대로 하니까 문서 만드는 것도 어렵지 않고 시험할 때도 훨씬 수월하더라고."

리스키는 개발자들이 하는 이야기에 귀를 쫑긋 세웠습니다. 그리고는 넉살스럽게 개발자들에게 말을 걸었습니다.

"품질보증 담당자가 도움이 많이 되었나요?"

"누구세요?"

"아... 저는 옆 사무실에서 프로젝트를 수행하는 외주개발자인데요. 저희 품질보증 담당자는 알지도 못하면서 지적질만 하고 가서 지금 엄청 열 받아 있거든요."

리스키는 개발자를 떠보려고 이전 경험을 가지고 거짓말을 했습니다.

"저희도 처음에는 QA가 지적만 할 거라고 생각해서 거부감이 많았습니다. 그런데 저희 회사는 프로세스가 잘 구축되어서 인지는 몰라도 많은 도움이 되었어요."

품질보증 담당자에 대한 뜻밖의 대답에 리스키는 점점 궁금함이 더해졌습니다.

"품질보증 담당자가 어떻게 도움을 주었는데요?"

"분석/설계 단계에 QA가 작업산출물을 검토하더니 중요한 기능의 요구사항 부분에 추적관리가 잘못되어 있다고 했어요. 지적한 부분을 보니 그 요구사항에 대한 설계문서하고 시험 시나리오가 잘못되어 있는 거예요. 예전 같으면 개발 다 끝내고 나서 엄청 변경이 되었을 거예요. 덕분에 시간을 많이 절감할 수 있었죠."

"여기 품질보증 담당자는 실력이 좋은가 보네요?"

"그렇죠. 사장님이 품질에 관심이 많으셔서 저희 회사 QA는 개발과 시스템에 경험이 많은 과장급이상으로만 선발하거든요. 그래서인지 웬만한 건, 문서만 보고도 어디에 문제가 있는지 금방 알아요. 그래서 예전과는 달리 시험기간 중에 재작업이 많이 줄었어요."

리스키는 깜짝 놀랐습니다. 다른 회사들은 품질보증 담당자를 형식적으로 배치하는 경우가 많은데, 이 회사에서는 품질보증 활동에 많은 투자를 하는 것 같았기 때문입니다.

"게다가 그 뿐만이 아니에요."

개발자는 아직도 자랑할 것이 많은 듯 이야기를 계속했습니다.

"프로젝트 착수 때, 품질 오리엔테이션을 하면서 QA가 그 동안의 경험을 이야기 해주었습니다. 그 때 프로젝트 관리자에게 한 가지 조언을 해주었는데, 사소하지만 그것 때문에 저희가 엄청 편해졌어요."

"그게 뭔데요?"

"그건, 프로젝트 관리자에게 오후 5시 이후에는 회의를 절대 하지 말라고 한 거죠. 회의를 5시에 하면 퇴근하지 말라는 이야기하고 똑같잖아요. 회의 끝나면 추가 작업을 해야 하고 그러다보면 밤늦게까지 야근하고, 실제로도 저하고는 상관없는 회의 때문에 야근을 한 적이 한두 번이 아니었거든요. 아무튼 그것 때문에 프로젝트 할 때마다 항상 불만이었는데, QA가 그렇게 말해 주고 간 뒤로는 특별한 경우가 아니면 회의를 늦게 한 적이 별로 없었던 것 같아요."

리스키는 이 회사의 품질보증 담당자가 누군지 궁금했습니다. 작업산출물이나 시스템 점검뿐만이 아니라 프로젝트를 성공하기 위한 조언까지 해주는 걸 보면 상당히 실력이 뛰어날 거라 생각했습니다.

"혹시 그 품질보증 담당자만 유별난 거 아닌가요?" 리스키는 의심이 되어서 물어 봤습니다.

"아닌 것 같아요. 다른 프로젝트의 QA도 비슷한 이야기를 했다고 하더라고요. 아마도 프로세스 개선 활동을 하면서 조직의 전반적인 개선사항으로 식별된 것 같아요."

리스키는 깜짝 놀랐습니다. 대다수의 조직에서는 CMMI 인증을 따기 위해 형식적으로 개선 활동을 하는 줄로만 알고 있었는데, 셋째 돼지 회사는 그게 아닌 것 같았거든요.

"그럼 프로세스에 대한 개선 활동도 지속적으로 하시나요?"

"물론이죠. 프로젝트 끝나고 경험사례를 수집하고 정리하는데, 처음에는 많이 귀찮았어요. 하지만 회사에서 저희가 제시한 의견을 받아 많은 부분을 개선하는 걸 보고는 지금은 나서서 경험사례를 정리하고 있어요. 개선된 것들 중에는 프로젝트 리프레쉬 휴가라고 해서 프로젝트 끝나고 일정 기간 휴가를 다녀올 수 있는 것도 있죠. 회사에서 권장하니까 예전처럼 휴가 가는데 눈치 볼 필요가 없어 좋아요."

리스키는 개발자들의 이야기에 점점 이 회사가 마음에 들었습니다. 모처럼 제대로 된 회사를 본 것 같았거든요. 혼자 남아서 한참을 생각하다가 리스키는 프로젝트 관리자에게로 갔습니다. 그리고는 사실대로 이야기를 했습니다.

"저는 감리원이 아니고 리스키라는 해커입니다. 개발을 하면서 너무 어려운 일을 많이 겪어서 저를 괴롭히던 회사를 골려 주고 있었습니다. 그런데 여기 개발자들은 좋은 대우를 받으며 즐겁게 일을 하는 것을 보았어요. 저도 개발이라면 누구보다도 잘 할 자신이 있습니다. 제가 여기에서 일해도 될까요?"

프로젝트 관리자는 깜짝 놀랐습니다. 앞에 있는 감리원이 그 악명 높은 리스키라니. 당장 경찰에 신고하고 싶었지만 진심어린 리스키의 말에 한편으로는 그가 불쌍해 보였습니다. 프로젝트 관리자 자신도 프로세스가 개선되기 전에 많이 힘들었었던 지난 날들이 떠올랐기 때문이죠.

프로젝트 관리자는 리스키를 측은하게 바라보며 말했습니다.

"제가 저희 사장님께 한번 말씀드려 보겠습니다. 내일 다시 방문해 주실 수 있겠습니까?"

프로젝트 관리자는 셋째 돼지에게 이번 일들을 보고했습니다. 이미 리스키의 실력을 알고 있었던 셋째 돼지는 개발보다는 그 동안의 경험을 바탕으로 프로세스 개선 팀에 있는 것이 좋겠다고 판단했습니다. 리스키는 그 소식을 듣고 기뻤지만 걱정이 앞섰습니다. 개발은 자신이 있었지만 프로세스를 어떻게 개선하고 운영할 지는 잘 몰랐기 때문이죠. 하지만 그런 걱정은 오래가지 않았습니다. 프로세스 개선 팀의 선배가 해준 말 때문입니다.

"많은 개발자들이 프로세스라고 하면 개발자들을 힘들게 하는 작업산출물을 만들게 하는 것이라고 생각하기 쉽지만 실제로는 그렇지가 않아. 프로세스가 없다고 해도 개발자들은 개발을 하기 위해서 프로젝트를 계획하고 관리하는 일련의 활동들을 하고 있지. 프로젝트 관리자가 경험이 많다면 우리가 정의해 놓은 것보다도 더 많은 작업을 하지. 결국 프로세스와 프로젝트 관리 활동이 별반 다르지 않아. 우리가 하는 일은 그런 활동들을 좀 더 명확하게 규정하고 조직의 특성에 맞도록 조정하는 역할이야. 그리고 우리 회사는 이런 활동이 내재화되어 있어서 다른 조직보다는 훨씬 수월할거야."

리스키는 내재화란 용어가 궁금했습니다.

"내재화가 무엇인가요?"

"내재화는 의지적인 활동이 본능적인 활동으로 변화된 상태를 말하는 거야. 누가 시키지 않아도 저절로 모든 활동이 수행되는 상태. 마치 우리가 아침에 누가 시키지 않아도 잠자리에서 일어 나 양치질을 하는 것처럼."

리스키는 프로세스 개선 활동에 대해서 점점 흥미가 높아졌습니다. 조금 겁이 나기는 했지만 잘 할 수 있을 것 같다는 생각도 들었습니다. 무엇보다도 나의 노력이 누군가에게 도움이 된다고 생각하니 큰 보람이 될 것 같았습니다.

그리고 한참의 시간이 흘렀습니다. 리스키는 어떻게 되었을까요? 리스키는 열심히 프로세스 개선 활동을 하고 지금은 CMMI 선임심사원이 되었습니다. 엄청 깐깐하지만, 그래도 개발자들은 리스키를 무척 좋아한답니다.

CHAPTER 1

CMMI 개요

C H A P T E R 1

여러분이 제목을 보고 이 책을 직접 골랐다면 CMMI에 대해 어느 정도 알고 있을 것이며, 다른 사람의 권유로 이 책을 접한 사람들도 한번쯤은 CMMI에 대해 들어본 적이 있을 것이다. 한 번도 CMMI라는 말을 들어본 적이 없는 독자들은 '그럼, 난 뭐야?'라고 생각할 수도 있겠지만 너무 걱정하지 않아도 된다. 여러분이 그동안 프로세스 개선 활동에 관심이 있었다면 CMMI는 결코 어려운 이야기가 아니기 때문이다. CMMI란 'Capability Maturity Model Integration, 통합된 능력 성숙도 모델'을 줄인 말로 한 마디로 조직의 프로세스 개선 활동을 효과적으로 지원하기 위한 모델이다.

국내에서의 CMMI 적용은 1997년부터 시작됐지만, IT업계에서 본격적으로 관심을 가지게 된 것은 2000년대 들어서면서부터라고 할 수 있다.

국내 IT기업의 CMMI 적용은 급변하는 내, 외부적인 환경변화에 능동적으로 대응하고자 시작하게 됐는데, 대표적인 외부요인으로는 CMMI가 IT기업의 능력을 인정해 주는 국제인증장치로서의 입지를 강화한 점을 들 수 있다.

해외시장 진입에 있어 CMMI가 하나의 평가지표로 활용되면서 해외진출을 고려하고 있는 시스템 통합업체나 소프트웨어 패키지 개발업체의 경우, CMMI에 따른 일정 수준의 능력 성숙도 확보가 필요하게 됐다. 국내시장의 경우에도 국방이나 공공기관에서 제품 개발 프로젝트를 발주할 때, 일정 수준의 CMMI 능력 성숙도 인증을 취득한 업체에 대해서만 입찰에 참여할 수 있는 자격을 주거나 또는 업체평가 시에 가점을 부여하고 있다.

내부적인 요인으로는 제품에 내장되는 소프트웨어가 점점 복잡해지고 고도화되는 반면, 이를 개발하는 프로젝트는 여전히 체계적이지 못하여 결과적으로 제품의 품질 저하와 재작업이 과다하게 수행되는 점을 들 수 있다. 특히 개발이 완료된 후에도 막대한 유지보수 비용이 발생하는 문제 또한 내부적 요인 중의 하나였다.

하지만 국내의 여러 조직에서 CMMI를 적용해본 결과, 대다수의 조직이 CMMI를 적용하는 것을 매우 어렵게 여긴다는 사실을 알았다. CMMI를 처음 적용하는 조직이나 또는 이미 적용하고 있는 조직의 경우에도 CMMI를 충분히 이해하고 적용하는 조직은 많지 않았다.

이는 CMMI의 내용이 국내 환경과는 다소 이질적인 용어로 제품 개발 프로세스 개선을 위한 구체적인 접근방법을 제시하기 보다는 개념적인 내용으로 구성돼 있어 해당 조직에서 적용하는 데 어려움을 겪기 때문이다. 그러다보니 CMMI에 대한 이해가 충분하지 않은 다수의 조직에서는 정작 필요한 활동은 등한시 여기고 불필요한 활동은 무리하게 요구함에 따라 오히려 제품 개발자들의 반발을 초래하는 결과를 낳기도 했다.

이에 필자는 그동안 국내 60여 개 기업을 대상으로 CMMI 기반의 프로세스 개선을 위한 컨설팅 및 심사를 수행한 경험을 통해 여러분이 CMMI를 조금 더 쉽게 이해하고 보다 효과적으로 적용할 수 있도록 도움을 주고자 한다.

1.1 프로세스란 무엇인가?

우선 프로세스 개선 활동을 처음 접하는 독자들을 위해 프로세스가 무엇이며, 왜 중요한지에 대해 이야기해 보고자 한다. 그뿐만 아니라 몇 가지 대표적인 프로세스 개선 모델들을 간단히 비교하고 프로세스 개선 활동을 시작할 때 어디서부터, 어떻게 시작해야 하는지에 대해서도 설명할 것이다. 그리고 프로세스 개선 활동 시 직면할 수 있는 문제점들에 대한 몇 가지 해결책도 제시할 것이다. 그러나 여기서는 앞에 제시한 내용들을 개요 수준 정도로만 설명할 것이기 때문에 실제로 프로세스 개선 활동을 준비하기 위해 필요한 구체적인 방법은 나머지 다른 장들을 참조해야 한다.

1.1.1 프로세스

프로세스는 문제를 해결하는 것을 도와주는 일련의 단계들이다. 이들 단계들은 애 매모호하지 않은 방법으로 정의돼야 한다. 즉, 쉽게 이해할 수 있으며 프로세스를 사 용하는 어떤 사람이라도 일관된 방법으로 따를 수 있어야 한다. 왜 이러한 활동들이 일관적으로 수행돼야 하는가? 직원들을 로봇으로 만들도록 조직에서 부추기고 있는 것은 아닌가? 그렇지 않다. 프로세스에 중점을 두는 것은 대다수의 조직에서 쓸데없 이 반복되는 일들을 줄이고자 하는 것이다.

왜 우리는 새로운 프로젝트를 시작할 때마다 매번 새로운 틀을 만들어야 하는가? 우리는 매번 프로젝트를 수행할 때마다 프로젝트 계획서를 제출하라는 요구를 받고 있는데, 왜 우리 조직은 그것을 작성하는 방법을 설명해 주는 절차서를 우리에게 제공 해 주지 않는가? 왜 샘플 문서로부터 필요한 내용을 복사해 쉽게 붙여 넣을 수 있도록 하지 않는가? 우리가 매번 프로젝트 계획서를 새로 만들기 위해 피땀을 흘리는 것보 다는 훨씬 쉬운 일이 아닌가?

소프트웨어 프로그램을 개발하는 경우에도 이러한 상황은 비슷하다. 대부분의 프로 젝트 관리자는 어떤 특정한 프로그램을 구현하는 것이 얼마나 어려운지 물어 보지 않 는다. 각 프로그램을 코딩하는데 시간이 얼마나 걸리는지는 물어 보지 않고, 단지 소 프트웨어 개발자들에게 할당된 프로그램들의 목록을 전해 주고는 언제까지 가능한지 기한을 말하라고만 한다. 때로는 프로젝트 관리자의 잘못된 산정으로 인한 현실과 동 떨어진 작업일정 때문에 가슴앓이를 하고 매일 야근에 심지어는 주말 작업까지 해야 한다. 그렇다고 보상이 있는 것도 아니다.

만약 우리가 가진 정보를 입력해 일정을 예측하는 프로세스를 가지게 된다면 좀 더 현실적인 일정을 도출해 내는 것이 가능할 것이며, 이해되지 않거나 보이지 않는 무형 의 절차를 충실히 따라야 하는 것에서 벗어날 수도 있을 것이다. 그렇다면 이 일정수 립 프로세스는 언제나 완벽한가? 물론 그렇지 않을 수 있다. 그러나 중요한 것은 이 프로세스가 최소한 우리에게 일정에 대한 협상의 여지는 남겨 준다는 것이다.

프로세스들은 음식을 요리할 때 사용하는 조리법과 같다. 이 조리법은 우리에게 재료를 알려주고 어떻게 재료를 배합할 것인지, 어떻게 온도를 조절할 것인지, 얼마나 오랫동안 재료들을 요리해야 할지를 알려준다. 그러나 조리법이 우리에게 재료를 자르고 혼합하고 두들기고 거품 내고 굽고 삶고 튀기고 하는 기술을 가르쳐 주진 않는다. 실습하고 보완하고 개선시키는 것은 우리의 몫인 것이다.

그러므로 프로세스는 조리법을 담아 놓은 요리책과 같이 다분히 상위수준에서의 작업을 정의하는 것이라고 할 수 있으며, 이를 수행하기 위한 구체적인 내용이나 스킬 등은 절차에서 다루는 것이 일반적이다. 다음 사례를 통해 조직에서 어떻게 프로세스와 절차를 만들어야 하는지 알아보자.

어떤 기업의 프로젝트 관리자들이 프로젝트 납기에 영향을 미치는 이슈에 능동적으로 대응하도록 하기 위해 위험관리 프로세스를 만들기로 했다. 그동안 이 회사에서는 프로젝트에 투입된 인원들의 스킬 부족, 잦은 교체, 높은 이직률 등으로 프로젝트가 지연되곤 했다. 그래서 프로젝트 관리자들이 모여 그들이 직면하고 있는 모든 위험에 대응할 수 있는 다음과 같은 위험관리 프로세스를 개발했다.

- 위험식별
- 위험분석
- 위험발생 가능성 및 심각도 평가
- 위험완화

필자는 이 프로세스가 너무 일반적이어서 정의된 작업들을 프로젝트에 적용할 때 프로젝트 관리자들이 자신의 경험이나 프로젝트의 상황에 따라 각기 다른 방법으로 수행할 수 있다고 판단했다. 그래서 이전 프로젝트에서 수행했던 위험관리 사례를 기초로 구체적인 작업방법이 필요하다는 것을 지적했다. 그리고 프로젝트 관리자들에게 "여러분은 이제 프로세스를 가지고 있다. 이제 좀 더 나아가 여러분이 작성한 프로세스의 작업들이 어떻게 수행되어야 하는지를 고민해야 한다."라고 이야기했다. 아마 이 프로세스를 개발하는 데, 참여한 프로젝트 관리자들은 이미 개별 작업들을 어떻게 수행할지를 머릿속에 그리면서 프로세스를 만들었을 것이다.

먼저, 위험관리 프로세스의 첫 단계인 '위험식별'을 예로 들면, 프로젝트 관리자들은 어떻게 위험을 식별할지 고민해야 한다. 이를 위해서는 그동안 고객에게 제공한 최종 제품들의 문제점이 무엇인지 찾아보고, 분석해보아야 한다. 필자는 이러한 분석결과로부터 프로젝트에서 가장 많이 발생하는 문제점을 파악할 수 있었다. 절차에서는 프로젝트에서 발생할 수 있는 위험을 식별하기 위해 사전에 파악한 이러한 문제점들을 활용하는 방법을 정의하면 된다. 또한 여러분 조직에서는 이미 수행하고 있을지도 모르지만, '위험발생 가능성 및 심각도 평가'에 대해서도 프로젝트에 치명적인 영향을 미치면서 발생 가능성이 가장 높은 위험을 '유형 1', 프로젝트에 영향을 미치지만 프로젝트가 중단될 정도는 아닌 경우를 '유형 2', 프로젝트 진행에 많은 영향을 미치지 않으며 다음 단계나 릴리즈하는 동안에 문제를 해결할 수 있는 위험을 '유형 3'으로 평가할 수 있다. 여러분은 이와 같은 평가 유형뿐만 아니라 평가 시 사용할 수 있는 명확한 기준을 절차에서 다루면 된다.

이제 제품, 사람, 기술 등이 아닌 프로세스에 초점을 맞추는 것이 왜 중요한지 알아보자. 먼저 '요구사항 명세서'의 예를 들어보면, 프로젝트에서 요구사항 명세서를 작성하는 일은 제품 중심의 활동이다. 여러분은 프로젝트의 모든 요구사항을 도출한 후, 요구사항 명세서를 작성하기 위해 개별 요구사항이 전체 시스템에 관련된 내용인지, 소프트웨어나 하드웨어와 관련된 내용인지, 성능이나 보안 등과 관련된 내용인지 분류할 것이다. 더 나아가 이러한 요구사항 명세서와 이후에 작성한 설계서 및 시험사례 등과 연결시키고자 할 것이다. 만약 여러분 조직에서 이와 같은 방법을 활용해 프로젝트 초기에 성공적으로 요구사항 명세서를 작성했다고 해서, 여러분 조직에서 수행하는 모든 프로젝트에서 요구사항 명세서를 체계적으로 작성한다고 할 수 있는가? 필자가 프로세스에 초점을 두는 이유가 바로 여기에 있다. 프로세스에 초점을 둔다고 해서 앞에 제시한 방법이나 다른 방법이 중요하다는 것이 아니다. 다만 조직에서 요구사항 명세서를 작성하는 모든 사람이 조직에서 인정한 하나의 방법으로 작업하고, 그 결과 거의 같은 수준의 요구사항 명세서를 개발할 수 있도록 가이드라인을 제공한다는 것이다.

그럼 여러분은 '요구사항 명세서를 작성하는 사람에게 초점을 맞추면 되지 않을까?'라고 생각할지도 모른다. 여러분의 조직에서 요구사항 엔지니어링 전문가들을 많이 채용하여 모든 프로젝트의 요구사항 명세서를 작성하게 하면 될 것이다. 그러나 그건 불가능한 일이다. 사람이 아닌 프로세스에 초점을 맞추라는 것은 프로젝트를 수행하는 데 사람이 중요하지 않다는 것이 아니다. 프로세스에 중점을 두라는 것은 단지 뛰어난 사람을 고용하라는 뜻이 아니라, 이들이 따를 수 있는 좋은 프로세스를 갖추라는 의미이다. 열심히 일하는 사람을 고용하기보다는 사람들이 더욱 현명하게 일할 수 있게 하자는 것이다. 이것이 프로세스가 여러분 조직에 필요한 이유라고 할 수 있다.

여러분은 '새 술은 새 자루에'라는 말을 들어본 적이 있을 것이다. 기술이 아닌 프로세스에 초점을 맞추라는 이유를 이 말에서 찾을 수 있다. 여러분은 조직의 전산시스템이나 데이터베이스의 문제점과 성능을 개선하기 위해 새로운 개발 언어나 DBMS를 이용해 업그레이드한 경험이 있을 것이다. 만약 여러분 조직에서 기존의 업무처리 방식을 고수한 채 인력 수준의 향상 없이 새로운 기술만 적용했을 경우, 엄청난 비용을 들여 새로운 전산시스템을 만들었지만 기존의 문제점뿐만 아니라 새로운 기술이 가진 문제점을 모두 보유한 전산시스템을 사용하게 될 수도 있다.

2000년대 초에 있었던 닷컴 기업들의 파산을 예로 들면, 대부분의 닷컴 기업들은 고객이 직면한 문제들에 대해 근본적인 분석보다는 사용하지도 않는 기능을 추가하거나 화려한 사용자 편의성만을 강조한 신제품 개발에만 관심을 가졌다. 그러나 이러한 사업구조는 결국 고객들에게 외면 받았고, 이로 인해 대부분의 닷컴 기업들은 오래가지 못했다. 기술은 그 자체가 문제를 근본적으로 해결해주는 것이 아니라, 근본적인 문제를 해결하기 위해 선택한 방법을 쉽게 실행하게 해주는 것이라고 할 수 있다.

그럼 처음으로 돌아가서 왜 프로세스에 초점을 맞추어야 하는가? 필자가 겪었던 다음 사례를 통해 그 이유를 제시하고자 한다.

■ 형상관리

대부분의 제품은 점점 복잡해지고 대형화되고 있다. 필자가 컨설팅한 자동차 컴포넌트 제조회사는 모델 하나를 개발하기 위해 이미 개발된 제품에 포함된 몇 십만 개의 소스코드로 수많은 릴리즈를 생성하고 있었다. 이런 이유 때문에 개발자가 필요로 하는 소스코드를 찾거나, 전체 소스코드들을 통합할 때 많은 시간낭비와 문제점이 발생했다. 그러나 필자가 제안한 변경관리 절차를 적용한 후, 개발자들은 어떤 소스코드가 이번 제품에 적용돼야 하는지 알 수 있게 되었으며, 더 이상 소스코드를 찾기 위해 많은 시간을 소모할 필요가 없게 되었다.

■ 시험

그리고 이 회사에서는 앞에서 이야기한 대로 개발자들이 몇 십만 개의 소스코드를 개발하면서 직접 시험하는 것이 불가능하기 때문에 전문적인 시험담당자들을 프로젝트에 투입하고 있었다. 그러나 개발자들은 '여기 소스코드랑 내가 변경한 내용이 있으니까 시험은 너희들이 알아서 계획서 만들어 테스트하라.'는 식이었다. 그러므로 시험을 수행하는 담당자들은 시험을 하면서도 소스코드가 얼마나 완전한지 확신할 수 없었고, 제품을 위한 실제 요구사항을 파악하는 데 수많은 시간을 투입해야 했다. 이제, 이 조직에서는 요구사항 명세서와 추적표에 관한 프로세스를 준수함으로써, 시험담당자는 보다 빠르게 어떤 일을 해야 할지 이해할 수 있게 되었고, 본연의 시험활동에 더 많은 시간을 사용할 수 있게 되었다.

■ 계획수립

프로젝트 계획 수립과 관련된 사례를 살펴보면, 어떤 회사에서는 현재 고객과 추진하려는 전체 프로젝트의 수나 그 특성들을 파악하지 못해 프로젝트 우선순위에 따른 적절한 대응이나 향후 인력수급 등에 많은 문제를 가지고 있었다. 그러나 작업기술서나 프로젝트 계획수립 프로세스를 이용하면서 현재 고객과 추진하려는 프로젝트가 얼마나 되며, 각각의 최초 요구사항이 무엇이며, 이를 통한 프로젝트의 대략적인 규모와 난이도, 요구되는 인원 규모 등을 파악할 수 있게 되었다. 그리고 이들 데이터를 기반으로 프로젝트의 우선순위를 결정할 수 있게 되어 현재 준비 중인 프로젝트들의 적절한 대응 전략 마련을 통해 쓸데없이 사용하는 시간을 최소화할 수 있었다.

■ 의사소통

의사소통을 통해 여러분 조직의 프로세스에 생명력을 불어넣을 수 있다. 이러한 의사소통에는 서로 다른 팀 간의 의사소통도 있을 수 있으며, 상하 간의 의사소통도 있을 수 있다. 예를 들면 개발 임원은 개발자들에게 현재의 개발환경이나 작업방법의 어려움에 대해 물어볼 수 있고, 개발자들은 적극적으로 의견을 이야기할 수 있을 것이다. 또한 여러 프로젝트에서 해당 제품과 프로세스에 대해 검토하는 품질보증 담당자들은 개별 프로젝트 팀들의 업무수행 방법에서의 차이점뿐만 아니라, 이로 인한 장단점을 알 수 있을 것이다. 품질보증 담당자들은 이러한 아이디어를 적극적으로 프로세스 개선 팀과 의사소통해야 한다. 지금 예로 든 두 가지 의사소통 모두 조직의 프로세스를 지속적으로 개선시킬 수 있을 것이다.

프로세스에 초점을 맞추는 것이 유일한 대안일 수는 없지만 경영진의 관심, 충분한 자금 지원, 지속적인 교육 등을 결합하면 여러분이 가지고 있는 문제를 보다 근본적으로 해결할 수 있을 것이다.

1.1.2 모델

여러분은 모델을 무엇이라고 생각하는가? 모델은 여러 성공사례들의 모음 정도로 생각하면 될 것이다. 그러나 이러한 모델에는 일반적으로 성공사례 등에서 제시하는 '어떻게 일을 수행하는가?How-to-do'에 대한 내용보다는 '무슨 일을 수행하는가?What-to-do'에 대한 내용 위주로 정의되어 있다. 이것이 모델과 성공사례의 차이다. 예를 들면 요구사항 관리와 관련한 모델에서는 개별 요구사항에 대한 변경을 추적하기를 추천하고 있지만, 이를 어떻게 하라는 구체적인 방법까지 제시하지는 않는다.

그런데 왜 대부분의 조직에서는 모델을 사용하는가? 필자가 그동안 컨설팅이나 심사를 수행한 조직들 가운데에는 프로세스 개선을 위한 모델을 사용하지 않고 개선 활동을 수행하려는 조직들이 있었다. 그러나 이들 조직들은 프로세스 개선 활동에 대한 계획을 수립하거나, 그 결과를 예측하는 것이 쉽지 않았기 때문에 대부분 실패했다. 그리고 어떤 조직에서는 그들이 직접 모델을 만들어서 프로세스 개선 활동을 수행하려 한 적도 있다. 그러나 하나의 모델을 만드는 것은 많은 시간과 비용이 소요되는 굉장히 어려운 작업이기 때문에 그들 역시 실패하고 말았다.

앞에서 모델이란 성공적인 조직들로부터 수집한 모범사례들의 결정체라고 이야기했다. 이들 모델들이 제시하는 대부분의 내용은 충분히 따를 만한 가치가 있다. 그리고 대부분의 모델에서는 이를 적용하려는 조직의 환경과 맞지 않은 내용들에 대해 다른 방법으로 대체하는 것을 인정하고 있다. 하지만 더 많은 대안을 선택하면 할수록 해당 모델이 지향하고자 하는 성공사례들로부터 더 멀어질 것이며, 여러분 조직의 문제점에 대한 개선 정도를 축소할 수 있다는 점을 명심해야 한다. 이것이 모델을 충실히 따라야 하는 이유이다.

지금부터는 국내에서도 많이 사용되고 있는 모델인 ISO 국제표준과 이 책에서 주로 다루게 될 CMMI에 대해 간단히 설명하고자 한다.

ISO^{International Standardization Organization}란 국제 표준화 기구를 의미한다. 이 책에서 설명하고자 하는 ISO 표준은 기본적인 품질경영시스템의 프레임워크를 제공하는 ISO 9000 Family에 대한 표준들이다. 지금은 'ISO 9000: 2015 품질경영시스템 기본사항 및 용어 정의'와 'ISO 9001: 2015 품질경영시스템 요구사항' 등으로 통합되었지만, 이전에는 ISO 9000, ISO 9001, ISO 9002, ISO 9003, ISO 9004 등으로 세분화되어 있었다. 이 중에서 인증 범위에 따라 구분되었던 ISO 9001, 9002, 9003과 같은 인증 규격들이 ISO 9001:2015로 통합되었다고 보면 가장 이해가 빠를 것 같다. 그리고 지금은 모든 기업들이 ISO 9001:2015 모델을 적용하고 있지만, 이전 모델에서는 소프트웨어를 개발하거나 유지보수하는 조직에서는 주로 ISO 9001과 이 표준을 소프트웨어 측면에서 구체화한 ISO 9000-3을 사용했다. ISO 9000-3은 소프트웨어 개발, 공급, 유지보수에 이르는 소프트웨어 생명주기 동안 ISO 9001에서 요구하는 품질경영시스템을 소프트웨어 측면에서 명세화한 것이다.

반면에 CMMI는 능력 성숙도 모델을 의미한다. 뒤에서 다시 자세히 설명하겠지만, CMMI는 품질, 비용, 납기 측면에서 뛰어난 성과를 거두고 있는 많은 조직에서 수행하는 활동을 분석하고 이러한 조직들의 활동 중에서 의미 있는 것들을 모아 만들었다. 예를 들어, 요구사항과 이의 변경을 체계적으로 관리하거나, 품질보증 활동이나 동료검토 활동을 내재화하거나, 직원들이 그들의 직무와 관련된 교육을 받을 수 있도록 하는 것 등이 해당된다. 이런 과정을 거쳐 CMMI가 탄생하게 된 것이다.

그럼 CMMI와 ISO의 유사점과 차이점은 무엇인가? ISO 국제표준은 제조업 분야에 초점을 맞춰 유럽에서 제정되었고, CMMI는 소프트웨어를 포함한 제품개발 활동을 관리하기 위해 미국에서 만들었지만, 모두 제품의 품질을 개선하기 위해 만들어졌다. 그리고 이 모델들은 유럽이나 미국뿐만 아니라 전 세계에서 통용되고 있다.

ISO는 기본적으로 이를 적용하려는 모든 기업들의 폭넓은 품질이슈들에 초점을 맞춘다. ISO를 적용하는 데 있어 가장 중요한 부분은 적용기업에서 이행해야 하는 품질활동을 담은 품질매뉴얼을 작성하는 것이다.

반면에 CMMI는 기업 전체의 품질문제를 다루기보다는, 조금 모호한 개념이지만 다수의 프로젝트를 관리하는 '조직'이라는 단위의 품질문제를 다룬다고 할 수 있다. 그렇기 때문에 CMMI 심사 시에는 한두 명의 임원이 인터뷰에 참가할 수도 있지만, 대부분은 프로젝트 관리자와 팀원들을 중심으로 인터뷰가 이뤄진다. 물론 앞에서 설명한 바와 같이 조직의 범위를 회사 전체로 확장하거나, 하나의 프로젝트로 축소할 경우에는 달라질 수도 있다.

어떤 사람들은 그들 조직이 ISO 인증을 받았기 때문에 CMMI의 2단계나 3단계에 해당한다고 주장하기도 한다. 그러나 이런 주장은 잘못되었다. 물론 그 반대의 경우도 마찬가지이다. 이러한 비교는 사과와 오렌지를 비교하는 것과 같다. 이 둘은 같은 과일이지만 서로 맛과 향이 다르다. 마찬가지로 이 두 가지 표준은 비슷한 목적을 가지고 있지만 각각의 방법과 범위에서 서로 다르기 때문이다.

마지막으로 필자가 이야기하려는 모델은 '6σ'이다. 현재 6σ를 적용하려는 기업들이 점점 늘어나는 추세이다. 6σ는 해당 기업에서 수행하는 프로세스의 결과들의 편차를 품질의 지표로 사용한다. 즉 이 결과들의 편차가 적으면 적을수록 품질이 좋다고 할 수 있다. 그러므로 기업에서는 프로세스 편차를 줄이려고 측정과 개선활동을 반복한다. 이러한 개선활동을 위해 6σ에서는 개선 목적과 목표를 명확하게 정의하는 '정의 단계', 잠재적인 원인을 도출하기 위한 측정 및 기준을 설정하는 '측정 단계', 측정된 데이터로부터 편차의 추세와 원인을 식별하는 '분석 단계', 식별된 원인을 기반으로 프로세스를 개선하는 '개선 단계', 개선결과를 확인하고 지속적으로 관리하는 '관리 단계'를 정의하고 있다.

몇몇 기업에서는 6σ와 CMMI를 하나의 프로세스 개선 활동으로 통합하려는 시도를 하고 있다. 6σ는 해당 기업이 가지고 있는 가장 큰 문제점들 위주로 개선 활동을 시도하려는 것이고, CMMI는 기업 전체의 문화나 인프라를 변화시키기 위해 모범사례들을 수집하고 이를 확산시키려고 하기 때문에 상당한 시너지 효과를 거둘 수 있을 것이다. 그러나 이들 모델의 무조건적인 결합보다는 이들을 결합하여 상당한 효과를 거둘 수 있도록 해당 기업의 문화를 먼저 변화시키는 것이 더 중요하다. 즉 CMMI 4단계 이상의 조직에서 6σ를 도입하는 것이 가장 효과적이다. 이것은 6σ가 정량적인 목표설정이나 측정과 같은 높은 수준의 활동을 요구하기 때문이다.

1.1.3 비즈니스 목적과 목표

기업의 비즈니스 목적에 부합하는 프로세스 개선 활동을 수행한다는 것은 말처럼 쉬운 일은 아니다. 대부분의 기업은 비즈니스 목표를 명확하게 정의하지 않은 상태에서 프로세스 개선 활동을 먼저 시작하는 경우가 많다. 사실 비즈니스 목표를 정의하지 않는다는 표현보다는 정의할 수 없다는 표현이 더 적절할 수도 있다. 필자가 컨설팅을 하면서 만났던 대부분의 경영진들은 "프로세스 개선 활동을 통해 무엇을 달성하고자 합니까?"라고 물었을 때, 단지 "생산성을 높이기 위해!"라고 대답한다. 다시 말해, 프로세스 개선 활동을 해서 조직의 성숙도가 향상되면 생산성이 높아진다니까 한다는 식이다. 그러나 프로세스 개선 활동이 조직의 생산성을 급격하게 향상시키지는 않는다. 특히, 프로세스 개선 활동의 초기에는 실제 더 많은 인력이 필요할 수도 있다. 따라서 이러한 목적은 잘못된 것이라고 할 수 있다.

그리고 필자가 들었던 또 하나의 대답은 "우리 조직이 CMMI 성숙도 3단계 인증을 받아야만 고객과 계약을 할 수 있거든요!"이었다. 이런 대답을 하는 조직에서는 돈으로 CMMI 성숙도 3단계 인증을 살 수만 있다면 아마 그렇게 하려고 할 것이다.

한편, 필자가 "여러분의 비즈니스 목표는 무엇입니까?"라고 물었을 때 많은 사람들은 "그야 물론, 돈을 많이 벌기 위해서죠!"라고 이야기하기도 한다. 이렇게 말하는 대다수의 조직들은 그들의 비즈니스 목표를 명확하게 말할 수 있을 정도로 성숙되지 못했기 때문이다.

우리는 여러분의 조직에서 비즈니스 목적을 정의하거나 프로세스 개선 영역을 결정하고자 할 때, 'GQM^Goal-Question-Metric 기법'을 사용할 것을 추천한다. GQM 기법은 주로 워크숍을 통해 진행하며, 실제로는 Problem-Goal-Question-Metric이라고 하는 것이 더 정확하다. 먼저 여러분 조직이 가지고 있는 많은 문제들을 나열한 후, 여러분 조직에 미치는 영향이나 문제해결의 시급성 등을 고려하여 문제들을 정리한다. 정리된 문제들에 대한 개선목적을 명확히 한 후, 그 목적들이 달성되었는지 확인하기 위한 1개 이상의 질문을 만든다. 그 질문에 대한 답이 바로 여러분 조직에서 관리해야 하는 메트릭이 된다. 마지막으로 이와 연관된 프로세스 영역을 식별함으로써 프로세스 개선 노력에 집중할 수 있을 것이다.

■ 문제점

개발자는 요구사항 변경 내용을 몰라 최초 요구사항대로 코딩하는 경우가 많다.

■ 목적

고객이 원하는 제품을 제공해야 한다.(개발자는 요구사항을 충족시키는 프로그램을 개발해야 한다.)

■ 질문

어떤 경우에 요구사항을 충족시킨다고 할 수 있는가?

■ 메트릭

전체 요구사항 대비 설계서나 프로그램에 반영된 요구사항 비율, 시험 커버리지, 시

험 성공률 등

■ 관련 프랙티스 영역

요구사항 개발 및 관리, 프로세스 보증, 검증 및 확인

GQM 기법을 경험한 사람들은 이 방법이 자신들의 업무에도 많은 도움을 주리라고 믿기 때문에 종종 이를 일상 업무에도 적용하고 있다.

비록 필자가 GQM 기법에 대해 설명하고 있지만, 성숙도가 낮은 조직에는 이 방법을 권장하고 싶지 않다. 프로세스 개선 활동을 처음 시작하는 조직에서는 비즈니스 목적과 목표를 명확하게 이해하지 못하는 경우가 많기 때문이다. 그리고 이러한 조직에서는 자신들의 조직에 문제가 있다는 사실을 쉽게 인정하려고 하지 않는다. 필자는 단지 요구사항과 관련된 부분에 대해 정성적인 예를 들었지만, 비즈니스 목표를 정량적으로 파악할 수 있는 조직에서는 그들의 비즈니스 목표를 '고객에게 전달되는 결함의 수를 15% 감소시킴으로써, 고객 만족도를 10% 개선시키는 것.'이라고 정할 수 있을 것이다. 이와 같이 설정된 비즈니스 목표가 더욱 효과적이기 위해서는 메트릭이 뒷받침되어야 한다. 그리고 이를 위해서는 조직의 문제들을 완벽히 정의할 수 있어야 하며, 이 문제들이 어떤 비즈니스 목적과 연관되어 있는지 파악할 수 있어야 한다. 현재 수준을 측정한 후 목표수준을 결정하고, 이를 추적 관리할 수 있을 정도로 충분히 성숙되어야 한다.

만약 여러분 조직에서 GQM 기법을 이용해 개선 목표와 개선 영역들을 명확히 정의했다고 하자. 이런 경우에는 여러분이 수행하는 프로세스의 강약점을 분석하고 이를 기반으로 개선영역을 파악하기 위해 CMMI 심사방법에 따른 공식심사를 받을 필요가 없을까? 필자는 여러분의 조직이 성숙되었거나 그렇지 못할 경우에도 가능하면 공식적인 심사활동을 통해 조직의 강약점을 식별해서, 조직에서의 개선 노력을 어디에 집

중할지를 결정하는 데 도움을 받기를 권한다.

1.1.4 문제

프로세스에 초점을 두는 것은 매우 힘든 일이다. 그러나 필자는 앞에서 "프로세스에 초점을 두는 것이 경영진의 관심, 충분한 자금 지원, 지속적인 교육 등과 결합하여 여러분이 가지고 있는 문제들을 보다 근본적으로 해결해줄 수 있을 것이다."라고 이야기했다. 여러분이 최소한 1년 이상 조직의 프로세스를 개선하기 위해 고민했다면, 위의 이야기가 가슴에 와 닿을 것이다. 그러나 여러분 중에는 "우리 조직에서는 전문가들만 채용하기 때문에 지속적인 교육이 필요하지 않다."라고 말하는 사람도 있고, "우리에게 지금 당장 필요한 것은 불을 끌 수 있는 소방관이지, 불 끄는 방법을 가르치는 교관이 아니다."라고 이야기하는 사람도 있을 것이다.

여러분은 입맛에 꼭 맞는 인재를 구하는 것이 얼마나 힘든 일인지 알고 있을 것이다. 전문가들만 채용한다는 말은 극히 제한된 자리에만 해당된다. 어떤 경우에는 프로젝트가 제대로 굴러가지 않는 이유를 찾기 위해서 대여섯 명의 전문가를 프로젝트에 추가 투입하는 경우도 있을 수 있다. 그리고 프로세스 개선 활동을 위한 교육이 무엇보다 우선되어야 한다는 것을 알지만, 여전히 부담되는 것은 사실이다. 여러분 조직에서 무리해서 프로세스 개선 교육을 실시한 후 프로세스 개선 업무에 투입했지만, 너무 힘들어서 원래의 업무로 되돌아가려는 사람도 있을 수 있으며, 아니면 보다 대우가 좋은 다른 회사로 떠나는 사람들도 있을 수 있기 때문이다. 이러한 이유 때문에 어떤 기업에서는 보다 축약된 형태의 교육과정을 만들기도 하지만, 모르는 사람에게 일을 맡기는 것은 더 큰 문제를 야기할 수 있다. 그리고 여러분 중에는 프로세스 개선 도구를 도입해본 사람들도 있을 것이다. 대부분의 도구들은 단기간에 여러분의 조직을 원하는 성숙도 수준까지 달성할 수 있도록 지원한다고 홍보하지만, 그렇게 되기 위해서는 하나에서 열까지 여러분의 손길이 닿아야만 한다. 아마 여러분은 위에서 언급한 문제점 중에 한두 가지 정도는 경험해보았을 것이다.

그렇다면, 여기서 포기할 것인가? 필자의 대답은 "아니요!"이다. 그럼, 어떻게 할 것인가? 정답은 아니지만, 필자가 경험한 두 가지 방법을 제시하고자 한다. 먼저, 여러분의 경영진을 설득하는 것이다. 여러분은 경영진에게 프로세스 개선 활동이 현재 조직에서 가장 필요한 활동이라는 것을 제시해야 하며, 대부분의 개선 모델들이 체계적인 관리를 통한 기업의 경영환경 개선에 초점을 두고 있다고 설명해야 한다. 만약 경영진이 회의적이라면 포기하는 편이 낫다. 그렇지 않다면 프로세스 개선 활동에 적극적으로 경영진을 참여시켜야 한다. 그들이 신뢰하는 사람이나 그들이 집행하는 예산, 그리고 그들의 업무시간 중 일부분을 프로세스 개선 활동에 투입하게 하는 것이다.

두 번째 방법은 조직원들을 참여시키는 것이다. 프로세스 개선은 여러분 조직을 진정으로 변화시키는 것이다. 그러나 대부분의 사람들은 자신이 수행하는 업무방법이 너무나 불편하고 짜증나서 더 이상 참지 못할 정도가 아니라면 변화를 원하지 않는다. 아마 여러분 조직이 이 정도는 아닐 것이다. 대부분의 사람들은 업무를 수행하기 위한 나름대로의 업무수행 방법을 가지고 있기 때문이다. 그렇기에 그들은 업무방법을 바꾸려고 하지 않겠지만, 여러분은 그들에게 프로세스를 만들게 함으로써 프로세스 개선 활동에 그들을 참여시킬 수 있어야 한다. 이런 방법이 불가능하다면 최소한의 회의에라도 참석시켜 그들의 의견이 프로세스 개선 활동에 반영될 수 있도록 해야 한다.

지금까지 프로세스 개선 활동을 처음 접하는 독자들을 위해 일반적으로 사용되는 몇 가지 용어와 개념들에 대해 소개했으며, 프로세스 개선 활동이 왜 중요한지를 설명했다. 그리고 프로세스 개선 활동은 여러분 조직을 진정으로 변화시키는 것이라고 했다. 조직을 변화시키기 위해서는 강력한 힘이 필요하며, 그에 따른 책임도 부여된다. 만약 여러분이 진정으로 조직을 변화시키고 싶다면, 프로세스 개선 활동에 열정적으로 참여하면 될 것이다.

우리는 흔히 '실수'란 좋지 않은 것이라고 생각한다. 그러나 프로세스 개선 활동에서의 실수는 여러분이 노력하고 있다는 증거이다. 프로세스 개선 활동에서 실수가 없다면, 아마도 그 프로세스는 사용되지 않고 있다는 뜻일 것이다. 일반적으로 프로세스는 처음부터 완벽하게 작성되지 않을뿐더러, 실행을 통해 지속적으로 보완되는 것이기 때문이다.

그리고 여러분은 조직의 프로세스 개선 활동을 위해 목표의식을 가진, 경험 많은 전문가들로 팀을 구성하는 것도 중요하지만, 프로세스 개선 팀의 모든 사람들이 프로세스 개선에 대한 엄청난 노력을 투자해야 한다는 사실을 명심해야 한다.

1.2 CMMI의 탄생

이 책을 읽는 대부분의 독자들은 이미 CMMI가 어떻게 만들어졌는지 알고 있겠지만, 처음 CMMI를 접하는 독자들을 위해 CMMI의 역사에 대해 간단히 설명하고자 한다.

대다수의 조직들은 경쟁적인 시장환경에서 이익을 창출하기 위해 고군분투하고 있으며, 경영진은 이를 위한 보다 효과적인 방안을 모색하곤 한다. 그들은 경영과 전략 그리고 그들이 배운 원칙을 적용하는 데 도움이 될 만한 책들을 읽어 보기도 하고, 때로는 그들 조직이 가지고 있는 문제점을 진단해 개선안을 도출해 줄 수 있는 컨설턴트를 고용하기도 한다.

CMMI는 이러한 조직의 개선을 위한 접근법 중의 하나로, 소프트웨어 엔지니어링, 시스템 엔지니어링, 인적자원 관리 및 소프트웨어 획득 등 특별한 원칙들에 대한 모범사례들을 모아 놓은 것이다.

1.2.1 SEI와 CMMI

1991년 미국 SEI*는 소프트웨어를 위한 능력 성숙도 모델SW-CMM을 발표했는데, 이 모델은 조직의 소프트웨어 개발 및 유지보수 능력을 향상시키기 위한 핵심 프랙티스들로 구성되어 있다. SW-CMM의 접근 방법은 지난 60년간 지속적으로 관심을 기울여 왔던 제품 품질관리의 원칙을 근거로 한다.

1930년대에 월터 쉬와트Walter Shewhart에 의해 발표된 통계적 품질관리의 개념은 이후 에드워즈 데밍W. Edwards Deming과 죠셉 쥬란Joseph M. Juran을 통해 체계화 됐다. 그리고 1980년대에 필립 크로스비Philip B. Crosby의 품질철학이 반영된 총체적(또는 전사적) 품질관리에 의해 더욱 발전되고 성공적으로 증명됐다. 이런 개념들은 SEI에 의해 받아들여져 소프트웨어 개발 및 유지보수 프로세스를 지속적으로 개선하기 위한 모델을 개발하는 데 기초가 됐다.

SEI는 전 세계 소프트웨어 프로세스를 개선하는 데 지대한 영향을 끼치게 된 SW-CMM 이외에도 시스템 엔지니어링 능력 성숙도 모델SE-CMM과 통합된 제품개발 능력 성숙도 모델IPD-CMM 등 타 영역에 대한 모델도 추가적으로 개발하여 발표했다.

SW-CMM과 SE-CMM 그리고 IPD-CMM은 조직 및 프로젝트 관리 프로세스를 보여줄 뿐만 아니라 제품의 개발과 유지보수에 있어 모든 적합한 원칙들의 상호보완에 초점을 맞추고 있다.

이렇듯 다른 영역들의 원칙들을 위한 다양한 능력 성숙도 모델의 개발은 긍정적으로 받아들여지고 있다. 프로세스 개선은 더욱 많은 원칙들에 영향을 끼치고 있으며, 조직으로 하여금 그들의 제품을 보다 잘 개발하고 유지보수 할 수 있게끔 도움을 준다. 그러나 이러한 확장은 한편으로는 도전을 불러일으키기도 한다.

---

* SEI(Software Engineering Institute) : 미국 국방성(Department of Defense)의 자금을 지원 받아 카네기 멜론대학교 내에 설립된 소프트웨어 공학 연구소로 CMMI를 개발하고 보급하는 활동을 수행함. 2012년 12월에 현재의 CMMI Institute를 설립하고 CMMI 관련 업무를 이관함.

다양한 능력 성숙도 모델은 제품의 품질과 생산성 향상을 위해 하나 이상의 모델이 조화를 이루며 함께 사용될 때 보다 큰 이익을 창출해 낼 수 있다. 그러나 조직의 많은 관리자들은 SW-CMM과 SE-CMM 그리고 IPD-CMM에 대해 모델 상호간의 중첩된 부분과 다른 구조로 인해 현장에 적용하는 데, 많은 어려움과 비용이 따른다고 불만을 토로하곤 했다. 교육훈련과 심사 그리고 개선 활동들은 이러한 원칙들이 어떻게 통합되어 수행돼야 하는 지에 대한 지침 부족으로 종종 불필요하게 반복 수행되곤 했다. 따라서 조직들은 CMM 관련 모델들을 근간으로 한 개선 활동들을 성공적이면서도 쉽게 통합할 수 있는 방법을 필요로 하게 되었다. 다시 말해 모델 자체의 통합이 필요하게 된 것이다.

1.2.2 능력 성숙도 모델 통합의 필요성

CMM을 통합하는 프로젝트는 관련 모델들 및 이의 교육과정 그리고 심사방법들을 보다 잘 활용하기 위한 통합의 필요성이 각계각층으로부터 요구됨에 따라 다양한 조직에서 다양한 경험을 가진 전문가들이 현재 및 미래에 활용할 보다 나은 모델 개발을 위해 참여하게 되었다.

1998년 2월, 산업계와 정부 그리고 SEI는 IT산업에 있어서 가장 기본이 되는 소프트웨어 엔지니어링, 시스템 엔지니어링, 통합된 제품 및 프로세스 개발의 세 가지 원칙을 포함하는 통합된 모델인 CMMI 개발에 착수하게 됐다.

1.2.3 CMMI의 진화

CMMI는 CMMI 모델과 프레임워크, 교육훈련 교재 및 심사방법으로 구성된다. CMMI 프레임워크는 각기 다른 원칙들이 조화롭게 CMMI로 통합된 규칙과 개념을 보여준다. 프레임워크는 CMMI로부터 각 조직에 가장 적합한 하나 또는 그 이상의 원칙들을 선정해 활용할 수 있도록 도움을 준다.

CMMI는 모델과 심사방법 그리고 교육훈련 과정에 대해 몇 차례에 걸친 내부 전문가 검토, 외부 일반인 검토 및 시범적용을 수행했으며, 그 결과를 바탕으로 CMMI에 대한 보완과정을 거쳐 마침내 2002년 1월, CMMI-SE/SW V1.1을 발표하게 됐다.

또한 CMMI-SE/SW 모델이 시스템 및 소프트웨어 공학 분야만을 다루는데 비해 통합 제품 및 프로세스 개발 분야까지도 포괄적으로 다루는 CMMI-SE/SW/IPPD V1.1도 같은 시기에 발표됐다. 여기에 공급업체 선정분야까지를 포함시킨 CMMI-SE/SW/IPPD/SS V1.1 역시 같은 해인 2002년 3월에 발표됐다. 이와 더불어 기존의 SW-CMM을 적용하던 기업이 쉽게 CMMI로 전환할 수 있도록 소프트웨어 공학 분야만을 다루는 CMMI-SW V1.1이 2002년 8월에 발표됨으로써 CMMI는 총 네 가지 원칙이 유용하게 됐다.

CMMI V1.1이 발표되고 산업계에 적용되면서 모델 개선에 대한 산업계의 요구는 계속되었다. SEI는 이를 반영해 2006년 8월에 CMMI V1.2를 발표했다. CMMI V1.1과 비교했을 때 V1.2의 가장 큰 차이점은 기존의 V1.1이 네 개의 원칙으로 구성됐던 것을 시스템 개발을 위한 CMMI^{CMMI for Development}, 시스템 획득을 위한 CMMI^{CMMI for Acquisition}, 서비스를 위한 CMMI^{CMMI for Service}의 세 가지 유형으로 구분했다는 것이다.

이는 제품 구매나 개발 또는 유지보수 서비스 등의 업무에 사용되는 용어나 프로세스가 다른 부분이 있음에도 획일적으로 동일한 모델을 사용함에 따른 불편함을 해소하기 위해서였다.

CMMI V1.2의 세 가지 유형인 CMMI 개발, CMMI 획득, CMMI 서비스는 각 모델의 구조와 철학 그리고 일반적인 접근이 유사하여 세 가지 모델들 간의 일관성 및 심사방법의 무결성 확보를 위해 지난 2010년 11월에 V1.3이 발표됐다. CMMI V1.3의 가장 큰 특징이라면, 모델 전반에 걸쳐 이전에는 적용 상 혼란을 초래할 수 있었던 용어들을 보다 명확히 함으로써 해당 조직의 편의에 따라 모델 요구사항을 피해가려는 시도를 최소화할 수 있도록 했다는 점이다. 아울러 CMMI 기반의 개선 활동을 수행함에 있어 조직의 비즈니스 성과관리를 통해 목표를 달성하고 지속적으로 목표를 향상시켜 나가는 방향으로 모델의 내용을 강화했다.

1.2.4 CMMI의 현재 상태

미국 SEI는 2012년 12월에 CMMI 인스티튜트Institute를 설립하고 CMMI 관련 모든 업무를 이관했다. CMMI 인스티튜트는 국방산업 중심으로 개발된 CMMI 모델이 자동차, 통신, 의료, 금융 등과 같은 다양한 유형의 산업계에 적용되면서, 해당 산업계로부터의 다양한 요구를 반영하기 위해 개정작업을 수행하고 2018년 3월에 CMMI V2.0을 발표했다. [그림 1-1]은 CMMI의 변천사를 보여준다.

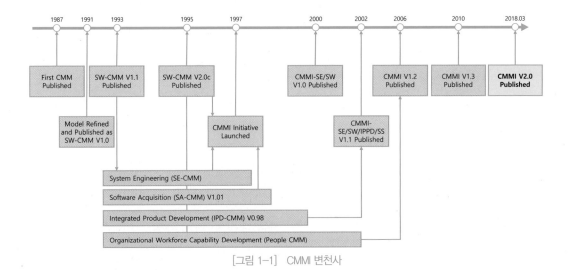

[그림 1-1] CMMI 변천사

산업계로부터의 요구사항을 반영한 CMMI V2.0의 주요 개선내용은 [표 1-1]과 같다.

[표 1-1] CMMI V2.0의 주요 개선사항

산업계의 주요 요구사항	주요 개선내용
CMMI 적용의 가치 및 ROI 입증	• 조직에서 필요로 하는 성과관리를 지원하기 위해 모델의 각 레벨마다 성과역량을 반영 – 성과니즈 이해 : 목표의 추적, 측정 및 달성, 성과목표 수립
CMMI 심사에 소요되는 시간, 노력, 비용 절감을 통해 CMMI 심사의 전반적인 가치 향상	• 심사대상 조직의 심사준비 노력을 줄임으로써, 심사의 총 수명주기 비용을 낮추면서도 심사결과의 신뢰도를 향상시키는 새로운 심사방법 • 조직은 간편한 유지심사를 통해 벤치마크 심사의 유효성 확장이 가능
CMMI를 최신 상태로 유지하고 최신 트렌드의 방법론을 마켓에 활용	• 애자일(agile) 개발방법 중의 하나인 스크럼(scrum)과 같은 추가적인 방법론 지침을 포함하는 확장 가능한 아키텍처 플랫폼 • 안전(safety) 및 보안(security)과 같은 새로운 콘텐츠의 추가로 중요한 비즈니스 니즈 해결
사용하기 쉽고 사용자 친화적인 CMMI 필요	• 일반인도 모델을 읽고 이해하기 쉽게 비기술적 언어를 사용 • 각 조직의 필요에 맞게 모델을 조정할 수 있도록 온라인 플랫폼 사용 • CMMI를 성공적으로 적용하고 V1.3에서 V2.0으로 전환하는 데, 필요한 지침을 제공 • 모델, 교육과정 및 사용지침이 여러 언어로 번역되어 제공

1.3   CMMI의 구조

여러분은 CMMI의 구조에 대해 공부하기 전에 다음 두 가지 개념을 이해해야 한다.

- 이행 Implementation

- 내재화 Institutionalization

'이행'이란 말 그대로 CMMI의 개별 프랙티스 영역에서 정의하고 있는 활동을 조직 내에서 수행하는 것을 말한다. CMMI의 개별 프랙티스 영역들은 '계획수립 프랙티스 영역'이나 '형상관리 프랙티스 영역'과 같이 프로세스 개선 활동을 수행하는 조직이라면 반드시 관심을 두어야 하는 프랙티스들을 모델화해놓은 것이다. 여기서 정의하고 있는 '이행'이란 하나의 프로세스를 수립한 후 그에 따라 업무를 수행하기만 하면 된다. 사실 이러한 시도조차도 굉장히 힘들 수 있다. 게다가 이 프로세스가 이와 연관된 조직의 다른 업무들과 완전히 조화를 이뤄 조직문화로 정착되기 위해서는 훨씬 더 많은 노력이 요구된다. 그래서 다음에 언급할 '내재화'의 개념이 나온 것이다.

'내재화'란 하나의 프로세스가 조직의 문화로 스며들어 모든 사람들이 아주 당연하게 해당 활동을 수행하는 것을 말한다. 내재화가 이루어진 업무는 다른 사람이 와서 그 업무를 수행하더라도 똑같은 방식으로 수행될 것이다. 이러한 이유는 내재화를 통해 해당 조직의 모든 업무 프로세스, 시스템, 다른 조직원들과 같은 인프라가 체계적으로 정립되어 개인이 임의대로 업무를 처리할 수 없게 만들었기 때문이다.

그리고 프로세스 개선 활동 시 가장 많이 사용되지만, 한 마디로 정의하기 힘든 용어인 조직에 대해서도 알아보자. 조직은 '프로세스 개선 활동을 수행하는 가변적인 단위'라고 정의했다. '가변적인 단위'란 그림 퍼즐에서의 조각들처럼 더 이상 바꿀 수 없는 개념이 아니라, 레고 블록처럼 다양한 조합을 통해 여러 가지 모양을 만들 수 있는 개념을 말한다. 그러므로 조직이란 물리적인 공장이나 시설을 의미할 수도 있고, 부서나 프로젝트뿐만 아니라 그곳에서 근무하는 인원들도 해당될 수 있다. 또한 위에서 언급한 주체들의 다양한 조합으로 조직을 구성할 수도 있으며, 단 하나의 주체, 예를 들면 한 사람만으로도 조직을 구성할 수 있다.

한명의 개발자가 자동차보험시스템의 한 개의 서브시스템을 유지보수하면서 보험보상에 대한 고객 불만을 처리하는 웹사이트를 개발하고 있다고 하자. 그리고 추가로 이 개발자가 최근에 보험급여와 관련한 문서관리시스템을 설계하는 업무도 함께 맡았다면, 이러한 상황에서 조직을 어떻게 구분해야 할까? 제일 먼저 이 개발자가 세 개의 다른 조직에서 근무하고 있다고 생각할 수 있다. 그렇지 않다면 이 기업의 IT부서와 같은 한 개의 조직에서 근무하고 있다고 생각할 수도 있으며, 또한 이 세 개의 프로젝트만을 묶어 한 개의 조직으로 정의할 수도 있을 것이다. 앞의 사례와 같이 우리는 한 가지 경우를 가지고 여러 가지 형태의 조직을 구성할 수 있음을 보았다. 그럼 프로세스 개선 활동을 수행하는 데 있어 어떻게 조직을 구분하는 것이 유리할까?

여러분이 프로세스 개선 활동을 수행하는 초기라면 조직을 최대한 세분화해서 프로세스 개선 범위를 줄여야 한다. 프로세스 개선 활동은 진행되면서 범위가 늘어나는 경향이 있기 때문에, 초기에 대규모 조직을 대상으로 시작하는 경우에는 아무리 노력해도 해결하기 힘든 상황에 부딪칠 수 있기 때문이다. 그러나 이미 프로세스 개선 경험이 충분한 조직이라면 조직을 구분하는 데 여러 가지 기준을 활용할 수 있다. 이러한 기준에는 고객 조직, 업무수행 방법, 부서 간의 접촉 빈도, 입출력 관계 등이 있으며, 무엇보다 프로세스 개선 활동의 효과가 극대화될 수 있도록 이러한 기준들을 적용해서 조직을 구분해야 한다.

1.3.1 CMMI V2.0의 구조

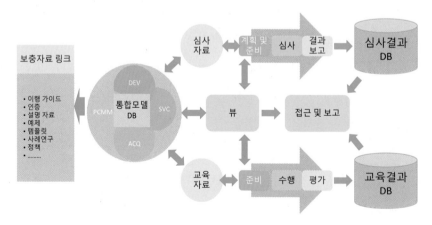

[그림 1-2] CMMI V2.0 통합방향

CMMI V2.0은 [그림 1–2]와 같이 개발, 서비스, 공급자 및 인력관리를 위한 일련의 모범사례가 통합된 것으로 조직이 프로세스를 개선하여 성과를 향상하는 데 초점을 맞추고 있으며, 제품군^{Product Suite}은 [그림 1–3]과 같이 모델, 심사방법, 교육, 적용지침 및 시스템과 도구로 구성되어 있다. 하지만 우리가 일반적으로 CMMI V2.0이라고 하면 모델을 지칭하는 경우이고, 심사방법이나 교육과 같은 경우에는 'CMMI V2.0 심사방법' 또는 'CMMI V2.0 교육'과 같이 CMMI V2.0 뒤에 해당 제품군의 명칭을 포함해서 부른다.

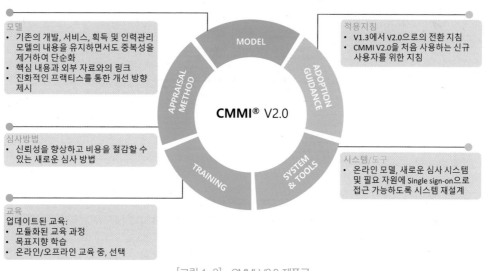

[그림 1–3] CMMI V2.0 제품군

CMMI V2.0은 산업계로부터의 모범사례를 모은 것으로 비즈니스 가치를 제공하기 위한 주요 활동과 역량 및 성과를 지속적으로 개선해 나가기 위한 체계를 제공한다. 그렇다고 해서 업무를 수행하기 위한 표준이나 프로세스 또는 절차를 제공하는 것은 아니다.

CMMI V2.0은 [그림 1-4]와 같이 뷰, 프랙티스 영역, 프랙티스 그룹, 프랙티스 및 정보자료의 5개 컴포넌트로 구조화되어 있다.

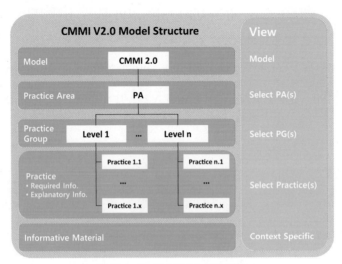

[그림 1-4] CMMI V2.0 모델 구조

1 뷰 View

뷰는 모델에 대한 일종의 창 Window 으로, 조직 또는 프로젝트가 자신이나 자신의 조직에 중요한 업무분야에 집중할 수 있게 해준다. 조직에서의 선택을 돕기 위해 미리 정의된 뷰가 있으며, 만약 미리 정의된 뷰 중 조직의 비즈니스 요구사항을 충족시키는 뷰가 없으면 자체적으로 뷰를 구성할 수도 있다.

예를 들어, 주로 제품개발을 수행하는 조직이라면 사전에 정의된 'CMMI V2.0 개발 뷰'를 선택할 수 있다. 또는 작업관리 역량을 향상시키기를 원하는 조직은 작업관리 성과를 관리하는 데 도움이 되는 '작업계획 및 관리 역량 영역 뷰'를 선택할 수 있다.

즉, 뷰란 최종사용자에 의해 선정되었거나, CMMI 인스티튜트에 의해 사전에 정의된 일련의 모델 컴포넌트로 시간이 경과함에 따라 변경될 수 있다.

CMMI 인스티튜에 의해 사전에 정의된 뷰의 예는 다음과 같다.

- CMMI V2.0 개발 뷰
- CMMI V2.0 서비스 뷰
- CMMI V2.0 공급자 관리 뷰
- CMMI V2.0 작업역량영역 계획수립 및 관리 뷰

최종사용자에 의해 선정된 뷰의 예는 다음과 같다.

- CMMI 개발과 CMMI 서비스의 조합 뷰
- 프랙티스 영역, 역량 영역 또는 프랙티스 그룹간의 어떠한 형태로의 조합 뷰

2 프랙티스 영역 Practice Area

해당 프랙티스 영역의 목적, 가치 및 필수정보를 달성하는데 필요한 중요한 프랙티스들의 모음으로 CMMI V2.0 개발 뷰의 경우, 요구사항 개발 및 관리, 프로세스 품질보증 등 20개의 프랙티스 영역이 존재한다. 앞서 설명한 것처럼 어떤 뷰를 선택하느냐 또는 뷰를 어떻게 구성하느냐에 따라 적용해야 하는 프랙티스 영역의 수는 달라진다.

프랙티스 영역에서의 목적은 해당 프랙티스 영역의 결과물과 성과를 설명하고 있으며, 가치는 해당 프랙티스 영역에서 제공하는 프랙티스를 적용함으로써 달성할 수 있는 비즈니스 가치를 나타낸다.

3 프랙티스 그룹 Practice Group

프랙티스 영역 내에서, 프랙티스는 성과 개선을 위한 경로를 제공하는 1단계, 2단계 등으로 분류된 일련의 진화 단계Evolutionary Level로 구성된다.

각 진화 단계는 이전 수준의 기반 하에 새로운 기능이나 정교함을 추가하여 구축됨으로써 역량이 향상된다. [그림 1-5]는 진화 단계의 특성을 보여준다.

5단계 최적화	• 4단계 프랙티스 기반 위에 구축 • 통계적 기법 및 기타 정량적 기법을 사용하여 성과와 개선을 최적화함으로써, 품질 및 프로세스 성과목표를 달성함

4단계
정량적으로
관리됨
	• 3단계 프랙티스 기반 위에 구축
	• 통계적 기법 및 기타 정량적 기법을 사용하여 성과의 변동을 이해하고, 품질 및
	  프로세스 성과목표를 달성하기 위한 중점 영역을 감지, 정렬 또는 예측함
	• 변동을 파악 및 이해하고, 품질 및 프로세스 성과목표를 달성하는 능력을 예측하고
	  개선함

3단계 정의됨	• 2단계 프랙티스 기반 위에 구축 • 프로젝트와 작업 특성에 맞게 조직의 표준을 사용하고 조정을 수행 • 프로젝트는 조직 자산을 사용하고 기여 • 프로젝트와 조직의 성과목표 달성에 초점
2단계 관리됨	• 1단계 프랙티스 수행 • 프랙티스 영역의 전체 목적을 다루는 단순하지만 완전한 일련의 프랙티스 세트 • 조직 자산의 사용이 요구되지 않음 • 프로젝트 성과목표에 따른 진척상황 파악 및 모니터링
1단계 초기	• 프랙티스 영역의 목적을 다루기 위한 기본적인 프랙티스 • 프랙티스 영역의 전체 목적을 충족시키기 위한 완전한 일련의 프랙티스는 아님 • 성과 이슈를 해결
0단계 불완전	• 프랙티스 영역의 목적을 다루기 위한 불완전한 접근 • 프랙티스가 요구하는 목적을 충족할 수도 있고 그렇지 못할 수도 있음 • 일관되지 않은 성과

[그림 1-5] 진화 단계별 특성

각 단계는 다음사항을 포함한다.

■ 0단계

• 프랙티스 영역의 목적을 다루기 위한 불완전한 접근

• 프랙티스가 요구하는 목적을 충족할 수도 있고 그렇지 못할 수도 있음

■ 1단계

• 프랙티스 영역의 목적을 다루기 위한 기본적인 프랙티스

• 프랙티스 영역의 전체 목적을 충족시키기 위한 완전한 일련의 프랙티스는 아님

• 개선의 여정 시작에 대한 조직이나 프로젝트의 기대

• 성과이슈에 중점을 둔 시작

- **2단계**
  - 프랙티스 영역의 전체 목적을 다루는 단순하지만 완전한 일련의 프랙티스
  - 조직의 프로세스 자산이나 표준의 사용이 요구되지는 않음
  - 일련의 프랙티스의 목적은 프로젝트에 따라 다양한 방법으로 충족될 수 있음
  - 프로젝트의 성과목표 파악 및 모니터링

- **3단계**
  - 프로젝트의 고유한 작업특성을 다루기 위한 프로세스 조정을 포함한 조직의 표준을 사용
  - 조직 프로세스 자산의 사용 및 기여
  - 프로젝트와 조직의 성과 모두를 관리

- **4단계**
  - 통계적 기법과 기타 정량적 기법을 사용하여 중점영역을 탐지 또는 정련하거나 품질 및 프로세스 성과목표를 달성할 수 있는지의 여부를 예측
  - 성과의 변동을 통계적이거나 정량적으로 이해하고 품질 및 프로세스 성과목표에 대한 진척을 관리

- **5단계**
  - 통계적 기법과 기타 정량적 기법을 사용하여 성과를 최적화하고 비즈니스, 측정 및 성과, 품질 및 프로세스 성과목표를 포함한 목표의 달성을 강화

각 프랙티스 영역과 프랙티스 그룹의 프랙티스 순서는 프로세스에서 수행된 순차적 순서를 함축하거나 요구하는 것은 아니다. 프랙티스 영역과 프랙티스의 목적을 충

족시키는 프로세스는 반복적으로 수행될 수 있지만, 조직의 비즈니스 요구를 가장 잘 충족할 수 있다면 다른 순서로도 수행될 수 있기 때문이다.

4 프랙티스 Practice

프랙티스는 다음과 같은 두 개의 파트로 구성된다.

■ 필수정보 Required Information

프랙티스의 전체 목적과 가치를 파악하기 위해 필요한 정보로써, 프랙티스 기술서, 가치선언문, 그리고 프랙티스와 설명정보 사이에 필요한 모든 추가적인 필수정보를 포함한다. 다만, 모든 프랙티스에 추가적인 필수정보가 존재하지는 않을 수 있다는 점에 유의해야 한다.

■ 설명정보 Explanatory Information

설명정보는 필수정보의 의미와 가치를 더 잘 이해하는 데 필요한 중요하고 유용한 예제활동과 작업산출물(예: 프랙티스 기술서, 가치 및 추가 필수정보)을 포함한다. 그러므로 프랙티스를 정확히 이해하기 위해서는 설명정보가 매우 유용하다.

5 정보자료 Informative Material

프랙티스에서 필수정보를 제외한 모델의 다른 모든 것을 포함한다. 따라서 프랙티스에서의 설명정보 또한 정보자료의 일부이다. 정보자료는 개요 및 용어집, 색인 등과 같은 부록과 외부 링크(예: 적용지침, 적용사례, 템플릿, 교육교재 등)를 포함한다.

정보자료는 프랙티스의 설명정보와 마찬가지로, 모델을 올바르게 이해하고 적용할 필요가 있기 때문에 충분히 이해해야 한다.

6 역량 영역 Capability Area

역량 영역은 조직 또는 프로젝트의 스킬과 활동에서 향상된 성과를 제공할 수 있는 관련 프랙티스 영역들의 그룹이다. 역량 영역은 뷰의 하나의 유형으로 특정 역량 영역을 구성하는 사전에 정의된 일련의 프랙티스 영역들을 설명하는 CMMI V2.0의 하위집합이다.

범주는 솔루션을 생산하거나 제공할 때, 비즈니스에서 직면하는 일반적인 문제를 해결하는 관련 역량 영역의 논리적 그룹 또는 뷰이다. 산업계 경험에서 얻은 교훈 중에 하나는, 목록을 구성할 때 유사한 주제들을 묶어 작은 그룹을 만들면 이해하고 기억하기 쉽다는 것이다. 또한 범주는 전형적인 성과향상 경로와 일치하며, 단순한 작업수행에서 보다 효율적으로 관리하고 더 효과적으로 수행할 수 있도록 하며, 마지막으로 더 나은 성과를 달성하기 위해 지속적인 개선이 이뤄진다. 범주 또한 뷰의 유형이다.

범주는 다음과 같이 4가지로 구성된다.

- **실행**Doing : 품질 솔루션을 생산하고 제공하는 역량 영역들
- **관리**Managing : 솔루션의 이행을 계획하고 관리하는 역량 영역들
- **지원**Enabling : 솔루션의 이행 및 제공을 지원하는 역량 영역들
- **개선**Improving : 성과를 유지하고 개선하는 역량 영역들

[그림 1-6]은 각 범주에 해당하는 역량 영역을 보여준다.

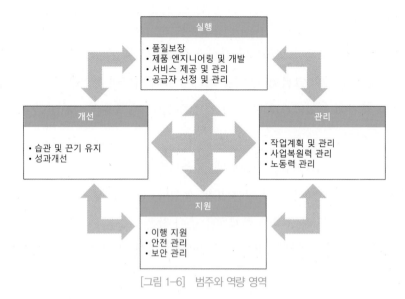

[그림 1-6] 범주와 역량 영역

　　이러한 범주는 비즈니스가 직면한 가장 중요한 이슈에 주의를 집중하면서 자원의
우선순위와 구성 및 계획에 도움이 된다. 다음은 그 예이다.

- 고객 만족은 대부분의 조직에게 주된 목표일뿐만 아니라 도전이다. '실행 범주'는
  고객을 만족시키는 솔루션을 지속적으로 생산하고 제공하기 위한 몇 가지 모범
  사례를 제공한다.
- 계획수립 역량을 향상시키기를 원하거나 지속적으로 작업을 수행하기 위한 계획
  을 수립하고 관리하는 데, 문제가 있는 조직에 대해 '관리 범주'는 이러한 이슈 해
  결에 도움이 되는 몇 가지 모범사례를 제공한다.
- 조직은 전형적으로 복잡성을 해소하고 변화를 관리하는데 어려움이 있다. '지원
  범주'는 복잡성과 변화를 해결하기 위해 어떻게 통제하고 결정하며 의사소통할
  것인지에 대한 명확한 접근방법을 제공한다.
- 많은 조직들은 성과를 개선할 필요성을 인정하지만 일단 한계이익이 달성되면 추

진력과 집중력을 잃는다. '개선 범주'는 효과적이고 지속가능한 성과개선을 가능하게 한다.

지금까지 설명한 범주와 역량 영역 및 프랙티스 영역은 조직의 비즈니스 목적 및 목표를 달성하는데 필요한 활동과 작업들 간 유사성을 고려하여 구분되어 있다.

[그림 1-7]은 CMMI V2.0 개발 뷰에서 요구되는 4개 범주와 9개 역량 영역 그리고 20개 프랙티스 영역간의 연관성을 보여준다.

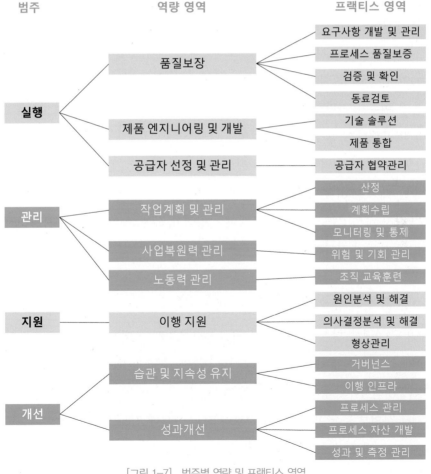

[그림 1-7] 범주별 역량 및 프랙티스 영역

1.4 CMMI의 단계

지금까지 CMMI V2.0을 구성하는 컴포넌트들에 대해 알아 봤다. 이제 각 컴포넌트들이 어떻게 결합되어 프로세스 개선 니즈를 충족시킬 수 있는지 알아보자. 여기서는 '단계Level'의 개념을 소개하고, 여러 프랙티스 영역들이 어떻게 구성되어 사용되는지 살펴보고자 한다.

CMMI V2.0에서는 프로젝트나 조직이 반드시 따라야 하는 특정 프로세스의 흐름이나 매일 개발해야 하는 제품의 수 또는 달성하고자 하는 구체적인 성과목표들을 명시하지는 않는다. 대신 CMMI V2.0은 프로젝트나 조직이 제품개발 관련 프랙티스를 이행하는 여러 프로세스를 갖춰야 한다고 명시하고 있다. 이러한 프로세스들이 마련되어 있는지 여부를 판단하려면, 프로젝트나 조직은 보유하고 있는 프로세스를 CMMI V2.0의 각 프랙티스 영역에 매핑해보면 된다.

조직은 프랙티스 영역에 대한 프로세스 매핑을 통해 프로세스를 업데이트하거나 새로 구축할 때, CMMI V2.0과 비교해 어느 정도 진도가 나가 있는지 추적해 볼 수 있다. 그렇다고 해서 CMMI V2.0의 프랙티스 영역이 전부 조직이나 프로젝트 프로세스에 1대 1로 매핑될 것이라 기대해서는 안 된다.

1.4.1 능력 단계와 성숙 단계

CMMI V2.0에서 '단계'는 제품이나 서비스를 개발하는 데, 사용하는 프로세스를 개선하고자 하는 조직에 대해 권장하는 진화 경로를 기술할 때 사용된다. 또한, 단계는 CMMI V2.0 심사에서 등급결정 활동의 결과물이 될 수도 있다. CMMI V2.0 심사는 조직 전체나 사업부 또는 프로젝트나 그보다 작은 그룹에 적용될 수 있다.

CMMI V2.0에서 단계를 사용해 지원하는 개선 경로는 두 가지이다. 하나는 조직이 선정한 개별 프랙티스 영역(또는 여러 프랙티스 영역의 그룹)으로 구성한 뷰에 해당하는 프랙티스를 점증적으로 개선하도록 하는 경로이다. 다른 하나는 CMMI 인스티튜트에 의해 사전에 정해진 프랙티스 영역의 그룹으로 구성한 뷰에 해당하는 모든 프랙티스를 함께 개선시켜 가는 경로이다.

이러한 두 가지 개선 경로는 능력 단계Capability Level와 성숙 단계Maturity Level, 두 가지 유형의 단계와 연결된다.

어떤 단계에 도달하려면 조직은 자신의 능력 또는 성숙도 단계에 관계없이 개선 대상으로 지정된 프랙티스 영역(또는 프랙티스 영역의 집합)의 목적을 모두 달성해야 한다.

두 가지 경로 모두 프로세스를 개선해 사업목표를 달성할 수 있는 방법을 제시하고, 두 가지 모두 동일한 필수 내용을 제공하고 같은 모델 컴포넌트를 사용한다.

1 능력 단계

능력 단계는 개별 프랙티스 영역에서 조직의 성과 및 프로세스 개선 성과에 적용된다. 프랙티스 영역 내의 프랙티스들은 성과개선 경로를 제공하기 위해 0단계에서 5단계로 분류되는 일련의 진화 단계로 구체화된다. 각각의 진화 단계는 이전 단계의 기반 위에 새로운 기능이나 정교함을 추가함으로써 구축되며, 그 결과 능력이 향상된다. 능력 단계는 XY의 2개 축으로 구성된 막대 차트로 나타내며, 여기서 X축은 프랙티스 영역이고 Y축은 해당 프랙티스 영역이 달성한 능력 단계(예: 0단계~3단계)이다.

모든 능력 단계의 등급을 결정하기 위해서는 이행 인프라와 거버넌스를 포함해야 한다. 이행 인프라와 거버넌스가 포함되면 하나의 프랙티스 영역에 대해서도 능력 단계를 평가할 수 있다. 예를 들어, 계획수립과 이행 인프라 그리고 거버넌스 프랙티스 영역의 프랙티스들의 능력 수준이 능력 단계 3까지 달성되면 해당 조직의 계획수립 프랙티스 영역은 능력 단계 3이라 판정한다. [그림 1-8]은 형상관리 프랙티스 영역을 예로 들어, 각 능력 단계에 필요한 프랙티스 그룹을 설명한다. 프랙티스 영역별로 달성할 수 있는 최대 수준의 능력 단계는 3이다.

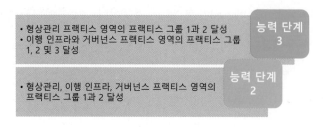

- 형상관리 프랙티스 영역의 프랙티스 그룹 1과 2 달성
- 이행 인프라와 거버넌스 프랙티스 영역의 프랙티스 그룹 1, 2 및 3 달성

능력 단계 3

- 형상관리, 이행 인프라, 거버넌스 프랙티스 영역의 프랙티스 그룹 1과 2 달성

능력 단계 2

[그림 1-8] 형상관리 프랙티스 영역에 대한 능력 단계 등급결정 예

CMMI V2.0에서 능력 단계를 달성하기 위한 규칙은 조직 또는 프로젝트가 다음 프로세스를 사용하고 따르도록 요구한다.

- 모든 선택된 프랙티스 영역에 대해 목표 능력 수준을 달성하고, 이행 인프라와 거버넌스 프랙티스 영역의 프랙티스들 또한 동일한 목표 수준까지 프랙티스들의 목적을 충족한다.

2 성숙 단계

CMMI V2.0을 보다 잘 이해하기 위해서는 프로세스 능력과 프로세스 성과 그리고 프로세스 성숙과의 관계를 우선적으로 이해할 필요가 있다.

프로세스 능력은 프로세스를 따름으로써 성취되는 기대 결과를 말한다. 따라서 차기 프로젝트의 기대 결과를 예측하는 수단이 된다. 이는 '비용, 일정, 납기, 고객 만족, 생산성 등의 여러 목표를 달성하는 확률'로 쉽게 이해할 수 있다. 능력 수준이 높을수록 비용, 일정, 품질 등의 목표를 쉽게 달성하고 여러 프로젝트들 사이의 목표 달성 결과의 폭도 그만큼 줄어든다.

프로세스 성과는 실제로 수행된 결과 값을 의미하며 이렇게 수집된 자료들을 바탕으로 조직의 능력을 평가한다. 그러나 능력이 반드시 성과로 연결되는 것은 아니다. 바람직한 것은 능력이 성과에 반영되고, 나아가 더 나은 수행성과가 발현되어 능력이 더욱 향상되는 것이다. 하지만 능력이 있어도 꾸준히 노력하지 않으면 수행성과는 능력과는 달리 나빠질 수도 있다.

프로세스 성숙은 조직의 능력을 성과에 반영시킬 뿐만 아니라 프로세스 능력을 성장시킬 수 있는 조직의 잠재력을 의미한다. 조직의 프로세스가 성숙하게 되면 성능도 향상되고 수행성과가 좋아지는 방식으로 조직은 발전하는 것이다. 그러므로 조직은 성숙 수준을 높이기 위한 노력을 해야 하는데 CMMI V2.0이 바로 이러한 성숙 수준을 높이기 위한 로드 맵을 제시한다. CMMI V2.0은 조직의 프로세스가 미성숙한 상태에서 성숙한 상태의 프로세스로 가는 점진적인 개선의 6가지 단계를 제시하고 점증적으로 발전해 가도록 유도하고 있다.

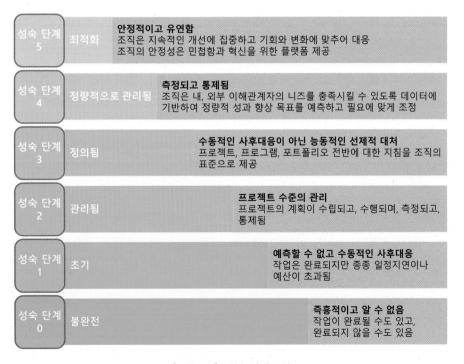

성숙 단계 5	최적화	**안정적이고 유연함** 조직은 지속적인 개선에 집중하고 기회와 변화에 맞추어 대응 조직의 안정성은 민첩함과 혁신을 위한 플랫폼 제공
성숙 단계 4	정량적으로 관리됨	**측정되고 통제됨** 조직은 내, 외부 이해관계자의 니즈를 충족시킬 수 있도록 데이터에 기반하여 정량적 성과 향상 목표를 예측하고 필요에 맞게 조정
성숙 단계 3	정의됨	**수동적인 사후대응이 아닌 능동적인 선제적 대처** 프로젝트, 프로그램, 포트폴리오 전반에 대한 지침을 조직의 표준으로 제공
성숙 단계 2	관리됨	**프로젝트 수준의 관리** 프로젝트의 계획이 수립되고, 수행되며, 측정되고, 통제됨
성숙 단계 1	초기	**예측할 수 없고 수동적인 사후대응** 작업은 완료되지만 종종 일정지연이나 예산이 초과됨
성숙 단계 0	불완전	**즉흥적이고 알 수 없음** 작업이 완료될 수도 있고, 완료되지 않을 수도 있음

[그림 1–9] 성숙 단계 요약

성숙 단계는 사전에 정의된 일련의 프랙티스 영역들에서 조직의 성과와 프로세스 개선을 달성함을 의미한다. 또한, 각 성숙 단계 내에서 사전에 정의된 일련의 프랙티스 영역들은 성과 향상 경로를 제공한다. [그림 1-9]는 각 성숙 단계의 명칭과 함께 그 특성 및 성과를 위한 진화적 경로를 보여준다.

각 성숙 단계는 조직에서 성과향상 요구를 쉽게 파악한 다음, CMMI V2.0의 프랙티스를 사용하여 개선할 수 있도록 구성되어있다. 능력 단계와 마찬가지로 성숙 단계도 순차적으로 진행이 되어야지 건너뛸 수는 없다. 성숙 단계가 서로 어떻게 형성되는지는 다음과 같다.

- **성숙도 0단계** : 사전 정의된 모든 프랙티스 영역의 목적이 달성되지 않음.
- **성숙도 1단계** : 1단계까지 사전 정의된 모든 프랙티스 영역의 목적이 1단계 프랙티스 그룹에서 달성됨.
- **성숙도 2단계** : 2단계까지 사전 정의된 모든 프랙티스 영역의 목적이 2단계 프랙티스 그룹에서 달성됨.
- **성숙도 3단계** : 3단계까지 사전 정의된 모든 프랙티스 영역의 목적이 3단계 프랙티스 그룹에서 달성됨.
- **성숙도 4단계** : 4단계까지 사전 정의된 모든 프랙티스 영역의 목적이 4단계 프랙티스 그룹에서 달성됨.
- **성숙도 5단계** : 5단계까지 사전 정의된 모든 프랙티스 영역의 목적이 5단계 프랙티스 그룹에서 달성된다.

CMMI V2.0은 CMMI 인스티튜트가 다음과 같이 사전 정의한 모델 뷰에 대한 성과와 핵심 역량을 향상시키기 위해 산업계로부터 모범사례들을 모아 통합한 모델이다.

- 더 나은 제품과 서비스를 개발하기 위해 프로세스와 성과를 향상시키기 위한 CMMI V2.0 개발 뷰
- 더 나은 서비스 성과를 제공하기 위해 역량과 프로세스를 향상시키기 위한 CMMI V2.0 서비스 뷰
- 공급망을 최적화하기 위해 프로세스와 성과를 향상시키기 위한 CMMI V2.0 공급자 관리 뷰
- 인력관리를 위해 프로세스와 성과를 향상시키기 위한 CMMI V2.0 인력관리 뷰

이 책은 위의 대표적인 4가지 뷰 중에서 CMMI V2.0 개발 뷰를 다루고 있으며, [그림 1-10]은 개발 뷰에 대한 성숙도 2단계부터 5단계까지의 프랙티스 영역의 구성을 보여준다.

프랙티스 그룹 / 프랙티스 영역	1단계	2단계	3단계	4단계	5단계
형상관리			X	X	X
산정				X	X
모니터링 및 통제				X	X
요구사항 개발 및 관리				X	X
프로세스 품질보증				X	X
이행 인프라				X	X
거버넌스					X
계획수립					X
공급자 협약관리					X
성과 및 측정 관리					
기술 솔루션				X	X
제품 통합				X	X
검증 및 확인				X	X
동료검토				X	X
위험관리				X	X
의사결정분석 및 해결				X	X
조직 교육관리				X	X
프로세스 자산 개발				X	X
프로세스 관리					X
원인분석 및 해결					

[그림 1-10] CMMI V2.0 개발 뷰의 성숙도 단계별 프랙티스 영역 구성

3 성숙도 단계별 특징

각 성숙도 단계는 다음과 같은 특징을 갖는다.

■ 성숙도 1단계: 초기 단계 Initial Level

성숙도 1단계는 구조화된 프로세스를 갖고 있지 않으며, 개발은 혼돈 속에 임기응변으로 이뤄진다. 예산과 일정은 자주 초과되고 제품에 대한 품질 예측이 어렵다. 성숙도 1단계의 특징인 임기응변이란 우리에게 불필요한 상황이 발생하게 될 때 비로소 그러한 상황을 어떻게 대처할 지에 대해 결정한다는 의미이다. 그래서 이 단계에서는 진정한 구조를 갖고 있지 않다. 다시 말하면 이 단계는 제품개발을 향한 혼돈적인 접근을 나타낸다. 만약 혼란이 구조화 된다면 그것은 혼돈스럽지 않다. 그래서 성숙도 1단계의 조직은 구조화된 것이 없으며, 이로 인해 성숙도 1단계의 조직이 된다는 것은 바람직하지 않은 것이다.

■ 성숙도 2단계: 관리된 단계 Managed Level

성숙도 2단계에서는 기본적인 프로젝트 관리 프로세스가 비용, 일정, 기능에 대한 정보를 추적하기 위해 설정된다. 성공적으로 완료된 프로젝트에 사용됐던 유사한 프로세스가 다시 활용됨으로써 내재화가 이뤄지기 시작한다.

■ 성숙도 3단계: 정의된 단계 Defined Level

성숙도 3단계에서는 제품개발 프로세스가 문서화되고 표준화되고 조직의 표준 프로세스와 통합된다. 조직에서 수행되는 모든 프로젝트는 제품을 개발, 관리하기 위해 조직의 표준 프로세스를 사용한다. 이때 조직의 표준 프로세스는 프로젝트의 특성에 맞춰 조정되어 적용된다. 성숙도 3단계는 제품개발을 위한 보다 강하고, 의미 있고, 전체 조직적인 접근법을 유지한다. 성숙도 2단계와 3단계의 가장 중요한 차이점은 프로세스들이 성숙도 3단계에서는 2단계에서 보다 더 자세하고 정확하게 묘사된다는 것이다. 혁신적으로 관리된 프로세스들은 상호관계들의 정교한 이해력, 프로세스의 측정들, 그리고 프로세스의 부분들을 기초로 한다. 성숙도 3단계는 더욱 정교하고 더욱 조직적인 인식에서 발전되어 왔다.

■ 성숙도 4단계: 정량적으로 관리된 단계 Quantitatively Managed Level

성숙도 4단계에서는 제품개발 프로세스와 생산품의 품질에 대한 상세한 측정 데이터가 수집된다. 모든 프로젝트에 대한 중요한 제품개발 프로세스 활동의 생산성과 품질이 측정되며 성과의 변동을 수용 가능한 정량적인 범위 내로 최소화하여 제품과 프로세스에 대한 통제를 수행한다. 성숙도 4단계는 제품에 대한 개선이 필요할 지 아닌지에 대한 올바른 의사결정을 위해 측정을 위한 지표를 이용하는데 초점을 맞춘다. 성숙도 3단계와 4단계의 차이점은 성숙도 3단계에서의 프로세스들은 품질적인 측면에서 예상이 가능한 반면, 4단계에서의 프로세스들은 품질적인 측면 외에도 비용, 납기, 생산성 등 여러 분야에 걸쳐 정량적으로 예상이 가능하다는 것이다. 성숙도 4단계는 프로세스 편차의 이상원인들을 파악하고 이를 통해 시정조치를 취할 수 있는 것을 의미한다.

■ 성숙도 5단계: 최적화 단계 Optimizing Level

성숙도 5단계에서는 지속적인 프로세스 개선이 프로세스에 대한 정량적 피드백과 혁신적인 아이디어, 기술의 적용으로 이뤄진다. 그리고 발견된 결함의 형태가 다시 발생하지 않도록 제품개발 프로세스가 평가되고 학습된 교훈 Lessons Learned 이 전 조직에 확산된다. 모든 사람이 팀의 생산적인 구성원이고, 결함은 지속적으로 감소하고 제품은 적시에 예측된 시간 안에 고객에게 인도된다.

1.4.2 프로세스 지속과 습관

CMMI V2.0에서 '지속적이고 습관적인'이라는 용어는 조직이 기업 문화의 일부로 사용하는 일상적인 비즈니스 수행과 프로세스 준수 및 개선을 설명한다.

- **지속성** : 어려움이나 반대에도 불구하고 행동과정에서 확고하거나 완고하게 지속됨
- **습관** : 성향이나 실천, 특히 포기하기 어려운 것

만약 어떤 프로세스가 무시되거나, 압박에 의해 버려지거나, 혹은 그 프로세스의 절제된 실행이 시간이 지남에 따라 침식된다면, 그것은 지속적이지도 않고 습관적이지도 않다.

조직이 성과개선 이니셔티브를 시작할 때, 개선활동의 마지막 목표는 '우리가 비즈니스를 하는 방식'이 되도록 하는 것이다. 즉, 조직이 새로운 습관을 형성하고 있는 것이다. 일단 '새로운 습관'이 확립되면, 이는 깨기가 매우 어려워지고 끈질기게 지속된다. [그림 1-11]은 조직 내에서 지속적이고 습관적인 관행을 이해하고 생성하기 위한 4가지 주요 특성을 설명한다.

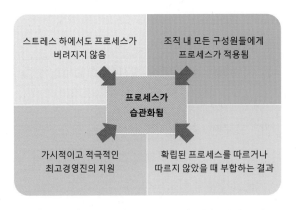

[그림 1-11] 프로세스 지속 및 습관을 위한 4가지 특성

만약 사람들이 의식적으로 그 프로세스를 몇 번 반복하다 보면, 그들은 결국에는 무의식적으로 그 프로세스를 따르고 있게 된다. 그들은 더 이상 그것에 대해 생각할 필요가 없다. 그것은 조직 내에서 비즈니스가 행해지는 방식이 된 것이다. 이 시점에서 그 프로세스는 지속적이고 습관화 되었다고 말할 수 있다. 조직에 새로 합류한 조직구성원들이 그 프로세스를 습관적으로 따를 때까지 멘토링이 되어야 한다. 더 높은 수준의 성숙도 단계 조직에서 개선활동을 수행할 때도 조직은 퇴보할 수 있기에 새로운 습관이나 변형된 습관을 의식적으로 확립하여 성과를 달성하고 능력을 향상시켜야 한다.

1 습관 및 지속성 유지

CMMI V2.0에서, '습관 및 지속성 유지' 역량 영역의 프랙티스 영역은 지속적이고 습관적인 조직문화를 가능하게 한다. 이를 바꿔 표현하면, 프로세스가 내재화되었다는 것으로 프로세스 개선에 있어 매우 중요한 개념이다. '내재화'란 프로세스를 제대로 수행할 수 있도록 관련 계획을 수립하고 적절한 자원을 제공하며 교육훈련을 실시하고 작업 수행과정과 결과산출물에 대한 관리활동이 조직 전반에 걸쳐 이행되고 있음을 의미한다. 프로세스 내재화를 위해 조직은 효과적이고 사용가능하며 지속적으로 적용되는 프로세스를 담고 있는 이행 인프라를 구축해야 한다. 뿐만 아니라 조직적 문화가 반드시 프로세스에 반영되어야 하며, 경영진은 그러한 문화를 가꿔 나가야 한다. 궁극적으로 내재화된 프로세스는 처음에 그것을 정의한 사람들이 없어도 지속된다. 반면 내재화가 이뤄지지 않으면 프로세스가 이행되지 않거나 일관되게 관리되지 못한다. 또한, 프로세스가 조직구성원들에 의해 사용되지 않거나 리더십의 변화를 유도하지 못하게 되며, 프로세스 개선이 비즈니스 목적과 연동되지도 못한다. 더욱이 조직은 '필요도, 효과도 없는 노력을 들여 처음부터 다시 하는 일Reinventing the Wheel'을 반복하고 있다고 느끼게 되어 프로세스를 개선하고 이를 지원하기 위한 자원이나 인프라 제공에 대한 합의를 얻을 수가 없다.

습관 및 지속성 유지 프랙티스는 CMMI V2.0 프랙티스가 아닌 조직이 개발하고 사용하는 프로세스에 적용된다. 습관 및 지속성 유지 프랙티스는 다음과 같은 두 가지 다른 관점에서 조직의 지속성과 습관을 다룬다.

- 거버넌스 Governance
- 이행 인프라 Implementation Infrastructure

■ 거버넌스

이 프랙티스 영역은 최고경영진이 비즈니스와 조직에 적절하고 중요한 작업을 수행하는 방법을 홍보하기 위해 수행하는 프랙티스들을 포함한다.

가시적이고 적극적인 경영진의 참여는 조직의 성과개선과 프로세스 이행의 성공에 매우 중요하다. 경영진은 다음과 같은 그들의 역할을 완수한다.

- 전략, 방향, 성과개선에 대한 기대치 설정
- 프로세스가 비즈니스 요구 및 목표에 맞게 조정되도록 함
- 프로세스 성과 및 달성여부를 모니터링
- 프로세스 및 성과개선을 위한 적절한 자원제공
- 프로세스의 지속적 이용 및 개선을 위해 프로세스 개발 및 활용을 강화하고 보상

■ 이행 인프라

이 프랙티스 영역은 시간이 지남에 따라 프로세스를 구축, 추적, 유지 및 개선하는 데 필요한 인프라를 설명한다. 이 프랙티스 영역의 '인프라'라는 용어는 조직의 일련의 프로세스를 구현하고 수행 및 유지하는데 필요한 모든 것을 말한다. 인프라는 다음을

포함한다.

- 프로세스 기술서
- 필요에 부합되는 자원의 가용성(예: 사람, 도구, 소모품, 설비, 작업시간)
- 프로세스 수행에 필요한 자금
- 할당된 책임과 관련된 프로세스 활동을 수행하기 위한 교육
- 작업이 의도한 대로 수행되는지 확인하기 위한 객관적인 프로세스 평가

인프라가 없으면 시간이 지남에 따라 프로세스가 준수, 지속 또는 개선되지 않을 수 있다. 프로세스에 대한 설명은 명확하고 간결해야 하며, 부담스러울 정도로 많은 양의 관리가 필요하지 않아야 한다. 프로세스 설명에는 일반적으로 다음과 같은 기본 정보가 포함되며, 이에 대한 보다 자세한 사항은 제3장에서 설명할 것이다.

- **목적** : 가치
- **착수기준** : 시작시점
- **활동** : 해야 할 작업
- **입출력물** : 활동을 수행하기 위해 사용하고, 활동결과로써 생산하는 것
- **완료기준** : 프로세스가 끝나는 시점과 결과로써 달성해야 하는 가치

1.4.3 CMMI 심사

많은 조직들이 프로젝트에 대한 심사수행 및 조직의 성숙 단계나 능력 단계 달성을 가지고 그들의 프로세스 개선 활동이 얼마나 진전되고 있는지를 파악하는 데 가치를 두고 있다. 이러한 심사는 보통 다음과 같은 이유로 수행된다.

- 조직의 프로세스가 CMMI V2.0의 모범사례와 비교해 얼마나 우수한지를 판단하고, 개선이 이뤄질 수 있는 영역을 파악하기 위해
- 외부 고객 및 공급자에게 CMMI V2.0 모범사례와 비교하여 조직의 프로세스가 얼마나 우수한지 알려주기 위해
- 고객의 계약 요구사항을 충족하기 위해

CMMI V2.0을 사용한 조직 심사는 반드시 CMMI V2.0 심사 방법Method Definition Document 에 정의되어 있는 요구사항을 충족해야 한다. 심사는 조직의 프로세스를 CMMI V2.0 의 모범사례와 비교하여 개선의 기회를 찾는 데 초점을 맞춰야 한다. 조직을 평가하고 결과를 보고하기 위해 심사 팀은 CMMI V2.0과 정의된 심사방법을 사용한다. 심사결과는 조직을 위한 개선계획을 수립하는 데 사용한다.

[표 1-2]는 CMMI V2.0 심사의 세 가지 유형을 보여준다.

[표 1-2] CMMI V2.0 심사유형

심사유형	특징	등급결정	유효기간
벤치마크 심사 (Benchmark Appraisal)	• CMMI 심사방법 중, 조정이 거의 허용되지 않는 매우 엄격한 심사 (성숙 단계 또는 능력 단계 판정)	예	3년
유지심사 (Sustainment Appraisal)	• 심사범위의 축소가 가능 • 초기 벤치마크 심사 이후 수행 가능	예	2년
평가심사 (Evaluation Appraisal)	• 초기 갭 분석, 이행 모니터링 또는 벤치마크 심사에 대한 준비로 활용 가능	아니오	해당 없음

어떤 기업에서는 CMMI V2.0 심사에 통과하거나 그들이 원하는 성숙 단계 또는 능력 단계에 대한 인증을 받기 위해 의도적으로 잘 관리된 몇 개의 프로젝트만을 묶어 하나의 조직 단위로 정의하기도 한다. 그러나 모든 CMMI V2.0 심사에 대한 계획을

수립할 경우에는 반드시 CMMI V2.0 심사범위가 해당 조직의 비즈니스 목적에 부합해야 한다. 또한, CMMI V2.0 선임심사원은 심사 대상 조직이 합리적인 방법에 따라 심사에 임하게 하고, 심사 보고서에 심사 대상 조직을 명확하게 할 책임을 가지기 때문에 심사 대상 조직에서의 이러한 시도는 쉽게 드러날 수밖에 없다. 여러분은 무엇보다도 이러한 시도를 통해 높은 성숙 단계나 능력 단계에 도달하는 것이 무슨 의미가 있을지 생각해야 할 것이다.

1.5 CMMI의 활용

CMMI V2.0을 어떻게 활용할 것인가에 대해서는 조직마다 방법이 각기 다를 수 있으나, 일반적으로 프로세스 심사 관점과 개선 관점에서 살펴볼 수 있다.

프로세스 심사 관점은 CMMI V2.0의 요건을 만족시키기 위해 최소한의 필요사항이 무엇인지를 파악하고 심사를 통과하기 위한 활용 방법에 중점을 두는 것이다. 반면 프로세스 개선 관점은 해당 조직에 가장 잘 맞는 것은 무엇이고 조직을 발전시키는 데 필요한 것은 무엇인지에 중점을 둔다. 이 두 가지의 관점이 CMMI V2.0의 활용 상태를 어떻게 나타내는지에 대한 예로는 프로세스 영역의 계획, 프로세스, 절차 및 방법들을 조직이 충실하게 따르고 있는지의 여부를 얼마나 객관적으로 평가하는 지에 대한 부분에서 알 수 있다.

심사 관점에서 볼 때 조직은 개발자가 서로의 작업에 대한 검토를 수행하도록 결정할 수 있다. 이 접근법은 개발자가 검토를 위한 방법에 대해 훈련을 받아야 하고 검토를 수행하기 위해 추가적인 비용과 스케줄이 필요하다는 사실을 깨닫기 전까지는 독립적으로 검토 활동을 수행할 수 있는 가장 빠른 방법인 것처럼 보인다. 심사 관점의 역기능은 규모가 매우 큰 프로젝트에서 생성하는 작업산출물 전체를 단 한 사람이 검토하는 활동이 수행되는 것만으로도 심사를 통과할 수 있다는 것이다. 그러나 프로세스 개선 관점에서 볼 때 조직은 품질 관련 활동들을 정의한 명백한 책임이 필요하다는 것을 인식할 수 있다. 훈련되고 경험이 많은 전문가들로 이뤄진 독립적인 품질보증 그룹을 만드는 것은 조직이 구축된 프로세스를 지속적으로 수행하는 것을 보증하기 위해 많은 시간을 필요로 하는 장기적인 방법이 될 것이다. 이 그룹은 충분히 효과적인 수준에 있는 사람들로 구성되어야 할 것이다. 대부분의 경우 이 그룹은 실무진의 3~5% 이상으로 구성됨을 의미한다. 따라서 단지 심사의 관점에만 중점을 두는 경우에는 비록 심사는 통과하더라도 실질적인 측면에서는 실패하게 되는데, 궁극적으로는 내재화의 부족 때문에 CMMI V2.0의 요구조건을 진정으로 만족시키지 못한다. 또한 비용 투자에 대한 효과 측면에 있어서도 해당 조직에게 진정한 비즈니스 가치를 제시하는데도 실패하게 된다. 프로세스 개선의 관점을 가진 조직들은 비즈니스 가치를 제시하는데 성공할 것이며 심사에 있어서도 좀 더 나은 성과를 얻을 것이다. 물론 이러한 접근 방법은 많은 노력이 필요하지만 그런 만큼 진정으로 성공하는 유일한 길인 것이다.

CMMI 이해

C H A P T E R 2

CMMI는 모델이다. 모델은 여러 모범사례들을 모아 놓은 것이다. 그러나 이러한 모델에는 일반적으로 모범사례에서 제시하는 '어떻게 일을 수행하는가?How-to-do'에 대한 내용보다는 '무슨 일을 수행하는가?What-to-do'에 대한 내용 위주로 정의되어 있다. 이것이 모델과 모범사례의 차이다. 예를 들면 요구사항 관리와 관련해 모델에서는 개별 요구사항에 대한 변경을 추적하기를 요구하지만 이를 어떤 식으로 수행하라는 구체적인 방법까지 제시하지는 않는다. 그러다 보니 CMMI를 적용하는 조직에서는 CMMI에서 제시하고 있는 요건들을 어떻게, 어디까지 하는 것이 좋을 것인지에 대해 많은 고민을 하게 된다. 그뿐만 아니라 정의되어 있는 내용 중에는 우리와 환경이 달라 이해하는 데 어려움이 있는 부분도 있고, 영어권이 아닌 우리가 하나의 영어 단어가 가지는 실제 의미를 분명하게 파악하는 데에도 어려움이 따른다.

따라서 이 장에서는 CMMI V2.0 개발 뷰에서 제시하는 프랙티스 영역에 대해 여러분이 반드시 알아 두었으면 하는 내용 위주로 설명함으로써, CMMI V2.0 개발 뷰의 개별 프랙티스 영역에 대해 보다 쉽게 이해할 수 있도록 했다.

2.1 실행 범주의 역량 영역과 프랙티스 영역

실행 범주는 [표 2-1]과 같이 품질 솔루션을 생산하고 제공하는 3개의 역량 영역과 7개의 프랙티스 영역으로 구성되어 있다.

[표 2-1] 실행 범주의 역량 영역과 프랙티스 영역

범주	역량 영역	프랙티스 영역
실행	품질보장	요구사항 개발 및 관리
		프로세스 품질보증
		검증 및 확인

범주	역량 영역	프랙티스 영역
실행	품질보장	동료검토
	제품 엔지니어링 및 개발	기술 솔루션
		제품 통합
	공급자 선정 및 관리	공급자 협약관리

2.1.1 요구사항 개발 및 관리 | Requirements Development and Management, RDM

요구사항 개발 및 관리의 목적은 요구사항을 도출하고 이해관계자와 공통된 이해를 보장하며 요구사항, 계획 및 작업산출물 간의 일관성을 보장하기 위한 것이다.

조직과 프로젝트는 이 활동을 통해 고객의 니즈와 기대사항이 충족됨을 보장할 수 있다.

Elicit requirements, ensure common understanding by stakeholders, and align requirements, plans, and work products.
Ensures that customer's needs and expectations are satisfied.

■ 1단계 프랙티스 그룹

RDM 1.1	요구사항을 기록한다. (Record requirements.)
가치	기록된 요구사항은 고객의 니즈와 기대사항을 성공적으로 해결하기 위한 기반이 된다. (Recorded requirements are the basis for successfully addressing customer needs and expectations.)
활동 예시	• 요구사항 기록
산출물 예시	• 기록된 요구사항

■ 2단계 프랙티스 그룹

RDM 2.1	이해관계자의 니즈, 기대사항, 제약요소 및 인터페이스 또는 연결 요구사항을 도출한다. (Elicit stakeholder needs, expectations, constraints, and interfaces or connections.)
가치	적극적인 요구사항 도출을 통해 요구사항에 대한 보다 깊은 상호 이해를 보장하고 고객 만족 가능성을 향상시킨다. (Active elicitation of requirements ensures a deeper mutual understanding of the requirements and increases the likelihood that the customer will be satisfied.)
활동 예시	• 이해관계자의 요구, 기대사항, 제약요소, 인터페이스나 연결 요구사항 도출
산출물 예시	• 이해관계자의 요구, 기대사항, 제약요소 목록
RDM 2.2	이해관계자의 니즈, 기대사항, 제약요소 및 인터페이스 또는 연결 요구사항을 우선순위화한 고객 요구사항으로 변환한다. (Transform stakeholder needs, expectations, constraints, and interfaces or connections into prioritized customer requirements.)
가치	수락 시 재작업 비용을 최소화하고 고객 만족을 극대화하기 위해 고객 우선순위를 보장한다. (Ensure customer priorities are addressed to minimize the cost of rework during acceptance, and maximize customer satisfaction.)
활동 예시	• 이해관계자의 요구, 기대사항, 제약요소, 인터페이스 또는 연결 요구사항을 기록된 고객 요구사항으로 변환 • 고객 요구사항의 우선순위 개발, 기록, 갱신
산출물 예시	• 우선순위화한 고객 요구사항 • 고객 제약요소
RDM 2.3	요구사항의 의미에 대해 요구사항 제공자와 함께 이해를 증진시킨다. (Develop an understanding with the requirements providers on the meaning of the requirements.)
가치	고객 만족을 향상시킬 수 있는 올바른 솔루션 인도의 보장을 지원한다. (Helps to ensure the correct solution is delivered which increases customer satisfaction.)
활동 예시	• 적절한 요구사항 제공자를 식별하기 위한 기준 개발 • 요구사항 평가 및 수용을 위한 기준 개발 • 수립된 기준이 충족되는지 확인하기 위한 요구사항 분석 • 요구사항 제공자와 프로젝트 참여자가 이해를 도출하고 요구사항에 대한 합의 획득 • 요구사항에 필요한 변경사항 기록

산출물 예시	• 적절한 요구사항 제공자 목록 • 요구사항의 평가 및 수용 기준 • 기준에 따른 분석 결과 • 요구사항에 대한 변경 기록 • 승인된 요구사항
RDM 2.4	프로젝트 참여자가 요구사항을 구현할 수 있다는 합의를 획득한다. (Obtain commitment from project participants that they can implement the requirements.)
가치	지연 및 재작업을 최소화하기 위한 합의내용이 잘 이해되었음을 보장한다. (Ensures commitments are well understood to minimize delays and rework.)
활동 예시	• 요구사항이 기존 합의에 미치는 영향 평가 • 합의 협상 및 기록
산출물 예시	• 영향 평가 • 요구사항이 충족되도록 기록된 합의
RDM 2.5	요구사항과 활동 또는 작업산출물 간 양방향 추적성을 확보하고 기록 및 활용한다. (Develop, record, and maintain bidirectional traceability among requirements and activities or work products.)
가치	고객 만족을 향상시킬 수 있도록 요구사항과 솔루션 간 일관성을 보장한다. (Ensures consistency between requirements and the solution which increases the likelihood of customer satisfaction.)
활동 예시	• 양방향 요구사항 추적성 확보, 기록, 갱신
산출물 예시	• 양방향 요구사항 추적성 기록
RDM 2.6	계획과 활동 또는 작업산출물과 요구사항 간의 일관성을 보장한다. (Ensure that plans and activities or work products remain consistent with requirements.)
가치	요구사항과 관련 작업산출물 간의 불일치를 제거하여 재작업을 최소화한다. (Minimizes rework by eliminating inconsistencies between requirements and related artifacts.)
활동 예시	• 요구사항과 변경사항의 일관성을 위해 계획, 활동, 프로젝트 작업산출물 검토 결과 불일치 내용 및 원인 기록 • 필요한 모든 시정조치를 수행 및 기록하고, 영향 받는 이해관계자와 결과를 공유
산출물 예시	• 요구사항, 계획, 작업산출물 간 불일치 기록

■ **3단계 프랙티스 그룹**

RDM 3.1	솔루션과 해당 컴포넌트에 대한 요구사항을 개발하고 갱신한다. (Develop and keep requirements updated for the solution and its components.)
가치	구축된 솔루션이 조직 전체의 일관된 방식으로 고객의 니즈와 기대사항을 충족하도록 보장한다. (Ensures the built solutions meet the customers' needs and expectations in a consistent way across the organization.)
활동 예시	• 솔루션 및 솔루션 컴포넌트 설계에 필요한 기술용어로 요구사항을 개발, 기록, 갱신 • 솔루션 선정 및 설계 결정으로 비롯되는 요구사항을 도출, 기록, 갱신 • 양방향 추적성 기록, 갱신 • 요구사항의 우선순위 기록 및 갱신 • 비기술적 요구사항 기록 및 갱신 • 내, 외부 인터페이스나 연결에 대한 요구사항을 식별, 기록, 갱신
산출물 예시	• 명세화 되고 갱신된 요구사항
RDM 3.2	운영개념과 시나리오를 개발한다. (Develop operational concepts and scenarios.)
가치	고객이 그들의 요구사항이 어떻게 충족될 것인지에 대한 이해, 확인, 합의를 보장한다. (Enables customers to understand, confirm, and commit to how their requirements will be met.)
활동 예시	• 운영개념 및 시나리오 개발, 기록, 갱신 • 요구사항을 정제하고 발견하기 위해 영향 받는 이해관계자와 운영개념 및 시나리오 검토
산출물 예시	• 운영개념 및 시나리오
RDM 3.3	구현할 요구사항을 할당한다. (Allocate the requirements to be implemented.)
가치	요구사항을 충족하는 완전한 솔루션을 인도하여 고객의 만족을 향상시킨다. (Increases customer satisfaction by delivering a complete solution that meets requirements.)
활동 예시	• 요구사항 할당, 기록, 갱신 • 할당된 요구사항 간의 관계 기록, 갱신 • 영향 받는 이해관계자와 요구사항 할당 및 관계 검토
산출물 예시	• 요구사항 할당

RDM 3.4	인터페이스 또는 연결 요구사항을 식별 및 개발하고 갱신한다. (Identify, develop, and keep updated interface or connection requirements.)
가치	호환되지 않는 내, 외부 인터페이스나 연결 요구사항으로 인한 재작업 및 위험을 감소시킨다. (Reduces rework and risk due to incompatible internal and external interfaces or connections.)
활동 예시	• 내, 외부 인터페이스나 연결 요구사항 식별, 기록, 갱신 • 적용 범위 및 완전성에 대한 인터페이스 또는 연결 요구사항을 관련 이해관계자와 검토하고 결과를 기록
산출물 예시	• 인터페이스 또는 연결 요구사항 • 인터페이스 또는 연결 요구사항 검토 결과 • 인터페이스 또는 연결 요구사항을 갱신하기 위한 실행 항목 • 갱신된 인터페이스 또는 연결 요구사항
RDM 3.5	요구사항이 필요하고 충분한지를 보장한다. (Ensure that requirements are necessary and sufficient.)
가치	필요한 솔루션만 인도하여 재작업을 방지한다. (Avoids rework by only delivering necessary solutions.)
활동 예시	• 요구사항이 필요하고 충분한지 결정하기 위해 요구사항 분석 수행 • 이해관계자와 분석 결과 검토 • 검토 결과에 따라 요구사항 갱신
산출물 예시	• 요구사항 분석 결과 • 갱신된 요구사항
RDM 3.6	이해관계자의 니즈와 제약요소 간 균형을 유지한다. (Balance stakeholder needs and constraints.)
가치	상충되는 요구사항 및 제약요소를 해결하여 이해관계자의 만족을 향상시킨다. (Increases stakeholder satisfaction while addressing conflicting requirements and constraints.)
활동 예시	• 이해관계자 요구와 제약요소의 균형을 유지하기 위해 요구사항을 분석 • 고객과 이해관계자의 요구사항 충돌을 검토, 분석, 협상 • 제안된 요구사항 변경을 기록 및 갱신하고 관련 이해관계자와 공유 • 이해관계자의 요구와 제약요소 간 균형 유지를 위해 요구사항 분석
산출물 예시	• 분석 결과 • 제안된 요구사항 변경

RDM 3.7	솔루션이 대상 환경에서 의도한 대로 작동하도록 보장하기 위해 요구사항을 확인한다. (Validate requirements to ensure the resulting solution will perform as intended in the target environment.)
가치	고객의 기대사항과 니즈에 부합하는 솔루션을 인도하여 재작업 비용을 절감하고 만족을 향상시킨다. (Avoids rework cost and increases satisfaction by delivering a solution that meets customer expectations and needs.)
활동 예시	• 확인 기법 식별 및 선정 • 선택한 기법을 사용하여 요구사항 확인 및 결과 기록 • 이해관계자와 확인 결과 검토 및 공유 • 요구사항 갱신
산출물 예시	• 선택된 확인 기법 • 확인 결과 기록 • 갱신된 요구사항

요구사항 개발 및 관리 프랙티스 영역은 1단계부터 3단계까지 3개의 프랙티스 그룹으로 구성되어 있다.

1단계 프랙티스 그룹은 이미 식별되어 있는 요구사항을 기록하는 활동을 말한다. 여기서의 '이미 식별되어 있는 요구사항'이란 고객으로부터 식별하여 문서화한 요구사항을 말하며, 프로젝트에 이미 반영되어 작업 중이거나 작업 준비 중인 요구사항이라고 할 수 있다. 또한 이 프랙티스 그룹에서의 요구사항은 프로젝트의 범위 설정과 관련된 요구사항들을 말한다. 만약 여러분이 프로젝트의 범위를 설정할 수 없다면 프로젝트에서 얼마나 많은 일들을 수행해야 하는지를 파악할 수 없을 것이며, 이는 효율적인 프로젝트 관리를 불가능하게 만들 것이다.

2단계 프랙티스 그룹은 고객의 요구사항을 명세화하고 프로젝트 수행 인원들이 해당 요구사항을 명확히 이해하는 활동에 초점을 맞추고 있다. 이를 위해 프로젝트에서는 생명주기 전 기간 동안 모든 이해관계자의 니즈, 기대사항, 제약요소 및 인터페이스 또는 연결 요구사항을 도출한다. 여기서 도출이란 단순히 고객이 명시적으로 제시한 요구사항만을 수집하라는 의미는 아니다. 기술 시연, 프로토타입, 브레인스토밍, 유즈케이스, 품질기능전개 그리고 사용자 대상 설문조사나 심층 인터뷰 등과 같은 보다 능동적인 활동을 통해 고객이 명시적으로 제시하지는 않았으나 추가돼야 하는 요구사항 또한 능동적으로 식별하는 것을 의미한다. 이렇게 프로젝트의 이해관계자로부터 도출한 요구사항을 '상위수준의 요구사항High Level Requirements' 또는 '고객의 위시 리스트Customer's Wish List'라고 한다. 이러한 요구사항들에는 솔루션으로 구현 가능한 부분도 있지만 프로젝트 개발 기간이나 비용 또는 기술적 문제 등으로 인해 구현이 어려운 사항들도 다수 포함될 수 있다.

따라서 상위수준의 요구사항은 솔루션으로 구현 가능한 요구사항으로 정제할 필요가 있는 데, 이렇게 정제된 요구사항을 '고객 요구사항Customer Requirements'이라 한다. 고객 요구사항은 중요도에 따라 우선순위를 정하는 것이 바람직하다. 우선순위가 낮은 요구사항은 유사 시 솔루션에 반영하지 않겠다는 의미가 아니라 우선순위에 따라 개발 순서나 투입노력 정도를 달리 가져갈 기준으로 삼기 위해서이다. 고객이 프로젝트에 요구사항 목록을 제공하는 경우도 있고 요구사항이 이전 프로젝트 활동의 결과물로 이미 존재하는 경우도 있다. 이러한 경우에는 관련 이해관계자들의 니즈, 기대사항, 제약요소 및 인터페이스 또는 연결 요구사항과 상충될 수 있는데, 만약 상충되는 점들이 있다면 적절하게 해결한 후에 고객 요구사항 목록으로 정의해야한다.

명세화된 고객 요구사항에 대해서는 개별 요구사항의 의미에 대해 요구사항 제공자와 함께 이해를 증진시키고, 개발자들이 요구사항을 구현할 수 있다는 합의를 얻는다. 여기서 말하는 '요구사항 제공자'란 일반적으로 요구사항을 제시하는 고객이나 최종 사용자만을 의미하는 것은 아니다. 만약 프로젝트 팀 내에서 개발할 솔루션에 대한 요구사항을 자체적으로 제시했다면, 이들 역시도 요구사항 제공자의 범주에 들어

가게 된다. '이해를 증진시킨다.'의 의미는 정의된 요구사항을 단순히 요구사항 제공자와 합의한다는 뜻이 아니라 정의된 요구사항에 대해 합의하기 위한 평가 및 수용 기준을 설정하고 활용하라는 의미이다. 일반적으로 요구사항은 자연어(일상적인 언어)로 쓰여 지기 때문에 작성자에 따라 간략하게 쓰거나, 장황하게 설명을 덧붙이거나 하는 각기 다른 형태로 쓰여 질 수 있다. 따라서 정의된 요구사항이 간결하면서도 명확하게 작성되었는지, 다른 요구사항과 일관성을 유지하고 있는지, 유사한 내용의 요구사항이 반복적으로 작성되지는 않았는지, 정의된 요구사항이 검증가능하고 추적가능하며 달성가능한지 등을 파악하기 위한 기준을 수립하는 것이 필요하다. 그리고 이러한 기준은 체크리스트 화하여 정의된 요구사항의 적절성을 검토할 때 활용한다.

2단계 프랙티스 그룹에서 요구하는 또 하나의 중요한 활동은 요구사항과 작업산출물 간 양방향 추적성을 확보하는 것이다. 양방향(순방향/역방향) 추적성이란 요구사항부터 시작하여 최종 솔루션이 만들어지는 순서뿐만 아니라 그 역으로도 추적성을 확보하는 것을 의미한다. 요구사항의 추적성이 확보되지 않으면, 요구사항 변경에 대한 관리와 요구사항에 부합되는 프로젝트 계획서 및 작업산출물 개발에 대한 보장 또한 어렵기 때문이다.

물론 요구사항과 작업산출물들 간의 추적성을 확보하는 것이 쉬운 작업은 아니다. 특히 요구사항 관리 도구를 사용하지 않고 요구사항 추적표 등과 같이 문서 형태로 추적성을 확보하는 경우는 더욱 어렵다. 따라서 처음부터 요구사항 추적성을 너무 상세하게 확보하려고 하는 것은 바람직하지 못하다. 시험에서 발견된 문제를 수정하거나 변경 요구사항이 들어왔을 경우, 해당 프로젝트에서 수정해야 하는 범위를 빨리 파악하고 구체적으로 어디를 어떻게 수정해야 하는지를 정확하게 파악할 수 있는 정도에서 추적성을 확보하는 것이 좋다.

요구사항에 대한 추적은 프로젝트 계획서, 활동 및 작업산출물을 검토하여 요구사항 및 요구사항에 대한 변경과의 일관성을 확인하는 데에도 도움이 된다. 이러한 검토 활동을 통해 요구사항과 계획 그리고 작업산출물 간에 불일치하는 점이 있으면 출처를 식별한다. 그리고 요구사항 기준선의 변경에 따라 계획서와 작업산출물에 대한 변경사항을 식별하고 필요한 경우, 시정조치 활동을 수행한다.

3단계 프랙티스 그룹은 명세화한 고객 요구사항을 좀 더 세분화하거나 시험 가능한 수준까지 분해하는 것에 중점을 둔다. 고객 요구사항은 솔루션과 해당 컴포넌트에 대한 요구사항으로 변환되고 구현을 위해 할당된다. 고객 요구사항을 솔루션이나 컴포넌트에 할당하기 위해서는 요구사항을 세분화할 필요가 있다. 일반적으로 고객 요구사항은 기술적 요구사항과 비기술적 요구사항으로 구분되며 기술적 요구사항은 기능 요구사항과 비기능 요구사항으로 구분할 수 있다. 일정, 비용, 환경, 제도 등과 같이 기술적인 요소는 아니나 프로젝트 수행에 영향을 줄 수 있는 사항들이 전형적인 비기술적인 요구사항이다. 솔루션이나 컴포넌트를 동작하는 데 필요한 요구사항들을 기능 요구사항이라 하며, 하나의 솔루션을 구성하는 컴포넌트들 간의 인터페이스 요구사항, 응답속도와 같은 성능 요구사항이나 보안 및 안전 관련 사항 그리고 신뢰성이나 사용성과 같이 설계 시의 고려사항들을 비기능 요구사항이라고 하는데 솔루션이나 솔루션 아키텍처 구성에 많은 영향을 주게 된다.

3단계 프랙티스 그룹에는 운영 개념과 운영 시나리오라는 용어가 나온다. 이 용어는 국방 시스템 개발과 관련한 중요한 개념이다. 국방 관련 프로젝트를 수행해 본 사람이라면 시스템 요구분석 단계에서 작성되는 '운영개념기술서Operational Concepts Description, OCD'를 떠올리면 쉽게 이해할 수 있을 것이며, 그렇지 않은 경우에는 이전 솔루션(즉 진행하려고 하는 프로젝트의 솔루션에 의해 대체될 현재 솔루션)의 개선 방안이나 현재 진행 중인 프로젝트에서 개발하고자 하는 솔루션의 최종 모습(예: 솔루션 아키텍처)을 정리한 것으로 이해하면 될 것이다. 중요한 것은 CMMI에서는 이러한 운영개념이나 운영 시나리오를 이용하여 프로젝트 계획을 수립하거나, 요구사항을 도출하기를 요구하기 때문에 운영개념에 대한 경험이 없는 경우에는 주의해야 한다.

솔루션 아키텍처는 솔루션 요구사항을 솔루션 컴포넌트에 할당하는 근거를 제공한다. 솔루션 요구사항을 충족시키고 생산을 원활하게 하기 위해 솔루션을 정의하는 솔루션 컴포넌트에 대한 요구사항에는 솔루션의 성능, 설계 제약사항, 형태 및 기능 등의 할당이 포함된다. 상위수준의 요구사항이 두 가지 이상의 솔루션 컴포넌트가 책임져야 하는 품질속성을 규정하는 경우, 그 품질속성은 파생 요구사항으로 분할되어 해당되는 솔루션 컴포넌트에 각각 할당될 수 있으며, 그 이외의 경우에는 공유된 요구사항을 아키텍처에 직접 할당해야 한다. 예를 들어, 아키텍처에 대한 요구사항의 할당에는 특정 성능 요구사항(예: 응답시간)이 어떻게 여러 컴포넌트들 사이에 성능 부담으로 배정되어 있는지를 기술함으로써 시나리오 방식으로 해당 요구사항의 구현 과정을 보여준다. 이러한 공유된 요구사항 개념은 다른 아키텍처 상 중요한 품질속성들(예: 보안성, 신뢰성)에도 확대 적용될 수 있다.

솔루션 아키텍처에서 식별된 솔루션 또는 솔루션 컴포넌트들 사이의 인터페이스 요구사항 또한 정의돼야 한다. 이러한 요구사항은 솔루션 또는 솔루션 컴포넌트 통합작업의 일부로 통제되며, 아키텍처 정의의 필수적인 부분이다.

정의된 요구사항은 검증되고 확인돼야 한다. 검증이란 정의된 요구사항에 대해 프로젝트 팀 내에서 자체적으로 검토하는 것으로 정의된 요구사항이 모두 필요한 것인지, 혹시 누락된 요구사항은 없는지 등을 파악하는 활동이다. 일반적으로 요구사항은 매우 광범위하게 제시되는 경우가 많다. 물론 이해관계자들이 요청하는 모든 요구사항을 다 수용하면 좋겠지만 현실적으로는 어려움이 많다. 기술력이 부족하여 수용할 수 없는 요구사항도 있겠지만, 해당 요구사항을 반영하면 추가적인 비용이 많이 들고 개발 기간도 길어져 수용하기 어려운 경우도 있다. 또는 비용 대비 효과 측면에서 수용하지 않는 것이 더 좋은 요구사항도 있다. 즉 트레이드오프 관계에 있는 요구사항들은 그 중요성 정도에 따라 선별적으로 수용할 필요가 있는데, 이런 이해관계자들의 요구내역 및 제약조건 간 균형을 맞추기 위한 검증활동을 수행해야 한다. 정의된 요구사항을 검증하는 것이 프로젝트 팀 내부적으로 수행하는 활동이라면, 해당 요구사항을 제시한 이해관계자가 의도한 바와 일치하는 지를 검토하는 활동이 확인이다. 따라서 가능한 요구사항을 제시한 이해관계자로부터 검토를 받는 것이 좋다. 일반적으로 시연, 프로토타입, 시뮬레이션, 스토리보드 등의 방법이 사용된다.

2.1.2 프로세스 품질보증 Process Quality Assurance, PQA

프로세스 품질보증의 목적은 수행된 프로세스와 그 결과에 따른 작업산출물의 품질을 검증하고 개선이 가능하도록 하기 위한 것이다.

조직과 프로젝트는 이 활동을 통해 비즈니스 이익 및 고객 만족을 극대화하기 위한 프로세스의 일관된 사용과 개선을 증대시킬 수 있다.

> Verify and enable improvement of the quality of the performed processes and resulting work products.
> Increases the consistent use and improvement of the processes to maximize business benefit and customer satisfaction.

■ 1단계 프랙티스 그룹

PQA 1.1	프로세스 및 작업산출물의 이슈를 식별하고 해결한다. (Identify and address process and work product issues.)
가치	개선된 품질과 성과를 통해 고객 만족을 향상시킨다. (Increases customer satisfaction through improved quality and performance.)
활동 예시	• 이슈 식별, 기록 및 해결
산출물 예시	• 기록된 이슈 • 해결된 이슈

■ 2단계 프랙티스 그룹

PQA 2.1	과거 품질 데이터를 기반으로 품질보증 접근법과 계획을 수립 및 갱신하고 준수한다. (Develop, keep updated, and follow a quality assurance approach and plan based on historical quality data.)
가치	반복되는 문제 영역에 집중하여 비용을 절감하고 품질을 향상시킨다. (Reduces cost and increases quality by focusing on recurring problem areas.)
활동 예시	• 품질 접근 방법 및 계획 수립, 기록, 갱신 • 평가할 영역 식별 • 영향 받는 이해관계자와 접근 방법 검토, 갱신, 승인
산출물 예시	• 품질보증 접근방법 및 계획
PQA 2.2	프로젝트 전반에 걸쳐 수행된 프로세스 및 작업산출물에 대해 조직의 문서화된 프로세스와 적용 가능한 표준과 비교하여 객관적으로 평가한다. (Throughout the project, objectively evaluate selected performed processes and work products against the recorded process and applicable standards.)
가치	프로세스 실행 전반에 걸쳐 이슈를 식별하고 해결하여 고품질의 솔루션을 인도한다. (Delivers high-quality solutions by identifying and addressing issues throughout the process execution.)
활동 예시	• 평가를 위해 명확하게 명시된 기준 개발 및 갱신 • 프로세스 설명, 표준 및 절차를 기반으로 체크리스트 개발, 갱신 • 수행된 프로세스가 프로세스 설명, 표준, 절차를 준수하는지를 정의된 기준 및 체크 리스트를 사용하여 평가 • 평가를 통해 발견된 부적합 사항 식별 및 기록 • 조직의 다른 영역에서 활용할 수 있는 모범사례 식별 및 기록
산출물 예시	• 평가기준 • 체크리스트 • 평가 보고서 • 부적합 보고서 • 개선 제안서
PQA 2.3	품질 및 부적합 사항 이슈를 공유하고 해결을 보장한다. (Communicate quality and non-compliance issues and ensure their resolution.)
가치	품질 프로세스를 보장하고 재작업 비용이 발생하지 않도록 하여 고객 만족을 증진한다. (Ensures quality processes, avoids the cost of rework, and improves customer satisfaction.)

활동 예시	• 부적합 이슈 공유 및 해결 • 부적합 이슈를 해결할 수 없을 경우, 상위관리자에게 보고 • 품질 동향을 식별하기 위해 부적합 이슈 분석 • 영향 받는 이해관계자가 평가 결과 및 품질 동향을 인지하도록 보장
산출물 예시	• 품질 동향 분석 보고서 • 부적합 사항 해결안
PQA 2.4	품질보증 활동 결과를 기록하고 활용한다. (Record and use results of quality assurance activities.)
가치	품질보증 결과를 활용하여 향후의 품질보증 활동을 최적화하고 작업 비용을 감소시킨다. (Using quality assurance results optimizes future quality assurance activities and reduces the cost of future work.)
활동 예시	• 품질보증 활동에 관한 정보 기록 및 갱신
산출물 예시	• 품질보증 보고서 • 부적합 이슈 및 시정 조치에 대한 상태 보고서 • 품질 동향 보고서

■ 3단계 프랙티스 그룹

PQA 3.1	품질보증 활동을 수행하는 동안 개선 기회를 식별하고 기록한다. (Identify and record opportunities for improvement during quality assurance activities.)
가치	보다 효율적이고 효과적인 작업 수행 방법을 식별하여 조직의 목적 및 목표 달성을 위한 역량을 향상시킨다. (Identifying more efficient and effective ways to perform work improves the organization's capability to meet its goals and objectives.)
활동 예시	• 품질보증 활동 중에 발견한 개선필요 사항 기록 • 개선제안 제출
산출물 예시	• 개선제안서

프로세스 품질보증 프랙티스 영역은 1단계부터 3단계까지 3개의 프랙티스 그룹으로 구성되어 있다.

프로세스 품질보증 활동에 있어서 중요한 것은 '객관적 평가'이다. 객관적 평가란 검토자의 주관이나 편견을 최소화하고 평가 기준에 근거하여 프로세스나 작업산출물을 검토하는 것을 의미한다. 이러한 객관적인 평가 활동에는 프로젝트의 작업산출물이 요구사항을 충족하고 있는지를 독립적으로 조사하는 '감사' 활동도 포함될 수 있다.

객관적 평가와 함께 이해해야 할 사항이 '독립적 평가'이다. 독립적 평가란 조직 구조상 독립적인 품질보증그룹에 의한 평가를 의미하나, 때에 따라서는 독립적이진 않지만 프로젝트 내에서 품질보증 활동을 수행하는 그룹에 의한 평가 또한 포함한다. CMMI에서는 독립적인 품질보증그룹과 마찬가지로 이러한 그룹이나 개인도 평가 대상 산출물 개발에 직접적으로 관여하지 않았고 독립적인 보고 채널을 가진다면, 그리고 평가 결과 발견된 부적합 사항이 적절하게 보고되어진다면 '독립성'을 충족하고 있다고 설명하고 있다. 그러나 성숙도 단계가 낮은 조직일수록 구조상 독립적인 품질보증그룹을 운영하는 것이 바람직하다. 독립적이지 않은 상태에서 객관적인 평가 활동이 수행됐음을 입증하기가 쉽지 않기 때문이다.

1단계 프랙티스 그룹은 프로세스 및 작업산출물의 이슈를 식별하고 해결하는 활동을 말한다. 이슈란 조직이나 프로젝트의 사업일정이나 비용 또는 성과에 부정적인 영향을 끼칠 수 있는 것으로 조직이나 프로젝트에서 수행한 프로세스가 표준이나 절차를 준수하지 않음으로 인해 발생한 부적합사항들이다. 이런 부적합사항들은 이미 수행한 결과물을 시정하거나, 다음 번 프로세스 수행 시에는 제대로 이행하도록 함으로써 해결할 수 있다. 일반적으로 작업산출물의 오류와 솔루션을 사용하기 어렵게 용어를 일관성 없이 사용하는 부정확한 정보나 정보의 누락과 같은 이슈들을 식별하고 해결한다.

2단계 프랙티스 그룹은 프로젝트 전반에 걸쳐 수행된 프로세스 및 작업산출물에 대해 조직의 문서화된 프로세스와 적용 가능한 표준과 비교하여 객관적으로 평가하는 활동에 중점을 둔다. 여러분은 프로세스 평가 또는 감사 활동에 대해서는 프로젝트의 절차에 따라 활동을 수행하고 있는지, 어디에서 문제가 발생했는지, 개선이 필요한 곳은 어디인지를 간단히 검토하는 정도로 이해하면 될 것이다. 반면에 제품이나 작업산출물에 대한 평가 또는 감사 활동은 제품 또는 작업산출물 표준과 체크리스트를 활용해 진행하는 것이 바람직하며, 어떤 경우에는 '동료검토' 활동이나 '기술검토' 활동으로 대신하는 경우도 있다. 솔루션이나 작업산출물의 내용에 대한 평가나 감사 활동은 폭넓은 기술적인 지식을 요구하기 때문에 이러한 평가나 감사 활동을 수행할 수 있는 품질보증요원을 구하기는 매우 힘들기 때문이다.

대부분의 개발자들은 계속해서 개발자로 남기를 선호하기 때문에 우수한 개발자를 품질보증 요원으로 채용하기 힘든 것이 현실이다. 만약 여러분의 조직에서 품질보증 그룹에 의해 제품이나 작업산출물의 내용까지도 평가하기를 원한다면 여러분 조직은 개발자와 품질보증요원들 간의 순환 근무제를 실시하는 방법을 활용할 수도 있을 것이다. 이러한 방법이 불가능한 경우에는 개발자와 품질보증요원이 함께 평가나 감사 활동을 수행하게 하는 방법도 굉장히 효과적일 수 있다.

프로세스 평가와 작업산출물 평가는 방법상에서도 차이를 갖고 있는데, 작업산출물에 대한 평가는 산출물 내용만을 보면서 평가 활동을 수행하면 되지만 프로세스 평가는 해당 프로세스 수행자와의 인터뷰가 요구된다. 프로젝트 관리자나 개발자들이 표준 업무절차나 방법에 따라 프로젝트에서의 해당 활동을 수행했는지는 직접 물어보고 확인해 보는 것이 제일 정확하기 때문이다.

2단계 프랙티스 그룹에서 요구하는 또 다른 중요한 활동은 관리자 및 담당자들과 품질 및 부적합 사항 이슈를 공유하고 해결을 보장하는 것이다. 이는 품질보증 활동 결과, 발견된 부적합 사항뿐만이 아니라 품질 이슈에 대해서도 관련 인원들과 공유하는 것을 의미한다. 또한 부적합 사항의 해결을 보장하기 위해 부적합 사항들을 추적하는 활동까지도 포함한다. 품질보증 결과는 품질보증 담당자의 경험 및 지식에 따라 차이가 날 수 있다. 따라서 품질보증 담당자들이 정기적으로 모여 각자 품질보증을 수행한 방법과 평가 포인트 등을 공유함으로써 품질보증 활동에 대한 눈높이를 맞춰 나가는 것 또한 중요하다.

품질보증 활동을 통해 생성된 품질보증 결과 보고서와 시정조치 현황 보고서, 품질 동향 보고서 등은 적절한 저장소에 등록하여 관리해야 한다.

품질보증 담당자들은 일반적으로 여러 개의 프로젝트에 대한 품질보증 활동을 수행하기 때문에 각 프로젝트별로 나타나는 부적합 유형이나 품질 이슈를 파악할 수가 있다. 따라서 정기적으로 각 프로젝트별, 단계별 또는 작업산출물별로 부적합 유형과 품질 이슈를 분석하여 조직 내에서 공유하면 향후 발생하게 될 부적합 사항을 사전에 예방할 수 있다. 또한 유사한 부적합 사항이나 품질 이슈는 프로젝트에서 반복적으로 발생하는 경향이 있기 때문에 근본적 해결을 위한 개선을 해당 조직에 제안할 수 있다. 이것이 3단계 프랙티스 그룹에서 언급하고 있는 품질보증 활동을 수행하는 동안, 개선 기회를 식별하고 기록하라는 의미이다.

2.1.3 검증 및 확인 Verification and Validation, VV

검증 및 확인의 목적은 선정된 솔루션 및 컴포넌트가 요구사항을 충족하는지를 검증하고, 대상 환경에서 의도한 용도를 충족하는지를 확인하는 것이다.

조직과 프로젝트는 프로젝트 전반에 걸쳐 선정된 솔루션 및 컴포넌트의 검증과 확인 활동을 통해 솔루션의 고객 만족 가능성을 향상시킬 수 있다.

> Verify that selected solutions and components meet their requirements, and validate that selected solutions and components fulfill their intended use in their target environment.
> Verification and validation of selected solutions and components throughout the project increases the likelihood that the solution will satisfy the customer.

■ 1단계 프랙티스 그룹

VV 1.1	요구사항의 구현을 보장하기 위해 검증을 수행하고 그 결과를 기록하여 공유한다. (Perform verification to ensure the requirements are implemented and record and communicate results.)
가치	요구사항 이슈를 조기에 감지하여 이슈해결 비용을 절감하고 고객 만족을 향상시킨다. (Early detection of requirements issues reduces the cost of addressing them and increases customer satisfaction.)
활동 예시	• 요구사항에 따라 선정된 작업산출물 및 솔루션 검증 수행 • 검증 활동의 결과 기록 및 공유 • 검증 결과에 따른 실행 항목 식별
산출물 예시	• 검증 결과 • 실행 항목
VV 1.2	솔루션이 대상 환경에서 의도한대로 작동하는지를 보장하기 위해 확인 활동을 수행하고 그 결과를 기록하여 공유한다. (Perform validation to ensure the solution will function as intended in its target environment and record and communicate results.)
가치	확인 활동을 통해 결과가 고객의 기대에 부합하도록 올바른 솔루션을 제공할 수 있는 가능성을 향상시킨다. (Validation activities increase the likelihood that the result will provide the right solution to meet customer expectations.)
활동 예시	• 대상 환경에서 의도한 대로 작동하는지를 보장하기 위해 이해관계자와 함께 선정된 작업산출물과 솔루션을 생명주기 전반에 걸쳐 확인 • 확인 활동 결과 분석 및 공유
산출물 예시	• 확인 결과 • 분석 결과

■ 2단계 프랙티스 그룹

VV 2.1	검증과 확인을 위한 컴포넌트 및 방법을 선정한다. (Select components and methods for verification and validation.)
가치	고객의 기대사항과 니즈를 충족하거나 능가하는 솔루션을 생산한다. (Produces solutions that meet or exceed customer expectations and needs.)

활동 예시	• 검증 및 확인을 위한 솔루션 컴포넌트 선정 • 선정한 각 작업 산출물이 충족해야 할 요구사항 식별 • 확인이 필요할 고객 요구사항 및 최종 사용자 요구 결정 • 선택한 각 솔루션에 사용될 검증 및 확인 방법 정의, 기록, 갱신 • 영향 받는 이해관계자와 확인 대상 선택 및 역할, 책임, 제약 조건, 방법 등 검토
산출물 예시	• 검증 및 확인을 위해 선정된 솔루션 컴포넌트 목록 • 선정된 각 솔루션 컴포넌트에 대한 검증 및 확인 방법 • 검증 및 확인되어야 할 요구사항 목록
VV 2.2	검증 및 확인 활동을 지원하는데 필요한 환경을 개발 및 갱신하고 사용한다. (Develop, keep updated, and use the environment needed to support verification and validation.)
가치	필요할 때 사용할 수 있도록 검증 및 확인 환경을 준비하여 프로젝트 지연을 최소화한다. (Project delays are minimized by ensuring that verification and validation environments are ready when needed.)
활동 예시	• 검증 및 확인 환경에 대한 요구사항을 식별 • 고객이 제공하는 솔루션 및 컴포넌트 식별 • 검증 및 확인 자원, 장비, 도구 식별 • 검증 및 확인 환경을 개발하거나 획득하고 갱신
산출물 예시	• 검증 환경 • 확인 환경
VV 2.3	검증 및 확인 활동을 수행하기 위한 절차를 개발하고 갱신하며 준수한다. (Develop, keep updated, and follow procedures for verification and validation.)
가치	검증 및 확인 절차를 준수함으로써, 활동을 수행하는데 들어가는 비용을 절감하고 보다 예측 가능한 성과를 보장한다. (Following verification and validation procedures reduces costs for performing the activities and ensures more predictable performance.)
활동 예시	• 검증 및 확인 활동을 위한 절차 개발 및 갱신 • 절차에 따라 검증 및 확인 활동 수행
산출물 예시	• 검증 절차 • 확인 절차 • 검증 및 확인 결과

■ 3단계 프랙티스 그룹

VV 3.1	검증과 확인 활동을 수행하기 위한 기준을 개발하고 갱신하며 사용한다. (Develop, keep updated, and use criteria for verification and validation.)
가치	기준을 통해 검증 및 확인 활동이 중요한 니즈에 집중할 수 있도록 보장함으로써 낭비를 최소화한다. (Using criteria minimizes waste by ensuring the verification and validation activities focus on critical needs.)
활동 예시	• 검증 및 확인 활동을 위한 기준을 개발하고 작업 진행에 따라 개정
산출물 예시	• 검증 기준 • 확인 기준
VV 3.2	검증 및 확인 결과를 분석하고 공유한다. (Analyze and communicate verification and validation results.)
가치	검증 및 확인 결과의 분석 및 공유는 시간이 지남에 따라 해당 활동의 효과성 개선을 지원한다. (Analysis and communication of results helps to improve verification and validation effectiveness over time.)
활동 예시	• 실제 결과와 예상 결과의 비교 • 수립된 검증 기준에 부합하지 않는 결과 식별 • 수립된 확인 기준에 부합하지 않는 결과 식별 • 수립된 기준에 부합하지 않는 검증 및 확인 결과 분석 및 시정조치 결정 • 검증 및 확인 프로세스에 대한 개선이 식별된 개선 제안서 제출 • 영향 받는 이해관계자에게 분석 결과와 시정조치 기록을 공유
산출물 예시	• 확인 및 검증 예상 및 실제와 비교한 결과 • 분석 결과 • 시정조치 • 개선제안

검증 및 확인 프랙티스 영역은 1단계부터 3단계까지 3개의 프랙티스 그룹으로 구성되어 있다.

1단계 프랙티스 그룹은 기본적인 검증과 확인 활동을 다루고 있다. 검증 활동과 확인 활동은 매우 유사해 보이지만 다른 이슈를 다루고 있다는 점에 유의해야 한다. 검증 활동은 프로젝트 요구사항들이 엔지니어링 과정 동안 충족되고 있음을 보증하는 것이고, 반면에 확인 활동은 최종 제품이 고객이 의도한 내용대로 구현되었음을 입증하는 것이다. 다시 말하면 검증 활동은 제품을 올바르게 만들고 있음을 보증하는 것이며, 확인 활동은 올바른 제품을 만들었다는 것을 입증하는 활동이다. 따라서 검증 활동은 일반적으로 프로젝트 팀 내에서 자체적으로 수행하지만, 확인 활동은 주로 최종 사용자나 관련 이해관계자들 참여하에 수행하는 경우가 많다는 점을 유의해야 한다. 확인 활동은 해당 제품이 실제로 사용될 환경과 최대한 비슷한 환경을 구축하거나 또는 사용자 환경에서 수행한다는 점 또한 검증 활동과 다르다고 할 수 있다.

2단계 프랙티스 그룹은 검증 및 확인 활동 수행을 위한 대상, 방법, 환경 등을 정의하고 절차를 마련하는 활동에 초점을 맞추고 있다. 프로젝트를 수행하다 보면 여러 유형의 작업산출물들을 개발하게 된다. 고객에게 최종적으로 전달하게 되는 최종 작업산출물뿐만 아니라 프로젝트 수행 상 필요한 작업산출물들이 그것이다. 물론 이런 작업산출물들을 개발하는 과정 중에 만들어지는 중간 작업산출물들도 있다. 프로젝트에서는 이런 다양한 유형의 작업산출물들을 개발하지만 그렇다고 해서 이 많은 작업산출물들을 모두 동일한 수준으로 관리해야 하는 것은 아니다. 따라서 작업산출물들의 중요도에 따라 검증 및 확인 대상이 되는 작업산출물들을 선정하는 것이 바람직하다. 그리고 선정된 작업산출물들의 유형이나 특성에 따라 적절한 검증 및 확인 방법을 정하는 것 또한 필요하다. 대표적인 검증 및 확인 방법으로는 동료 검토, 감사, 아키텍처 평가, 시뮬레이션, 시험 및 시연 등이 포함되지만 이에 국한되지는 않는다. 특별한 검증 및 확인 방법으로써 '동료검토'가 있는 데, 이와 관련해서는 '동료검토 프랙티스 영역'에서 다시 설명하도록 하겠다.

일반적인 검증 활동이 문서로 된 작업산출물 위주로 수행된다면, 완성된 솔루션이나 솔루션 컴포넌트들의 기능 구현 여부나 성능 등을 확인하는 활동은 시험이다. 소프트웨어 소스 코드와 같이 개별 컴포넌트 단위를 확인하는 단위시험, 통합된 솔루션이나 솔루션 컴포넌트들 간의 내, 외부 인터페이스 상태를 확인하는 통합시험, 솔루션이나 솔루션 컴포넌트들의 성능이나 과부하 여부를 확인하는 시스템 시험, 그리고 솔루션의 최종 인수여부를 판단하는 고객 수락시험 등이 있다. 이런 시험 활동들은 일반적인 확인 방법 중의 하나이며, 이 가운데서 고객이 함께 참여하는 통합시험이나 수락시험 등이 대표적인 확인 활동에 해당한다.

검증 및 확인 활동을 지원하기 위한 환경은 프로젝트 요구에 따라 획득하거나 개발하거나 재사용하거나 변경하거나 아니면 이상의 것들을 조합하여 마련할 수 있다. 작업산출물 유형이나 특성 그리고 사용되는 검증 및 확인 방법에 따라 별도의 환경이 필요할 수도 있고 그렇지 않을 수도 있다. 문서를 검토하는 경우라면 검토 자료와 검토자 그리고 검토할 장소 정도만 있으면 된다. 하지만 솔루션을 시험한다면 시뮬레이터, 에뮬레이터, 시나리오 제너레이터, 데이터 축약 도구, 환경 통제 장치 및 다른 시스템들과의 인터페이스 등이 필요할 수 있다.

작업산출물이 그 요구사항을 충족하고 솔루션이나 솔루션 컴포넌트가 의도한 환경에 배치되었을 때, 원래의 용도를 충족하도록 보장하기 위한 검증 및 확인 절차를 정의한다. 특히 확인 절차에는 수락시험을 위한 시험사례 및 해당 절차를 사용할 수 있다.

3단계 프랙티스 그룹에서는 기준에 따른 검증 및 확인 활동을 수행하고 그 결과를 분석하여 공유하는 것을 강조한다. 검증 및 확인을 위한 기준에는 솔루션이나 솔루션 컴포넌트에 대한 요구사항, 관련 표준이나 조직의 규정, 시험 유형, 작업산출물 유형, 고객 수락기준 그리고 계약사항 등이 포함될 수 있다. 검증 및 확인 방법, 절차, 기준 그리고 적절한 환경을 사용해 선정된 작업산출물과 그에 관련된 유지관리, 교육훈련 및 지원 서비스에 대해 검증 및 확인 활동을 수행한다. 검증 및 확인 활동은 솔루션 생명주기 전체에 걸쳐 실시한다.

시험, 검사, 시연 또는 평가 등과 같은 검증 및 확인 활동을 수행한 결과 데이터는 정의된 기준과 비교해 분석한다. 분석보고서를 통해 요구가 충족되었는지 여부를 알 수 있다. 충족되지 않은 경우, 보고서에는 성공 또는 실패 정도가 표시되고 실패의 추정원인도 분류되어 표시된다. 수집된 시험, 검사 또는 검토 결과는 수립된 평가 기준과 비교해 계속 진행할지, 아니면 요구사항 또는 설계 이슈들을 요구사항 개발 및 관리 또는 기술 솔루션 프랙티스에서 다룰 것인지 결정한다. 또한 분석보고서를 통해 만족스럽지 못한 검증결과나 실패한 확인결과가 절차상의 문제에 기인한 것인지, 환경 문제에 기인한 것인지를 찾아낼 수도 있다.

2.1.4 동료검토 Peer Reviews, PR

동료검토의 목적은 생산자 동료 또는 주제전문가의 검토를 통해 작업산출물의 이슈를 식별하고 해결하는 것이다.

조직과 프로젝트는 이 활동을 통해 이슈나 결함을 조기에 발견하여 비용 및 재작업을 감소시킬 수 있다.

> Identify and address work product issues through reviews by the producer's peers or Subject Matter Experts (SMEs).
> Reduce cost and rework by uncovering issues or defects early.

■ 1단계 프랙티스 그룹

PR 1.1	작업산출물을 검토하고 이슈를 기록한다. (Perform reviews of work products and record issues.)
가치	이슈를 조기에 발견하여 작업산출물의 품질을 높이고 비용 및 재작업을 감소시킨다. (Improves work product quality and reduces cost and rework by uncovering issues early.)
활동 예시	• 이슈 식별을 위한 작업산출물 검토 • 결과 기록
산출물 예시	• 작업산출물 검토 이슈 목록

■ 2단계 프랙티스 그룹

PR 2.1	동료검토 준비 및 수행에 사용되는 절차와 지원 자료를 개발하고 갱신한다. (Develop and keep updated procedures and supporting materials used to prepare for and perform peer reviews.)
가치	동료검토에서 이슈를 찾는 효율성과 효과성을 극대화한다. (Maximizes efficiency and effectiveness of finding issues in peer reviews.)
활동 예시	• 동료검토 절차 기록 및 갱신 • 관련 지원 자료 기록 및 갱신
산출물 예시	• 동료검토 준비 및 수행 절차 • 지원 자료
PR 2.2	동료검토 대상 작업산출물을 선정한다. (Select work products to be peer reviewed.)
가치	중요한 작업산출물에 동료검토를 집중하여 비용을 관리한다. (Targeting critical work products for peer review helps to manage cost.)
활동 예시	• 작업산출물의 중요성 평가 • 사용할 검토 방법 결정, 기록
산출물 예시	• 작업산출물 선정 기준 • 선정된 작업산출물 목록
PR 2.3	수립된 절차를 사용하여 선정된 작업산출물에 대한 동료검토를 준비하고 수행한다. (Prepare and perform peer reviews on selected work products using established procedures.)
가치	작업산출물 내 이슈의 조기 발견을 위한 철저하고 일관된 동료검토를 통해 비용을 절감한다. (Thorough and consistent review with early detection of work product issues leads to reduced cost.)
활동 예시	• 일정 개발 • 절차 준수 • 동료검토 결과와 프로세스 데이터 기록 • 영향 받는 이해관계자와 결과 공유
산출물 예시	• 작업산출물 목록 • 일정 • 동료검토 결과

PR 2.4	동료검토를 통해 식별한 이슈를 해결한다. (Resolve issues identified in peer reviews.)
가치	재작업과 비용을 감소시키고 품질을 향상시킨다. (Reduces rework, costs, and increases quality.)
활동 예시	• 이슈 해결 • 해결방안 및 결과를 기록하고 영향 받는 이해관계자와 공유
산출물 예시	• 이슈 해결방안 • 결과

■ 3단계 프랙티스 그룹

PR 3.1	동료검토 결과와 데이터를 분석한다. (Analyze results and data from peer reviews.)
가치	동료검토 수행을 위한 프로세스의 효율성과 효과성을 향상시킨다. (Increases the efficiency and effectiveness of the process for performing peer reviews.)
활동 예시	• 동료검토 프로세스 데이터와 동료검토 결과 분석 • 분석 결과 기록 및 공유
산출물 예시	• 분석 결과

동료검토 프랙티스 영역은 1단계부터 3단계까지 3개의 프랙티스 그룹으로 구성되어 있다.

1단계 프랙티스 그룹은 프로젝트에서 생성한 작업산출물을 검토하라는 것으로, 동료검토는 작업산출물로부터 조기에 이슈를 발견하고 결함을 제거하기 위한 매우 효과적인 활동이다. 검증과 확인 그리고 품질보증 활동의 일환으로 사용되기도 한다. 동료가 개발한 작업산출물을 다른 동료들이 검토한다는 의미로 인스펙션, 워크쓰루, 감사 등 다양한 유형의 검토 방법들이 사용된다. 이 중 가장 많이 사용되는 방법은 인스펙션과 워크쓰루로 인스펙션은 검토 대상 작업산출물을 검토자들에게 사전에 배포하여 검토하도록 하고, 검토 중 발견한 이슈나 결함들을 검토회의를 통해 공유하고 시정하는 방법이다. 이에 반해, 워크쓰루는 정해진 시점에 검토자들이 모두 모여 검토 대상 작업산출물을 보면서 결함이나 이슈를 찾아 시정하는 방법이다. 따라서 워크쓰루는 인스펙션보다는 검토에 들어가는 노력이 상대적으로 적지만 그만큼 결함을 찾아내는 것도 적을 수 있다. 동료검토 활동은 공식적인 행위를 요구하는 데 반해, 비공식적으로 수행할 수 있는 검토 방법으로는 데스크 체크나 이메일을 통한 검토 등이 있다. 데스크 체크는 용어 그대로 옆 자리의 동료가 본인의 책상 위에서 바로 작업산출물을 검토한다는 의미이고, 이메일을 통한 검토는 개발된 작업산출물을 동료들에게 이메일로 보내 검토를 요청하는 것이다. 아무래도 동료검토와는 달리 비공식적으로 수행되기 때문에 그 만큼 검토 효과성이 떨어질 수밖에 없다. 따라서 개발된 작업산출물들의 중요성과 노력 대비 효과성 등을 고려해 동료검토와 같은 공식적인 검토 활동을 수행할 것인지 아니면 비공식적인 검토 활동을 수행할 것인지, 그것도 아니면 아예 검토를 하지 않을 것인지를 정할 필요가 있다.

간혹 동료검토라는 용어로 인해 모든 작업산출물에 대해 프로젝트를 함께 수행하고 있는 동료가 검토해야 하는 것으로 오해하고 있는 경우가 있다. 만약 개발자가 생성한 작업산출물에 대해 주변 동료들이 전문성이 없다면, 해당 산출물에 대해 전문성을 보유하고 있는 '주제전문가Subject Matter Expert, SME'를 통해 검토를 받는 것이 좋다.

2단계 프랙티스 그룹은 동료검토 절차에 따라 동료검토 활동을 수행하고 발견한 이슈를 해결하는 활동을 다루고 있다. 동료검토 대상으로 선정한 작업산출물이 개발되면 동료검토 활동을 수행하게 되는데, 요구사항 명세서나 설계서와 같은 엔지니어링 관련 작업산출물만이 동료검토 대상이 되는 것은 아니다. 프로젝트 수행 계획서, 프로세스 기술서, 측정 명세서 등과 같이 프로젝트 관리 및 지원과 관련한 작업산출물도 동료검토 대상이 됨을 유의해야 한다.

동료검토를 위한 준비란 작업산출물이 개발되면 개발자로부터 해당 작업산출물의 특징 등에 대한 설명을 듣거나 작업산출물 검토 시 사용할 체크리스트를 준비하는 등의 활동을 말한다. 일반적으로 체크리스트에는 해당 작업산출물 개발 규칙이나 설계 지침, 완전성과 정확성 검토 지침 그리고 전형적인 결함 유형 등이 포함된다.

동료검토는 일반적으로 준비된 체크리스트를 사용해 해당 작업산출물을 검토한다. 검토 시에는 보다 자유로운 토론이 이뤄질 수 있도록 가능한 프로젝트 관리자와 같은 관리자급은 참석하지 않는 것이 좋다. 동료검토를 실시하는 목적이 결함을 조기에 찾아 제거하는 것인 만큼 동료검토의 초점은 검토 대상 작업산출물에 맞춰져야지 해당 작업산출물을 만든 사람에게 맞춰져서는 안 된다.

3단계 프랙티스 그룹은 동료검토 활동을 준비하고 수행하고 수행한 결과와 관련된 데이터를 분석하는 활동이다. 데이터에는 일반적으로 검토 대상이 된 작업산출물 명, 작업산출물 분량, 동료검토 팀 구성, 동료검토 유형, 검토자별 준비 시간, 검토회의에 소요된 시간, 발견된 결함 건 수 및 유형 등이 포함된다. 동료검토 데이터의 분석 대상으로는 결함이 유입된 단계, 기대된 결함 개수 대비 실제 발견된 결함 개수, 식별된 결함 유형, 결함의 원인 및 해결효과 등이 있다.

2.1.5 기술 솔루션 Technical Solution, TS

기술 솔루션의 목적은 고객 요구사항을 충족하는 솔루션을 설계하고 구현하기 위한 것이다.

조직과 프로젝트는 이 활동을 통해 고객 요구사항을 충족하고 재작업을 줄일 수 있는 비용 대비 효과가 높은 설계 및 솔루션을 제공할 수 있다.

Design and build solutions that meet customer requirements.
Provides a cost-effective design and solution that meets customer requirements and reduces rework.

■ 1단계 프랙티스 그룹

TS 1.1	요구사항을 충족하는 솔루션을 구현한다. (Build solution to meet requirements.)
가치	고객에게 요구사항을 구현하고 재작업 비용을 절감할 수 있는 솔루션을 제공한다. (Provides the customer with a solution that implements the requirements and reduces the cost of rework.)
활동 예시	• 솔루션 구축
산출물 예시	• 제품 또는 서비스

■ 2단계 프랙티스 그룹

TS 2.1	요구사항을 충족하는 솔루션을 설계하고 구현한다. (Design and build a solution to meet requirements.)
가치	요구사항을 충족하고 재작업을 방지하는 비용 대비 효과가 높은 솔루션의 구현을 가이드하기 위한 구조를 제공한다. (Provides a structure to guide the implementation of a cost-effective solution that meets requirements and avoids rework.)
활동 예시	• 구조 정의 • 솔루션의 효과적인 설계방법이나 도구 식별, 개발 혹은 확보 • 상용 기성제품(COTS) 평가 • 예비설계 수행 • 상세설계 수행 • 요구사항 충족을 확인하기 위해 설계에 대한 요구사항 추적 • 솔루션 구현
산출물 예시	• 구조 • 컴포넌트 설계 • 완성된 솔루션

TS 2.2	설계를 평가하고 식별된 이슈를 해결한다. (Evaluate the design and address identified issues.)
가치	결함을 최소화하고 솔루션의 요구사항 충족을 통해 비용을 절감한다. (Reduces cost by minimizing defects and ensuring that the solution meets requirements.)
활동 예시	• 수행할 검토 방법 결정 • 검토참여자 식별 • 검토자에게 초안 설계 송부 • 기술검토 실시 • 의사결정, 이슈, 우려사항 기록 • 잠재적 수정사항 식별 • 영향 받는 이해관계자와 이슈 및 결정사항 공유 • 식별된 이슈를 해결하기 위해 설계서 갱신 • 솔루션 검토 • 필요에 따라 컴포넌트 조정
산출물 예시	• 설계 평가 이슈 • 설계 검토 회의록 • 갱신된 설계서 • 갱신된 솔루션
TS 2.3	솔루션 사용을 위한 지침을 제공한다. (Provide guidance on use of the solution.)
가치	솔루션의 사용성과 유지보수성의 보장을 지원한다. (Helps to ensure that the solution is usable and maintainable.)
활동 예시	• 지침 개발 및 제공
산출물 예시	• 지침 자료

■ 3단계 프랙티스 그룹

TS 3.1	설계 결정을 위한 기준을 설정한다. (Develop criteria for design decisions.)
가치	고객의 요구사항과 제약사항을 충족하는 견고한 설계의 생산 가능성을 향상시킨다. (Increases the likelihood of producing a robust design that meets customer requirements and constraints.)

활동 예시	• 설계 기준의 분석, 개발, 평가, 사용, 갱신 • 필요 시 영향 받는 이해관계자와 설계 기준을 검토 및 수정
산출물 예시	• 설계 기준
TS 3.2	선정된 컴포넌트에 대한 대안 솔루션을 개발한다. (Develop alternative solutions for selected components.)
가치	가장 유익한 솔루션의 식별 및 선정을 보장한다. (Ensures that the most beneficial solution is identified and selected.)
활동 예시	• 대안 솔루션 개발, 식별, 기록 • 각 대안에 대한 요구사항 할당 기록 • 결과 공유
산출물 예시	• 대안 솔루션
TS 3.3	자체개발, 구매 또는 재사용을 위한 분석을 수행한다. (Perform a build, buy, or reuse analysis.)
가치	설계를 구현하기 위한 가장 효과적인 방법의 선택을 보장한다. (Ensures that the most effective way to implement the design has been chosen.)
활동 예시	• 개발, 구매, 재사용 분석 수행 • 분석 기록 및 결과 공유
산출물 예시	• 개발, 구매, 재사용 분석
TS 3.4	설계 기준에 따라 솔루션을 선정한다. (Select solutions based on design criteria.)
가치	비용, 일정, 성능 제약 내에서 고객의 요구사항을 충족시킬 수 있는 가장 효율적이고 효과적인 솔루션 선정을 보장한다. (Ensures the most efficient and effective solution is selected to meet the customer's requirements within cost, schedule, and performance constraints.)
활동 예시	• 선정 기준에 따라 각 대안 솔루션 평가 • 수립된 기준을 만족하는 솔루션 선정 • 대안 평가를 기반으로, 필요한 경우 선정 기준 재평가 및 갱신 • 솔루션 평가, 근거 기록, 사용, 갱신
산출물 예시	• 솔루션 평가 및 근거 기록
TS 3.5	설계 구현에 필요한 정보를 개발하고 갱신하며 사용한다. (Develop, keep updated, and use information needed to implement the design.)

가치	솔루션 구현자가 고객의 요구사항을 충족시키는 솔루션을 개발하는 데 필요한 정보를 확보하도록 하여 재작업을 방지한다. (Avoids rework by ensuring that solution implementers have the information they need to develop a solution that meets the customer's requirements.)
활동 예시	• 솔루션을 구현하는데 필요한 정보 기록 • 솔루션을 구현하는 데 필요한 정보 수정
산출물 예시	• 기술 데이터 패키지 • 요구사항, 설계, 테스트 및 추적성 정보
TS 3.6	수립된 기준을 사용하여 솔루션 인터페이스나 연결을 설계한다. (Design solution interfaces or connections using established criteria.)
가치	테스트 및 운영 기간 동안의 오류와 재작업 가능성을 감소시키고 성능을 극대화한다. (Reduces the likelihood of failures and rework during testing and operations and maximizes performance.)
활동 예시	• 인터페이스나 연결 기준 정의 • 수립된 기준을 사용하여 인터페이스나 연결 설계의 대안 개발 • 내, 외부 인터페이스나 연결을 식별 • 컴포넌트 및 관련 프로세스 간의 인터페이스나 연결을 식별 • 사용자 인터페이스나 연결을 식별 • 선정된 인터페이스나 연결의 기준, 설계, 선정 근거를 기록, 갱신, 사용, 공유
산출물 예시	• 인터페이스나 연결 명세 기준 • 인터페이스나 연결 설계 명세 • 인터페이스나 연결 제어 문서 • 선정된 인터페이스나 연결 설계에 대한 이론적 근거

　　기술 솔루션 프랙티스 영역은 1단계부터 3단계까지 3개의 프랙티스 그룹으로 구성되어 있다.

　　기술 솔루션 프랙티스 영역은 솔루션 아키텍처의 모든 수준에서 적용 가능하고, 모든 솔루션, 솔루션 컴포넌트 및 솔루션 관련 생명주기 프랙티스에 적용할 수 있다. '솔루션'과 '솔루션 컴포넌트'라는 두 용어는 제품, 서비스, 서비스 시스템 및 그 컴포넌트를 모두 포괄하는 의미로 사용된다. 솔루션 선정을 위해서는 어느 정도의 설계가 필요할 수 있으며, 경우에 따라 매우 상세한 수준의 설계가 필요할 수도 있다. 기술데이터패키지나 완전한 요구사항 목록을 개발하기 위한 충분한 지식을 확보하는 수단으로 프로토타입이나 시범적용 방법이 사용될 수 있다. 잠재적인 설계 솔루션의 속성에 대한 추가 정보를 제공하여 솔루션 선정에 도움을 주기 위해 품질속성모델, 시뮬레이션, 프로토타입이나 시범적용 방법이 사용될 수 있다. 시뮬레이션은 '복합시스템System of systems'을 개발하는 프로젝트에 특히 유용하게 사용할 수 있다.

1단계 프랙티스 그룹은 요구사항을 충족하는 솔루션을 구현하라는 포괄적 개념을 담고 있다. 일반적으로 솔루션 구현을 위해서는 여러 개의 대안들에 대한 분석 활동을 통해 요구사항을 충족시킬 수 있는 솔루션을 선정하고, 운영 시나리오를 개발하고, 설계 작업을 수행하고, 기술데이터패키지를 작성하고, 구체적인 인터페이스를 설계하고, 자체 개발, 구매 또는 재사용에 대한 분석 작업을 수행하고, 제품 지원 문서를 개발하는 활동 등이 수행돼야 한다. 1단계 프랙티스 그룹에서는 이런 활동들의 수행을 언급하고는 있지만, 얼마만큼 '잘'해야 한다는 것까지에 관심을 두지는 않는다. 각 각의 활동들에 대한 상세한 접근은 2단계와 3단계 프랙티스 그룹에서 다루고 있다.

2단계 프랙티스 그룹은 요구사항을 충족하는 솔루션을 설계하고 구현하며, 솔루션 사용을 위한 지침을 제공하는 활동에 초점을 맞추고 있다. 솔루션 설계는 예비설계와 상세설계의 두 단계로 구성되며, 실행과정에서 일부 중첩될 수 있다. 예비설계 단계에서는 솔루션 기능과 솔루션 아키텍처를 수립하게 되는데, 여기에는 아키텍처 스타일과 패턴, 솔루션 파티션, 솔루션 컴포넌트 식별, 시스템 상태 및 모드, 주요 컴포넌트 간 인터페이스, 외부 솔루션 인터페이스 등이 포함된다. 아키텍처 정의는 요구사항을 개발하는 프랙티스 동안에 개발된 아키텍처 요구사항들로부터 도출된다. 이러한 요구사항은 제품의 성공에 대단히 중요한 품질속성을 식별한다. 아키텍처는 요구사항을 직접적으로 충족하거나 또는 상세수준의 솔루션 설계에서 요구사항 달성을 지원하는 구조적 요소와 조정 메커니즘을 정의한다. 아키텍처에는 솔루션 개발자에게 가이드를 제공할 뿐만 아니라, 솔루션 컴포넌트와 그 사이의 인터페이스 개발을 관장하는 표준 및 설계 규칙이 포함될 수 있다.

상세설계 단계에서는 솔루션 아키텍처의 세부 사항을 마무리하고 솔루션 컴포넌트의 구조 및 기능을 완전하게 정의하며 인터페이스를 충분히 특성화한다. 솔루션 컴포넌트 설계는 측정 품질속성에 대해 최적화할 수 있다. 설계자는 솔루션 컴포넌트에 대한 낡은 기술이나 상용제품의 사용을 평가할 수 있다. 설계가 수행되어 감에 따라, 하위수준의 솔루션 컴포넌트에 할당된 요구사항을 추적해 해당 요구사항이 충족되도록 보장한다. 소프트웨어 엔지니어링의 경우, 상세설계는 소프트웨어 솔루션 컴포넌트 구현에 중점을 둔다. 솔루션 컴포넌트의 내부 구조를 정의하고, 데이터 스키마를 생성하며, 알고리즘을 개발하고, 의사결정과정을 단순화하는 지침을 수립함으로써 할당된 요구사항을 충족시키는 솔루션 컴포넌트 능력을 제공한다. 반면, 하드웨어 엔지니어링에서의 상세설계는 전자, 기계, 전자광학 제품 및 기타 하드웨어 제품과 그들의 컴포넌트 개발에 중점을 둔다. 전기개념도Electrical Schematics와 상호연결다이어그램Interconnection Diagrams을 작성하고, 기계 및 광학 조립 모델을 생성하며, 제작 및 조립 프랙티스를 개발한다.

솔루션 구현은 설계된 솔루션 컴포넌트를 구현 또는 제작하라는 것으로 소프트웨어 개발의 경우에는 프로그램 코딩을 의미한다. 코딩 표준이 사전에 정의되어 활용돼야 하며 단위시험 방법을 정의하고 활동을 수행하는 것 또한 이 프랙티스에서 다루고 있다.

솔루션 사용을 위한 지침이란 솔루션을 설치, 운영 및 유지보수하는 데 사용할 문서를 의미한다. 사용자 교육을 위한 교재, 사용자 매뉴얼, 운영자 매뉴얼, 유지보수 매뉴얼, 온라인 헬프 등이 포함될 수 있다. 솔루션 사용 지침을 작성하기 위한 표준은 사전에 정의되어 활용돼야 한다.

   3단계 프랙티스 그룹에서는 선정된 컴포넌트에 대한 대안 솔루션들에 대해 자체 개발할 것인지 아니면 외부로부터의 구매나 기존에 사용했던 솔루션을 재사용할 것인지를 판단하기 위한 분석활동을 수행하고, 설계 기준에 따라 솔루션을 선정하는 활동을 다루고 있다. 뿐만 아니라, 2단계 프랙티스 그룹이 단순히 솔루션을 설계하고 구현하는 활동이라면 3단계 프랙티스 그룹은 보다 체계적이고 공학적인 측면에서의 솔루션 설계와 설계 구현에 필요한 정보를 개발하여 사용하고 수립된 기준에 따라 솔루션 인터페이스나 연결을 설계하는 내용까지도 포함한다.

   프로젝트에서는 하나의 솔루션을 선정하는 데 있어 공식적인 접근 방법의 적용이 요구된다. 공식적인 접근 방법이란 하나의 솔루션을 선정하기 위해 어떤 솔루션들이 있는지 대안 솔루션들을 조사하고, 조사된 솔루션들을 선정 기준에 따라 비교 분석하는 활동을 포함하고 있다. 솔루션 선정 기준은 주로 고객의 요구사항을 근거로 하여 비용, 일정, 성능 및 위험 등을 고려하여 수립한다. 솔루션 선정은 일반적으로 제안 단계에서 이뤄지는 경우가 많다. 고객의 제안요청서를 근거로 솔루션을 선정하여 제시하고 이에 따라 프로젝트 수행 방법과 일정 등을 아울러 제시하게 된다. 그런데 기술 솔루션 프랙티스 영역에서 다시 솔루션 선정을 언급하고 있다. 왜일까? 일반적으로 솔루션은 하나의 세트로 정의된다. 솔루션 컴포넌트의 다음 계층을 정의할 때, 솔루션 컴포넌트 세트 내의 각각에 대한 솔루션이 따로 수립된다. 목표는 개별 솔루션의 최적화가 아니라 솔루션 세트 전체를 최적화하는 것이다. 따라서 프로젝트 초기 요구사항에 의해 선정한 솔루션에 대해 요구사항 개발 과정을 거치면서 고객의 요구사항이 보다 상세화된 이후에 초기 선정한 솔루션의 적절성에 대해 다시 한 번 검토하고 필요 시 조정하라는 의미이다.

   대안 솔루션들이 정해지면 각 각의 솔루션 컴포넌트를 자체적으로 개발할 것인지

시장에 이미 출시되어 있는 상용제품을 구매하여 사용할 것인지 아니면 기존 것을 재사용할 것인지를 비용 대비 효과 측면에서 판단한다. 어떤 솔루션이나 솔루션 컴포넌트를 획득할 것인지를 결정하는 것을 보통 '제작-구매Make or Buy, MOB 분석'이라고 한다. 제작-구매 분석은 프로젝트의 니즈 분석을 바탕으로 하게 되는데, 첫 번째 설계의 반복처리 기간 동안인 프로젝트 초기에 시작하는 것이 일반적이다. 이 작업은 설계 프랙티스 동안 계속되며 솔루션을 자체적으로 개발할 것인지 아니면 구매나 재사용할 것인지가 결정되면 완료된다.

3단계 프랙티스 그룹에서 다루고 있는 또 하나의 중요한 개념은 '기술데이터패키지Technical Data Package'이다. 기술데이터패키지란 솔루션 아키텍처, 요구사항, 컴포넌트, 개발 프로세스, 주요 솔루션의 특징, 물리적인 솔루션 특성 및 제약사항, 인터페이스 요구사항, 컴포넌트에 대한 요구사항, 제조 과정에서의 요구사항, 검증 기준, 사용 조건 및 사용법, 의사결정 근거 등을 포함하는 개념으로, 구현해야 하는 솔루션이나 솔루션 컴포넌트에 대해 개발자들이 명확하게 이해할 수 있도록 설명해 놓은 문서이다. 그렇기 때문에 기술데이터패키지는 해당 솔루션을 구매할 경우에 하나의 검증 기준으로 활용할 수도 있으며 해당 솔루션을 프로젝트에서 직접 구현하는 경우라면 관련된 그룹의 역할을 조정하는 데에 활용될 수도 있다. 기술데이터패키지를 작성하기 위해 해당 프로젝트의 제안요청서나 작업기술서를 참조할 수 있으며, 어떤 경우에는 조직의 프로세스 기술서, 공급자와의 계약서, 요구사항이나 설계 관련 문서 등을 참조할 수도 있다. 그러나 명칭은 다르지만 이미 기술데이터패키지와 유사한 산출물들이 있다면 굳이 중복해서 기술데이터패키지를 작성할 필요는 없다. 일반적으로 도면, 자료 목록, 명세서, 설계서, 설계 데이터베이스, 규격서, 품질속성 요구사항, 품질보증 조항, 패키지 세부사항 등이 기술데이터패키지에 포함된다.

솔루션 설계에 있어 간과해서는 안 되는 중요한 활동 중의 하나가 솔루션 컴포넌트들 간의 인터페이스 설계이다. 인터페이스 기준은 적용가능성을 확인하기 위해 정의하거나, 최소한 조사해야 하는 중요한 파라미터를 반영하는 경우가 많다. 이 파라미터는 주어진 솔루션 유형(예: 소프트웨어, 기계, 전기, 서비스)에 대해 독특한 경우가 많고, 안전성, 보안성, 내구성 및 임무 수행에 필수적인 특성과 관련된 경우가 많다.

2.1.6 제품 통합 Product Integration, PI

제품 통합의 목적은 기능 및 품질 요구사항에 부합하는 솔루션을 통합하고 고객에게 인도하기 위한 것이다.

조직과 프로젝트는 이 활동을 통해 기능 및 품질 요구사항을 충족하거나 능가하는 솔루션을 제공하여 고객의 만족을 향상시킬 수 있다.

> Integrate and deliver the solution that addresses functionality and quality requirements.
> Increases customers' satisfaction by giving them a solution that meets or exceeds their functionality and quality requirements.

■ 1단계 프랙티스 그룹

PI 1.1	솔루션을 조립하고 고객에게 인도한다. (Assemble solutions and deliver to the customer.)
가치	사용가능한 솔루션을 인도하여 고객 만족을 증진한다. (Enables customer satisfaction by delivering a usable solution.)
활동 예시	• 솔루션 조립 • 솔루션을 설치하고 사용하는데 필요한 모든 정보 기록 • 솔루션 패키징 및 인도를 위해 적용 가능한 방법 사용 • 솔루션 및 관련문서 인도, 수령 확인
산출물 예시	• 조립된 솔루션 및 관련 문서

■ 2단계 프랙티스 그룹

PI 2.1	통합 전략을 수립하고 갱신하며 준수한다. (Develop, keep updated, and follow an integration strategy.)
가치	가용한 자원을 바탕으로 제품의 고객 요구사항 충족을 보장한다. (Ensures that the product will meet customer requirements given available resources.)
활동 예시	• 통합할 제품 컴포넌트 식별 및 기록 • 통합 과정에서 솔루션과 컴포넌트에 대한 검증 및 확인 방법 식별 • 대안 통합 전략 식별 • 최적의 통합 전략 선정 • 주기적으로 제품 통합 전략을 검토하고 필요에 따라 수정 • 의사결정 근거와 상태 기록 및 공유
산출물 예시	• 제품 통합 전략 • 대안 통합 전략 선택이나 거부에 대한 기록된 근거 • 선정된 통합 전략
PI 2.2	통합 환경을 구축하고 갱신하며 사용한다. (Develop, keep updated, and use the integration environment.)
가치	솔루션과 컴포넌트가 올바르게 통합되도록 효과적인 위험완화 기법을 제공한다. (Provides an effective risk mitigation technique to ensure that the solution and components are integrated correctly.)
활동 예시	• 통합 환경에 대한 요구사항 개발 • 통합 환경을 위한 확인 및 검증 절차와 기준 개발 • 통합 환경의 구축, 구매, 재사용 여부 결정 • 통합 환경 구축 혹은 획득 • 통합 환경 검증 및 확인 • 통합 환경 사용 • 필요에 따라 통합 환경 수정 • 영향 받는 이해관계자와 공유
산출물 예시	• 제품 통합을 위한 확인되고 검증된 환경 • 개발, 구입, 재사용 분석 • 통합 환경에 대한 지원 문서
PI 2.3	솔루션과 컴포넌트를 통합하기 위한 절차와 기준을 개발하고 갱신하며 준수한다. (Develop, keep updated, and follow procedures and criteria for integrating solutions and components.)

가치	고객의 요구사항을 충족하면서 올바르게 작동하는 솔루션의 생산 가능성을 증진한다. (Improves the likelihood of producing a solution that works correctly and meets the customer's requirements.)
활동 예시	• 제품 컴포넌트에 대한 제품 통합 절차를 개발, 사용, 갱신 • 제품 컴포넌트 통합 및 평가를 위한 기준 개발, 사용, 갱신 • 제품 통합 절차 및 기준 기록, 갱신, 공유
산출물 예시	• 제품 통합 절차 • 제품 통합 기준
PI 2.4	통합에 앞서 각 컴포넌트가 완전하게 식별되고 요구사항 및 설계에 따라 작동하는지를 확인한다. (Confirm, prior to integration that each component has been properly identified and operates according to its requirements and design.)
가치	개발 총비용과 통합주기 시간 및 재작업의 감소를 지원한다. (Helps reduce total development cost, integration cycle time, and rework.)
활동 예시	• 컴포넌트의 통합 준비 상태 추적 • 제품 통합 전략 및 절차에 따라 컴포넌트가 제품 통합 환경에 인도되도록 보장 • 각 컴포넌트가 올바르게 식별되고 수신되었는지 확인 • 수신된 각 컴포넌트가 요구사항 및 설계를 충족하는지 확인 및 검증 • 예상된 형상과 비교하여 현재 형상의 상태 점검 • 제품 컴포넌트를 통합하기 전에 모든 인터페이스나 연결을 점검 • 영향 받는 이해관계자와 결과 공유
산출물 예시	• 각 제품 컴포넌트에 대한 인수문서 및 시험기준 • 예외 보고서
PI 2.5	솔루션의 요구사항 및 설계 준수를 보장하기 위해 통합된 컴포넌트를 평가한다. (Evaluate integrated components to ensure conformance to the solution's requirements and design.)
가치	고객 요구사항의 올바른 구현의 보장을 지원한다. (Helps to ensure customer requirements are correctly implemented.)
활동 예시	• 통합 컴포넌트, 인터페이스, 연결을 평가하고 통합전략, 절차, 기준을 사용하여 시험 • 평가결과 기록 및 공유
산출물 예시	• 통합 평가 보고서 • 인터페이스나 연결 평가 보고서 • 시험 성적서 • 예외 보고서

PI 2.6	통합 전략에 따라 솔루션과 컴포넌트를 통합한다. (Integrate solutions and components according to the integration strategy.)
가치	고객이 요구사항 및 설계를 충족하는 솔루션을 제공받도록 보장한다. (Ensures that the customer receives a solution that meets requirements and design.)
활동 예시	• 제품 통합 환경의 준비상태 확인 • 제품 통합 전략, 절차, 기준에 따라 컴포넌트 통합 • 필요에 따라 제품 통합 전략, 절차, 기준 갱신 • 제품 및 공유 결과 통합 및 인도
산출물 예시	• 통합된 솔루션이나 컴포넌트 • 예외 또는 시험 보고서

■ 3단계 프랙티스 그룹

PI 3.1	인터페이스나 연결 명세서를 솔루션 수명 전반에 걸친 적용 범위와 완전성 및 일관성에 대해 검토하고 갱신한다. (Review and keep updated interface or connection descriptions for coverage, completeness, and consistency throughout the solution's life.)
가치	호환되지 않거나 일치하지 않는 인터페이스나 연결로 인한 재작업과 프로젝트 목표의 미달성을 감소시킨다. (Reduces rework and missed project objectives caused by incompatible or inconsistent interfaces or connections.)
활동 예시	• 인터페이스나 연결 명세서를 제품 수명 전반에 걸친 적용 범위, 완전성, 일관성에 대해 영향 받는 이해관계자와 검토 및 갱신 • 인터페이스나 연결 이슈 해결 • 인터페이스나 연결 명세를 갱신하고 영향 받는 이해관계자의 접근을 보장
산출물 예시	• 인터페이스나 연결 검토 결과 • 인터페이스나 연결의 갱신을 위한 실행 항목 목록 • 갱신된 인터페이스나 연결 명세
PI 3.2	컴포넌트 인터페이스나 연결이 인터페이스나 연결 명세서를 준수하는지 여부를 통합 전에 확인한다. (Confirm, prior to integration that component interfaces or connections comply with interface or connection descriptions.)

가치	인터페이스나 연결의 비호환성으로 인한 재작업 양을 감소시킨다. (Reduces the amount of rework due to interface or connection incompatibility.)
활동 예시	• 인터페이스나 연결 명세서를 컴포넌트 인터페이스나 연결과 비교하고 위반 사항을 식별 • 인터페이스나 연결의 부적합사항 해결 및 결과 공유
산출물 예시	• 컴포넌트 인터페이스나 연결과 해당 명세에 대한 비교 결과 • 컴포넌트 인터페이스나 연결 부적합 사항 목록 • 인터페이스, 연결 명세, 컴포넌트 인터페이스, 연결의 갱신을 위한 실행 항목 목록 • 갱신된 인터페이스, 연결 명세, 컴포넌트 인터페이스, 연결
PI 3.3	인터페이스나 연결의 호환성을 위해 통합된 컴포넌트를 평가한다. (Evaluate integrated components for interface or connection compatibility.)
가치	통합된 컴포넌트 내에서 인터페이스나 연결 오류의 위험을 감소시킨다. (Reduces the risk of interface or connection failure within integrated components.)
활동 예시	• 호환성을 위해 통합된 컴포넌트 평가 • 평가 결과 기록 및 공유
산출물 예시	• 인터페이스 또는 연결 이슈 보고서

제품 통합 프랙티스 영역은 1단계부터 3단계까지 3개의 프랙티스 그룹으로 구성되어 있다.

1단계 프랙티스 그룹은 솔루션을 조립하고 고객에게 인도하는 활동으로 이처럼 제품 통합 프랙티스 영역에서는 '통합Integration'이라는 용어와 함께 '조립Assemble'이라는 용어도 사용하고 있다. 이는 CMMI가 소프트웨어뿐만 아니라 하드웨어까지도 포괄하고 있기 때문이다. 따라서 소프트웨어만을 개발하는 조직은 조립이라는 용어가 사용된 경우에는 통합의 의미로 이해하면 된다. 제품 통합의 핵심은 여러 인터페이스 사이의 호환성이 보장되도록 솔루션과 솔루션 컴포넌트들 간의 내부 및 외부 인터페이스를 관리하는 것이다. 이러한 인터페이스는 사용자 인터페이스에 한정되지 않으며, 솔루션 컴포넌트들 간의 인터페이스에도 적용이 된다. 이 솔루션 컴포넌트들은 솔루션 내부 및 외부의 데이터 소스, 미들웨어 그리고 개발 조직의 통제 범위 밖에 있더라도 해당 솔루션이 의존하고 있는 컴포넌트까지 포함한다. 따라서 프로젝트 전반에 걸쳐 인터페이스 관리에 주의를 기울여야 한다. 제품 통합은 설계 및 구현의 완료 시점에 솔루션 컴포넌트들을 한 번에 모두 조립하는 것은 아니다. 제품 통합은 솔루션 컴포넌트들을 조립하고, 평가한 후, 다시 더 많은 솔루션 컴포넌트들을 조립하는 프랙티스를 반복하는 점증적 방식으로 수행할 수 있다. 또한 제품 통합은 단위 시험이 완료된 솔루션을 대상으로 고도로 자동화된 빌드 및 연속적 통합을 사용해 수행할 수 있다. 이 프랙티스는 분석과 시뮬레이션으로 시작해, 최종 완성된 솔루션에 도달할 때까지 점점 더 현실적인 점증분을 증가시켜 점차적으로 진행해 나갈 수 있다. 각 빌드별로 가상이나 물리적인 프로토타입을 구축하고, 평가하고, 개선하며, 평가 프로세스에서 얻은 지식을 바탕으로 프로토타입을 재구축한다. 가상과 물리적인 프로토타입에서 각각 필요한 프로토타입 작업의 정도는 설계 도구의 기능, 솔루션의 복잡성, 그리고 관련 위험에 따라 달라진다. 이 같은 방법으로 통합된 솔루션의 경우에는 솔루션 검증 및 확인 절차를 통과할 가능성이 매우 높다. 일부 솔루션 및 서비스의 경우, 마지막 통합 단계는 해당 솔루션이나 서비스가 원래 의도한 운영 사이트에 배치되었을 때 진행된다. 2단계와 3단계 프랙티스 그룹은 이러한 내용들을 상세하게 다루고 있다.

2단계 프랙티스 그룹은 솔루션과 컴포넌트를 통합하기 위한 전략을 수립하고 환경을 구축하며 관련된 절차와 기준을 개발하고 이에 따라 통합 활동을 수행하는 내용을 다루고 있다.

통합 전략이란 솔루션 컴포넌트들을 수령하고 조립하며 평가하기 위한 접근 방법을 의미한다. 모든 솔루션 컴포넌트들이 다 모여질 때까지 기다렸다가 조립하고 시험하는 경우가 있으나, 이는 수동적인 접근 방법이다. 제품 통합 프랙티스 영역에서는 보다 능동적인 접근 방법을 권하고 있는데 이를 위해서는 가능한 프로젝트 초반에 솔루션 통합을 위한 전략 및 계획을 수립하고 기술 솔루션 프랙티스와 공급자 협약관리 프랙티스의 적용과 병행하여 통합 활동을 수행하는 것이 바람직하다. 솔루션 통합 전략 수립의 결과물은 일반적으로 '솔루션 통합 계획서' 또는 '솔루션 통합 시험 계획서'의 형태로 작성되며 이러한 계획서는 이행에 대한 이해를 증진하고 합의가 이뤄질 수 있도록 이해관계자들과 함께 검토돼야 한다.

솔루션 통합 환경은 외부로부터 획득할 수도 있고 자체적으로 수립할 수도 있다. 환경을 수립하려면 장비, 소프트웨어나 기타 자원의 구입 또는 수립에 필요한 요구사항을 개발해야 한다. 이러한 요구사항들은 요구사항 개발 및 관리 프랙티스 영역과 관련된 프랙티스를 이행할 때 수집한다. 솔루션 통합 환경에는 기존 조직 자원의 재사용이 포함될 수 있다. 솔루션 통합 환경을 획득 또는 수립하고자 하는 결정은 기술 솔루션 프랙티스 영역과 관련된 프랙티스에서 다뤄진다. 솔루션 통합의 각 단계에서 필요한 환경에는 시험장비, 시뮬레이터, 실제 장비, 리코딩 장치 등이 포함될 수 있다.

통합 절차에는 조립 대상이 되는 솔루션 컴포넌트들을 수령하는 방법과 조립하는 순서 및 방법 그리고 어떠한 유형의 시험을 수행할 것인지에 대한 내용들이 포함된다. 기준에는 통합 시점을 판단하기 위한 기준과 각 시험 유형별 시험 수행 수준을 결정하는 기준 그리고 시험 결과 수용 및 고객 인도 기준 등이 포함된다. 솔루션 컴포넌트들을 통합하기 위한 절차서는 솔루션 통합 전략이 구체화된 내용인데, 소프트웨어 개발의 경우에는 별도의 통합절차서를 작성하지 않고 통합시험계획서로 갈음하기도 한다.

솔루션 컴포넌트 통합 작업은 솔루션 통합 전략 및 절차에 따라 진행한다. 각 솔루션 컴포넌트에 대해 수량이 맞는지, 눈에 띄는 손상은 없는지, 그리고 솔루션 컴포넌트와 인터페이스 기술서 내용이 일치하는 지를 점검한다.

솔루션 컴포넌트들에 대한 조립 준비가 완료되면 솔루션 컴포넌트들을 조립해 나간다. 솔루션 컴포넌트들은 조립되어 더 크고, 더 복잡한 솔루션 컴포넌트가 된다. 이렇게 조립된 솔루션 컴포넌트는 상호작용이 올바른지 점검을 받는다. 이런 점검 프랙티스는 솔루션 통합이 완료될 때까지 계속된다. 점검 프랙티스 중에 문제가 발생하면 해당 문제점을 기록한 후 시정조치 프랙티스를 개시한다. 필요한 솔루션 컴포넌트의 시의적절한 수령과 적합한 인력의 참여는 솔루션을 구성하는 솔루션 구성요소들의 성공적인 통합에 기여한다.

3단계 프랙티스 그룹은 2단계 프랙티스 그룹의 활동을 수행함에 있어 인터페이스나 연결의 호환성을 위해 통합된 컴포넌트를 평가하는 데, 더욱 중점을 두고 있다. 이는 많은 솔루션 통합 문제들이 알려지지 않았거나 통제되지 않는 내부 및 외부 인터페이스에서 발생하기 때문이다. 솔루션 인터페이스에 대한 요구사항, 규격 및 설계를 효과적으로 관리함으로써 구현되는 인터페이스의 완전성 및 호환성을 확인할 수 있다. 솔루션 컴포넌트들을 하나의 완성된 솔루션으로 조립 및 통합하기 전에 기계, 전기전자, 소음, 온도, 압력, 메시지 등과 관련한 내부 및 외부 인터페이스에 대한 검토가 필요하다. 일반적으로 인터페이스 설계서와 솔루션 컴포넌트들 간의 비교를 통해 검토하게 되는데 정기적인 수행이 권고된다. 인터페이스 관리에는 솔루션의 수명 기간 동안 인터페이스의 일관성 유지와 아키텍처에 대한 결정사항과 제약사항을 준수하는 것 그리고 상충, 부적합 및 변경 요청사항을 해결하는 것 등이 포함된다. 공급자로부터 획득한 솔루션과 다른 솔루션 또는 솔루션 컴포넌트 간의 인터페이스 관리는 프로젝트 성공을 위해 매우 중요한 요인이다. 인터페이스에는 솔루션 컴포넌트 인터페이스뿐 아니라, 환경과의 모든 인터페이스 그리고 다른 검증, 확인, 운영 및 지원 환경들도 모두 포함된다.

조립된 솔루션 컴포넌트들은 주로 통합시험을 통해 인터페이스에 대한 호환성을 평가하게 된다. CMMI에서는 통합시험 개념을 거의 언급하고 있지 않지만, 이 프랙티스 영역에서 통합된 솔루션 컴포넌트들에 대한 시험활동을 언급하고 있다. 그러나 여기서 언급하고 있는 통합시험 개념은 단순히 소프트웨어 모듈에 대한 것이 아니라 하드

웨어까지 포함된 개념이다. 그렇기 때문에 제품 통합 프랙티스 영역은 작업산출물이
나 솔루션의 배포 관리 활동에 치중하는 형상관리나 공급자 협약관리 그리고 기술 솔
루션 프랙티스 영역들보다는 검증 및 확인 프랙티스 영역과 내용이 일부 중복되어 있
다고 이해하면 될 것이다.

2.1.7 공급자 협약관리|Supplier Agreement Management, SAM

공급자 협약관리의 목적은 선정된 공급자와 협약을 체결하여 공급자와 획득자가 협
약 과정을 조건에 따라 이행하였는지를 보장하고 공급자의 인도물을 평가하기 위한
것이다.

조직과 프로젝트는 이 활동을 통해 공급자가 합의된 바에 따라 획득자에게 인도물
을 전달할 수 있도록 획득자와 공급자 간에 명확한 이해를 제공할 수 있다.

> Establish an agreement with selected suppliers, ensure that the supplier and the acquirer perform
> according to the terms over the course of the agreement, and evaluate the supplier's deliverables.
> Provides an explicit understanding between the acquirer and supplier to maximize the success of
> agreed-on efforts to deliver a supplier deliverable.

■ 1단계 프랙티스 그룹

SAM 1.1	공급자 협약을 체결하고 협약서를 작성한다. (Develop and record the supplier agreement.)
가치	공급자 활용 시, 요구사항의 충족 가능성을 향상시킨다. (Increases likelihood of meeting requirements when using suppliers.)
활동 예시	• 공급자 협약 체결 및 기록 • 공급자와 후보 협약 조건 협상 • 공급자와 합의 달성
산출물 예시	• 공급자 협약서

SAM 1.2	공급자 인도물을 수락 혹은 거절한다. (Accept or reject the supplier deliverables.)
가치	공급자의 협약된 인도물의 제공 가능성을 향상시킨다. (Increases the likelihood the supplier provides the agreed-on supplier deliverable.)
활동 예시	• 합의된 공급자 인도물의 협약 요구사항 충족에 따라 공급자 인도물 수락 혹은 거절
산출물 예시	• 공급자 협약별 인도물
SAM 1.3	공급자의 송장을 처리한다. (Process supplier invoices.)
가치	협약을 준수하여 공급자와의 원활한 업무관계를 유지한다. (Maintains a good working relationship with suppliers while meeting agreements.)
활동 예시	• 협약에 따라 공급자 송장 처리
산출물 예시	• 공급자 송장 기록

■ **2단계 프랙티스 그룹**

SAM 2.1	공급자 협약서에 명시된 내용에 따라 공급자를 모니터링하고 협약사항을 갱신한다. (Monitor supplier as specified in the supplier agreement and keep agreement updated.)
가치	공급자가 올바른 인도물을 제공하는 가능성을 증진한다. (Improves the likelihood that the supplier provides the right supplier deliverable.)
활동 예시	• 공급자 협약 기록 및 갱신 • 공급자 협약 승인을 통해 획득자 및 공급자가 모든 요구사항을 이해하고 동의하는지 확인 • 필요에 따라 조직 내에 공급자 협약 공유
산출물 예시	• 공급자 협약서 • 획득자와 공급자 간의 의사소통 및 상호 작용 기록
SAM 2.2	공급자 협약서에 명시된 활동을 수행한다. (Perform activities as specified in the supplier agreement.)
가치	양질의 올바른 인도물을 전달하는 공급자의 능력에 대한 획득자의 신뢰를 증진한다. (Improves the acquirer's confidence in the ability of the supplier to deliver the right supplier deliverable with the right quality.)

활동 예시	• 공급자 협약에 정의된 공급자 진척 및 성과(예: 일정, 노력, 비용, 기술) 모니터링 • 공급자 협약에 따라 공급자와 협약 검토 수행 • 공급자 협약에 따라 공급자와 기술 검토 수행 • 공급자 협약에 따라 공급자와 관리 검토 수행 • 검토 및 상호 작용의 결과 기록
산출물 예시	• 협약 갱신, 진행 보고서 • 공급자의 진행 상황 및 성과 보고서 • 이슈, 위험, 실행 항목 목록 • 공급자 인도물 및 기타 인도물의 제출 및 수락 기록
SAM 2.3	공급자 인도물을 수락하기 전에 공급자 협약 내용의 충족 여부를 검증한다. (Verify that the supplier agreement is satisfied before accepting the acquired supplier deliverable.)
가치	불만족스런 공급자 인도물의 수락 위험을 감소시키고 수락 전에 공급자 협약 내용이 충족됨을 보장한다. (Decreases risk of accepting an unsatisfactory supplier deliverable and ensures the supplier agreement is satisfied before acceptance.)
활동 예시	• 공급자 협약 충족여부 확인을 위해 승인 기준 및 절차를 수정, 갱신 혹은 추가, 사용 • 승인 검토 전에 승인 절차에 대해 영향 받는 이해관계자의 합의 검토 및 획득 • 승인 기준 및 절차에 따라 획득한 공급자 인도물의 공급자 협약 충족여부 확인 • 획득한 공급자 인도물이 합의된 모든 협약 요구사항을 충족하는지 확인 • 영향 받는 이해관계자에게 공급자 협약이 충족되었음을 공유
산출물 예시	• 승인 절차 • 불일치 보고서 또는 시정조치 계획 • 수락을 기록한 승인 검토 보고서 • 공식 승인 통지 • 모든 협약 요구사항이 충족된 기록
SAM 2.4	공급자 협약서에 따라 공급자가 제출한 송장을 관리한다. (Manage invoices submitted by the supplier according to the supplier agreements.)
가치	획득자 및 공급자간 좋은 비즈니스 관계를 유지한다. (Maintains a good business relationship between the acquirer and supplier.)
활동 예시	• 송장 접수 • 정확성을 위해 송장 및 관련 지원 자료를 인가된 담당자와 검토 • 필요 시 공급자와 문제 해결 및 이슈 관리 • 송장 승인 및 지불 • 송장 및 지불 기록 보관 및 저장

산출물 예시	• 송장 승인 및 지불 • 지불 기록 또는 영수증 • 보관된 송장 및 지불 기록

■ 3단계 프랙티스 그룹

SAM 3.1	분석을 위해 공급자의 기술적 인도물을 선정하고 기술검토를 수행한다. (Select technical supplier deliverables for analysis and conduct technical reviews.)
가치	적시에 적절한 품질의 정확한 인도물을 제공할 공급자의 능력에 대한 획득자의 신뢰를 증진시킨다. (Improves the acquirer's confidence in the ability of the supplier to provide the right supplier deliverable at the right time with the right quality.)
활동 예시	• 분석할 공급자의 기술적 인도물을 결정하기 위한 기준 개발 • 분석을 위해 공급자의 기술적 인도물 식별 • 선정된 공급자의 기술적 인도물로부터 충족돼야 할 기능 및 품질속성 요구사항 식별 • 선정된 공급자의 기술적 인도물에 사용할 분석 방법 식별 • 분석 방법 및 검토 활동을 작업 계획에 포함 • 선정된 공급자의 기술적 인도물의 해당 표준과 기준 준수여부 확인 • 선정된 공급자의 기술적 인도물의 할당된 기능과 품질속성 요구사항 준수여부 확인 • 실제 성능 측정값과 기술 성능 지표 임계값 비교를 위해 분석 결과 사용 • 공급자가 수행한 확인을 통해 중요한 확인 결과 및 데이터 검토 • 획득자 관리의 후보가 되는 인터페이스나 연결을 식별 • 식별된 인터페이스나 연결을 선택 기준에 따라 검토하고 작업 계획에 포함 • 솔루션의 수명 기간 동안 선택한 인터페이스나 연결의 호환성 확인 • 인터페이스나 연결이 공급자에 의해 충분히 시험되었는지 확인 • 필요 시, 인도 가능한 리비전을 사용하여 시험 중에 식별된 이슈가 적절하게 해결되었는지 확인 • 선정된 인터페이스나 연결에 대한 충돌, 비준수, 변경 이슈 해결
산출물 예시	• 활동 보고서 • 불일치 보고서 • 분석을 위한 공급자의 기술적 인도물 선택에 사용되는 기준 • 분석을 위해 선택된 공급자 요구사항 및 공급자의 기술적 인도물 목록 • 선택한 공급자의 각 기술적 인도물에 대한 분석 방법 • 분석 결과의 기록 • 획득자 관리 인터페이스나 연결을 선택하는데 사용되는 기준

SAM 3.2	협약기준에 따라 공급자 프로세스와 인도물을 선정하고 모니터링한다. (Select and monitor supplier processes and deliverables based on criteria in the supplier agreement.)
가치	위험을 최소화하도록 공급자의 역량과 성과에 대한 가시성을 제공한다. (Provides better visibility into supplier capability and performance to minimize risk.)
활동 예시	• 공급자 협약에 따라 공급자가 사용하는 프로세스 선정 및 모니터링 • 공급자 협약에 따라 공급자가 사용하는 프로세스를 분석하고 이해관계자와 공유
산출물 예시	• 모니터링을 위해 선정된 프로세스 목록 및 선정 근거 • 모니터링 보고서

■ 4단계 프랙티스 그룹

SAM 4.1	품질 및 프로세스 성과 목표 달성을 위해 공급자 성과를 정량적으로 관리할 수 있도록 측정지표를 선정하고 분석 기법을 적용한다. (Select measures and apply analytical techniques to quantitatively manage supplier performance to achieve quality and process performance objectives.)
가치	성과 목표를 보다 효과적으로 달성하기 위해 측정, 집중관리 및 활동에 초점을 맞춘다. (Focuses measurement and management attention and activities to more effectively meet performance objectives.)
활동 예시	• 주요 획득자 품질 및 프로세스 성과 목표 식별 • 통계적이고 기타 정량적인 기법을 사용하여 공급자의 진행 상황 및 성과를 모니터링하기 위한 성과측정명세 수립 • 공급자로부터 데이터 수집 및 분석 수행 • 분석 결과를 기록하고 이해관계자와 공유 • 공급자와 함께 시정조치 식별 • 시정조치 완료 모니터링
산출물 예시	• 성과 측정 명세 • 선정된 측정지표 목록 • 목표 대비 분석 결과 • 실행 항목 목록

공급자 협약관리 프랙티스 영역은 1단계부터 4단계까지 4개의 프랙티스 그룹으로 구성되어 있다.

공급자 협약관리 프랙티스 영역은 CMMI V2.0 개발 뷰의 20개 프랙티스 영역 가운데 유일하게 심사 범위에서 제외할 수 있다. 여러분의 조직이나 프로젝트에서 외부 공급자와 작업을 수행하지 않는 경우가 해당될 수 있다. 프로젝트 수행을 위해 자체 인력이 부족할 때 외주 계약을 통해 인력을 확보하는 경우가 있는데, 이 경우도 비록 계약은 이뤄지지만 공급자 협약관리 프랙티스 영역은 적용되지 않는다. 외주 개발인력이라 하더라도 동일한 프로젝트 팀 내에서 동일한 프로세스를 사용해 프로젝트를 수행하기 때문이다. 공급자 협약관리 프랙티스 영역은 하드웨어나 하드웨어 컴포넌트와 같은 제품 그리고 턴키Turn-Key 방식에 의해 개발된 제품을 납품 받을 때처럼 공급자의 자체 프로세스에 의해 작업이 수행되는 경우에 적용이 된다.

CMMI V2.0에서는 공급자에 의해 만들어지는 제품의 배포 관리에 대해서는 확대 적용하지 않는다. 그렇기 때문에 배포 관리에 대해서는 이 프랙티스 영역에서 공급자 배포로 인해 발생 가능한 프로젝트의 위험을 평가하고 인수 시험을 실시하는 정도의 지침만 제공하고 있다.

1단계 프랙티스 그룹은 공급자와 공급 계약을 체결하고 공급자로부터 약속된 기일에 인도물을 수령한 후, 계약에 의한 비용을 지급하는 통상적인 획득과정이다. 이 프랙티스 영역에서 주로 다루는 내용은 프로젝트의 고객에게 인도되는 솔루션과 솔루션 컴포넌트의 획득이다. 프로젝트에 대한 위험을 최소화하기 위해 이 프랙티스 영역은 비록 프로젝트의 고객에게 인도되지는 않지만, 솔루션을 개발하고 유지하기 위해 사용되는 주요한 솔루션과 솔루션 컴포넌트(예: 개발도구 및 시험환경)의 획득도 다룰 수 있다. 공급자는 사내 공급자(같은 조직 내에 있지만, 프로젝트에는 참여하지 않는 공급자), 제작부서, 재사용 라이브러리 공급자, 일반 상용제품 공급자 등을 포함하여 사업 상 필요에 따라 다양한 형태로 나타날 수 있다.

공급자 협약은 획득조직과 공급자 사이의 관계를 관리하기 위해 체결된다. 공급자 협약은 획득조직과 공급자 사이에 체결되는 일체의 서면 협약서를 말한다. 이러한 협약서에는 계약서, 라이선스, 서비스수준협약 또는 합의각서 등이 있다.

2단계 프랙티스 그룹에서는 공급자 협약서에 명시된 내용에 따라 공급자를 모니터링하고 공급자로부터 인도물을 수락하기 전에 공급자 협약 내용의 충족 여부를 검증하는 활동을 다루고 있다. 공급자 협약서에는 모니터, 분석 및 평가 대상이 되는 공급자 프로세스 및 작업산출물을 선정하기 위한 협의된 사항을 명시해야 한다. 또한 공급자 협약서에는 수행될 검토, 모니터링, 평가 및 수락시험에 대한 내용도 명시하여야 한다. 프로젝트의 성공을 위해 중요한 공급자 프로세스는 모니터링되어야 하며, 독립된 법인 간의 공급자 협약은 일반적으로 계약체결 전에 법률 또는 계약관련 부서에 의해 검토되어야 한다. 공급자로부터 솔루션을 인수하기 위한 절차를 정의하고 절차에 따라 인수 검토나 수락 시험을 실시하고 결과를 관리한다. 획득된 솔루션이 프로젝트, 고객 또는 최종사용자에게 인수인계되기 전에 원만한 인수인계를 보장하기 위해 적절한 준비 및 평가 작업이 진행된다. 솔루션의 인수인계란 획득한 제품을 수령, 보관, 통합 및 유지보수하기 위한 설비를 마련하고 필요 시 관련 인원들에게 적절한 교육을 제공하는 것을 의미한다.

3단계 프랙티스 그룹은 공급자 협약에 명시된 대로 공급자와 함께 활동을 수행함에 있어, 선정된 공급자 프로세스와 인도물을 모니터링하고 기술검토 활동을 수행하는데, 초점을 맞추고 있다. 프로젝트의 성공에 결정적인 공급자 프로세스는 모니터링되어야 한다. 모니터링 대상 프로세스 선정은 공급자에 대한 선정의 영향을 고려하여야 한다. 뿐만 아니라, 평가 대상으로 선정되는 작업산출물은 최대한 조기에 품질이슈를 파악하는데 필요한 핵심 솔루션, 솔루션 컴포넌트 및 작업산출물을 포함한다. 위험이 낮은 상황에서는 평가 대상 작업산출물을 선정할 필요가 없을 수도 있다.

공급자 협약에 명시된 대로 공급자와 함께 기술검토를 수행한다. 기술검토는 공급자에게 프로젝트의 고객과 최종사용자의 니즈 및 기대사항에 대한 가시화된 정보를 적절하게 제공하는 활동이다. 또한, 공급자의 기술적 활동을 검토하고 요구사항에 대한 공급자의 해석 및 이행이 프로젝트의 해석과 일치하는지를 검증하는 활동이기도 하다. 따라서 기술검토 활동을 통해 기술적 이행합의가 충족되고, 기술적 이슈가 시의 적절하게 의사소통되어 해결되도록 보장해야 한다.

4단계 프랙티스 그룹은 공급자 협약관리 활동과 관련한 조직의 품질 및 프로세스 성과목표 달성을 위해 공급자 성과를 정량적으로 관리할 수 있도록 측정지표를 선정하고 분석기법을 적용하는 것이다. 적절한 분석기법은 획득자가 공급자 협약에 명시된 성과목표에서 상당한 편차가 발생했을 때, 이를 인지하여 시정조치를 취하도록 할 수 있다. 이를 통해 획득자는 공급자와 함께 잠재적으로 시정조치가 필요한 영역을 식별할 수 있다. 공급자 협약관리와 관련한 대표적인 측정지표로는 공급자별 비용 및 일정, 최종 솔루션에 대한 공급자의 일정준수율, 공급자별 납기준수 횟수, 납품 후 발견된 결함의 수 및 중요도, 공급자의 계약 위반 건수 등이 있다.

2.2 관리 범주의 역량 영역과 프랙티스 영역

관리 범주는 [표 2-2]와 같이 솔루션의 이행을 계획하고 관리하는 3개의 역량 영역과 5개의 프랙티스 영역으로 구성되어 있다.

[표 2-2] 관리 범주의 역량 영역과 프랙티스 영역

범주	역량 영역	프랙티스 영역
관리	작업계획 및 관리	산정
		계획수립
		모니터링 및 통제
	사업복원력 관리	위험 및 기회 관리
	노동력 관리	조직 교육훈련

2.2.1 산정 Estimating, EST

산정의 목적은 솔루션을 자체 개발하거나 획득 또는 제공하기 위해 필요한 작업과 자원의 규모, 노력, 기간 및 비용을 산정하기 위한 것이다.

조직과 프로젝트는 합의와 계획수립 및 불확실성 감소의 기초가 되는 산정 활동을 통해 조기 시정활동을 가능하게 하고 목표 달성 가능성을 향상시킬 수 있다.

Estimate the size, effort, duration, and cost of the work and resources needed to develop, acquire, or deliver the solution.
Estimation provides a basis for making commitments, planning, and reducing uncertainty, which allows for early corrective actions and increases the likelihood of meeting objectives.

■ 1단계 프랙티스 그룹

EST 1.1	작업수행을 위한 상위수준의 산정을 한다. (Develop high-level estimates to perform the work.)
가치	상위수준의 산정은 작업 규모, 비용 및 일정에 대한 불확실성을 해결하여 일정이나 예산 초과를 초래할 수 있는 작업수행을 회피하도록 해준다. (A high-level estimate addresses work size, cost, and schedule uncertainties to avoid pursuing work that may result in schedule or budget overruns.)
활동 예시	• 요구와 가정사항을 검토하고 이해관계자들과 상위수준의 산정을 결정
산출물 예시	• 대략적인 규모 산정

■ **2단계 프랙티스 그룹**

EST 2.1	산정대상 범위를 개발하고 갱신하며 사용한다. (Develop, keep updated, and use the scope of what is being estimated.)
가치	목표 달성 및 재작업 회피의 가능성을 높여 전체 솔루션을 보장한다. (Ensures the entire solution is addressed which increases the likelihood of meeting objectives and avoiding rework.)
활동 예시	• 범위 결정을 위해 이해관계자와 요구사항 및 목표를 검토
산출물 예시	• 작업 및 활동목록이나 작업분해구조 • 필요 자원목록 • 작업흐름도
EST 2.2	솔루션 규모를 산정하고 갱신한다. (Develop and keep updated estimates for the size of the solution.)
가치	잘 정의된 산정을 통해 주어진 시간과 예산범위 내에서 솔루션의 제공이 가능하도록 작업을 추적하고 적시에 시정하는 활동이 가능해진다. (Well-defined estimates allow work tracking and timely corrective actions to deliver the solution on time and within budget.)
활동 예시	• 적용 가능한 방법을 사용하여 솔루션 및 작업의 규모와 복잡성을 산정
산출물 예시	• 규모 산정
EST 2.3	규모 산정을 기반으로 하여 솔루션에 대한 노력, 기간과 비용을 산정하고 그 근거를 기록한다. (Based on size estimates, develop and record effort, duration, and cost estimates and their rationale for the solution.)
가치	방침수립을 위한 더 나은 기반을 제공하고 산정의 정확도 향상을 통해 보다 나은 의사 결정을 유도한다. (Enables a better basis for commitments and improves accuracy of the estimates, leading to better decision making.)
활동 예시	• 과거 데이터의 수집 및 사용을 통해 모델이나 방법을 개발하고, 조정 및 재조정하여 규모와 복잡도로 노력, 기간 및 비용을 산정 • 솔루션의 노력 및 기간, 비용 산정에 대한 근거 기록 • 지원 인프라 요구를 포함한 산정
산출물 예시	• 노력, 기간, 비용 산정 • 산정 근거

■ 3단계 프랙티스 그룹

EST 3.1	산정 방법을 개발하고 갱신한다. (Develop and keep updated a recorded estimation method.)
가치	정확한 산정을 위한 일관성과 효율성을 극대화하고 목표 달성의 가능성을 증대시킨다. (Maximizes consistency and efficiency for developing accurate estimates and increases the likelihood of meeting objectives.)
활동 예시	• 델파이 기법 • 비교 또는 유사 추정 • 파라미터 사용 추정 • 3점 추정
산출물 예시	• 수용 가능한 산정 방법 • 실제 결과에 근거한 보정·및 조정 방법 • 확인 방법 • 산정 방법 기록
EST 3.2	조직의 측정저장소 및 프로세스 자산을 사용하여 작업을 산정한다. (Use the organizational measurement repository and process assets for estimating work.)
가치	산정의 정밀도와 정확성 및 일관성 향상을 통해 더 나은 의사결정과 목표의 달성 가능성을 높이고 위험을 감소시킨다. (Increases estimation precision, accuracy, and consistency enabling better decision making, a higher likelihood of meeting objectives, and reduced risk.)
활동 예시	• 산정을 위해 조직의 자산과 측정결과 사용 • 산정 방법 사용 • 평가방법을 개선하고 조직자산을 개정하기 위해 결과와 측정지표를 조직에 제공 • 조직 데이터 분석
산출물 예시	• 작업 산정 • 조직 자산 갱신

산정 프랙티스 영역은 1단계부터 3단계까지 3개의 프랙티스 그룹으로 구성되어 있다.

1단계 프랙티스 그룹은 작업수행을 위한 상위수준의 산정을 얘기하고 있다. 상위수준의 산정은 작업 규모, 비용 및 일정에 대한 불확실성을 해결하여 일정이나 예산 초과를 초래할 수 있는 작업수행을 회피하도록 해준다. 이러한 상위수준의 산정을 할 때, 고려할 요인들로는 솔루션 요구사항을 포함하는 프로젝트 요구사항, 조직에서 부여한 요구사항, 고객이 부여한 요구사항, 프로젝트에 영향을 주는 요구사항 등이 있다.

2단계 프랙티스 그룹은 산정대상 범위를 개발하고 솔루션 규모를 산정하며, 이를 기반으로 하여 솔루션에 대한 노력, 기간과 비용을 산정하는 활동을 다루고 있다. 프로젝트의 범위는 일반적으로 WBS를 통해 파악한다. WBS는 우리말로 작업분해구조라고 하는데 개발할 솔루션을 하위솔루션으로 구분하고 각 각의 하위솔루션을 구성하는 작업 패키지로 정의된다. 그리고 이러한 작업 패키지를 기준으로 개발을 위한 솔루션 규모, 즉 주요 작업과 작업수행 결과로 생성하게 되는 작업산출물을 산정하게 되므로 작업 패키지는 가능한 세분화하는 것이 바람직하다. 참고로 PMBOK^{Project} ^{Management Body of Knowledge}에서는 2주 내에 작업을 완료할 수 있는 단위로 작업 패키지를 세분화할 것을 권하고 있다.

산정은 추정 값이기 때문에 주로 개인의 경험에 의존하는 경향이 강하지만, 노력(공수)과 비용에 대한 산정은 규모, 작업 및 기타 계획 수립 파라미터에 적용된 모델이나 이력 데이터를 사용하여 분석한 결과를 근거로 한다. 만약 해당 노력(공수)이나 비용과 관련하여 과거 유사 프로젝트 수행을 통해 모아진 정보가 없는 경우에는 산정의 타당한 근거를 마련하기 위해 더 많은 연구와 예비비용을 필요로 하게 된다. 솔루션 규모가 산정되고 이를 개발할 가용한 노력(공수)이 산정되면 솔루션 개발 기간을 정할 수 있다. 정해진 규모에 대해 가용할 노력(공수)이 많으면 기간을 짧게 가져갈 수 있지만, 그렇지 않다면 상대적으로 기간을 길게 가져가야 한다. 기간을 정하는 데 있어 특히 유의해야 할 사항은 업무 간의 주요 의존관계를 파악하는 것이다. 프로젝트는 일반적으로 일련의 순서대로 작업을 수행할 때 기간을 최소화할 수 있는데 이를 위해서는 우선 최적의 순서를 결정할 수 있도록 선후행작업을 파악해야 하기 때문이다.

앞에서도 언급한 것처럼 산정은 추정 값이기에 프로젝트 초반에 산정한 프로젝트의 규모 및 주요 작업과 이를 통해 생성하는 작업산출물 그리고 비용 및 투입공수 등은 정확도가 떨어질 수 있다. 따라서 3단계 프랙티스 그룹에서는 산정의 정확도를 높이기 위한 산정 기법을 개발하고 조직의 측정저장소 활용을 통해 산정의 정확도를 높이는 것을 강조하고 있다.

대표적인 산정 기법으로는 델파이 기법, 비교 또는 유사 추정 기법, 파라미터 사용 추정 기법 및 3점 추정 기법이 있다. 델파이 기법은 해당 주제의 전문가 그룹에 의해 산정 값이 계산되며, 각 그룹이 지정된 퍼실리테이터에게 산정 값과 가정을 지속적으로 제공한다. 그리고 그 그룹은 차이점을 토론하고 다시 재산정을 한다. 이런 방법으로 산정 값이 정교해 질 때까지 반복한다. 그 후 퍼실리테이터는 최종 산정 값을 기록한다. 비교 또는 유사 추정 기법은 유사한 프로젝트의 과거 결과에 기초하여 산정 값을 계산한다. 그리고 현재의 상황을 반영하기 위해 규모, 복잡성 또는 기타 요인의 차이를 고려하여 산정 값을 조정한다. 파라미터 사용 추정 기법은 과거 데이터와 프로젝트 파라미터를 기반으로 산정 값을 계산하며 다양한 형태의 도구를 사용한다. 3점 추정 기법은 산정을 하는 사람들(산정을 하는 사람이 한 명일 수도 있음)이 높고 낮고 중간인 세 가지 유형의 산정 값을 제공하면 퍼실리테이터가 '(높은 산정 값 + (4 × 중간 산정 값) + 낮은 산정 값) / 6'이라는 공식을 사용하여 결과 값을 계산한다.

또한 조직의 자산을 산정의 근거로 삼아 이전 프로젝트의 데이터와 경험을 활용하여 유사한 작업에 대한 산정 값의 신뢰도를 높인다. 가장 적절한 산정 방법을 선택하여 산정 값을 계산하는데 사용한다. 산정을 위해 조직의 자산을 사용할 때는 해당 작업이나 유사한 작업 또는 해당 내용과 유사하고 검증된 데이터이거나 현재 작업과 이력 데이터가 사용될 작업 간의 유사성과 차이점이 고려되어야 한다. 뿐만 아니라, 이력 데이터 선정에 사용된 합리적인 근거와 작업 유형 및 도메인과 기술 등도 고려해야 한다. 조직의 측정저장소에 포함되어 있는 데이터 유형으로는 작업산출물의 규모 또는 기타 작업산출물의 속성, 공수, 비용, 일정, 인력배정, 응답시간, 서비스 용량, 공급자 성과, 결함 등이 있다.

산정은 합의를 위한 근거를 제공한다. 산정은 작업의 범위, 규모, 복잡성을 고려한다. 가용한 정보에 근거하여 산정이 이뤄지며, 불확실한 사안들은 위험으로 기록한다. 측정된 규모와 노력, 비용, 일정 등의 자원과의 관계를 기술한 이력 데이터를 향후 작업을 계획할 때 활용해야 한다. 이력 데이터를 잘 이해하는 것은 산정을 성공적으로 수행하는데 매우 중요하다. 향후의 작업을 계획하고 산정 공식 및 모델을 보정할 때 이력 데이터를 사용한다. 문맥이나 방법, 사용된 도구 및 기법 그리고 과거 프로젝트에서 배운 교훈 등의 질적 정보는 기록되어야 한다.

2.2.2　계획수립Planning, PLAN

계획수립의 목적은 조직의 표준과 제약 조건 내에서 작업을 수행하는 데 필요한 예산, 일정, 자원 수요 및 역량, 품질, 기능 요구사항, 위험 및 기회를 포함하는 계획서를 작성하는 것이다.

계획서는 또한 수행해야 할 작업과 적용가능한 조직의 표준 프로세스와 프로세스 자산 및 조정 지침, 그리고 작업수행 담당자와 그들 간의 의존성, 다른 계획서들과의 관계, 이해관계자와 그들의 역할을 포함해야 한다.

조직과 프로젝트는 이 활동을 통해 비용과 기능 및 품질을 최적화하여 목표 달성 가능성을 향상시킬 수 있다.

Develop plans to describe what is needed to accomplish the work within the standards and constraints of the organization, including the: Budget, Schedule, Resource demand and capacity, Quality, Functionality requirements, Risks and opportunities.
Plans also describe: The work to be performed, Applicable organizational set of standard processes, assets, and tailoring guidelines, Dependencies, Who performs the work, Relationships with other plans, Stakeholders and their role.
Optimizes cost, functionality, and quality to increase the likelihood that objectives will be met.

■ 1단계 프랙티스 그룹

PLAN 1.1	작업 목록을 작성한다. (Develop a list of tasks.)
가치	고객 만족을 높이기 위해 고객 요구사항을 충족시키는 데 필요한 작업의 식별을 보장한다. (Ensure that the work needed to meet customer requirements is identified to increase customer satisfaction.)
활동 예시	• 작업 목록 개발 • 영향 받는 이해관계자와 작업 목록 검토 • 필요에 따라 목록 수정
산출물 예시	• 작업 목록
PLAN 1.2	작업 담당자를 배정한다. (Assign people to tasks.)
가치	요구사항을 충족하고 고객을 만족시키기 위해 수행되는 작업을 보장한다. (Ensure that tasks will be performed to meet requirements and satisfy the customer.)
활동 예시	• 각 작업을 담당하는 구성원 지정 • 추가 인력을 작업에 할당 • 할당된 구성원과 할당된 작업 목록 검토 • 작업 목록 할당 기록
산출물 예시	• 할당된 작업 목록

■ 2단계 프랙티스 그룹

PLAN 2.1	작업 수행을 위한 접근방법을 개발하고 갱신한다. (Develop and keep updated the approach for accomplishing the work.)
가치	영향 받는 이해관계자가 특정 목표를 달성하는데 집중하도록 하여 프로젝트의 성공을 극대화한다. (Maximize project success by keeping the affected stakeholders focused on accomplishing their specific objectives.)
활동 예시	• 프로젝트 목표 식별 • 목표를 달성하기 위해 사용할 접근 방법 식별 • 요구사항 식별 • 비즈니스 고려사항 기록

	• 프로젝트 수명주기 정의 및 기록 • 주요 자원 요구사항 및 제약조건 식별
산출물 예시	목표 달성을 위해 기록된 접근 방법 기록된 프로젝트 수명주기
PLAN 2.2	작업 수행에 필요한 지식과 스킬을 확보하기 위한 계획을 세운다. (Plan for the knowledge and skills needed to perform the work.)
가치	효율적이고 효과적인 작업 성취가 가능하게 한다. (Enables efficient and effective accomplishment of work.)
활동 예시	• 작업 수행에 필요한 지식과 스킬 식별 • 현재 할당된 구성원이 필요로 하는 지식과 스킬 사이의 차이 결정 • 필요한 지식과 스킬을 제공할 방법 선정 • 선정한 방법을 프로젝트 계획에 반영
산출물 예시	• 스킬 요구 목록
PLAN 2.3	기록된 산정을 근거로 예산과 일정을 정하고 갱신한다. (Based on recorded estimates, develop and keep the budget and schedule updated.)
가치	예산 및 일정에서 중요한 차이를 조기에 발견하여 목표 달성에 필요한 적절한 시기를 관리하고 시정활동을 가능하게 한다. (Early detection of significant deviations from the budget and schedule enables timely management and corrective actions needed to achieve objectives.)
활동 예시	• 주요 마일스톤 식별
산출물 예시	• 예산 및 일정
PLAN 2.4	식별된 이해관계자의 참여를 계획한다. (Plan the involvement of identified stakeholders.)
가치	이해관계자의 니즈 발생시, 이를 해결하여 재작업의 양과 비용 절감을 보장한다. (Ensures that stakeholder needs are addressed when they arise, reducing the amount and cost of rework.)
활동 예시	• 이해관계자 목록 개발 • 각 이해관계자의 참여 식별 • 참여가 필요한 시점을 기록
산출물 예시	• 이해관계자 참여 계획 • 책임자, 책임소재, 지원, 컨설팅, 정보 테이블

PLAN 2.5	운영 및 지원으로의 전환을 계획한다. (Plan transition to operations and support.)
가치	채택하여 전개하는 동안 발생하는 충격과 재작업을 최소화한다. (Minimizes surprises and rework during adoption and deployment.)
활동 예시	• 전환 범위 및 목표 결정 • 전환 요구사항 및 기준 결정 • 전환에 대한 접근방법 결정 • 전환 일정 개발
산출물 예시	• 운영 및 지원 전환 계획
PLAN 2.6	예상자원과 가용자원을 조정하여 계획의 실현 가능성을 보장한다. (Ensure plans are feasible by reconciling available and estimated resources.)
가치	필요한 자원을 프로젝트 전체에서 활용할 수 있도록 보장하여 목표 달성 가능성을 증진한다. (Increases likelihood that the objectives will be achieved by ensuring that needed resources are available and committed to throughout the project.)
활동 예시	• 작업 및 자원의 일정을 조정하기 위해 자원투입율 조정 • 적절한 인원이나 기타 필요한 자원을 통해 합의사항 지원 확인 • 영향 받는 이해관계자와 합의사항 협의
산출물 예시	• 개정된 계획과 협의사항
PLAN 2.7	프로젝트 계획서를 작성하고 각 요소 간 일관성을 보장하며, 계획서를 갱신한다. (Develop the project plan, ensure consistency among its elements, and keep it updated.)
가치	일관된 프로젝트 계획은 효율적이고 효과적인 의사소통과 목표 달성의 보장을 지원한다. (A consistent project plan helps to ensure efficient and effective communication and achievement of objectives.)
활동 예시	• 프로젝트 계획 기록 • 영향 받는 이해관계자와 프로젝트 계획 검토 • 필요한 경우, 프로젝트 계획 수정
산출물 예시	• 프로젝트 계획서
PLAN 2.8	영향 받는 이해관계자와 계획서를 검토하고 합의한다. (Review plans and obtain commitments from affected stakeholders.)
가치	계획에 대한 일관된 이해와 합의를 통해 재작업 감소 및 목표 달성 가능성을 증진한다. (Rework is reduced and the likelihood of achieving objectives is increased through a consistent understanding and commitment to the plan.)

활동 예시	• 참여자가 책임 있는 일의 검토에 참여하고 작업시작 시점에 투입 • 협의사항 기록 • 프로젝트 협의 사항 검토 및 승인
산출물 예시	• 계획 검토 결과 • 기록된 협의사항

■ 3단계 프랙티스 그룹

PLAN 3.1	조직의 표준 프로세스 및 조정 지침을 사용하여 프로젝트 수행을 위한 프로세스를 개발 및 갱신하고 준수한다. (Use the organization's set of standard processes and tailoring guidelines to develop, keep updated, and follow the project process.)
가치	프로젝트 수행을 위한 프로세스를 수립하여 효율적이고 효과적으로 목표를 달성한다. (Establishing the project process ensures the efficient and effective achievement of the objectives..)
활동 예시	• 조직의 표준 프로세스 중 프로젝트 요구에 가장 잘 맞는 프로세스 선정 • 프로젝트 수행을 위한 프로세스를 생성하기 위해 조직 표준 프로세스와 프로세스 자산을 조정 지침에 따라 수정 • 조직의 프로세스 자산 라이브러리의 다른 작업산출물을 적절히 사용 • 프로젝트 수행을 위한 프로세스 기록 • 프로젝트 수행을 위한 프로세스 검토 • 필요에 따라 프로젝트 수행을 위한 프로세스 수정
산출물 예시	• 프로젝트 수행을 위한 프로세스
PLAN 3.2	프로젝트 수행을 위한 프로세스와 조직 프로세스 자산 및 측정저장소를 활용하여 계획서를 작성하고 갱신한다. (Develop a plan and keep it updated, using the project process, the organization's process assets, and the measurement repository.)
가치	검증된 조직의 자산을 활용한 프로젝트 계획 수립으로 목표 달성 가능성을 증진한다. (Using proven organizational assets for planning the project increases the likelihood that the objectives will be met.)
활동 예시	• 프로젝트 활동을 산정하고 계획하기 위한 기초로 프로젝트 수행을 위한 프로세스의 작업과 작업산출물 활용 • 작업 산정을 위해 조직의 측정저장소 활용 • 계획 통합 또는 개발 • 측정 및 측정활동 정의

	• 작업 및 활동에 대한 객관적인 착수 및 완료 기준 수립 • 영향 받는 이해관계자간 갈등 해결 방법 식별
산출물 예시	• 수정된 프로젝트 산정 • 프로젝트 계획서
PLAN 3.3	중요한 의존성을 식별하고 협상한다. (Identify and negotiate critical dependencies.)
가치	중요한 의존성에 주의하여 위험을 감소시키고 프로젝트가 정해진 시간과 주어진 예산 내에서 완료되며 품질목표를 달성할 가능성을 증진한다. (Paying close attention to critical dependencies reduces risk and increases the likelihood the project will be completed on time, within budget, and meeting quality objectives.)
활동 예시	• 중요 의존성 식별 • 일정 통합 • 영향 받는 이해관계자와 의존성 검토 및 협상 • 각 중요 의존성을 해결하기 위한 협의사항 기록
산출물 예시	• 중요 의존성
PLAN 3.4	조직의 표준에 따라 프로젝트 환경을 계획하고 갱신한다. (Plan for the project environment and keep it updated based on the organization's standards.)
가치	생산성을 극대화 할 수 있도록 작업을 완료하는 데 필요한 자원의 가용성을 보장한다. (Ensures that the resources needed to complete the work are readily available to maximize productivity.)
활동 예시	• 자원, 시설, 환경에 대한 프로젝트 및 계획 분석 • 할당된 작업수행에 필요한 자원, 시설 및 환경 확보 계획에 대한 책임을 담당자에게 할당 • 자원, 시설 및 환경을 확보할 수 없는 경우를 대비한 비상계획 수립 • 지원인력 수요 계획 • 자원, 시설 및 환경에 관한 결정에 개인과 그룹이 참여
산출물 예시	• 프로젝트 자원, 시설, 환경 계획 • 프로젝트 장비 및 도구 • 규제 또는 법적 요구를 포함한 건강 및 안전 고려사항 • 프로젝트 환경을 위한 설치, 운영, 유지보수 매뉴얼 • 사용자 설문조사 및 결과 • 프로젝트의 설비, 자원, 유지보수 기록 • 프로젝트 환경에 필요한 지원 서비스

■ 4단계 프랙티스 그룹

PLAN 4.1	통계 및 기타 정량적 기법을 사용하여 품질 및 프로세스 성과 목표를 달성할 수 있도록 프로젝트 수행을 위한 프로세스를 구성하고 갱신한다. (Use statistical and other quantitative techniques to develop and keep the project processes updated to enable achievement of the quality and process performance objectives.)
가치	프로젝트 수행을 위한 프로세스의 일관된 성과와 품질의 달성 가능성을 증진한다. (Increases the likelihood that the processes of the project will enable achievement of consistent performance and quality.)
활동 예시	• 프로젝트 수행을 위한 대안 프로세스를 평가할 때 사용할 기준 개발 • 업무 수행 및 목표 달성을 위한 대안 프로세스 식별 및 개발 • 기록된 평가 기준에 따라 대안 프로세스 분석 및 평가 • 기준을 가장 잘 충족하는 대안 프로세스 선정 • 프로젝트의 품질 및 프로세스 성과 목표를 달성하지 못할 위험을 평가
산출물 예시	• 프로젝트의 대안 평가 기준 • 대안 프로세스 • 선정된 프로젝트 정의 프로세스 • 프로젝트의 품질 및 프로세스 성능 목표를 달성하지 못할 위험 평가 결과

계획수립 프랙티스 영역은 1단계부터 4단계까지 4개의 프랙티스 그룹으로 구성되어 있다.

계획수립에는 작업산출물과 업무속성의 산정, 필요자원의 결정, 이행합의에 대한 협의, 일정 및 예산 작성 등이 포함된다. 프로젝트 수행을 위한 계획수립을 위해 이 활동들은 반복적으로 수행될 수 있다. 프로젝트 계획서는 프로젝트 고객과의 이행합의를 완수하기 위한 프로젝트 수행 및 통제의 기반이 된다. 일반적으로 프로젝트 계획서는 요구사항 및 이행합의에 대한 변경사항을 반영하고 부정확한 추정치를 시정하며, 시정조치 및 프로세스 변경사항을 반영하기 위해 프로젝트를 수행해 가면서 개정한다. 프로젝트 계획서는 프로젝트 통제를 위한 총괄적인 계획서를 지칭하는 말로 독립적인 문서일 수도 있고, 여러 문서에 걸쳐 분산되어 있을 수도 있다. 어느 경우든, 누가 무엇을 하는지에 대해 일관성을 가져야 한다. 마찬가지로 모니터링과 통제도 프로젝트 수준에서 프로젝트 상태에 대해 일관성을 유지할 수 있다면, 한 곳에서 수행될 수도 있고 분산되어 수행될 수도 있다.

1단계 프랙티스 그룹은 작업 수행을 위한 목록을 작성하고 담당자를 배정하는 활동이다. 모든 작업이 프로젝트의 특정 구성원에 할당되었는지 확인하고, 완료해야 할 작업을 알고 있는지를 확인한다. 그리고 각 과제를 수행하는 데 필요한 스킬, 경험, 능력 및 책임을 파악한다.

2단계 프랙티스 그룹은 프로젝트 수행을 위한 계획서와 프로젝트 종료 후 운영 및 지원으로의 전환 계획서를 작성한 후, 이해관계자와 함께 검토하고 합의하는 내용을 다루고 있다. 프로젝트 계획서에는 작업 수행을 위한 접근방법이 포함된다. 이 접근방법은 요구사항과 작업이 변경될 때, 의사결정을 내리는 데 특히 유용하다. 요구사항을 해결하고 작업을 달성하기 위한 접근방법과 목표의 우선순위를 파악하기 위한 기본전략에는 비즈니스 고려사항, 목표 및 제약사항, 목표 및 제약사항을 충족하기 위한 가능한 접근방법, 프로젝트 생명주기 기술서, 필요한 자원들(예: 스킬, 환경, 도구, 신기술), 관련된 위험이나 완화방법 등이 포함된다.

프로젝트를 성공적으로 수행하기 위해 지식과 스킬의 확보가 필요한 경우, 이를 위한 계획 또한 프로젝트 계획서에 반영되어야 한다. 만약 프로젝트 팀원들이 이전에 유사 프로젝트를 수행한 경험이 있어 별도의 교육을 필요로 하지 않는 경우에는 계획을 생략할 수 있는데 이를 웨이브라고 한다. 그러나 간혹 교육이 필요함에도 여건 상 교육을 수행하지 못하고 웨이브했다고 하는 경우가 있어 프로젝트 계획서에 웨이브 사유가 기술되는 것이 바람직하다.

프로젝트의 예산 및 일정은 작성된 산정 값을 근거로 하며, 예산배정, 업무복잡도, 업무의존성 등이 적절하게 처리되도록 보장한다.

프로젝트에는 여러 이해관계자가 참여하게 된다. 따라서 프로젝트를 대표하는 구성원별 임무를 정의하고 프로젝트 생명주기 전 단계 수행 시의 연관성과 상호작용 정도를 기술한다. 이해관계자 식별은 이차원 매트릭스를 사용하면 편리하다. 한 축에는 이해관계자들을 표시하고 다른 한 축에는 프로젝트에서 수행해야 하는 활동들을 표시하면 양 축이 만나는 부분이 특정 프로젝트 단계의 활동에 대한 이해관계자의 연관성과 상호작용의 정도가 된다.

프로젝트 종료 후, 운영 단계로의 전환 계획은 프로젝트의 초기 계획수립의 일부로 간주되어야 한다. 이는 소규모 프로젝트의 경우에도 마찬가지로 솔루션의 전환 및 제공 문제는 해결되어야 한다. 운영 및 지원을 위한 전환 계획에는 준비 및 유지관리 방법, 기능개선, 솔루션의 운영 능력, 전환과 제공 그리고 지원에 대한 책임 할당, 전환 관리에 필요한 활동들, 잠재적인 위험요소들을 다루는 방법, 솔루션의 지속적인 변경, 운영 중인 솔루션의 최종 제거 등이 포함된다.

실현 가능한 프로젝트가 되기 위해서는 필요 자원의 산정 결과와 현재 가용 자원의 차이를 조정하여 해소할 필요가 있다. 조정을 위해서는 일반적으로 요구사항을 수정 또는 유예하거나 협상을 통해 더 많은 인적자원을 확보하는 방법을 사용한다. 이외에도 생산성을 향상시킬 수 있는 방안을 모색하거나 외주 용역을 활용하거나 프로젝트 또는 일정에 영향을 미치는 모든 계획을 조정하는 방법을 사용할 수도 있다.

계획을 실행하거나 지원하는 개인, 그룹, 조직의 상호 이해와 이행합의를 확보하기 위해 모든 관련 계획 항목이 언급된 문서화된 계획서가 필요하다. 프로젝트 계획서는 업무활동의 계획과 관리를 일괄적으로 다룬다. 프로젝트 계획서는 예정된 활동과 과제를 기술한 목록 그 이상으로 작업 수행 및 관리를 위한 접근방법을 포함한다.

프로젝트가 성공적으로 수행될 수 있다는 확신을 갖기 위해서는 프로젝트 계획서에 기재된 내용을 수행하거나 지원할 의무가 있는 관련 이해관계자들의 합의가 필요하다. 이행에 대한 합의는 프로젝트 내외부의 모든 이해관계자들 간의 상호작용과 관련이 있기 때문이다. 따라서 작성된 프로젝트 계획서는 관련 인원들이 검토 및 합의함으로써 프로젝트의 범위, 목표, 역할 및 관계들에 대해 공통적인 이해 기반을 형성할 수 있다.

3단계 프랙티스 그룹은 조직의 표준 프로세스를 조정하여 만든 통합되고 정의된 프로세스에 따라 프로젝트와 관련 이해관계자들의 참여를 확립하고 관리하는 활동에 중점을 두고 있다. 프로젝트의 정의된 프로세스는 솔루션을 획득, 개발, 유지관리 또는 인도하는데 필요한 모든 프로세스를 다루는 조직의 일련의 표준 프로세스로부터 가져 온 프로세스를 포함한다. 프로젝트 착수 시점에 프로젝트의 정의된 프로세스를 정립하면, 프로젝트 구성원들과 관련 이해관계자들이 해당 프로젝트를 위한 초기 요구사항 및 계획을 효율적으로 수립하는데 필요한 일단의 활동들을 수행하는데 도움이 된다. 그렇다고 해서 프로젝트 수행을 위해 조직의 표준 프로세스가 반드시 조정되어야 하는 것은 아니다. 표준 프로세스 조정은 고객으로부터 엄격한 품질수준이나 안전, 보안 등이 요구되거나 또는 기존에 수행해 보지 않았던 신규 사업 등과 같이 프로젝트의 특별한 니즈나 상황으로 인해 표준 프로세스를 그대로 사용하기 어려운 경우 수행한다. 따라서 표준 프로세스를 그대로 사용하는 데에 아무런 무리가 없다면 그대로 사용하는 것이 좋다. 조정된 프로세스는 프로젝트가 진행되어 가면서, 프로젝트 요구사항과 조직의 프로세스 니즈 및 목표를 더욱 효과적으로 충족시키기 위해 한층 더 상세하게 개정된다. 조정된 표준 프로세스는 반드시 문서화돼야 하며 이후에도 유사한 프로젝트 환경이 많이 발생하여 표준 프로세스가 유사하게 조정돼야 한다면 표준 프로세스를 개정하는 것이 바람직하다.

프로젝트에서 수행해야 하는 활동을 산정하고 계획할 때 조직 프로세스 자산 및 측정저장소를 활용한다는 것은 프로젝트에 입증된 자산을 제공하여 프로젝트의 성과향상을 강화시킴으로써 성공을 위한 최상의 기회를 제공하겠다는 의미이다. 측정저장소에는 주로 프로젝트별로 생성한 작업산출물의 규모나 공수, 비용, 일정, 공급자 성과, 결함 등과 같은 데이터가 등록된다.

프로젝트와 관련된 이해관계자들 사이의 조율과 협업은 매우 중요하다. 아이러니하게도 프로젝트 수행을 위한 기간이나 비용이 한정되어 있는 경우, 이해관계자 간의 업무 조율이나 협업이 더 안 되는 경향이 많기 때문이다. 따라서 주요 이슈나 작업 간의 의존관계를 이해관계자와 함께 식별하고 해결을 위해 협의함으로써 필요 시 업무 조율이나 협업을 보다 능동적으로 수행할 수 있도록 해야 한다.

프로젝트의 작업 환경은 일반적으로 설비, 도구 및 장비 등과 같은 인프라로 구성된다. 프로젝트 수행을 위한 적절한 작업 환경은 프로젝트 목표 달성을 위해 담당자들이 맡은 업무를 효과적으로 수행하는 데 필요하며, 내부적으로 개발하거나 외부 공급자로부터 획득할 수 있다. 프로젝트의 작업 환경은 제품 통합, 검증 및 확인을 위한 환경을 포함할 수도 있고 각기 별개의 환경이 될 수도 있다. 프로젝트에서 사용한 작업 환경은 조직의 프로젝트 환경 표준에 필요한 수준으로 반영되어야 한다.

4단계 프랙티스 그룹은 통계 및 기타 정량적 기법을 사용하여 품질 및 프로세스 성과 목표를 달성할 수 있도록 프로젝트 수행을 위한 프로세스를 구성하는 것이다. 프로젝트에서는 이를 위해, 비즈니스 활동을 수행하는데 필요한 프로세스와 프로세스의 성과에 영향을 줄 수 있는 조건들을 식별한다. 그리고는 선정된 프로세스에 대한 관련 프로세스 성과 기준선과 프로세스 성과 모델을 식별한다. 이후 측정 가능한 성과목표를 달성할 수 있는지 확인하기 위해 선정된 프로세스의 계획된 성과를 평가한다. 만약 계획된 성과를 달성하지 못할 경우에는 측정 가능한 성과 목표 및 관련 프로세스를 조정한다. 이 때 새로운 프로세스 또는 하위 프로세스의 식별 및 개발이 포함될 수 있다. 프로젝트는 이러한 활동을 통해 프로젝트 수행을 위한 프로세스의 일관된 성과와 품질의 달성 가능성을 증진시킬 수 있다.

2.2.3 모니터링 및 통제|Monitoring and Control, MC

모니터링 및 통제의 목적은 성과와 계획의 차이가 크게 발생한 경우, 적절한 시정조치를 취할 수 있도록 프로젝트 진행 상황에 대한 이해를 제공하기 위한 것이다.

조직과 프로젝트는 이 활동을 통해 성과의 차이가 큰 경우, 조기에 시정조치하여 목표 달성의 확률을 증가시킬 수 있다.

> Provide an understanding of the project progress so appropriate corrective actions can be taken when performance deviates significantly from plans.
> Increases the probability of meeting objectives by taking early actions to adjust for significant performance deviations.

■ 1단계 프랙티스 그룹

MC 1.1	작업이 완료된 사항을 기록한다. (Record task completions.)
가치	팀과 최고경영진이 목표 달성을 위한 더 나은 의사결정이 가능하도록 잔여 작업량을 알게 된다. (Knowing how much work remains enables the team and senior management to make better decisions to achieve objectives.)
활동 예시	• 작업 완료 기록 • 영향 받는 이해관계자와 갱신된 작업 검토
산출물 예시	• 작업 목록
MC 1.2	이슈를 식별하고 해결한다. (Identify and resolve issues.)
가치	이슈를 해결하여 통제 불가능한 비용과 일정의 지연을 방지하는데 도움을 준다. (Resolving issues helps prevent uncontrolled cost and schedule creep.)

활동 예시	• 이슈 및 실행 항목 목록에 이슈를 기록 • 이슈 및 실행 항목 해결을 위한 책임할당 • 기한 할당 • 이슈 및 실행 항목이 완료될 때까지 추적
산출물 예시	• 이슈 및 실행 항목 목록

■ 2단계 프랙티스 그룹

MC 2.1	규모, 노력, 일정, 자원, 지식과 스킬, 예산에 대한 산정 대비 실제 결과를 추적한다. (Track actual results against estimates for size, effort, schedule, resources, knowledge and skills, and budget.)
가치	중요한 차이의 식별을 통해 보다 효과적인 시정조치를 취할 수 있어 목표 달성 가능성이 향상한다. (Identifies significant deviations so more effective corrective actions can be taken which increases the likelihood of meeting objectives.)
활동 예시	• 계획과 산정에 대한 실제 결과 추적 • 제공되고 사용되는 자원 모니터링 • 작업그룹 구성원의 지식과 기술 모니터링 • 계획에 식별된 합의사항 모니터링 • 계획과 실제 값 사이의 차이 기록 • 일정 진척 모니터링 • 사용된 노력과 비용 모니터링
산출물 예시	• 산정과 실적 기록 • 중요한 차이 기록 • 상태검토 기록 • 시정조치 • 비용 성과 보고서 • 실적 성과 보고서
MC 2.2	식별된 이해관계자의 참여 및 합의사항을 추적한다. (Track the involvement of identified stakeholders and commitments.)
가치	이해관계자의 참여를 관리하여 성공적인 작업 완료가 가능해진다. (Managing stakeholder involvement is critical to successful work completion.)
활동 예시	• 이해관계자 참여 상태를 주기적으로 검토 및 기록 • 이해관계자 이슈 식별 및 기록 • 이슈 해결을 위한 권장사항 개발 및 작업 조정 수행

산출물 예시	• 이해관계자 참여 기록 • 공동 작업 내용 및 일정 • 이해관계자 이슈 해결을 위한 권장사항 • 기록된 이슈
MC 2.3	운영 및 지원으로의 전환을 모니터링한다. (Monitor the transition to operations and support.)
가치	솔루션이 원활하게 이관되고 성공적으로 이행되어 기대되는 이득을 확보한다. (Solutions are smoothly transitioned and successfully implemented ensuring expected benefits are obtained.)
활동 예시	• 작업의 성능을 모니터링하고, 저장 및 사용을 받도록 지원하고, 신규 또는 수정된 솔루션을 유지 • 신규 또는 수정된 솔루션을 수신, 저장 및 사용하고 유지보수하기 위한 운영과 지원 능력을 모니터링 • 전환 활동 결과 검토 및 분석
산출물 예시	• 전환 활동 상태 보고서 • 전환 준비 보고서 • 전환 지원 검토 기록 • 교훈 사례 보고서
MC 2.4	계획했던 결과와 실제결과 사이에 유의미한 차이가 발생한 경우, 시정조치를 취하고 종료될 때까지 관리한다. (Take corrective actions when actual results differ significantly from planned results and manage to closure.)
가치	시정조치 관리는 목표 달성 가능성을 향상시킨다. (Managing corrective actions can increase the probability that objectives will be met.)
활동 예시	• 분석을 위한 이슈 수집 • 시정활동이 필요한지 결정하기 위한 이슈 분석 • 식별된 이슈에 대한 시정활동 수행 • 시정활동 완료까지 관리
산출물 예시	• 시정 조치가 필요한 이슈 목록

■ 3단계 프랙티스 그룹

MC 3.1	프로젝트 계획서 및 프로젝트 수행을 위한 프로세스를 사용하여 프로젝트를 관리한다. (Manage the project using the project plan and the project process.)
가치	재작업을 줄이고 목표달성 가능성을 향상시키기 위해 필요한 활동의 수행을 보장한다. (Helps to ensure necessary activities are performed which reduces rework and improves the likelihood of achieving objectives.)
활동 예시	• 프로젝트 수행을 위한 프로세스와 관련된 계획을 사용하여 프로젝트를 관리 • 프로젝트를 관리하고 조직의 요구를 지원하도록 선정된 측정지표 수집 및 분석 • 조직, 고객, 최종사용자의 요구 및 목표와 프로젝트 성과를 주기적으로 비교, 검토 • 프로젝트 목표에 영향을 주는 이슈의 원인 해결
산출물 예시	• 모니터링 결과 • 수집된 측정지표 및 상태 기록 또는 보고서
MC 3.2	중요 의존성 및 활동을 관리한다. (Manage critical dependencies and activities.)
가치	중요 의존성 관리를 통해 발생 가능한 위험을 줄이고 목표달성 가능성을 증진시킨다. (Managing critical dependencies can significantly reduce risk and increase the likelihood of meeting objectives.)
활동 예시	• 의존성 검토 및 갱신 • 검토 및 토론 결과 기록 • 이슈 기록
산출물 예시	• 갱신된 중요 의존성 • 기록된 의제 및 회의록 • 기록된 이슈
MC 3.3	작업환경을 모니터링하고 이슈를 식별한다. (Monitor the work environment to identify issues.)
가치	효과적이고 안전하며 건강한 작업환경을 통해 목표 달성을 지원한다. (An effective, safe, and healthy work environment helps ensure objectives are met.)
활동 예시	• 안전, 건강, 효과성, 생산성에 영향을 미치는 작업환경 요소를 모니터링하고 필요한 모든 시정사항 식별 및 기록 • 성과를 떨어뜨릴 수 있는 작업환경의 물리적 요소를 모니터링하고 필요한 시정사항 식별 및 기록 • 잠재적인 작업환경 이슈 및 시정 필요사항 식별, 기록, 보고 • 시정이 이루어지는 동안 작업환경 이슈를 수용하기 위한 적절한 절차 수행

	• 성과를 저하시키는 중단이나 산만을 제거 혹은 감소 • 성과를 저하시키는 물리적 요소 제거 혹은 감소 • 작업환경 이슈 해결의 진행 상태 모니터링 • 업무관계를 저하시키는 대인관계 문제해결
산출물 예시	• 작업환경에 필요한 시정조치
MC 3.4	영향 받는 이해관계자와 이슈를 관리하고 해결한다. (Manage and resolve issues with affected stakeholders.)
가치	이슈의 조기 해결을 통해 목표 달성 가능성을 향상시킨다. (Resolving issues early increases the likelihood of meeting objectives.)
활동 예시	• 이슈 식별 및 기록 • 영향 받는 이해관계자에게 이슈 공유 • 영향 받는 이해관계자와 관련된 이슈 해결 • 영향 받는 이해관계자가 해결할 수 없는 이슈를 책임 있는 관리자에게 이관 • 완료까지 이슈 추적 • 영향 받는 이해관계자와 이슈의 상태 및 해결 방법 공유
산출물 예시	• 기록된 이슈

모니터링 및 통제 프랙티스 영역은 1단계부터 3단계까지 3개의 프랙티스 그룹으로 구성되어 있다.

프로젝트의 문서화된 계획서는 활동을 모니터링하고, 상태에 대하여 의사소통하고, 시정조치를 수행하기 위한 기반이 된다. 진척도는 주로 프로젝트 일정이나 WBS에 정해진 마일스톤 또는 통제수준에서 실제 작업산출물과 업무속성, 공수, 비용 및 일정을 계획과 비교함으로써 결정된다. 진척도에 대해 적절한 가시성이 확보되면, 성과가 계획으로부터 현저하게 벗어날 때 적시에 시정조치가 수행되는 것을 가능하게 한다. 이러한 현저하게 차이가 나는 상황이 해결되지 않으면, 해당 프로젝트의 목표를 충족하는 것은 불가능해진다.

1단계 프랙티스 그룹은 완료된 작업내용을 기록하고 이슈를 해결하는 활동이다. 완료된 작업을 추적하는 것은 진행상황을 모니터링하는 과정의 일부로 '완료', '지연', '미완료'와 같은 상태를 정기적으로 검토한다. 이슈가 발생하는 경우 식별하고 해결해야 한다. 이슈의 해결은 작업을 일정에 맞게 유지하는데 중요하기에 식별된 이슈는 분석하여 적절한 시정조치를 수행하고 종결 시까지 추적해야 한다. 이슈가 발생하면 계획되지 않은 작업이 생겨날 수 있다. 만약에 이슈가 모니터링 및 통제되지 않으면, 그 이유도 모르는 상태에서 작업이 지연될 수 있다.

2단계 프랙티스 그룹은 프로젝트 계획수립 파라미터의 실제 값을 모니터링하고 계획했던 결과와 실제결과 사이에 유의미한 차이가 발생한 경우, 시정조치를 취하는 내용을 다루고 있다. 프로젝트 계획수립 파라미터란 프로젝트의 진척도나 성과를 나타낼 수 있는 업무, 비용, 투입공수, 일정 및 작업산출물의 분량 등을 통틀어 일컫는 말이다. 모니터링은 일반적으로 프로젝트 계획수립 파라미터의 실제 값을 측정하고, 실제 값을 계획상의 산정 값과 비교하여 현저한 차이가 있는지를 식별하는 활동을 포함한다. 그러므로 여러분은 프로젝트의 다양한 파라미터에 대해 실제로 측정한 결과를 계획서의 내용과 비교하면서 모니터링해야 한다. 특히, 프로젝트 초반에 산정한 프로젝트의 범위 및 주요 작업과 이를 통해 생성하는 작업산출물 그리고 비용 및 투입공수 등은 정확도가 떨어질 수 있기 때문에 주요 마일스톤 별로 재산정 활동을 통해 산정 값의 정확도를 높여 나가는 것이 바람직하다.

이해관계자들 사이에 적절한 상호작용이 이뤄지고 있는지 확인할 수 있도록 이해관계자의 참여와 합의사항의 이행 여부 또한 모니터링해야 한다. 모니터링 결과와 프로젝트 요구사항, 상황 또는 상태의 변화에 따라 이해관계자의 참여 계획을 재수립할 필요가 있을 수도 있다.

운영 및 지원으로의 전환계획에 따라 승인된 솔루션의 실제 전환이 모니터링 및 통제되어야 하는데, 어떤 경우에는 고객에게 솔루션을 직접 전달함으로써 이를 달성할 수도 있다.

프로젝트 진척 및 성과에 대한 모니터링 활동은 정확하게는 이벤트성으로 행해지는 것이 아니라 주간 단위나 월간 단위 또는 주요 마일스톤 단위로 정기적으로 이뤄지는 것을 의미하지만 정기적인 모니터링 활동뿐만 아니라 이벤트성의 모니터링 활동도 병행할 것을 권한다. 왜냐하면 이벤트성의 모니터링 활동은 프로젝트에 나쁜 영향을 미치는 일이 발생했을 경우, 굉장히 효과적이기 때문이다. 만약 여러분이 프로젝트에서 정기적인 모니터링 활동이나 회의가 충분한지를 판단하기 원한다면 이러한 모니터링 활동을 통해 제기된 이슈사항의 수와 조치사항의 수를 측정하면 간단히 해결할 수 있을 것이다. 만약 이슈사항의 수가 점점 더 증가하고 있다면 정기 회의를 좀 더 자주 할 필요가 있으며, 그렇지 않다면 현재 상태를 유지하면 될 것이다.

대부분의 프로젝트에서는 프로젝트 추진 위원회와 같은 협의 및 의사결정을 위한 기구를 운영하고 있다. 어떤 프로젝트에서는 이러한 추진 위원회가 너무 많이 간섭해 문제가 발생하는 경우도 있지만 대부분의 프로젝트에서는 단지 간단한 진행상황 정도만 알기를 원한다. 물론 그들이 원하는 대답은 "계획대로 진행되고 있습니다."이지만 여러분은 이들이 알 필요가 있는 정보를 보고하는 것이 무엇보다 중요하다. 여러분 조직의 프로세스 개선 리더에게도 마찬가지이다. 프로젝트에서는 '무소식이 희소식'이 아님을 명심해야 한다.

또한 프로젝트에서 얼마나 많은 회의가 필요한지를 결정하기 위해서는 프로젝트의 규모, 복잡성, 가시성 등을 고려해야 한다. 만약 3, 4명 정도의 소수 개발자가 투입되어 6개월 정도 수행하는 소규모 프로젝트라면 정기적인 회의가 필요하지 않을 수도 있다. 이 정도의 프로젝트에서는 매일 비공식 회의들이 열릴 것이며 프로젝트 관리자는 기본적으로 다른 프로젝트 팀원들이 지금 무슨 일을 어떻게 하고 있는지를 잘 알고 있을 것이기 때문이다. 그러나 수십 명의 개발자들이 1년 이상 진행하는 대규모 프로젝트라면 여러분은 다르게 접근해야 한다. 이런 프로젝트에서는 공식적인 회의가 정기적으로 개최돼야 하며, 회의록을 작성하여 회의에서 나온 이슈 사항들을 반드시 관리해야 한다. 이런 대규모 프로젝트의 경우에는 일반적으로 프로젝트 내에서 팀별로 주간회의를 진행하고 그 결과를 바탕으로 관리자들이 다시 프로젝트 주간회의를 할 것이다. 또한 고객과도 최소 한 달에 한 번 정도는 회의를 할 것이다. 만약 프로젝트가 초기단계나 시험단계 혹은 어려운 상황에 빠져 있는 경우라면 위에서 언급한 것보다 더 자주 회의를 할 필요도 있을 것이다. 공식적인 회의는 프로젝트 계획서 안에 반드시 일정이 잡혀야 한다. 그렇지 않으면 회의가 개최되지 않을 가능성이 높기 때문이다. 그리고 이러한 공식회의가 필요할 때 비공식 회의로 대체하지 말 것을 권고한다.

계획했던 결과와 실제결과 사이에 유의미한 차이가 발생했을 때, 우리는 이것을 이슈라고 한다. 일반적으로 프로젝트에서는 주간단위나 월간단위의 진척회의를 통해 프로젝트 진행사항을 점검하고 주요 이슈사항을 협의한다. 이때 프로젝트 내부적으로나 또는 고객과 같이 외부적으로부터 여러 이슈가 제기되는 경우가 있다. 그러나 이슈라고 해서 모두를 시정조치해야 하는 것은 아니다. 프로젝트의 일정이나 비용 등에 크게 영향을 끼치는 이슈가 있는 반면, 미미한 정도의 이슈도 있다. 따라서 수집된 이슈들을 분석해 보고 이 가운데 프로젝트 일정이나 비용 등에 끼치는 영향도가 커서 시정이 필요한 이슈를 선별하여 조치를 하게 된다. 영향도가 '크다, 적다'의 판단은 각 프로젝트에서 설정한 관리 기준에 따르는데, 이슈를 해결하는데 5~10% 이상의 일정지연이나 비용추가가 필요한 경우 통상적으로 영향도가 크다고 판단한다.

3단계 프랙티스 그룹은 프로젝트 계획 및 프로젝트에 영향을 미치는 다른 계획들 그리고 프로젝트의 정의된 프로세스를 사용하여 프로젝트를 관리하는데, 이 과정에서 프로젝트와 관련된 이해관계자들 사이의 조율과 협업이 중요함을 강조하고 있다. 프로젝트를 관리함으로써 각 활동에 얼마나 많은 시간이 사용되었는지를 파악하고 그것이 가장 효과적인 시간의 사용이었는지를 분석할 수 있다. 그 뿐만 아니라 프로젝트에 사용되었거나 사용 가능한 자원을 측정하고 프로젝트 팀원과 이해관계자에게 프로젝트의 현재 상태를 알려줄 수 있다.

조직구성원의 안전, 건강, 효과 및 생산성을 저하시키는 환경과 물리적 요소들은 식별하여 제거해야 한다. 환경을 모니터링함으로써 사람들이 목표를 달성하는 데 집중할 수 있고 이슈 및 원하지 않는 산만함으로부터 자유로울 수 있다. 조직의 모든 구성원들은 작업자의 안전과 건강이 조직의 목표를 달성하는데 있어 핵심임을 인지해야 한다.

이슈는 영향을 받는 이해관계자와 함께 식별하고 해결하는 것이 바람직하다. 가능한 조기에 이해관계자에게 이슈가 통보되고 이를 해결하는데 이해관계자가 참여하게 되면, 이해관계자는 프로젝트의 목표 및 계획과 일치하도록 보다 효과적으로 이슈를 처리할 수 있다. 전형적인 이슈로는 불완전한 요구사항, 설계상의 오류, 주요 의존성 및 합의사항에 대한 지연, 솔루션 문제, 가용하지 못한 자원 등이 있다.

2.2.4 위험 및 기회 관리 | Risk and Opportunity Management, RSK

위험 및 기회 관리의 목적은 잠재적 위험이나 기회를 식별하고 기록 및 분석하며 관리하기 위한 것이다.

조직과 프로젝트는 이 활동을 통해 부정적인 영향을 완화하거나 긍정적인 영향을 활용하여 목표 달성의 가능성을 증진시킬 수 있다.

> Identify, record, analyze, and manage potential risks or opportunities.
> Mitigate adverse impacts or capitalize on positive impacts to increase the likelihood of meeting objectives.

■ 1단계 프랙티스 그룹

RSK 1.1	위험이나 기회를 식별 및 기록하고 갱신한다. (Identify and record risks or opportunities and keep them updated.)
가치	조직이 위험의 영향을 피하거나 최소화하고 목표 달성과 관련된 잠재적 기회를 활용할 수 있도록 한다. (Enables organizations to avoid or minimize the impact of risks and leverage potential opportunities related to achieving objectives.)
활동 예시	• 작업과 관련된 위험식별 • 위험 기록 • 기회 식별 • 기회 기록 • 각 위험이나 기회와 관련된 영향 받는 이해관계자 식별
산출물 예시	• 식별된 위험 및 기회 목록

■ 2단계 프랙티스 그룹

RSK 2.1	식별된 위험이나 기회를 분석한다. (Analyze identified risks or opportunities.)
가치	위험의 영향을 줄이거나 기회를 활용하여 목표 달성을 가능성을 증진시킨다. (Increases the likelihood of achieving objectives by reducing the impact of risks or leveraging opportunities.)
활동 예시	• 식별된 위험 분석 • 위험에 대한 WBS, 계획, 일정 검토 • 각 위험의 영향 식별 • 각 위험의 발생 확률 식별 • 발생 확률과 영향도에 기초하여 각 위험의 우선순위 할당 • 식별된 기회 분석 • 기회에 대한 WBS, 계획, 일정 검토 • 각 기회의 이익 및 비용 식별 • 이익 및 비용에 기초하여 각 기회에 우선순위 할당 • 우선순위에 따라 기회의 순서 결정 • 영향 받는 이해관계자와 할당된 기회의 우선순위 검토 및 합의 • 위험 및 기회 분석 보고서 개발

산출물 예시	• 식별된 위험이나 기회 • 위험이나 기회의 우선순위 • 위험 및 기회 분석 보고서
RSK 2.2	식별된 위험이나 기회를 모니터링하고 영향 받는 이해관계자와 상태를 공유한다. (Monitor identified risks or opportunities and communicate status to affected stakeholders.)
가치	적시에 시정하거나 이익이 되는 조치를 취하여 목표 달성의 가능성을 극대화한다. (Enables timely corrective or leveraging actions to maximize the likelihood of achieving objectives.)
활동 예시	• 위험이나 기회를 주기적으로 검토 • 추가 정보가 있을 때 위험이나 기회 갱신 • 영향 받는 이해관계자에게 위험이나 기회에 대한 상태를 공유
산출물 예시	• 위험이나 기회 모니터링 기록 • 갱신된 위험이나 기회

■ 3단계 프랙티스 그룹

RSK 3.1	위험이나 기회의 범주를 식별하고 사용한다. (Identify and use risk or opportunity categories.)
가치	목표 달성에 영향을 미칠 불확실성에 집중할 수 있도록 위험이나 기회를 구성한다. (Organizes risks or opportunities to focus attention on uncertainties that will impact the achievement of objectives.)
활동 예시	• 위험이나 기회 범주 식별 • 정의된 범주에 따라 위험이나 기회 구분
산출물 예시	• 범주 목록 • 분류된 위험이나 기회
RSK 3.2	위험이나 기회를 분석하고 처리하기 위한 파라미터를 정의하여 사용한다. (Define and use parameters for risk or opportunity analysis and handling.)
가치	우선순위가 높은 위험이나 기회를 식별하여 비용 대비 효과적으로 목표 달성의 가능성을 극대화한다. (Identifying high priority risks or opportunities maximizes the likelihood of cost-effectively achieving objectives.)

활동 예시	• 할당된 파라미터를 기반으로 각 위험이나 기회에 대한 상대적 우선순위 식별 • 선택한 위험이나 기회에 대한 활동을 수행할 임계값 정의 • 선정된 위험 평가 준비 및 수행 • 기회 평가 준비 및 수행
산출물 예시	• 위험이나 기회의 평가, 분류, 우선순위 파라미터 • 위험이나 기회 목록 및 할당된 우선순위 • 위험이나 기회 평가 결과
RSK 3.3	위험이나 기회 관리 전략을 개발하고 갱신한다. (Develop and keep updated a risk or opportunity management strategy.)
가치	위험이나 기회 관리를 위한 체계적인 접근 방식을 통해 문제를 피하고 기회를 활용하여 목표 달성의 가능성을 증진시킨다. (A systematic approach for risk or opportunity management avoids problems and leverages opportunities to increase the likelihood of achieving objectives.)
활동 예시	• 위험이나 기회 관리 전략 개발, 기록, 갱신 • 영향 받는 이해관계자와 위험이나 기회 관리 전략 검토
산출물 예시	• 위험이나 기회 관리 전략
RSK 3.4	위험이나 기회 관리 계획서를 작성하고 갱신한다. (Develop and keep updated risk or opportunity management plans.)
가치	위험의 영향을 최소화하고 목표 달성을 위한 기회의 이점을 극대화한다. (Minimizes the impact of risks and maximizes the benefits of opportunities for achieving objectives.)
활동 예시	• 선정된 위험에 대한 완화 계획과 위험이 발생할 경우를 대비한 비상계획 개발 • 이점이 실현될 가능성을 높이기 위해 선정된 기회에 대한 활용계획 개발 • 영향 받는 이해관계자와 계획 검토
산출물 예시	• 위험관리 계획 • 기회활용 계획 • 갱신된 계획 및 상태
RSK 3.5	계획된 위험이나 기회 관리 활동의 이행을 통해 위험이나 기회를 관리한다. (Manage risks or opportunities by implementing planned risk or opportunity management activities.)
가치	효과적인 위험 관리를 통해 목표 달성 능력을 저해하는 예상치 못한 사건을 감소시키고 기회를 활용하여 비즈니스 가치를 증진시킨다. (Effective risk management reduces unforeseen occurrences that impair ability to achieve objectives, and increases business value by leveraging opportunities.)

활동 예시	• 위험이나 기회관리 계획을 사용하여 위험 및 기회를 관리
산출물 예시	• 갱신된 계획 및 상태

위험 및 기회 관리 프랙티스 영역은 1단계부터 3단계까지 3개의 프랙티스 그룹으로 구성되어 있다.

1단계 프랙티스 그룹은 위험이나 기회를 식별 및 기록하고 갱신하는 활동이다. 위험 및 기회 관리는 프로젝트 관리에서 중요한 부분으로 지속적이고 전향적인 활동이다. 위험관리는 핵심적 목표 달성을 위태롭게 할 수 있는 이슈들을 다룬다. 지속적인 위험관리 접근방식은 프로젝트에 치명적 영향을 미칠 수 있는 위험을 효과적으로 예측하고 그 영향을 완화시킨다. 이에 반해 기회관리는 성과를 향상시키거나 목표를 달성하는데 있어 잠재적으로 긍정적인 영향을 끼칠 수 있는 요소를 파악하고 활용하는 활동이다. 영향을 받는 이해관계자와 조기에 협력하여 위험 또는 기회를 파악하고, 위험 또는 기회를 해결하기 위해 자원을 전용하기 전에 어떤 것이 추구할 가치가 있는지를 판단해야 한다. 위험 및 기회 관리는 기술적 및 비기술적뿐만 아니라, 비용, 일정, 성능 및 기타 위험에 대한 내외부적 근원을 고려해야 한다. 조기의 적극적인 탐지가 중요한 이유는 일반적으로 프로젝트 초기 단계에서의 변경 및 시정작업이 프로젝트 후반단계보다 더 쉽고, 비용이 절약되고, 지장 또한 적기 때문이다. 불확실한 것만큼 작업을 수행하는데 부정적인 영향을 끼치는 건 없다. 특정 산업에서 공통적으로 발견되는 특정한 불확실성을 방지 또는 완화하는 방법을 결정할 때는 산업계 표준들이 도움이 된다. 어떤 불확실성은 산업계의 모범사례와 학습된 교훈들을 검토하여 사전에 관리하거나 완화할 수 있다.

2단계 프랙티스 그룹은 식별된 위험이나 기회를 분석하고 모니터링하며 영향 받는 이해관계자와 상태를 공유하는 내용을 다루고 있다. 위험이나 기회를 분석할 때는 완화활동이 필요하거나 또는 우발적으로 발생할 수 있는 사안에 가장 높은 우선순위를 부여하거나 가장 중요한 위험요인으로 할당해야 한다. 또는 가장 큰 혜택을 받을 수 있는 사안에 가장 높은 우선순위를 부여해 그 기회를 활용한다.

3단계 프랙티스 그룹은 보다 효과적인 위험 및 기회 관리 활동의 수행을 위해 위험이나 기회를 관리하기 위한 전략을 개발하고 이에 따라 위험이나 기회를 관리하는 데, 중점을 두고 있다.

위험 및 기회에 대한 범주의 사용은 위험 또는 기회를 식별하고 분석하기 위한 구조와 효율성을 제공하는 데 도움이 된다. 시간 경과에 따라 범주를 식별함으로써, 목표 달성 능력에 영향을 미치는 변화하는 상황을 파악할 수 있고, 작업이 진행됨에 따라 위험 또는 기회에 대한 추가 범주의 식별 또한 가능하다. 위험 및 기회의 범주화란 각각의 위험이나 기회를 그룹화 할 수 있도록 특징짓는 것으로 위험 및 기회 분류의 설정은 위험이나 기회를 수집하고 구조화하는 메커니즘을 제공한다. 뿐만 아니라 프로젝트 목표 달성에 부정적이거나 긍정적인 결과를 초래할 수 있는 위험이나 기회에 대해 적절한 조사와 경영진의 관심 또한 보장한다. 주로 생명주기의 주요 단계별로 유형을 구분하거나 사용된 프로세스나 솔루션의 유형으로 구분할 수 있다. 이 외에도 계약, 예산, 일정, 품질, 자원과 관련된 불확실성과 같은 작업관리 유형이나 품질속성이나 신뢰성 같은 기술적 성과에 대한 불확실성으로도 분류할 수 있다.

위험이나 기회를 분석하고 처리하는데 활용하기 위한 파라미터란 관리 대상 위험이나 기회를 비교하기 위해 공통되고 일관된 기준을 제공하는데 사용된다. 즉, 위험의 심각성을 결정하거나, 기회의 이점을 평가하고 이를 통해 계획수립 시 필요한 활동의 우선순위를 정할 수 있다.

위험은 발생 가능한 것이지 반드시 발생하는 것은 아니다. 또한 발생했을 때에도 모든 위험 요소가 프로젝트에 막대한 피해를 주는 것은 아니다. 따라서 이러한 파라미터 없이는 위험에 의해 야기되는, 원치 않는 변경의 심각성을 파악하고 위험완화 계획 수립에 필요한 활동의 우선순위를 정하기가 어렵다. 파라미터는 식별된 위험이 발생할 확률과 발생했을 때 프로젝트에 미치는 부정적인 영향의 정도를 의미한다. 또한 기회를 활용했을 때 기대되는 이점과 비용을 포함한다. 파라미터는 종종 위험이나 기회를 우선순위화 할 때 함께 사용된다. 예를 들어, 발생확률과 영향도를 곱하여 우선순위를 설정하거나 예상 수익률을 통한 기회 값을 계산하는 것 등이 해당된다. 프로젝트에서는 이러한 파라미터를 활용해 위험이나 기회요소별 관리수준을 정하여 관리 활동에 들어가는 노력을 통제할 수 있다.

위험이나 기회를 관리하기 위한 전략은 가능한 일찍 조직이나 프로젝트의 위험 및 기회 관리 계획서나 프로젝트 계획서에 작성되어, 프로젝트 전 기간 동안 위험 및 기회 관리 활동을 가이드 하는데 사용되어야 한다. 위험이나 기회를 관리하기 위한 전략에는 솔루션 또는 작업과 외부 요인 간의 상호 작용, 의존성 및 관계가 포함된다. 여기에 위험 또는 기회 범주와 영향 및 발생 가능성 그리고 기회 이익 및 비용과 합격기준 같이 실제 사용할 방법 또한 포함된다.

위험이나 기회를 관리하기 위한 전략이 마련되면 선정된 위험에 대한 완화나 비상 계획을 수립한다. 완화계획은 위험의 가능성이나 영향을 줄이는 방법을 설명한다. 비상계획은 완화 시도에도 불구하고 발생할 수 있는 문제의 영향을 다룬다. 위험을 완화시키기 위한 대표적인 방법으로는 사용자 니즈를 충족하는 선에서 요구사항을 변경하거나 위험수준을 낮추는 위험회피, 위험을 최소화시켜 나가기 위해 단계적 활동을 수행하는 위험통제, 위험수준을 낮추기 위해 요구사항을 재할당하는 위험전이, 위험 요소를 주시하며 정기적인 재평가를 통해 상태를 파악하는 위험 모니터링 그리고 위험을 인지하지만 특별한 행동을 취하지 않는 위험수용이 있다. 완화 및 비상계획서에는 주로 근거, 비용이익분석, 위험수용기준, 각 위험관리 활동에 대한 성과 일정이나 기간, 중단되는 이벤트에 대응하기 위한 자원 예약, 사용 가능한 백업 장비 목록, 비상 대응 시스템에 대한 시험계획, 응급상황을 대비한 절차, 응급상황을 대비한 주요 계약 및 정보자원 목록 및 응급상황 발생 시 취할 조치 등이 포함된다.

선정된 우선순위가 높은 기회에 대해서는 기회활용 계획서를 작성하게 되는데, 이 계획서는 기회의 이익을 극대화하는 방법을 설명한다. 기회활용 계획서에는 비용을 증가시키지 않고 기회의 이점을 극대화하는 조치를 수행하는 내용이 포함된다. 일반적으로 기회를 활용하게 되면 상대적으로 적은 비용을 들여 높은 수준의 이익을 얻을 수 있다. 기회활용 계획서에는 비용이익분석, 성공분석 가능성, 활동을 위한 준비, 기회를 활용하기 위해 필요한 조치 등이 포함된다. 여러분은 이 활동을 통해 재계획수립과 재평가가 필요한 새로운 기회를 발견할 수도 있다.

계획된 위험이나 기회의 이행을 통해 위험이나 기회를 관리한다는 것은 위험의 영향을 최소화하거나 프로젝트 기능을 향상시키기 위해 필요한 조치가 무엇인지를 예측하기 위한 활동으로 분석, 계획, 트리거 및 임계값이 사용된다. 즉 정기적으로 개별 위험이나 기회의 상태를 모니터링하고, 위험 완화계획이나 기회활용 계획을 적절하게 실행하라는 것으로 위험 및 기회 관리 프랙티스 영역에서 가장 중요하게 다뤄져야 한다. 특히, 프로젝트는 위험을 식별하기 위한 정기적인 검토 활동이 요구된다. 위험발생 가능성은 프로젝트의 제반 환경과 시간에 따라 수시로 변하기 때문에 이러한 정기적인 검토 활동 없이는 위험에 대한 사전 완화활동이나 예방활동이 불가능하다. 프로젝트에서는 항상 위험이 발생한 이후에 대응할 수밖에 없기 때문이다. 경험해 보지 않은 사안에 대해 위험을 식별하는 것은 쉽지 않다. 따라서 프로젝트에서 자주 발생하는 위험들을 조직 차원에서 정리해 놓은 것이 있다면 프로젝트 관리자가 이미 알려진 위험들을 피하는 데 도움을 줄 수 있을 것이다.

2.2.5 조직 교육훈련Organizational Training, OT

조직 교육훈련의 목적은 개인의 스킬과 지식을 개발하여 효율적이고 효과적으로 자신의 역할을 수행할 수 있도록 하기 위한 것이다.

조직은 이 활동을 통해 개인의 스킬과 지식을 강화함으로써, 조직의 업무성과를 향상시킬 수 있다.

Develop the skills and knowledge of personnel so they perform their roles efficiently and effectively. Enhances individuals' skills and knowledge to improve organizational work performance.

■ 1단계 프랙티스 그룹

OT 1.1	조직구성원을 교육한다. (Train people.)
가치	개인별 필요한 스킬과 지식을 확보하여 목표 달성의 가능성을 증진시킨다. (Increases likelihood of meeting objectives by ensuring individuals have needed skills and knowledge.)
활동 예시	• 교육 받을 구성원 식별 • 교육 일정수립 • 교육 제공
산출물 예시	• 완료된 교육결과

■ 2단계 프랙티스 그룹

OT 2.1	교육니즈를 식별한다. (Identify training needs.)
가치	업무수행에 필요한 교육을 제공하여 비용을 감소시킨다. (Reduces costs by providing training needed to perform the work.)
활동 예시	• 역할별 스킬 및 지식 식별 • 개인별 스킬 및 지식 기록, 갱신 • 교육 요구 결정을 위한 차이 분석 수행 • 교육 요구 기록 및 공유

산출물 예시	• 교육 요구 목록
OT 2.2	조직구성원에 대한 교육을 실시하고 관련 기록을 유지한다. (Train personnel and keep records.)
가치	이미 필요한 지식과 스킬을 확보한 인력은 교육 대상에서 제외하고, 업무수행을 위해 교육이 필요한 인력에게 교육을 제공한다. (Avoids training people who already have the needed knowledge and skills, and ensures that people get the training needed to perform their work.)
활동 예시	• 식별된 교육 요구에 따라 교육 제공 • 교육 기록 유지 관리
산출물 예시	• 제공된 교육 기록

■ 3단계 프랙티스 그룹

OT 3.1	조직의 전략 및 단기 교육니즈를 수립하고 갱신한다. (Develop and keep updated the organization's strategic and short-term training needs.)
가치	조직이 현재 및 미래에 숙련된 인력을 확보할 수 있도록 하여 목표 달성의 가능성을 극대화한다. (Maximizes the likelihood of meeting objectives by ensuring that the organization has skilled individuals now and in the future.)
활동 예시	• 조직의 표준 프로세스와 작업을 수행하는데 필요한 역할과 스킬 결정 • 교육 니즈 결정 • 우선순위화된 전략과 단기 조직 교육니즈 기록, 갱신 • 조직 교육 요구를 정기 및 수시로 검토하고 필요한 경우 갱신
산출물 예시	• 교육니즈
OT 3.2	프로젝트와 조직 간의 교육니즈를 조정하고 전달한다. (Coordinate training needs and delivery between the projects and the organization.)
가치	교육자원의 효율적이고 효과적인 할당을 보장한다. (Ensure efficient and effective allocation of training resources.)
활동 예시	• 프로젝트 및 지원그룹에서 식별된 교육니즈 분석 • 교육니즈 처리를 위해 프로젝트와 지원그룹 간 조정 • 교육 제공을 위해 조직, 프로젝트, 지원그룹의 책임 기록

산출물 예시	• 할당된 교육니즈 • 교육제공 책임
OT 3.3	조직의 전략과 단기 교육계획을 수립 및 갱신하고 준수한다. (Develop, keep updated, and follow organizational strategic and short-term training plans.)
가치	조직구성원이 효율적이고 효과적으로 작업을 수행할 수 있도록 교육이 되었음을 보장한다. (Ensure personnel are trained to enable them to efficiently and effectively perform their tasks.)
활동 예시	• 조직 교육전략 계획의 내용 개발 • 조직 단기교육 계획의 내용 개발 • 계획을 검토, 협의사항 결정, 영향 받는 이해관계자와 검토 결과 공유 • 필요한 경우, 계획과 협의사항 수정
산출물 예시	• 조직 훈련전략 계획 • 조직 단기훈련 계획 • 기록된 협의사항
OT 3.4	조직의 교육니즈를 해결할 수 있는 교육역량을 개발 및 갱신하고 사용한다. (Develop, keep updated, and use a training capability to address organizational training needs.)
가치	조직구성원이 자신의 업무를 효율적이고 효과적으로 수행 할 수 있는 지식, 스킬 및 능력을 갖추고 있음을 보장한다. (Ensure personnel have the knowledge, skills, and abilities to perform their work efficiently and effectively.)
활동 예시	• 조직의 교육요구를 충족시키는 접근방법 선정 • 내, 외부 교육 결정 • 교육자료 개발 혹은 확보 • 자격을 갖춘 강사, 교육 설계자, 멘토를 식별하고 양성 또는 고용 • 조직 교육 과정의 교육 명세 • 정기 및 수시로 교육 검토 • 필요한 경우, 교육자료 수정 • 교육제공을 위한 자원의 식별 및 가용성 확보 • 교육개발 프로그램 갱신 • 교육기록 갱신 • 교육 가용성 공유
산출물 예시	• 교육자료 및 지원 산출물 • 교육과정 목록

	• 교육기록 • 강사 명단 • 강의설계 표준 • 교육시설 및 자원
OT 3.5	조직 교육 프로그램의 효과성을 평가한다. (Assess the effectiveness of the organization's training program.)
가치	교육 프로그램을 비즈니스에 적절하고 가치 있도록 유지하고 교육자원을 효과적으로 사용한다. (Keeps the training program relevant and valuable to the business and makes effective use of training resources.)
활동 예시	• 각 교육과정의 효과 평가 • 교육 프로그램 효과성 평가
산출물 예시	• 교육 효과성 조사 • 교육 프로그램 평가 • 교육 프로그램 분석 결과 • 강사 평가 양식 • 교육 측정지표
OT 3.6	조직의 교육이력을 기록 및 갱신하고 사용한다. (Record, keep updated, and use the set of organizational training records.)
가치	교육 프로그램이 비즈니스와 성과 목표의 달성에 얼마만큼 도움이 되는지를 판단하기 위해 기록한다. (Records are essential in determining how well the training program supports the achievement of business and performance goals.)
활동 예시	• 모든 참가자의 기록 보관, 사용 • 교육에서 제외된 모든 구성원의 기록 보관 및 사용 • 교육과정 및 프로그램 효과성 기록의 보관 및 사용 • 업무배정을 고려할 수 있도록 적절한 사람들에게 훈련기록 제공
산출물 예시	• 교육 기록

조직 교육훈련 프랙티스 영역은 조직의 전략적 사업 목표를 뒷받침하고 여러 프로젝트 및 지원조직들에 공통적인 교육훈련 소요를 충족하기 위해 제공되는 교육훈련에 관한 것이다. 개별 프로젝트 및 지원 조직들 각자 고유한 교육훈련 소요는 자체적으

로 처리되며 이 프랙티스 영역 밖의 문제이다.

효과적인 교육훈련을 위해서는 소요 평가, 계획 수립, 교수 설계, 적절한 교육훈련 매체, 교육훈련 데이터의 저장소 등이 필요하다. 조직 프로세스 중 하나로써 교육훈련의 주요 요소에는 관리되는 교육훈련 개발 프로그램, 문서화된 계획, 전문 지식분야와 기타 지식분야에 적절한 전문성을 갖춘 직원, 그리고 교육훈련 프로그램의 효과성을 측정하기 위한 메커니즘 등이 포함된다.

프로세스 교육훈련 소요는 일차적으로 조직의 표준 프로세스를 수행하는 데 필요한 스킬을 근거로 식별한다. 스킬 중에는 강의실 교육훈련 이외에 비공식적 멘토링과 같이 다른 수단을 통해 효과적이며 효율적으로 전달될 수 있는 스킬들이 있다. 또한, 강의실 강의, 웹 기반 교육훈련, 가이드에 따른 자가 학습 또는 정식 현장직무훈련On the Job Training, OJT 프로그램 등과 같은 상대적으로 공식화된 교육훈련 방식을 요하는 스킬들도 있다. 공식 또는 비공식 교육훈련 방식은 교육훈련의 소요에 대한 평가와 해소해야 할 성과 격차에 따라 각 상황에 맞게 선택한다.

교육훈련의 성공여부는 신규 또는 기존의 조직 활동을 수행하는 데 필요한 스킬과 지식을 획득할 수 있는 기회의 가용성으로 나타낸다.

조직 교육훈련 프랙티스 영역은 1단계부터 3단계까지 3개의 프랙티스 그룹으로 구성되어 있다.

1단계 프랙티스 그룹은 조직 목표의 달성 가능성을 증진시키기 위해 조직구성원별로 필요한 스킬과 지식을 확보할 수 있도록 교육과정을 제공하는 활동이다.

스킬과 지식은 기술적일 수도 있고, 조직적일 수도 있으며, 또는 환경적일 수도 있다. 기술적 스킬은 프로젝트나 프로세스에서 요구되는 장비, 도구, 자료, 데이터 및 프로세스를 사용하는 능력과 관련된 것이다. 조직적 스킬은 직원의 조직구조, 역할 및 책임과 일반적인 업무원칙 및 방법에 따른 행동과 관련된 것이다. 환경적 스킬은 프로젝트와 지원 조직이라는 조직 및 사회적 환경 하에서 업무를 성공적으로 수행하는 데 필요한 자기관리, 의사소통 및 대인관계 능력을 말한다.

2단계 프랙티스 그룹은 조직의 업무수행에 필요한 스킬과 지식을 식별하고 이를 조직구성원 개개인이 보유하고 있는 스킬 및 지식과 비교하여 이미 필요한 지식과 스킬을 확보한 인력은 교육 대상에서 제외하고, 업무수행을 위해 교육이 필요한 인력에 대해 교육을 제공하는 활동이다. 이는 업무수행을 위해 교육이 꼭 필요한 인력에게 제한적으로 교육을 제공함으로써 불필요한 비용을 감소시키고자 하는 것이다. 교육훈련과 관련한 각 각의 활동들에 대한 상세한 접근은 3단계 프랙티스 그룹에서 다루고 있다.

1, 2단계 프랙티스 그룹에서 교육훈련과 관련한 기본적인 내용을 다뤘다면, 3단계 프랙티스 그룹은 교육훈련의 체계적인 접근방법을 다루고 있다.

조직의 비즈니스 계획, 프로세스 개선 계획, 조직원의 역량 분석 결과, 조직의 비전뿐만 아니라 조직 표준 프로세스 등을 기초로 하여 조직의 전략적이고 단기적인 교육훈련 니즈를 파악한다. 전략적인 교육훈련 니즈란 현격한 지식 격차를 해소하고, 신기술을 소개하거나 관행상 중요한 변화를 이행함으로써 역량을 구축하기 위한 장기적 목표를 다룬다. 일반적으로 2년에서 5년 후까지를 내다보고 니즈를 파악하는 중장기적 접근이다. 이에 반해, 단기적인 교육훈련 니즈는 현재 필요로 하는 지식이나 기술의 결여를 메움으로써 조직의 비즈니스 목표를 당장에 해결하기 위해 필요한 역량을 확보하기 위한 교육 니즈를 파악하는 것이다.

조직의 교육훈련은 조직 전반에 걸친 교육훈련 니즈와 더불어 각종 프로젝트와 지원조직에 걸쳐 공통적인 교육훈련 요구사항을 다룬다. 프로젝트와 지원조직들은 자신들의 교육훈련 니즈를 파악해 처리하는 일차적인 책임을 가진다. 조직차원의 교육훈련 담당자들은 여러 프로젝트와 지원조직에 공통적인 교육훈련 니즈에 대해서만 처리할 책임을 진다(예: 여러 개의 프로젝트에 공통적인 작업환경 교육훈련). 물론 경우에 따라, 교육훈련 자원의 가용성과 조직의 교육훈련 우선순위 측면에서 조직의 교육훈련 담당자들은 프로젝트나 지원조직과의 협상에 따라 추가적인 교육훈련 니즈를 다룰 수 있다.

조직의 장기 교육계획인 전략적 교육훈련 계획은 조직의 장기적인 니즈를 충족시키기 위한 교육훈련을 어떻게 제공할 것인지를 기술한다. 반면, 단기 교육훈련 계획은 각 조직구성원이 맡은 역할을 효과적으로 수행하는 데 필요한 교육훈련을 제공하기 위한 계획을 말한다. 단기 교육훈련 계획은 일반적으로 연간 단위의 교육훈련 계획을 수립하고 활용하는 것으로 연간 교육훈련 계획에는 교육훈련 주제, 교육훈련 목적 및 목표, 교육훈련 방법 및 일정, 교육훈련 환경 등과 같은 사항들이 포함된다. 그러나 규모가 작은 조직에서는 교육훈련 계획을 수립하는 데 있어 전략적으로 접근하기보다는 1년 단위의 단기적인 방법으로 접근하는 경향이 있다. 따라서 규모가 작은 조직에서는 전략적 교육훈련 계획이 수립되지 않는 경우가 있는데, CMMI V2.0에서는 조직의 규모와 상관없이 단기적인 교육훈련 계획뿐만 아니라 장기적인 교육훈련 계획도 함께 수립할 것을 요구하고 있다.

조직의 장단기 교육 니즈가 파악되면, 이를 해소하는 데 필요한 교육훈련 역량을 확보해야 한다. 교육훈련 역량이란 교육훈련을 제공하는 인프라라고 이해하면 된다. 강의실 형태의 교육훈련인 경우에는 강의장을 확보해야 하며, 온라인 교육훈련인 경우에는 관련 시스템을 구비해야 한다. 교육훈련 강사의 경우에도 사내외 강사 유형에 따라 사전 확보가 필요하며 사외 교육훈련인 경우에는 관련 교육훈련 기관과의 사전 협약이 필요하다. 그리고 각 과정별 교육훈련 과정 설명서에는 교육훈련에서 다루게 될 주제, 교육 대상자, 선수과목 및 참여를 위한 기본자격, 교육훈련 목표 및 기간, 과정이수 기준 등이 포함된다.

조직의 목표와 프로젝트 목표 대비 교육훈련의 이점을 평가하기 위해 교육훈련의 효과성에 대한 평가를 수행한다. 이러한 평가는 단지 교육훈련 실시 후, 해당 교육훈련에 대한 만족여부를 파악하기 위해 설문서를 받는 활동만을 의미하는 것은 아니다. 교육훈련 내용이 작업현장에서 실제로 얼마나 활용되고 있는지를 분석하는 활동까지도 포함한다. 교육훈련 과정에 따라 시험을 볼 수도 있고 비용 대비 효과를 분석해 볼 수도 있다. 교육훈련 효과성 평가와 관련해서는 미국 위스콘신 주립대학교 교수인 도널드 커크패트릭Donald Kirkpatrick이 제시한 4단계 평가 모델이 많이 활용되고 있다. 일명 커크패트릭 평가 모델이라고도 하는데 주요 내용은 다음과 같다.

1단계는 교육훈련 과정에 대한 학습자의 반응을 확인하고자 하는 것으로 주로 설문조사나 질문지를 활용한다. 2단계는 참여 학습자의 학습 성취 및 결과를 평가하는 것으로 주로 시험을 통해 이뤄지는데 경우에 따라서는 사례연구를 시키거나 실습 또는 역할연기 등을 통해 평가할 수도 있다. 3단계는 업무적용도 평가로 교육훈련 과정을 통해 습득한 지식이나 기술 등을 실제 업무에 얼마나 잘 적용할 수 있는지를 평가하는 것으로 설문조사, 관찰, 인터뷰, 자기 보고서 등의 방법이 활용된다. 마지막 4단계는 교육훈련 과정이 해당 조직에 어떤 공헌을 했는지를 총체적으로 파악하는 것으로 투자 대비 효과 분석을 수행하기도 한다. 그러나 모든 교육훈련 과정에 대해 1단계부터 4단계까지의 평가를 수행할 필요는 없다. 교육훈련 과정의 중요도나 비용 등을 고려해 적절한 수준의 평가 활동을 수행하면 된다. 중요한 것은 이러한 효과성 평가 활동 결과로써 조직의 교육훈련 프로그램이 지속적으로 개선돼야 한다는 것이다.

교육훈련 과정이 제공된 후에는 개인별, 프로젝트별 또는 지원조직별 교재나 수료증, 출석부 등과 같은 결과물들을 관리하고, 필요 시 업무배정을 고려할 수 있도록 적절한 사람들에게 훈련기록을 제공한다.

2.3 **지원 범주의 역량 영역과 프랙티스 영역**

지원 범주는 [표 2-3]과 같이 솔루션의 이행 및 제공을 지원하는 1개의 역량 영역과 3개의 프랙티스 영역으로 구성되어 있다.

[표 2-3] 지원 범주의 역량 영역과 프랙티스 영역

범주	역량 영역	프랙티스 영역
지원	이행 지원	원인분석 및 해결
		의사결정분석 및 해결
		형상관리

2.3.1 원인분석 및 해결Causal Analysis and Resolution, CAR

원인분석 및 해결의 목적은 선정된 결과의 원인을 확인하여 바람직하지 않은 결과의 재발을 방지하거나 긍정적인 결과의 재현을 보장하기 위한 것이다.

조직과 프로젝트는 근본원인 해결을 통해 재작업을 줄이고 품질과 생산성을 직접적으로 향상할 수 있다.

Identify causes of selected outcomes and take action to either prevent recurrence of undesirable outcomes or ensure recurrence of positive outcomes.
Addressing root cause issues eliminates rework and directly improves quality and productivity.

■ 1단계 프랙티스 그룹

CAR 1.1	선정된 결과의 원인을 식별하고 해결한다. (Identify and address causes of selected outcomes.)
가치	목표 달성을 지원해준다. (Helps to achieve objectives.)

활동 예시	• 기대와 달랐던 결과 선택 • 결과의 원인 조사 • 원인을 해결하고 원인 해결을 위한 변경을 기록
산출물 예시	• 조사 결과 목록 • 성과 • 원인 • 변경 사항

■ 2단계 프랙티스 그룹

CAR 2.1	분석을 위한 결과를 선정한다. (Select outcomes for analysis.)
가치	목표 달성에 가장 큰 영향을 미치는 결과에 노력을 집중한다. (Focuses efforts on the outcomes with the greatest impact on achieving objectives.)
활동 예시	• 분석 범위 정의 • 관련 데이터 수집 • 추가 분석 결과 결정
산출물 예시	• 분석 결과 • 추가 분석을 위해 선택된 성과
CAR 2.2	결과의 원인을 분석하고 해결한다. (Analyze and address causes of outcomes.)
가치	보다 효율적으로 목표를 달성할 수 있도록 비용과 시간을 감소시킨다. (Reduces cost and time to more efficiently meet objectives.)
활동 예시	• 영향 받는 이해관계자 식별 및 포함 • 원인분석 수행 • 잠재적인 문제 또는 성공 식별 및 분석 • 선정된 개선사항 수행 • 성과 상의 개선효과 평가 • 결과 공유
산출물 예시	• 영향 받는 이해관계자 목록 • 식별된 원인 • 취할 조치

■ 3단계 프랙티스 그룹

CAR 3.1	조직의 프로세스에 따라 선정된 결과의 근본원인을 확인한다. (Determine root causes of selected outcomes by following an organizational process.)
가치	성공을 촉진하고 문제를 피함으로써 목표의 달성 가능성을 증진시킨다. (Increases likelihood of meeting objectives by promoting successes and avoiding problems.)
활동 예시	• 이해관계자 식별 및 포함 • 데이터 수집 • 조직 프로세스에 따라 근본원인 분석 수행 • 근본원인 기록
산출물 예시	• 근본원인 목록 • 영향 받는 이해관계자 목록
CAR 3.2	식별된 근본원인을 해결하기 위한 조치를 제안한다. (Propose actions to address identified root causes.)
가치	부정적인 결과를 예방하거나 긍정적인 결과를 생성하여 비용과 시간을 감소시킨다. (Reduces cost and time by preventing negative outcomes or producing positive outcomes.)
활동 예시	• 개선제안 개발 • 개선제안 기록
산출물 예시	• 개선제안
CAR 3.3	선정된 조치제안을 이행한다. (Implement selected action proposals.)
가치	목표 달성의 가능성을 증가시키는데 가장 영향도가 높은 변경을 이행한다. (Implements changes that have the most impact on increasing the likelihood of meeting objectives.)
활동 예시	• 개선제안을 분석하고 우선순위 결정 • 선정한 개선제안을 이행하기 위한 계획 수립 • 개선계획 이행 • 다른 프로세스나 솔루션에 존재할 수 있는 유사 근본원인을 찾아 적절한 조치 수행
산출물 예시	• 이행 대상 개선제안 • 개선계획 • 갱신된 프로세스 자산

CAR 3.4	근본원인을 분석하고 해결 데이터를 기록한다. (Record root cause analysis and resolution data.)
가치	조직 전반에 걸쳐 개선 노력을 기록하고 공유함으로써, 절감 효과를 활용하고 생산성을 향상시킨다. (Recording and communicating improvement efforts across the organization can leverage savings and increase productivity.)
활동 예시	• 근본원인 분석 데이터를 기록하고 데이터를 가용하도록 유지
산출물 예시	• 근본원인 분석 및 해결 기록
CAR 3.5	효과가 입증된 변경에 대한 개선제안을 제출한다. (Submit improvement proposals for changes proven to be effective.)
가치	조직 내 전체 프로젝트가 비용을 절감하고 생산성을 향상시키는데 활용한다. (Projects across the organization can take advantage of the savings and increased productivity.)
활동 예시	• 개선제안 제출
산출물 예시	• 개선제안

■ 4단계 프랙티스 그룹

CAR 4.1	통계 및 기타 정량적 기법을 사용하여 선정된 결과의 근본원인 분석을 수행한다. (Perform root cause analysis of selected outcomes using statistical and other quantitative techniques.)
가치	프로젝트의 품질 및 프로세스 성과 목표 달성 가능성을 향상시킨다. (Improves the likelihood that the project will meet its quality and process performance objectives.)
활동 예시	• 근본원인 분석 • 잠재적인 개선식별 및 분석 • 개선효과 측정지표 식별 • 선정된 개선활동 수행
산출물 예시	• 프로세스 및 프로젝트 성과 분석 • 식별된 근본원인 • 효과 측정지표 • 개선계획 • 갱신된 솔루션이나 프로세스

CAR 4.2	통계 및 기타 정량적 기법을 사용하여 이행되는 활동의 프로세스 성과 상의 효과를 평가한다. (Evaluate the effect of implemented actions on process performance using statistical and other quantitative techniques.)
가치	품질 및 프로세스 성과 목표 충족의 가능성을 극대화한다. (Maximizes the likelihood of meeting quality and process performance objectives.)
활동 예시	• 프로젝트의 영향 받는 프로세스에 대한 프로세스 성과 변화 측정 및 분석 • 프로젝트의 품질 및 프로세스 성과 목표 달성에 대한 변경영향 결정 • 수행된 행동이 효과가 있을 경우 조직에 프로세스 개선제안 제출
산출물 예시	• 프로세스 성과에 대한 변화 분석 • 조직 단위 개선제안

■ 5단계 프랙티스 그룹

CAR 5.1	해결방안의 확대적용 여부를 결정하기 위해 통계 및 기타 정량적 기법을 사용하여 다른 솔루션과 프로세스를 평가한다. (Use statistical and other quantitative techniques to evaluate other solutions and processes to determine if the resolution should be applied on a broader scale.)
가치	비용과 위험을 최소화하기 위해 조직 전반에 걸쳐 개선을 활용한다. (Leverages improvements across the organization to minimize cost and risk.)
활동 예시	• 유사한 프로세스나 솔루션 식별 • 변경을 위한 후보결정 및 우선순위 분석 • 선택된 프로세스나 솔루션에 대해 변경사항 적용 및 결과 전달
산출물 예시	• 식별된 후보 프로세스 및 솔루션 • 변화의 결과

원인분석 및 해결 프랙티스 영역에서는 결함 또는 문제의 유입을 방지하고, 탁월한 프로세스 성과의 원인은 파악하여 적절하게 통합함으로써 품질 및 생산성을 향상시킨다. 결함이나 문제가 발생한 원인을 제거하여 향후 재발을 방지하거나, 잠재적인 문제점을 식별하고 그러한 문제의 발생을 방지하기 위해 문제 발생 전에 데이터 분석을 실시한다. 뿐만 아니라, 향후 프로세스 성과를 개선하기 위해 성공의 원인을 프로세스에

반영하기도 한다. 원인분석 및 해결 활동은 다른 프로젝트 또는 현재 프로젝트의 이전 단계나 작업 중에 유사한 결과가 발생할 수 있기 때문에 프로젝트 간에 교훈을 전달하는 메커니즘이다. 모든 결과에 대해 원인분석을 실시하는 것은 실질적으로 불가능하기 때문에 품질, 생산성 및 주기 등에 대한 예상투자 대비 효과 간의 절충 분석을 통해 분석 대상을 선정하는 것이 바람직하다.

원인분석 및 해결 프랙티스 영역의 프랙티스들은 정량적 관리를 위해 선정된 프로세스에 적용된다. 이 프랙티스 영역의 프랙티스들을 사용하면 다른 상황에서도 가치를 더할 수는 있지만, 그 결과는 조직의 품질 및 프로세스 성과 목표에 같은 정도의 영향을 미치지 못할 수도 있다.

원인분석 및 해결 프랙티스 영역은 1단계부터 5단계까지 5개의 프랙티스 그룹으로 구성되어 있다.

1단계 프랙티스 그룹은 선정된 결과의 원인을 식별하고 해결하는 활동이다. 선정된 결과는 긍정적일 수도 있고 부정적일 수도 있다. 예상과의 유의한 차이점은 프로젝트에서 왜 그것이 잘 되었는지, 그리고 정상적인 행동에 경험을 포함시키기 위해 어떻게 변화하는지를 결정하는데 도움을 준다. 또는 기대치를 충족하지 못한 이유와 이를 충족하기 위해 필요한 변경사항을 확인하여 이후 성과를 개선할 수 있도록 해준다.

2단계 프랙티스 그룹은 분석을 위한 결과를 선정하고 선정된 결과의 원인을 분석하고 해결하는 활동이다. 이 활동은 이벤트에 의해 촉발될 수도 있고, 새로운 단계 또는 작업의 시작시점에 주기적으로 계획할 수도 있다. 일반적으로 프로젝트 관리 활동을 통해 얻어진 다양한 데이터 중에 어떤 성과데이터를 분석할지를 결정하는 것이다. 간혹 원인분석 및 해결 활동의 주체에 대해 혼란스러워 하는 경우가 있으나 원인분석 및 해결 활동은 프로젝트 관리 활동의 연장선상에서 프로젝트 자체적으로 수행할 수도 있고, 여러 프로젝트로부터 유사 데이터를 취합해 조직 차원에서 수행할 수도 있다. 다만 여기에서 유의할 점은 일반적으로 성과에 부정적인 영향을 끼친 데이터를 중심으로 분석을 하는 경향이 있는데, 성과에 긍정적인 영향을 미친 데이터 또한 분석 대상이 된다는 것이다. 타 활동이나 작업 결과에 비해 월등히 뛰어난 성과가 나타난 경우 그 원인을 찾아 모범사례화 할 수도 있다.

선정된 이슈에 대한 원인분석은 문제가 처음 식별된 직후에 가장 잘 수행되며, 사건은 여전히 신중하게 조사될 수 있을 만큼 최신의 상태를 유지한다. 원인분석에 필요한 형식과 노력은 크게 다를 수 있으며, 작업을 수행한 이해관계자나 위험, 복잡성, 주기 및 데이터와 자원의 가용성 등과 같은 요인에 의해 결정될 수 있다.

3단계 프랙티스 그룹은 2단계 프랙티스 그룹의 활동을 수행함에 있어 보다 구체적이고 체계화된 접근을 다루고 있다. 조직의 프로세스에 따라 선정된 결과의 근본원인을 확인하고 확인된 근본원인을 해결하기 위한 조치를 제안하며 선정된 조치제안을 이행한다. 근본원인을 분석하고 해결한 데이터는 기록하고 효과가 입증된 변경에 대해서는 조직에 개선제안을 제출한다.

수집된 데이터에 대한 원인분석을 수행하고 이에 따른 조치제안을 수립하는데 있어 유의할 점은 모든 결과나 문제에 대해 원인분석 및 해결 절차를 따라야 하는 건 아니라는 것이다. 대부분의 경우 문제가 발생한 원인을 모르거나 여러 원인의 복합적인 작용의 결과일 수 있지만, 문제의 원인을 직관적으로 알 수 있는 경우도 있다. 만약 직관적으로 문제의 원인을 알 수 있다면 근본원인 분석을 하지 않고 조치활동을 수행하면 되므로 원인분석 프로세스를 수행할 필요는 없다. 데이터에 대한 원인분석 활동은 혼자 수행하는 것이 아니라 관련자들이 함께 수행하고, 여러 원인 중 우선순위가 높은 원인을 식별하여 조치제안을 한다. 여러 가지 근본원인의 우선순위를 정하기 위해 문제기술, 브레인스토밍, 특성요인도, 파레토 분석 등과 같은 기법을 사용하기도 한다.

원인분석 및 조치제안서 작성활동은 일반적으로 다음과 같이 수행한다.

1. 수집된 데이터를 기반으로 근본원인을 분석하고 이런 일이 다시 발생하지 않도록 하기 위한 조치제안서를 작성한다.
2. 일반적으로 조치제안서에는 문제해결 방법과 필요한 일정, 인력 및 비용에 대한 구체적인 사항이 포함된다. 또한 조치의 목표와 효과를 어떻게 측정할 것인지를 포함해야 한다.

조치제안서에는 부정적인 결과의 발생 또는 재발을 방지 내지 감소시키거나, 실현된 성공사례를 반영하기 위해 분석된 결과의 근본원인에 대처하는데 필요한 작업들이 설명된다. 선택된 조치제안서에 대해 조치계획을 수립하고 이행하며 가치 있는 것으로 입증된 변경사항만 광범위한 이행을 고려하도록 한다. 투자수익률 관점에서 효과가 높은 조치제안을 우선적으로 수행하며, 일반적으로 다음과 같이 수행한다.

1. 조치제안 중 개선의 효과가 크고 상대적으로 노력이 적은 조치제안을 식별하여 적용한다.
2. 조치제안을 수행할 수 있는 프로젝트를 선정하고 프로젝트 적용을 위한 구체적인 계획을 수립한다.
3. 계획에 따라 조치제안을 수행하면서 계획대로 진행되고 있는지, 성과는 계획과 비교해 유사하게 나타나는지를 주기적으로 확인한다.
4. 다른 프로세스에도 유사한 문제가 없는지 확인하고 만약 있다면 제거한다.

근본원인을 분석하고 해결한 결과로써, 프로젝트의 성과가 개선되었거나, 선정된 문제가 반복되지 않도록 방지하거나, 탁월한 성과를 향후 활용할 수 있거나, 향후 사용을 위한 충분한 맥락을 제공하는 데이터는 수집하고 기록한다. 그렇다고 해서 관련 데이터를 별도로 기록할 필요는 없다. 데이터 기록은 별도의 과정으로 존재하기보다는 개선활동을 수행하면서 함께 기록하는 경우가 많기 때문에 주로 착수보고, 중간보고, 최종보고의 형태로 존재하게 된다. 이러한 보고서의 정리 및 공유하는 활동이 데이터 기록에 해당된다. 그리고 효과가 입증된 변경에 대해서는 조직에 개선제안을 제출하여 다른 프로젝트에서도 활용할 수 있도록 한다.

4단계 프랙티스 그룹은 근본원인 분석 및 해결 활동을 수행함에 있어 3단계 프랙티스 그룹까지의 정성적이고 기초적인 측정데이터 분석에서 벗어나 통계적이고 정량적인 분석을 수행하는 데, 중점을 두고 있다. 즉 통계적이고 정량적인 기법의 결과를 이용하여 실행계획을 평가하고 선택 및 실행하며 그 결과를 측정한다. 프로세스의 안정성 및 능력의 결여, 목표 대비 성과의 결여 또는 예상외로 긍정적인 결과를 포함한 결과물을 처리한다. 근본원인 분석은 일반적으로 분석에 사용할 수 있는 프로세스 성과 데이터, 프로세스 성과 기준선 및 프로세스 성과 모델의 가용성에 따라 달라진다. 실행해야 하는 조치는 결정, 계획 및 구현에 필요한 노력과 시간 측면에서 상당히 광범위할 수 있다. 결함에 대한 초기 분석 없이는 얼마나 많은 시간이 필요한지 알 수 없다.

통계 및 기타 정량적 기법을 사용하여 이행되는 활동의 프로세스 성과 상의 효과를 평가한다는 것은 개선안을 수행하고 계획 시 수립한 목표대로 진행되었는지를 평가한다는 의미이다. 다만 여기서 유의할 점은 개선효과를 평가했다고 해서 원인분석 및 해결 활동이 완료되는 것은 아니라는 것이다. 개선안 수행은 효과가 단기적으로만 나타나는 경우도 있을 수 있다. 효과평가와 함께 이후 모니터링을 위한 계획도 필요하다. 개선안 적용 효과는 통계적으로 비교해 봐야한다. 일반적으로 2샘플 T테스트나 분산분석 기법을 사용해 개선 전후의 차이를 보여주고 수립된 목표와 비교하여 개선효과를 평가한다.

개선 효과에 대한 평가 시에는 다음 사항을 고려한다.

- 개선 결과데이터를 수집해 개선 전후 차이가 있는지 통계 기법을 사용해 확인한다. 개선안은 일반적으로 프로세스의 전부 또는 일부가 변형된 형태이므로 프로세스 성과 기준선의 변화도 확인한다.
- 개선안을 수행하기 위해 필요한 노력, 비용과 개선의 효과를 통계적으로 비교한다.

마지막으로 5단계 프랙티스 그룹에서는 해결방안의 확산전개 여부를 결정하기 위해 통계 및 기타 정량적 기법을 사용하여 다른 솔루션과 프로세스를 평가하는 활동을 다루고 있다. 이 프랙티스의 목적은 근본원인 분석에서 학습한 과거 프로젝트 및 솔루션에서 해결된 해결책을 조직의 다른 프로젝트, 프로세스 및 솔루션에 적용할 수 있는지 여부를 결정하는 것이다. 일반적으로 유사한 프로세스나 솔루션을 식별하고, 변경을 위한 후보결정 및 우선순위를 분석하고 선택된 프로세스나 솔루션에 대해 변경사항을 적용하고 결과를 전달하는 활동을 수행한다.

2.3.2 의사결정 분석 및 해결 Decision Analysis and Resolution, DAR

의사결정 분석 및 해결의 목적은 대안 분석 프로세스를 사용하여 의사결정을 수행하고 기록하기 위한 것이다.

조직과 프로젝트는 이 활동을 통해 의사결정의 객관성과 최적 솔루션 선정의 가능성을 증가시킬 수 있다.

Make and record decisions using a recorded process that analyzes alternatives.
Increases the objectivity of decision making and the probability of selecting the optimal solution.

■ 1단계 프랙티스 그룹

DAR 1.1	대안을 정의하고 기록한다. (Define and record the alternatives.)
가치	대안의 명확한 정의와 이해를 통해 잠재적인 재작업을 감소시켜 준다. (A clear definition and understanding of the alternatives to be made reduces potential rework.)
활동 예시	• 대안정의 • 대안정의 시, 이해관계자 참여
산출물 예시	• 대안기록
DAR 1.2	의사결정사항을 기록한다. (Make and record the decision.)
가치	근거와 결정사항의 명확한 이해를 제공하여 계속적인 수정과 재작업을 피하게 해 준다. (Provides a clear understanding of rationale and decisions made and avoids constant revisions and rework.)
활동 예시	• 의사결정 및 기록
산출물 예시	• 결정기록

■ 2단계 프랙티스 그룹

DAR 2.1	의사결정 기준에 따른 프로세스 수행 시기를 결정하기 위한 규칙을 개발 및 갱신하고 사용한다. (Develop, keep updated, and use rules to determine when to follow a recorded process for criteria-based decisions.)
가치	가장 중요한 결정에 집중하여 비용을 절감한다. (Reduces costs by focusing on the most important decisions.)
활동 예시	• 기준기반 의사결정 프로세스 사용 시기에 대한 규칙 및 가이드라인 개발 및 기록 • 기준기반 의사결정을 위한 규칙과 가이드라인 준수 • 영향 받는 이해관계자와 규칙과 가이드라인을 공유
산출물 예시	• 기준기반 의사결정 규칙 및 가이드라인 • 기준기반 의사결정 목록

DAR 2.2	대안 평가기준을 개발한다. (Develop criteria for evaluating alternatives.)
가치	최적 솔루션의 일관된 선정을 가능하게 한다. (Enables consistent selection of optimal solutions.)
활동 예시	• 대안 솔루션 평가기준 정의 • 평가기준의 범위와 가중치 정의, 사용, 갱신
산출물 예시	• 평가기준
DAR 2.3	대안 솔루션을 식별한다. (Identify alternative solutions.)
가치	솔루션의 품질과 고객만족이 증가한다. (Increases the quality of the solution and customer satisfaction.)
활동 예시	• 과거의 유사한 내, 외부 의사결정 정보 조사 • 추가로 고려할 대안식별 • 선정된 대안기록
산출물 예시	• 대안
DAR 2.4	평가방법을 선정한다. (Select evaluation methods.)
가치	의사결정을 위한 비용, 일정 및 성과를 최적화한다. (Optimizes the cost, schedule, and performance for the decision being made.)
활동 예시	• 평가방법 선택
산출물 예시	• 선정된 평가방법
DAR 2.5	평가기준과 방법을 사용하여 솔루션을 평가하고 선정한다. (Evaluate and select solutions using criteria and methods.)
가치	최적의 솔루션 선정을 보장한다. (Ensures that the optimal solution is selected.)
활동 예시	• 의사결정 프로세스에 따라 대안 솔루션 평가 • 평가결과 기록 • 선정된 솔루션 이행과 관련된 위험평가 • 영향 받는 이해관계자와 솔루션 선정결과 기록 및 공유
산출물 예시	• 평가결과 • 평가된 위험 • 선정된 솔루션

■ 3단계 프랙티스 그룹

DAR 3.1	역할기반 의사결정 권한에 대한 설명서를 작성 및 갱신하고 사용한다. (Develop, keep updated, and use a description of role-based decision authority.)
가치	적정수준 권한의 의사결정 및 승인을 통해 비즈니스 위험을 감소시킨다. (Reduces business risk by ensuring the appropriate levels of authority are making and approving decisions.)
활동 예시	• 의사결정 권한 수준과 역할 식별, 기록, 갱신 및 공유
산출물 예시	• 역할, 의사결정 권한, 책임 목록

의사결정 분석 및 해결 프랙티스 영역은 어떤 이슈들이 공식평가 대상이 되어야 할지에 관한 지침을 수립하고 공식평가 프로세스를 이러한 이슈에 적용하는 것이다. 공식평가 프로세스는 권장 솔루션을 결정하기 위하여 수립된 기준에 대비하여 대안 솔루션을 평가하는 구조화된 접근방식이다. 공식평가 프로세스에는 일반적으로 대안평가를 위한 기준을 수립하고 대안이 되는 솔루션을 식별하며 대안평가를 위한 방법을 선정한 후에 수립된 기준 및 방법을 사용하여 대안 솔루션을 평가하고 여러 대안 중에서 권장 솔루션을 선정하는 활동을 포함한다. 이러한 공식평가 프로세스는 의사결정의 주관적 판단을 줄이고, 관련 이해관계자들의 여러 요구를 충족할 수 있는 솔루션을 선택할 가능성을 높여준다.

의사결정 분석 및 해결 프랙티스 영역의 일차적인 용도가 기술적 이슈이기는 하지만, 공식평가 프로세스는 특히 프로젝트의 계획 단계에서 다양한 비기술적 이슈에 적용할 수도 있다. 여러 개의 대안 솔루션과 평가기준을 갖고 있는 이슈들의 경우, 공식평가 프로세스에 잘 맞는다. 이 같은 이슈에는 보통 여러 아키텍처 또는 설계 대안 중 선택, 재사용 가능한 컴포넌트 또는 상용제품 컴포넌트의 사용, 공급자 선정, 엔지니어링 지원 환경 또는 관련 도구, 시험 환경, 인도 대안 및 물류나 생산 등이 포함된다. 또한, 공식평가 프로세스는 제조 또는 구매 여부 결정, 제조공정 개발, 유통 장소 선정 및 기타 의사결정을 내릴 때도 사용할 수 있다.

의사결정 분석 및 해결 프랙티스 영역은 1단계부터 3단계까지 3개의 프랙티스 그룹으로 구성되어 있다.

1단계 프랙티스 그룹은 의사결정을 위한 대안을 정의하고 의사결정 결과를 기록하는 활동이다. 의사결정을 위해 항상 대안이 고려돼야 하는 것은 아니다. 대안이나 잠재적 영향 및 필요한 의사결정에 대한 공통의 이해에 도달하는 것이 중요하다. 향후 의사결정의 근거가 상실되거나 의문시 될 수 있다. 따라서 의사결정 결과를 기록하면 의사결정이 어떻게 이뤄지게 되었는지, 그 결정과 관련된 이슈 또는 맥락을 이해하고 배울 수 있도록 향후에 참조할 수 있다. 의사결정을 위해 공식평가를 필요로 하는 이슈들은 수시로 식별될 수 있다. 이슈 해결에 사용할 수 있는 시간을 최대한 확보할 수 있도록 이슈를 가능한 조기에 식별하는 것이 목표가 되어야 한다.

2단계 프랙티스 그룹은 의사결정을 위한 규칙을 개발하고 규칙에 따라 식별된 대안들을 평가하는 공식평가 프로세스를 사용하여 솔루션을 평가하고 선정하는 내용을 다루고 있다.

의사결정 중에는 공식평가 프로세스가 필요할 만큼 중요하지 않은 결정들도 있다. 명시적인 지침이 없을 경우, 사소한 이슈와 정말 중요한 이슈를 명확하게 구별하는 것이 어려울 수 있다. 따라서 의사결정을 수행해야 하는 관리자나 시스템 분석가에게 의사결정을 위한 지침을 제공하는 것이 바람직하다. 지침에는 어떤 이슈들이 의사결정 절차를 거쳐야 하고 어떤 이슈들은 거치지 않아도 되는지를 정의해 놓아야 한다. 그렇지 않으면 공식적인 의사결정 절차를 밟지 않아도 되는 이슈들에 대해서까지도 많은 사항들을 고려해야 하기 때문에 오히려 의사결정이 어려워지거나 지연될 수 있다. 이러한 이유 때문에 어떤 조직에서는 아예 의사결정을 하기 위한 공식적인 지침이 필요하지 않다고 하는 경우도 있지만 이것은 결코 바람직한 방향은 아니다.

다음은 언제 공식평가 프로세스가 필요한지를 결정하는데 사용하는 일반적인 지침이다.

- 영향도가 중간 내지 높은 위험인 이슈와 직접 관련된 의사결정의 경우
- 형상관리 대상 작업산출물의 변경과 관련된 의사결정의 경우
- 일정 퍼센트나 일정 시간을 초과하는 일정 지연을 초래할 것 같은 의사결정의 경우
- 프로젝트 목표를 달성할 수 있는 능력에 영향을 주는 의사결정의 경우
- 의사결정 비용 대비 효과가 합리적인 경우
- 입찰요청 중 법적의무가 존재하는 경우
- 상충되는 품질 요구사항으로 인해 완전히 다른 아키텍처 대안들이 도출될 수 있는 경우

대안 평가를 위한 기준은 대안 솔루션을 평가하는 기반을 제공한다. 기준은 가장 높은 순위를 차지한 기준이 평가에 가장 큰 영향력을 갖도록 순위를 정한다. 의사결정 분석 및 해결 프랙티스 영역은 모델 내 다른 많은 프랙티스 영역과 공식평가 프로세스를 사용할 수 있는 다양한 환경에서 활용하는 영역이다. 따라서 다른 프랙티스 영역에서 의사결정을 위한 기준이 이미 정의되어 있을 수도 있다. 이런 경우에는 이 프랙티스만을 위해 별도의 기준을 정할 필요는 없다. 일반적으로 기준의 유형에는 기술적 한계, 환경적 영향, 위험, 사업적 가치, 우선순위에 따른 영향도 및 비용 등이 포함된다.

해당 이슈를 해결하기 위한 대안 솔루션을 식별하는 방법으로는 일반적으로 사례조사나 브레인스토밍 등이 활용된다. 다양한 스킬과 배경을 가진 많은 수의 이해관계자들로부터 의견을 구하면 광범위한 대안이 나올 수 있는데, 브레인스토밍 기법은 신속

한 상호작용과 피드백을 통해 혁신적인 대안을 도출하는 데 도움이 될 수 있다. 브레인스토밍은 지난 1953년에 미국의 알렉스 오즈번[Alex F. Osborn]이 그의 저서 "독창력을 신장하라[Applied Imagination]"를 통해 발표한 기법으로 일정한 테마에 대해 회의형식으로 구성원의 자유발언을 통한 아이디어의 제시를 요구하여 발상을 찾아내려는 방법이다. 한 사람보다는 다수인 경우에 제기되는 아이디어가 많으며 아이디어 수가 많을수록 질적으로 우수한 아이디어가 나올 가능성이 많고, 일반적으로 아이디어는 비판이 가해지지 않으면 많아진다는 원리로 일종의 자유연상법이라고도 할 수 있다. 비판금지, 강요금지, 다다익선 및 확대 재생산을 오즈번의 브레인스토밍 4원칙이라고 한다.

수립된 기준을 바탕으로 대안 솔루션을 평가하는 방법으로는 시험, 모델링, 시뮬레이션, 엔지니어링 분석, 비용 분석, 사업기회 분석, 설문조사, 사용자 검토, 전문가 그룹에 의한 판단 등 다양한 방법 중에서 선정할 수 있다. 그리고 평가 시에는 비용, 일정, 성과 및 위험 영향도 등을 고려할 필요가 있다. 많은 유형의 문제들은 한 종류의 평가방법 사용만으로도 충분하지만, 어떤 문제는 여러 개의 평가방법이 동시에 필요할 수 있다. 예를 들어, 시뮬레이션은 어떤 설계 대안이 주어진 기준을 가장 효과적으로 충족하는지를 결정하는 데 있어 대체효과 분석을 보완하는 역할을 한다.

대안 솔루션 평가는 분석, 토의 및 검토를 포함한다. 분석을 여러 번 반복 실시해야 하는 경우도 있다. 채점을 뒷받침하고 결론을 입증하려면 뒷받침되는 분석, 실험, 프로토타입 및 시범적용 작업 또는 시뮬레이션이 필요할 수 있다. 분석을 실시하기 전까지는 기준의 상대적 중요성이 부정확하고, 솔루션에 대한 전반적인 영향이 명확하지 않은 경우가 많다. 결과 점수가 상대적으로 적은 차이를 보이는 경우, 대안 솔루션 중에서 가장 좋은 선택이 무엇인지 명확하지 않을 수 있다. 이런 경우 기준과 가정사항에 대한 이슈 제기가 필요하다. 솔루션 선정 시에는 여러 대안의 평가 결과를 비교해 보고, 솔루션을 구현할 경우 발생할 수 있는 위험 또한 평가해 봐야 한다. 대안 솔루션이 식별되고 평가되고 선정된 과정과 결과는 문서화돼야 하는데, 특정 솔루션이 선정된 사유뿐만 아니라 선정되지 않은 솔루션은 왜 선정되지 않았는지에 대한 사유도 기술돼야 한다.

　3단계 프랙티스 그룹은 역할기반 의사결정 권한에 대한 설명서를 작성하고 사용하는 활동으로 적정수준 권한의 의사결정 및 승인을 통해 비즈니스 위험을 감소시키고자 하는 것이다. 의사결정을 위한 검토 및 승인권한은 식별되어야 한다. 승인권한은 일반적으로 조직의 위험 및 재무, 법률 또는 기타 비즈니스 요소에 의해 결정된다. 의사결정에 사용되는 조직의 접근방식에는 권한별로 누가 포함되고 누가 검토하고 승인하는지 등을 포함하여 결정한다. 의사결정 프로세스는 단위 조직별로 분석방법이나 승인방법이 달라질 수 있다.

2.3.3 형상관리 Configuration Management, CM

　형상관리의 목적은 형상 식별, 버전 통제, 변경 통제 및 형상 감사를 수행하여 작업 산출물의 무결성을 관리하기 위한 것이다.
　조직과 프로젝트는 이 활동을 통해 작업의 손실을 줄이고 고객에게 솔루션의 올바른 버전을 제공하는 능력을 증가시킬 수 있다.

> Manage the integrity of work products using configuration identification, version control, change control, and audits.
> Reduces loss of work and increases the ability to deliver the correct version of the solution to the customer.

■ 1단계 프랙티스 그룹

CM 1.1	버전을 통제한다. (Perform version control.)
가치	올바른 솔루션이 전달되도록 보장함으로써 고객만족을 증가시킨다. (Increases customer satisfaction by ensuring that the correct solution is delivered.)

활동 예시	• 버전 통제 및 갱신된 작업산출물 목록화
산출물 예시	• 작업산출물과 버전 목록

■ 2단계 프랙티스 그룹

CM 2.1	형상관리 대상 항목을 식별한다. (Identify items to be placed under configuration management.)
가치	재작업의 위험을 감소시키고 올바른 버전이 고객에게 전달됨을 보장한다. (Reduces risk of rework and ensures that the right version is delivered to the customer.)
활동 예시	• 형상항목별 고유 식별자 할당 • 각 형상항목의 중요한 특성 설명 • 각 형상항목이 형상관리될 시기 지정
산출물 예시	• 식별된 형상항목
CM 2.2	형상 및 변경관리시스템을 구축 및 최신화하고 사용한다. (Develop, keep updated, and use a configuration and change management system.)
가치	작업산출물 및 솔루션의 무결성을 통제하는데 필요한 비용과 노력이 감소한다. (Reduces the cost and effort needed to control the integrity of work products and solutions.)
활동 예시	• 라이프사이클 전반에 걸쳐 형상항목 및 변경사항의 통제, 사용, 관리하는 방법 설명 • 통제수준 관리 방법 수립 • 형상관리시스템에 승인된 접근을 보장하기 위한 승인 통제 제공 • 형상관리시스템의 형상항목 저장 및 검색 • 형상관리시스템의 콘텐츠 보호 • 필요에 따라 형상관리시스템 최신화
산출물 예시	• 형상관리시스템 • 변경관리시스템 • 갱신된 형상항목
CM 2.3	내부적인 사용이나 고객에게 전달하기 위한 기준선을 수립하거나 배포한다. (Develop or release baselines for internal use or for delivery to the customer.)
가치	작업산출물의 무결성을 보장한다. (Ensures the integrity of the work products.)

활동 예시	• 형상항목의 개발 및 기준선 배포 전에 권한부여나 승인 획득 • 형상관리시스템의 형상항목에 대해서만 개발 혹은 기준선 배포 • 기준선에 포함된 형상항목 기록 • 기준선의 현행 형상항목이 가용하도록 함
산출물 예시	• 권한 부여 • 기준선
CM 2.4	형상관리 항목에 대한 변경을 관리한다. (Manage changes to the items under configuration management.)
가치	승인된 변경만 허용하여 비용과 일정에 미치는 영향을 감소시킨다. (Reduces costs and schedule impacts by ensuring that only authorized changes are made.)
활동 예시	• 변경요청 기록 • 변경요청의 영향 분석 • 변경요청 분류 및 우선순위화 • 다음 기준선에 포함될 변경요청에 대해 영향 받는 이해관계자와 검토하고 협의 • 변경요청을 완료까지 추적 • 무결성을 유지하여 변경을 통합 • 변경이 의도하지 않은 영향을 발생하지는 않는지 검토나 시험 • 형상항목 및 근거의 변경 기록
산출물 예시	• 변경요청 • 변경영향 분석 결과 • 승인 내역 • 형상항목 변경 내역 • 의도하지 않은 영향에 대한 검토 및 시험 결과 • 개정된 작업산출물 및 베이스라인
CM 2.5	형상관리 항목에 대한 기록 문서를 작성 및 갱신하고 사용한다. (Develop, keep updated, and use records describing items under configuration management.)
가치	형상항목과 변경 상태에 대한 정확한 설명을 통해 재작업을 감소시킨다. (Accurate descriptions of the configuration items and status of changes enables reduction of rework.)
활동 예시	• 형상항목의 내용과 상태 공유 및 이전버전으로 복귀될 수 있도록 형상관리 활동의 세부 사항 기록 • 영향 받는 이해관계자가 형상항목의 형상 상태에 접근 가능하고 해당 내용을 알고 있는지 확인 • 기준선의 이전과 최신 버전 간의 차이를 명세화

	• 특정 기준선을 구성하는 형상항목의 버전 식별 • 필요에 따라 각 형상항목의 상태와 이력(변경, 다른 작업 등) 수정
산출물 예시	• 형상항목의 변경내역 및 개정이력 • 변경요청 기록 • 형상항목의 상태 • 기준선 내역
CM 2.6	형상관리시스템의 형상기준선과 변경 및 내용의 무결성을 유지하기 위한 형상감사를 수행한다. (Perform configuration audits to maintain the integrity of configuration baselines, changes, and content of the configuration management system.)
가치	고객이 동의한 올바른 버전의 작업산출물과 솔루션을 제공함으로써, 고객 만족과 이해관계자의 수용을 증진한다. (Increases customer satisfaction and stakeholder acceptance by ensuring that the customer receives the agreed-on and correct versions of work products and solutions.)
활동 예시	• 기준선의 무결성 심사 및 식별된 이슈를 해결하기 위한 실행 항목 도출 • 형상관리 기록의 무결성 확인 • 형상관리시스템 항목의 구조 및 무결성 검토 • 실행 항목 기록 및 종료 추적
산출물 예시	• 형상감사 또는 검토 결과 • 실행 항목

만약 여러분이 이 프랙티스 영역을 충족시키기 위해 프로젝트에서 사용하고 있는 파일들을 보관하기 위한 라이브러리를 만들거나 단순히 형상관리 도구를 구입해 사용하면 해결될 것이라고 생각하고 있다면 그건 정말 잘못된 생각이다. 형상관리 활동은 형상항목을 정의하는 것에서부터 시작한다. 형상항목은 국방관련 프로젝트를 수행해 본 경험이 있는 분들에게는 이미 잘 알려진 내용이지만 다른 분야에서는 생소하게 들릴 수도 있다. 하나의 솔루션을 개발하는 경우, 한 사람만 작업하는 것이 아니라면 여러분은 이 솔루션을 몇 개로 나누어서 개발해 나갈 것이다. 이렇게 나누어진 부분들은 하나의 기능일 수도 있고 소스파일이나 호출함수일 수도 있으며, 그 외의 보고서나 다

른 어떤 작업산출물일 수도 있다. 이것이 바로 형상항목이다. 일반적으로 형상항목들은 프로젝트 초기에는 몇 개의 큰 형상항목으로 시작해서 프로젝트가 진행됨에 따라 이들을 계속해서 분해하면서 더 세분화된 형상항목을 만들어나간다. 그 결과 형상항목들은 최종 솔루션을 구성하는 하나의 요소가 되는 것이다. 이러한 형상항목은 반드시 서로 구별되는 하나의 식별자를 가져야 하며, 이러한 식별자는 변경을 추적하거나 투입인력을 산정하거나 개별 기능들을 감사하는데 도움을 주기 위한 것이다.

형상관리 프랙티스 영역은 1단계부터 2단계까지 2개의 프랙티스 그룹으로 구성되어 있다.

1단계 프랙티스 그룹은 고객에게 올바른 솔루션을 전달하기 위해 버전을 통제하는 활동이다. 정확한 버전의 작업산출물을 식별하고, 이를 통해 올바른 버전을 사용하거나 유사시에 이전 버전으로 복원할 수 있다.

2단계 프랙티스 그룹은 형상식별, 형상통제, 형상상태 보고 및 형상감사 등을 통해 작업산출물의 무결성을 확보하고 유지하는 전반적인 내용을 다루고 있다.

형상항목에는 하드웨어, 장비 및 유형 자산, 그리고 소프트웨어 및 문서가 포함될 수 있다. 문서에는 요구사항 명세서와 인터페이스 문서 그리고 시험결과 등과 같이 제품이나 서비스의 형상식별에 사용되는 기타 문서들도 포함될 수 있다. 즉, 형상항목은 형상관리를 위해 지정된 개체로, 기준선을 형성하는 여러 개의 연관된 작업산출물로 구성될 수 있다. 중요한 것은 형상관리 대상인 형상항목을 식별할 때 문서화된 기준에 따라 식별해야 한다는 것이다. 일반적으로 두 개 이상의 그룹에 의해 사용되는 작업산출물이나 요구사항 변경으로 인해 프로젝트 기간 동안 잦은 변경이 예상되는 작업산출물 그리고 상호 의존관계에 있는 작업산출물 등이 대상이 될 수 있다.

형상관리시스템에는 저장매체, 절차 및 시스템 접근 도구 등이 포함된다. 따라서 '시스템'이라는 표현이 있다고 해서 반드시 형상관리 도구를 사용해야 하는 것을 의미하는 것은 아니다. 형상항목을 관리하기 위한 별도의 형상관리 도구를 사용하지 않고 파일서버를 사용해도 문제가 되지는 않는다. 다만 파일서버의 경우에는 형상관리 도구에 비해 상대적으로 무분별한 변경에 노출될 여지가 높기 때문에 보다 철저한 통제 절차의 적용이 필요하다. CMMI V2.0 모델의 요건을 준수하기 위해서는 비록 형상관리 도구의 사용이 필수요건은 아니지만, 프로젝트에서 생성해야 하는 작업산출물이 많거나 변경이 많은 경우 가급적이면 형상관리 도구를 사용하는 것이 효율적이다. 변경관리시스템에는 저장매체, 절차 그리고 변경요청을 기록하고 접근하기 위한 도구 등이 포함된다.

형상기준선을 설정한다는 의미는 그동안 프로젝트에서 수행한 작업결과들에 대해 테두리를 쳐놓는 것과 같다고 할 수 있다. 이러한 테두리는 테두리 내에 포함된 작업 결과들을 무분별한 변경으로부터 보호하거나, 앞으로 프로젝트에서 작업을 수행하기 위한 공식적인 결과물이라고 승인하는 것이라 할 수 있다. 따라서 기준선은 특정시점에서 단일 형상항목 또는 여러 형상항목들을 모아 그 관련 개체들에게 식별자를 부여함으로써 나타낸다. 제품이나 서비스가 진화하면서 개발 및 시험을 통제하기 위해 여러 개의 기준선이 사용될 수 있다. 그러나 CMMI V2.0 모델에서는 이러한 기준선을 언제, 얼마나 많이 설정해야 하는지에 대해서는 정의하지 않고, 다만 기준선을 설정해야 한다고만 언급하고 있다. 가장 기본적인 기준선은 일반적으로 요구사항이 승인된 이후, 설계 단계가 완료된 후, 시험활동이 종료된 후, 고객에게 제품이 인도된 후, 그리고 유지보수 활동에 들어가기 전에 설정될 수 있다. 하지만 프로젝트의 특성에 따라 앞에서 언급한 시점들보다 더 자주 기준선을 설정할 것을 권한다.

형상기준선이 설정된 이후, 기준선 내에 포함된 형상항목들을 변경할 필요가 있을 경우에는 반드시 변경에 따른 영향, 비용, 일정, 기술적 가능성 등을 분석하는 공식검토 활동을 거쳐야 한다. 검토결과로써 변경의 영향도가 큰 경우에는 공식적인 의사결정 절차에 따라 변경에 대한 수용 여부를 결정하게 된다. 조직마다 명칭이 다를 수는 있지만 일반적으로 이러한 의사결정을 하는 기구를 '형상통제위원회'라고 하는데 주요 변경사안에 대한 검토와 승인을 담당한다. 주로 프로젝트 관리자, 형상관리자, 품질보증 담당자, 기술담당자 및 고객 측 담당자로 구성된다. 일단 형상기준선에 등록된 형상항목의 변경은 지속적으로 통제돼야 한다. 여기에는 각 형상항목의 추적이나 필요 시 새로운 형상에 대한 승인, 기준선 갱신 등이 포함된다. 기준선에 등록된 형상항목의 변경은 체크인 - 체크아웃 절차에 따라 이뤄지는데, 절차에는 개정이 승인받은 것인지를 확인하고 형상항목을 갱신하고 교체된 기준선 보관 및 새로운 기준선을 검색하고 해당 항목에 반영된 변경내용을 기록하며, 변경을 요구사항, 사용자 스토리, 시험 등과 같은 관련된 작업산출물과 연계하는 내용들이 포함된다.

형상항목의 상태는 정기적으로 또는 필요시점에 파악되어 관련 이해관계자들에게 공유되어야 한다. 각 형상항목의 내용과 상태를 파악하고 이전 버전을 복구할 수 있도록 형상관리 활동을 상세하게 기록하는 형상상태 보고는 관련 이해관계자들이 형상항목의 현 상태를 알고 작업을 수행할 수 있도록 해준다. 기준선의 최신버전, 특정 기준선을 구성하는 형상항목의 버전, 연속적인 기준선들 간의 차이 등이 기술된다.

형상관리 라이브러리와 그 안에서 관리되고 있는 형상항목들의 내용을 검증하는 것도 중요한 형상관리 활동이다. 대부분의 조직에서는 형상관리 라이브러리를 관리하고 형상항목들의 변경을 통제하기 위해 형상관리 도구를 사용하고 있다. 하지만 이러한 도구가 어떤 형상항목의 변경이 나머지 형상항목이나 전체 시스템에 미치는 영향까지 알려주지는 못한다. 이러한 변경의 영향을 검토하고 분석하는 활동은 사람이 직접 수행해야 한다. 이러한 활동을 형상감사라고 하는데, 기준선 설정에서 설명한 기준선의 변경영향 분석을 위한 공식검토 활동과는 다른 것이다. 즉 변경영향 분석을 위한 공식검토 활동은 변경요청을 프로젝트에 반영할지를 결정하기 위한 활동이며, 형상감사는 변경요청을 프로젝트에 반영한 후 변경된 작업결과를 형상관리 라이브러리에 넣기 직전에 수행하는 활동이다. 대표적인 형상감사 활동으로는 '물리적 형상감사'와 '기능적 형상감사' 그리고 '형상관리 감사'가 있다. 물리적 형상감사란 형상항목들의 존재 여부나 변경 여부 등을 확인하는 활동이다. 일반적으로 설계서나 도면에 따라 형상항목이나 제품이 개발되었는지를 확인하는 것으로 모든 물리적 형상항목들이 기준선에 등록되어 있는지를 확인한다. 이에 반해 기능적 형상감사는 형상항목의 내용들이 요구사항을 충족하는지를 검증하는 활동으로, 요건 명세에 따라 형상항목이나 솔루션이 개발되었고 형상항목의 운영 및 지원을 위한 문서들이 만족스럽게 작성되었는지를 확인한다. 시험활동 수행결과의 적정성을 확인하고 운영 및 지원 문서의 장과 절 모두를 검토한다. 형상관리 감사는 기준선에 등록된 형상항목과 형상상태 보고서 간의 완전성이나 일치성 그리고 정확성을 확인하는 것으로 기준선 감사라고도 부른다.

2.4 개선 범주의 역량 영역과 프랙티스 영역

개선 범주는 [표 2-4]와 같이 성과를 유지하고 개선하는 2개의 역량 영역과 5개의 프랙티스 영역으로 구성되어 있다.

[표 2-4] 개선 범주의 역량 영역과 프랙티스 영역

범주	역량 영역	프랙티스 영역
개선	습관 및 지속성 유지	거버넌스
		이행 인프라
	성과개선	프로세스 관리
		프로세스 자산 개발
		성과 및 측정관리

2.4.1 거버넌스^{Governance, GOV}

거버넌스의 목적은 최고경영진에게 프로세스 활동의 스폰서십 및 거버넌스 역할에 대한 지침을 제공하기 위한 것이다.

조직과 프로젝트는 이 활동을 통해 프로세스 이행 비용을 최소화하고 목표 달성의 가능성을 증진하며, 구현된 프로세스가 비즈니스의 성공을 지원하고 기여함을 보장할 수 있다.

> Provides guidance to senior management on their role in the sponsorship and governance of process activities.
> Minimizes the cost of process implementation, increases the likelihood of meeting objectives, and ensures that the implemented processes support and contribute to the success of the business.

■ 1단계 프랙티스 그룹

GOV 1.1	최고경영진은 업무수행에 중요한 요소를 식별하고 조직의 목표 달성에 필요한 접근방법을 정의한다. (Senior management identifies what is important for doing the work and defines the approach needed to accomplish the objectives of the organization.)
가치	조직이 비즈니스 목표를 달성하기 위해 효율적이고 효과적으로 프로세스를 이행하고 개선할 수 있는 가능성을 증진한다. (Increases the likelihood that the organization implements and improves processes efficiently and effectively to meet business objectives.)
활동 예시	• 최고경영진은 개선을 위해 중요한 요소 결정, 접근방식 설정, 결과 공유
산출물 예시	• 개선의 중요성과 접근방식 식별 • 검토와 공유 기록

■ 2단계 프랙티스 그룹

GOV 2.1	최고경영진은 조직의 니즈와 목표에 근거하여 프로세스 이행 및 개선을 위한 조직의 방침을 정의 및 갱신하고 공유한다. (Senior management defines, keeps updated, and communicates organizational directives for process implementation and improvement based on organization needs and objectives.)
가치	최고경영진의 기대사항과 우선순위에 따른 업무수행으로 조직의 니즈 및 목표달성 가능성을 증진시킨다. (Increases likelihood of meeting organizational needs and objectives because work is performed in accordance with senior management's expectations and priorities.)
활동 예시	• 최고경영진은 원칙에 따라 조직의 방침을 정의 • 최고경영진은 프로세스 구현 및 개선 목표를 검토, 개선하여 원칙에 부합됨을 보장 • 최고경영진은 개선 방침을 공유 • 최고경영진은 주기적으로 또는 수시로 개선 방침을 검토하고 갱신
산출물 예시	• 조직의 개선 방침 • 공유 기록
GOV 2.2	최고경영진은 기대되는 프로세스를 개발, 지원, 수행 및 개선하고 준수여부를 평가하기 위한 자원의 제공을 보장한다. (Senior management ensures resources are provided for developing, supporting, performing, improving, and evaluating adherence to expected processes.)
가치	충분한 자원 제공으로 최고경영진의 개선 우선순위 달성 가능성을 증진한다. (Providing sufficient resources increases the likelihood that senior management's priorities for improvement will be met.)
활동 예시	• 최고경영진은 프로세스 개발, 수행, 개선 및 모니터링을 위한 필요 자원과 자금을 승인하고 제공 • 최고경영진은 프로세스 개발, 수행, 개선 및 모니터링을 위해 필요한 자금과 인력, 자원의 할당을 검토, 수정 및 공유 • 최고경영진은 예산과 자원의 배분 검토 및 개선
산출물 예시	• 최고경영진이 승인한 필요 자금 및 자원 할당 기록 • 검토 및 공유 기록

GOV 2.3	최고경영진은 정보 니즈를 식별하고 수집된 정보를 사용하여 효과적인 프로세스 이행 및 개선에 대한 거버넌스와 감독을 제공한다. (Senior management identifies their information needs, and uses the collected information to provide governance and oversight of effective process implementation and improvement.)
가치	비즈니스 목표 달성의 가능성을 증진시키기 위해 최고경영진은 비즈니스 니즈에 부합하는 정보를 수취한다. (Aligns the information senior management receives with their business needs to increase the likelihood of meeting business objectives.)
활동 예시	• 최고경영진은 프로세스 능력, 개선 및 성과목표와 관련된 정보니즈를 식별하여 최신 정보 유지 • 최고경영진은 조직의 성과 목표를 지원하는 측정지표의 재정의를 보장 • 최고경영진은 프로세스 구현 및 개선의 상세 활동, 성취, 상태, 결과를 검토 • 최고경영진은 프로세스 이행 및 개선계획을 감독 • 최고경영진은 측정 및 분석 활동이 조직 프로세스에 적절히 통합되도록 감독
산출물 예시	• 최고경영진 정보 니즈 • 최고경영진 검토를 위한 표준 보고양식 및 의제 • 측정지표 목록 • 검토 결과
GOV 2.4	최고경영진은 조직의 방침을 준수하고 프로세스 이행 및 개선 목표를 달성할 책임이 있는 인력을 확보한다. (Senior management holds people accountable for adhering to organization directives and achieving process implementation and improvement objectives.)
가치	책임은 비즈니스 목표 달성을 위해 프로세스 이행 및 개선을 유도하도록 보장한다. (Accountability ensures that directives drive the implementation and improvement of processes to meet business objectives.)
활동 예시	• 최고경영진은 조직 프로세스의 확산, 이행, 개선과 관련된 이슈 및 추세를 검토 • 최고경영진은 조직목표 미달성, 이슈 등에 대해 시정조치를 지시 • 최고경영진은 개선을 위한 인센티브 제공
산출물 예시	• 책임성 관련 실행 항목 • 보상, 인정 및 인센티브 • 결과

■ 3단계 프랙티스 그룹

GOV 3.1	최고경영진은 조직의 목표를 지원하는 측정지표를 재수집하고 분석 및 사용함을 보장한다. (Senior management ensures that measures supporting objectives throughout the organization a recollected, analyzed, and used.)
가치	데이터 수집 및 분석 결과에 기반을 둔 의사결정은 조직의 성공적인 솔루션 제공 능력을 증진한다. (Decisions based on the results of collecting and analyzing data increase the organization's ability to successfully deliver its solutions.)
활동 예시	• 최고경영진은 측정지표의 수집, 분석, 사용을 보장 • 최고경영진은 지표의 수집, 분석, 사용과 관련된 시정조치 지시
산출물 예시	• 최신화된 조직의 측정저장소 • 상태보고서, 활동, 의사결정 • 갱신된 조직의 방침과 목표
GOV 3.2	최고경영진은 역량과 프로세스가 조직의 목표에 부합되도록 보장한다. (Senior management ensures that competencies and processes are aligned with the objectives of the organization.)
가치	프로세스와 역량이 부합되어 조직의 목표 달성 능력이 향상한다. (Aligning processes and competencies improves the capability of the organization to meet its objectives.)
활동 예시	• 역량, 목표, 프로세스 상태 검토 • 결과 기록 및 공유
산출물 예시	• 전략 및 프로세스 검토, 토론의 결과 • 조직 역량과 실행될 프로세스 간의 비교 검토

■ 4단계 프랙티스 그룹

GOV 4.1	최고경영진은 품질 및 프로세스 성과 목표의 성과달성과 연계한 통계적이고 정량적인 분석을 통해 의사결정이 이뤄짐을 보장한다. (Senior management ensures that selected decisions are driven by statistical and quantitative analysis related to performance and achievement of quality and process performance objectives.)

가치	성과의 통계 및 정량적 분석은 목표 달성의 확률에 대한 이해를 제공하여 의사결정을 강화하는데 사용한다. (The use of statistical and quantitative analysis of performance strengthens decision making by providing an understanding of the probability of achieving objectives.)
활동 예시	• 전략, 프로세스 성과, 의사결정, 진행상황에 대한 검토 및 토론 • 결과 기록 및 공유
산출물 예시	• 전략, 프로세스 성과 및 진척의 검토, 의사결정 분석의 결과 • 공유 결과

최고경영진의 개입은 조직에서 프로세스 이행을 성공시키는데 매우 중요하며 다음과 같은 활동이 기대된다.

- 프로세스 작업에 대한 전략, 방향 및 기대치를 설정한다.
- 프로세스를 비즈니스 목표 및 니즈에 맞게 조정한다.
- 프로세스 개선과 지속성을 보장하기 위해 프로세스의 개발 및 사용을 강화하고 보상한다.
- 프로세스의 성과와 성취를 모니터링한다.
- 프로세스와 성과 개선을 위한 적절한 자원을 제공한다.

이러한 프랙티스들의 취지에 부합하는 프로세스를 이행하여 조직 전체의 프로세스를 유지하고 통합해 나갈 수 있다. 거버넌스 프랙티스 영역의 프랙티스들은 최고경영진이 수행할 프로세스 역할을 파악하여 조직이나 프로젝트의 일련의 프로세스에 적용하기 위한 것이다.

거버넌스 프랙티스 영역은 1단계부터 4단계까지 4개의 프랙티스 그룹으로 구성되어 있다.

1단계 프랙티스 그룹에서는 최고경영진이 업무수행에 중요한 요소를 식별하고 조직의 목표 달성에 필요한 접근방법을 정의하라고 되어 있다. 최고경영진은 시장을 이해하고, 비즈니스 전략을 개발하며, 비즈니스 목표를 정의하는 책임을 진다. 따라서 최고경영진은 다음과 같은 조직의 방향을 설정하고 소통해야 한다.

- 프로세스 이행 및 개선 노력을 포함한 조직 활동 수행
- 목표, 비즈니스 전략 및 두 가지 해결 방법을 모두 포함
- 조직의 프로세스 노력이 비즈니스 및 성과 니즈와 목표를 지원하도록 보장하기 위한 기대치 설정
- 개선 계획에 대한 입력물 제공

조직의 방향은 일반적으로 정책, 전략, 임무, 비전, 가치 및 목표의 설명으로 제공된다. 최고경영진들은 정기적으로 또는 성과나 비즈니스 니즈 및 목표가 변경됨에 따라 조직의 방향을 검토하고 갱신하며 소통한다.

2단계 프랙티스 그룹에서는 최고경영진이 수행해야 할 프로세스 역할을 보다 구체적으로 설명하고 있다.

첫째, 최고경영진은 조직의 니즈와 목표에 근거하여 프로세스 이행 및 개선을 위한 조직의 방침을 정의하고 조직 내에 공유해야 한다. 실행 가능한 비즈니스 문화에 필수적인 원칙은 흔히 조직의 전략, 미션 및 비전설명서로 가이드 된다. 미션설명서는 조직이 수행하는 작업, 조직의 존재 이유 그리고 고객, 투자자, 이해관계자 및 기타 관련자들에게 제공하는 가치에 대한 간단한 설명을 제공한다. 비전선언문은 조직이 향후에 전략적으로 달성하고자 하는 것을 개괄적으로 설명한다. 그리고 조직의 전략은 장기적인 목표를 달성하기 위해 내린 결정이나 조직이 취할 조치 및 장기 목표 달성에

필요한 자원식별과 관련된 지침을 제공한다.

둘째, 최고경영진은 기대되는 프로세스를 개발, 지원, 수행 및 개선하고 준수여부를 평가하기 위한 자원의 제공을 보장해야 한다. 최고경영진은 조직 전체에 자원을 배분함에 있어 우선순위화해야 한다. 이는 자원의 요구와 가용성을 균형 있게 조정함으로써 원하는 성과를 달성하는 데 필요한 역량을 지원한다. 프로세스가 정의되고 예상대로 수행되기 위해서는 최고경영진이 해당 프로세스를 개발, 수행, 개선 및 지원하고 준수여부를 평가할 수 있는 적절한 자원을 제공해야 한다. 이러한 자원에는 인력, 자금, 도구, 장비, 환경 및 소모품 등이 포함될 수 있다. 자원에는 또한 최고경영진의 시간과 관심도 포함된다. 최고경영진은 단기 및 장기 목표를 충족시키고 반복 가능하며 일관된 프로세스 성과를 장려하기 위해 자원의 우선순위를 정하는 데 집중해야 한다. 자원의 적절성은 가용성, 용량 및 역량에 달려 있으며, 시간이 경과함에 따라 변할 수 있다. 필요한 전문지식, 설비 또는 도구를 사용할 수 있도록 충분한 자원을 제공해야 한다. 최고경영진은 사용가능한 자원을 늘리거나 요구사항과 제약사항 또는 요구사항을 해결하기 위한 약속 등을 제거하는 것을 고려해야 한다. 최고경영진의 가장 귀중한 자원은 그들의 시간이다. 개선노력이 성공하려면 최고경영진이 지속적이고 가시적이며 적극적인 지원을 제공해야 한다.

셋째, 최고경영진은 정보 니즈를 식별하고 수집된 정보를 사용하여 효과적인 프로세스 이행 및 개선에 대한 거버넌스와 감독을 제공해야 한다. 최고경영진은 시의 적절하게 결정을 내리고, 상태에 따라 행동할 시기를 정하며, 성과향상의 중요성을 강화하고 목표를 달성하기 위해 조직의 프로세스 개선 노력을 조정하는 데, 필요하면서도 충분한 정보를 확인해야 한다. 프로세스 효과성은 성과목표를 달성할 수 있는 조직의 역량을 나타낸다. 최고경영진은 프로세스 이행 및 개선 결과를 프로세스 개선 및 성과목표와 비교함으로써 프로세스가 얼마나 효율적이고 효과적인지를 판단할 수 있다. 최고경영진은 프로세스 역량 및 성과 향상에 관해 필요한 정보를 파악하고 우선순위를 정한다. 또한, 최고경영진은 식별된 정보요구사항과 목표에 따라 취할 조치 및 활동을 조정하기위한 지침과 방향을 제공한다. 최고경영진은 조직의 프로세스 개선 활동에 대한 통찰력을 얻기 위해 정기적으로 또는 사안별로 검토한다. 이러한 검토는 프로세스에 대한 정책 및 전반적인 지침을 제공하는 최고경영진을 위한 것이지, 일상적으로 프로세스를 모니터링하고 통제하는 실무자들을 대상으로 하는 것은 아니다. 이러한 검토를 통해 최고경영진은 프로세스를 계획하고 계획에 따라 배포, 이행 및 사용되며, 이에 따른 성과와 개선사항이 어떤지를 이해하고 시정조치를 취할 수 있다. 최고경영진에게 보고되는 정보는 조직이 업무를 관리하고, 목표를 달성하고, 성과를 향상시킬 수 있도록 프로세스에 대한 통찰력을 향상시킨다. 조치는 정보에 입각한 의사결정을 내리고 적절한 시정조치를 취하는 데, 사용되는 객관적 정보를 제공한다. 최고경영진에게 보고되는 정보는 요약된 형식으로 제공될 수도 있다.

넷째, 최고경영진은 조직의 방침을 준수하고 프로세스 이행 및 개선 목표를 달성할 책임이 있는 인력을 확보해야 한다. 이를 위해 최고경영진은 주기적으로 또는 사안별로 조직의 지침과 관행 및 절차의 준수, 프로세스 및 성과 향상, 관련법규 준수, 조직 성과 및 개선추세 그리고 조직적 영향력을 가진 이행약속과 관련된 문제를 검토하고 해결한다.

3단계 프랙티스 그룹은 최고경영진이 조직의 역량과 프로세스가 조직의 목표에 부합하는지를 보장하기 위해 관련되는 측정지표를 수집 및 분석하고 사용하도록 하는 내용을 다루고 있다.

최고경영진은 조직 내에서 적절한 측정활동이 수행되고 관련 데이터를 수집, 분석 및 사용하며 내부적으로 공유될 수 있도록 해야 한다. 또한 조직과 프로젝트의 성과 및 능력과 연계된 지원결정은 측정되어야 하고, 조직의 방향과 프로세스 개선 전략은 성과측정 기준에 따라 갱신되어야 한다. 뿐만 아니라 최고경영진은 목표가 정의되고,

목표를 달성하는 데 필요한 프로세스가 정의되고 준수되며, 프로세스를 수행하는 데 필요한 지식과 기술이 식별되고, 필요한 지식과 기술을 가진 인력이 프로세스를 수행할 수 있도록 해야 한다.

4단계 프랙티스 그룹은 최고경영진이 의사결정을 함에 있어 품질 및 프로세스 성과 목표의 성과달성과 연계한 통계적이고 정량적인 분석에 기반을 둘 것을 강조하고 있다.

조직이 보다 능력을 보유하게 되면 표준 프로세스의 효과성에 대한 통계적이고 정량적인 이해가 가능해진다. 이를 통해 최고경영진은 프로세스가 비즈니스 목표 달성을 얼마나 효과적으로 지원하는지를 파악하고, 성과변동에 대한 통찰력을 갖게 되어 위험을 정량화하여 관리하며 이슈해결을 위해 시의적절하면서도 효과적인 조치를 취할 수 있다.

2.4.2 이행 인프라 Implementation Infrastructure, II

이행 인프라의 목적은 조직의 중요한 프로세스가 지속적이고 습관적으로 사용되고 개선됨을 보장하기 위한 것이다.

조직과 프로젝트는 이 활동을 통해 목적과 목표를 효율적이고 효과적이면서도 지속적으로 달성할 수 있는 능력을 유지할 수 있다.

Ensure that the processes important to an organization are persistently and habitually used and improved.
Sustains the ability to consistently achieve goals and objectives efficiently and effectively.

■ 1단계 프랙티스 그룹

Ⅱ 1.1	1단계 프랙티스의 목적을 달성하는 프로세스를 수행한다. (Perform processes that address the intent of the Level 1 practices.)
가치	솔루션이 완전하고 정확하고 시기적절하게 제공될 가능성을 향상한다. (Improves the likelihood that solutions are complete, correct, and timely.)
활동 예시	• 프로세스 수행
산출물 예시	• 프로세스 출력물

■ 2단계 프랙티스 그룹

Ⅱ 2.1	프로세스 개발을 위한 충분한 자원, 자금 및 교육훈련을 제공한다. (Provide sufficient resources, funding, and training for developing processes.)
가치	충분한 자원 확보를 통해 프로세스 개선 노력의 성공 가능성을 증진시킨다. (Having sufficient resources increases the likelihood of successful process improvement efforts.)
활동 예시	• 필요 자산식별 • 예산결정 • 자금제공 • 도구 개발이나 구매 • 교육자료 개발 • 교육제공
산출물 예시	• 자원에 대한 예산 • 교육자료 • 필요한 사람, 역할, 기술 목록 • 도구 • 교육기록
Ⅱ 2.2	프로세스를 개발 및 갱신하고 프로세스가 준수되는지 검증한다. (Develop and keep processes updated, and verify they are being followed.)
가치	영향 받는 이해관계자의 프로세스 중에서 가장 가치 있는 활동에 집중할 수 있도록 하여 낭비를 최소화한다. (Minimizes waste by ensuring affected stakeholders focus on the most valuable activities that are recorded in processes.)

활동 예시	• 프로세스 목적 식별 • 프로세스 명세 양식 결정 • 프로세스 명세 및 기록 • 프로세스 수행 • 프로세스 준수 확인 • 영향 받는 이해관계자와 프로세스 검토 및 갱신 • 기록된 프로세스 가용성 제공 및 공유
산출물 예시	• 기록된 프로세스 • 프로세스 검증 결과

■ 3단계 프랙티스 그룹

II 3.1	조직 프로세스 및 프로세스 자산을 활용하여 작업을 계획 및 관리하고 수행한다. (Use organizational processes and process assets to plan, manage, and perform the work.)
가치	조직의 경험사례 및 우수사례의 활용을 통해 재작업 및 비용을 감소하고 효율성과 효과성의 증진을 유도한다. (Leverages organizational learning and use of best practices, leading to reduced rework and cost, and increased efficiency and effectiveness.)
활동 예시	• 조직 프로세스 자산을 활용하여 작업을 계획 • 조직 프로세스 자산을 활용하여 작업을 관리 • 프로세스 자산에 따라 작업 수행
산출물 예시	• 조정된 프로세스 자산 • 프로세스 자산을 활용한 작업산출물
II 3.2	조직의 프로세스 준수와 효과성을 평가한다. (Evaluate the adherence to and effectiveness of the organizational processes.)
가치	조직 프로세스의 잠재적인 비용 대비 효과 개선방법과 사용방법에 대한 통찰력을 제공한다. (Provides insight on potential cost-effective improvements to organizational processes and how they are used.)
활동 예시	• 프로세스의 효과성 및 사용성 평가 • 프로세스 성과 측정결과 분석 • 평가, 심사, 감사결과 조사 • 이해관계자에게 결과 기록을 공유 • 개선제안 제출

산출물 예시	• 평가 결과 • 분석 결과 • 개선제안
II 3.3	프로세스 관련 정보 또는 프로세스 자산을 조직에 제공한다. (Contribute process-related information or process assets to the organization.)
가치	조직의 프로세스 및 프로세스 자산에 대한 개선을 통해 투자 대비 효과를 향상시킨다. (Increases return on investment by improving the organizational processes and process assets.)
활동 예시	• 우수사례, 경험사례, 프로세스 조정 정보 수집 및 기록 • 조직의 프로세스 자산 라이브러리에 포함될 가능성이 있는 자산을 제출 • 조직 프로세스 자산에 대한 개선을 제안
산출물 예시	• 우수사례, 경험사례 • 조직 표준 프로세스 조정 및 수행과 관련된 조정 기록, 근거, 워크시트, 그 외의 관련된 작업산출물

시간이 지남에 따라 프로세스가 정의되고, 지켜지고, 유지되며, 향상될 수 있도록 필요한 인프라를 확립해야 한다. 이행 인프라 프랙티스 영역에서 '인프라'라는 용어는 조직의 일련의 프로세스들을 이행 또는 개선하고 유지하는 데 필요한 모든 것을 의미한다. 즉 인프라에는 다음과 같은 사항들이 포함된다.

- 작업완료 방법을 반영한 문서화된 프로세스
- 자원(예: 인력, 도구, 소모품, 시설)
- 프로세스 수행을 위한 자금
- 프로세스 수행을 위한 교육
- 의도된 대로 작업이 수행되는지를 확인하기 위한 객관적인 평가

이행 인프라 프랙티스 영역의 프랙티스들은 CMMI V2.0 모델의 프랙티스 영역이나 프랙티스들이 아닌 조직 또는 프로젝트의 일련의 프로세스들을 다룬다. 이는 고도의

압박이나 변화의 시기에도 프로세스가 지속적이고 습관적으로 이행됨을 보장한다. 이러한 프랙티스들의 의도를 충족시키는 프로세스를 이행함으로써, 조직 전체의 프로세스를 유지하고 통합을 향상시킬 수 있다.

이행 인프라 프랙티스 영역은 1단계부터 3단계까지 3개의 프랙티스 그룹으로 구성되어 있다.

1단계 프랙티스 그룹은 효율적이고 효과적으로 솔루션을 개발하고 고객에게 제공하는데 필요한 기본적인 프로세스 원칙을 수립하는 것이다. 솔루션은 문서화된 프로세스나 계획을 따르지 않고 개발하여 제공할 수 있다. 이러한 프랙티스들을 수행하는 원칙은 작업을 관리하고 수행하는 개인에 따라 상당히 다를 수 있다. 물론 프로세스가 정의되어 있지 않거나 임시방편적이고 프로세스를 지원하는 인프라가 없으며, 작업성과는 전적으로 개인의 역량에 의존하는 경우에도 조직은 솔루션을 성공적으로 개발하여 제공하거나 획득할 수 있다. 하지만 이러한 경우에는 솔루션 개발을 위해 자원과 일정을 초과하고 고객 요구사항을 지속적으로 충족시키지 못하거나 성공이 반복되지 않을 수 있다.

2단계 프랙티스 그룹은 프로세스 개발을 위해 충분한 자원과 자금 및 교육훈련을 제공하고, 프로세스를 지속적으로 개발하며 프로세스가 준수되는지를 검증하는 활동이다.

충분하다는 것은 필요한 자원과 자금을 필요할 때 사용할 수 있어야 함을 의미한다. 프로세스를 개발하기 위한 충분한 자원에는 자금, 숙련된 인력, 적절한 도구, 교육자료 및 작업수행 시간 등이 포함된다. 특히 교육은 프로세스를 수행하는데 필요한 공통된 이해와 스킬 및 지식을 제공하여 프로세스를 성공적으로 전개해 나갈 수 있도록 도와준다.

프로세스를 이해하고 기록하는 것은 작업이 수행되는 방식을 지정하는 첫 번째 과정이다. 프로세스는 여러 가지 방법으로 기록 될 수 있지만 최소한 목적, 입력물, 일련의 단계나 활동, 출력물 그리고 역할 및 책임이 포함된다. 이를 통해 비즈니스 및 성과 목표의 반복적인 성취를 보장할 수 있다. 문서화된 프로세스는 일관된 실행과 과거 성공의 반복 그리고 학습 및 개선을 위한 접근법을 지원한다. 뿐만 아니라, 문서화된 프로세스는 품질과 시장출시 시간 및 고객만족에 영향을 줄 수 있는 위험을 줄여준다.

3단계 프랙티스 그룹에서는 조직 프로세스 및 프로세스 자산을 활용하여 작업을 수행하고 그 과정을 평가하며, 결과물을 조직에 제공하는 내용을 다루고 있다.

조직의 프로세스 자산은 조직 전체에서 일관된 프로세스 실행을 가능하게 한다. 일관성 있는 조직 프로세스 자산의 가용과 적절한 사용을 통해 조직은 입증된 프랙티스들을 기반으로 계획을 수립하고 이에 따른 작업 활동을 수행할 수 있다. 또한 가장 인력을 필요로 하고 중요한 곳으로 인력을 배정할 수 있고 반복되는 이슈나 실수의 가능성을 감소시킬 수 있다. 그리고 조직은 프로세스 자산을 활용함으로써, 프로젝트를 수행하고 성과를 달성하는데 가장 큰 이점을 제공할 수 있다.

프로세스 준수 여부에 대한 확인은 프로세스와 프로세스 자산이 조직 내에서 이해되고, 적절하며, 효과적이고, 의도된 대로 사용됨을 보장한다. 프로세스와 프로세스 자산의 효과를 평가하면 비즈니스 니즈 및 전략과의 연계성을 유지할 수 있다. 따라서 프로세스와 프로세스 자산은 주기적으로 분석되어야 하는데, 이러한 분석을 통해 프로세스와 프로세스 자산의 강점과 약점을 파악하고 지속적으로 향상시켜 조직에 가치를 제공하는데 도움을 줄 수 있다. 프로세스와 프로세스 자산의 효과를 평가하는 일반적인 방법으로는 관찰, 심사, 감사, 인터뷰, 작업산출물과 결과의 사용분석 등이 있다. 프로세스에 대한 성과 측정은 프로세스의 효과성을 분석하는 데도 사용될 수 있다. 프로세스의 이점은 비용절감, 결함감소, 생산성 향상, 개발기간 단축, 고객만족도 향상, 시장점유율 확대 등과 같은 성과향상을 통해 입증될 수 있다.

　프로세스 관련 정보 또는 프로세스 자산을 조직에 제공한다는 것은 프로젝트를 수행하며 경험했던 우수사례나 학습된 교훈들을 조직 프로세스 자산에 반영할 수 있도록 제공하라는 것으로 '제공Contribute'이란 단순히 프로젝트 결과물을 조직에 제출하는 것을 의미하는 것은 아니다. 프로젝트에서 조직의 표준 프로세스를 적용하며 개선이 필요하다고 판단된 부분에 대한 제안이나 프로젝트 수행과 관련된 데이터 그리고 산출물 중, 모범사례들을 추천하여 조직의 프로세스 자산을 개선하는 데 도움이 되도록 하라는 의미이다. 따라서 프로세스 관련 정보를 제공하고 사용하면 프로세스와 프로세스 자산을 조직의 니즈에 부합하게 최신의 상태로 유지할 수 있다. 사용자와 프로세스를 이행하는 인력은 프로세스를 사용하고 개선한 정보를 조직에 제공하고 어떤 정보를 보관하고 사용할 것인지를 결정하는데 관여해야 한다. 이를 통해 조직은 향후 프로젝트를 수행할 때, 기존의 프로세스 자산을 활용하여 신속하게 생산성을 높일 수 있으며, 설령 핵심인력이 조직을 이탈하더라도 중요한 지적자산을 보유하고 있을 수 있다. 우수사례, 작업산출물, 측정 데이터, 학습된 경험, 프로세스 개선제안 등이 프로세스 관련 경험의 대표적인 예이다. 측정 데이터는 조직의 측정저장소에 등록하고 기타 프로세스 관련 경험들은 조직의 프로세스 자산 라이브러리에 등록하여 유사한 프로세스를 계획하고 수행하는 인력들이 활용할 수 있도록 해야 한다.

2.4.3 프로세스 관리|Process Management, PCM

　프로세스 관리의 목적은 비즈니스 목표의 달성을 지원하고, 가장 유익한 프로세스 개선을 식별하고 이행하며, 프로세스 개선의 결과를 가시적이고 접근가능하며 유지가능하도록 프로세스 및 인프라의 지속적인 개선을 관리하고 이행하기 위한 것이다.

　조직은 이 활동을 통해 프로세스, 인프라 및 이들의 개선이 비즈니스 목표의 성공적

달성에 기여함을 보장할 수 있다.

> Manages and implements the continuous improvement of processes and infrastructure to: Support accomplishing business objectives, Identify and implement the most beneficial process improvements, Make the results of process improvement visible, accessible, and sustainable.
> Ensures that processes, infrastructure, and their improvement contribute to successfully meeting business objectives.

■ 1단계 프랙티스 그룹

PCM 1.1	프로세스 지침을 제공하고 프로세스 문제를 식별 및 수정하며 지속적으로 프로세스를 개선하기 위한 지원구조를 구축한다. (Develop a support structure to provide process guidance, identify and fix process problems, and continuously improve processes.)
가치	프로세스 개선 지원구조는 노력, 개발기간, 비용, 결함 및 낭비요소를 감소시키고 성과 향상을 지원한다. (A process improvement support structure helps to reduce effort, cycle time, costs, defects, and waste, and increase performance.)
활동 예시	• 프로세스 관련 활동 지원을 위한 구조의 식별, 적용 및 갱신 • 프로세스 관련 활동 조정을 위해 책임 할당 및 갱신
산출물 예시	• 프로세스 지원 구조
PCM 1.2	현재의 프로세스 이행을 심사하고 강점과 약점을 식별한다. (Appraise the current process implementation and identify strengths and weaknesses.)
가치	개선을 위한 가장 중요한 기회를 식별할 수 있는 체계적이고 현실적인 방법을 제공한다. (Provides a systematic and realistic way to identify the most important opportunities for improvements.)
활동 예시	• 최고경영진의 삼사후원 및 지원 확보 • 심사범위 정의 • 심사를 위한 기준과 방법 선정 • 심사계획 및 일정 • 심사수행 • 심사 발견사항 기록 및 공유
산출물 예시	• 심사계획 및 일정 • 심사 발견사항

PCM 1.3	개선 기회 또는 프로세스 이슈를 해결한다. (Address improvement opportunities or process issues.)
가치	프로젝트의 효율성과 효과성 증진을 통해 비용을 절감한다. (Reduces costs by increasing efficiency and effectiveness of projects.)
활동 예시	• 개선 기회 및 프로세스 이슈 해결을 위한 담당 인력 지정 • 개선 기회 및 프로세스 이슈 해결을 위한 실행 항목 식별 및 기록 • 개선 기회 및 이슈 해결 결과 공유
산출물 예시	• 실행 항목

■ 2단계 프랙티스 그룹

PCM 2.1	프로세스 및 프로세스 자산에 대한 개선사항을 식별한다. (Identify improvements to the processes and process assets.)
가치	가장 중요한 비즈니스 니즈 및 목표에 자원을 집중하여 투자 수익(ROI)을 극대화한다. (Maximizes return on investment by focusing resources on the most critical business needs and objectives.)
활동 예시	• 이슈와 기회 식별 • 제안된 개선안 그룹화 및 분석 • 개선안 선정 기준 기록 및 갱신 • 구현, 전개, 실행을 위해 제안된 개선안 선정 • 영향 받는 이해관계자와 선정결과 검토 • 제안된 개선안과 공유결과 기록
산출물 예시	• 제안된 개선 목록 • 기록된 선택 기준 • 구현, 전개, 실행을 위해 선택한 개선안 목록
PCM 2.2	선정된 프로세스 개선사항을 이행하기 위한 계획을 수립 및 갱신하고 준수한다. (Develop, keep updated, and follow plans for implementing selected process improvements.)
가치	계획은 비즈니스 목표 달성을 위한 보다 효율적이고 효과적인 개선 노력을 가능하도록 한다. (Plans enable more efficient and effective improvement efforts to meet business objectives.)
활동 예시	• 전개할 성과 개선안 선택 • 식별된 프로세스 개선안을 기반으로 계획을 개발하고 이해관계자와 검토

	• 전개가 잘 이뤄지고 조정되고 지원되는지 확인 • 진척 관리, 이해관계자와 검토, 필요한 경우 계획 갱신 • 프로세스 자산 개발이나 갱신 • 식별된 프로세스 개선안 시범적용 • 개선안 전개 • 개선안 전개결과 분석 및 공유 • 개선결과 기록
산출물 예시	• 프로세스 개선 계획 • 실행 항목 • 개발 혹은 갱신된 프로세스 자산 • 상태 보고서 • 기록된 결과

■ 3단계 프랙티스 그룹

PCM 3.1	비즈니스 목표를 추적 할 수 있도록 프로세스 개선 목표를 수립 및 갱신하고 사용한다. (Develop, keep updated, and use process improvement objectives traceable to the business objectives.)
가치	프로세스 개선이 비즈니스 목표 달성에 중점을 두도록 보장한다. (Ensure that process improvements focus on achieving business objectives.)
활동 예시	• 개선 목표 식별 및 기록 • 영향 받는 이해관계자와 개선 목표 검토 • 필요에 따라 개선 목표 모니터링 및 검토
산출물 예시	• 비즈니스 목표와 추적 가능한 프로세스 개선 목표
PCM 3.2	비즈니스 목표 달성에 기여도가 가장 높은 프로세스를 식별한다. (Identify processes that are the largest contributors to meeting business objectives.)
가치	가장 중요한 비즈니스 니즈에 집중하고 달성하여 개선 활동의 영향을 극대화한다. (Maximizes impact of improvement activities by focusing on and meeting the most important business needs.)
활동 예시	• 현재의 비즈니스 모델, 비즈니스 목표, 비즈니스 환경 검토 • 잠재적인 내, 외부 비즈니스 변경 검토 • 목표와 프로세스 간의 관계식별 및 기록 • 각 프로세스의 목표달성 기여도 예측 • 영향 받는 이해관계자와 결과를 기록, 갱신 및 공유

산출물 예시	· 비즈니스 목표, 프로세스, 프로세스 목표와 그 가치 간의 관계 명세
PCM 3.3	개선 기회 식별을 위해 잠재적인 신규 프로세스, 기법, 방법 및 도구를 탐색하고 평가한다. (Explore and evaluate potential new processes, techniques, methods, and tools to identify improvement opportunities.)
가치	보다 효율적이고 효과적으로 목표를 달성하도록 프로세스 혁신을 극대화한다. (Maximizes process innovation to more efficiently and effectively achieve objectives.)
활동 예시	· 개선사항 식별, 연구, 기록 · 향후 프로젝트에서 사용하기 위해 조직 프로세스 자산 라이브러리에 포함되어야 할 중요한 문서와 측정지표를 정의된 기준을 사용하여 결정 · 잠정적인 프로세스 개선 기회 분석 및 평가 · 영향 받는 이해관계자와 결과를 기록, 갱신 및 공유
산출물 예시	· 잠정적 개선 기회
PCM 3.4	프로세스 개선사항의 이행, 전개 및 유지를 위한 지원을 제공한다. (Provide support for implementing, deploying, and sustaining process improvements.)
가치	시간이 지남에 따라 조직에 가치를 제공하는 프로세스 개선을 보장한다. (Ensures process improvements provide value to the organization over time.)
활동 예시	· 프로세스 구현 및 전개를 지원하는데 필요한 메커니즘 식별 · 구현 및 전개 활동이 계획되고 조정되도록 보장 · 여러 개선 활동 조정 · 프로세스의 구현, 전개, 유지를 가시적이고 적극적으로 지원하기 위한 최고경영진의 동의 확보 · 현재의 프로세스를 신규 프로세스로 전환하는 방법 제공 · 영향 받는 이해관계자와 전개결과 검토 · 지원활동의 성공, 이슈, 장애, 진척기록 제공
산출물 예시	· 개선안의 구현, 전개, 유지계획 · 구현 기록
PCM 3.5	조직의 표준 프로세스 및 프로세스 자산을 전개한다. (Deploy organizational standard processes and process assets.)
가치	개선활동의 중복으로 인한 잠재적인 낭비를 줄이기 위해 효율적이고 효과적이며 조화로운 프로세스 전개를 보장한다. (Ensures efficient, effective, and coordinated process deployment to reduce potential waste from overlapping improvements.)

활동 예시	• 전개를 위한 충분한 지원이 가능한지 확인 • 프로세스 및 자산 전개 대상 프로젝트 식별 • 다른 개선 노력과 함께 개선된 프로세스 전개를 조정 • 식별된 프로젝트에 조직 표준 프로세스 및 조직 프로세스 자산 전개 • 전개 계획을 사용하여 개선안 전개를 모니터링 • 객관적인 평가결과 검토 • 조직의 표준 프로세스 수행과 관련된 이슈식별, 기록 및 완료 시까지 추적 • 이해관계자와 전개결과 검토
산출물 예시	• 전개할 신규 또는 개정된 프로세스 또는 자산의 개선안 목록 • 전개 상태 보고서
PCM 3.6	전개된 개선사항의 프로세스 개선 목표 달성 효과를 평가한다. (Evaluate the effectiveness of deployed improvements in achieving process improvement objectives.)
가치	전개된 프로세스가 프로세스 및 성과 개선 목표에 기여하도록 보장한다. (Ensures deployed processes are contributing to meeting process and performance improvement objectives.)
활동 예시	• 비즈니스, 프로세스, 성과 개선 목표와 비교하여 현재의 개선 결과를 분석하고 개선 효과를 결정 • 결과 기록 및 영향 받는 이해관계자와 공유 • 필요한 시정조치 및 추적
산출물 예시	• 프로세스 개선 평가 보고서

■ 4단계 프랙티스 그룹

PCM 4.1	통계 및 기타 정량적 기법을 사용하여 선정된 성과 개선사항을 제안된 개선의 기대효과, 비즈니스 목표 또는 품질 및 프로세스 성과 목표와 비교하여 확인한다. (Use statistical and other quantitative techniques to validate selected performance improvements against proposed improvement expectations, business objectives, or quality and process performance objectives.)
가치	성과 개선 이행을 위한 성공률을 증가시킨다. (Increases the success rate for performance improvement implementation.)
활동 예시	• 확인계획 • 영향 받는 이해관계자와 확인계획 검토 • 계획과 기록결과에 따라 각 확인 수행

	• 확인결과를 분석하기 위해 통계나 기타 정량적 기법 사용 • 확인 분석결과 검토, 기록 및 공유
산출물 예시	• 확인계획 • 확인 보고서

조직의 프로세스에는 해당 조직과 그 조직의 프로젝트에서 사용되는 모든 프로세스를 포함한다. 조직의 프로세스 및 프로세스 자산에 대한 개선안들은 프로세스 측정, 프로세스 이행 중 학습된 교훈, 프로세스 심사 결과, 품질보증 결과, 고객만족도 조사결과, 다른 조직의 프로세스와 비교한 벤치마킹 결과, 조직 내 다른 개선 노력으로부터 나온 권고안 등 다양한 출처로부터 나올 수 있다.

프로세스 개선은 주로 고객을 위한 가치를 증대하거나 비즈니스 활동을 보다 효율적이고 효과적으로 수행하여 수익성을 향상하거나 또는 직원의 만족도를 향상시키는 것과 같은 목적으로 수행한다. 물론 프로세스 개선이 종종 성과를 향상시키기는 하지만 단지 이것만이 프로세스를 개선해야 하는 유일한 이유는 아니다. 예를 들어, 전략적이거나 규제적인 변화가 프로세스를 개선하거나 변화시키는 동인이 될 수도 있다. 무엇보다도 중요한 것은 프로세스가 조직에 더욱 유용하도록 개선을 위한 접근법을 다듬는 것이다. 따라서 조직은 프로세스를 수행하는 구성원들 스스로가 프로세스 개선 활동에 참여하도록 권장해야 한다. 다른 사람들의 참여를 조율하는 활동을 포함하여, 조직의 프로세스 개선 활동을 촉진 및 관리하는 책임은 일반적으로 프로세스를 관리하는 그룹에 할당된다. 조직은 이 그룹을 후원하고 개선안의 효과적이면서도 시의적절한 확산전개를 보장하는데 필요한 장기적인 이행합의와 자원을 제공한다.

조직 전반에 걸친 프로세스 개선 노력이 적절히 관리되고, 이행되도록 신중한 계획 수립이 필요하다. 조직의 프로세스 개선 계획 수립의 결과는 프로세스 개선 계획서로 문서화된다. 프로세스 개선 계획서에는 프로세스 심사 계획, 프로세스 개선 조치 계획, 시범적용 계획, 확산전개 계획 등이 포함된다. 프로세스 심사 계획서에는 심사 시기 및 일정, 심사범위, 심사 수행에 필요한 자원, 심사 수행에서 사용될 참조모델, 심사장소 등을 포함한다. 프로세스 개선 조치 계획서는 통상적으로 심사의 결과물로써 심사를 통해 발견된 약점들을 대상으로 한 개선 방안들이 어떻게 이행될지를 문서형태로 담고 있다. 가끔은 프로세스 개선 조치 계획서에 기술된 개선안을 조직 전체에 확산전개하기 전에 소규모 그룹을 대상으로 시범적인 적용을 해보아야 하는 경우도 있다. 이 경우, 시범적용 계획서를 작성한다. 개선안을 확산전개할 때는 확산전개 계획서를 작성한다. 확산전개 계획서는 해당 개선안이 언제, 어떻게 조직 전체에 확산전개될 지를 기술한다.

입증 가능한 혜택을 보여주는 개선은 지속적으로 개선을 위해 노력하는 문화를 만들고 지원하는데 도움이 된다. 지속적인 개선 문화는 모범사례를 유지하고 나쁜 습관으로 빠지지 않도록 하는데 필수적이다. 프로세스를 개선하면 생산적인 작업환경을 조성하여 종업원 만족도와 유지율을 높일 수 있다.

프로세스 관리 프랙티스 영역은 1단계부터 4단계까지 4개의 프랙티스 그룹으로 구성되어 있다.

1단계 프랙티스 그룹은 지속적으로 프로세스를 개선하기 위한 지원구조를 구축하고 현행 프로세스를 점검하여 개선기회나 프로세스 이슈를 해결하는 활동이다.

지원구조는 조직 전체에서 프로세스를 일관되게 이행하게 해주고 조직에 누적적이고 장기적인 이익을 제공한다. 즉 지원구조는 작업을 보다 효율적이며 쉽게 수행하면서도 결함을 줄이는 프로세스를 수립하는데 도움을 준다. 또한 지원구조는 프로세스 정책이나 기타 조직의 방침과 같은 프로세스 지침을 제공하고, 다른 사람의 참여를 조정하는 내용을 포함한 조직의 프로세스 개선 활동을 촉진하고 관리하는 책임을 수립한다. 조직의 최고경영진은 원칙과 방향 그리고 기대사항에 대한 지침을 수립하고, 소통하고, 시행할 책임이 있다.

조직의 프로세스 개선 목표를 달성하기 위해 조직의 현행 프로세스를 심사하고 강약점을 파악하여 개선 기회에 대한 현실적이고 객관적인 통찰력을 제공한다. 프로세스 심사의 주된 방법은 조직에서 문서화되고 수행된 프로세스를 CMMI V2.0과 같은 참조모델과 비교하는 것이다. 프로세스 심사 결과는 개선을 위해 사용될 수 있도록 충분한 상세내용을 포함해야 한다. 개선 조치가 이행되지 않으면 프로세스 심사를 통해 발견한 개선 필요사항들은 아무런 의미가 없게 된다. 프로세스 심사는 자격을 갖춘 인력이 프로세스 심사 절차에 따라 수행해야 한다.

프로세스 심사를 위한 주요 방법으로는 갭 분석, 내부심사 그리고 공식심사가 있다. 갭 분석은 개선을 위해 제안된 프로세스가 조직에 실제 적용되어 사용될 수 있는지를 파악하기 위해 사용하는 것으로 프로세스 개선 목적 달성을 위해 계획된 접근 방법의 적절성 파악이 주요 목적이다. 내부심사는 프로세스의 이행 결과를 점검하기 위해 사용하며, 공식심사는 내재화 검증 및 조직의 벤치마킹 수립을 위해 사용한다. 조직의 프로세스에 대한 심사는 주로 프로세스 개선 그룹을 중심으로 수행하게 되는데 프로세스 개선 그룹은 조직의 프로세스 개선 활동을 계획하고 이를 주도적으로 이행하는 책임을 가지는 그룹이라고 할 수 있다. 조직에 따라서 품질경영 또는 품질관리팀, 품질혁신팀, 프로세스 개선팀 등 다양한 명칭으로 불린다.

개선 기회나 프로세스 이슈를 해결하기 위한 책임을 할당한다. 프로세스 이슈는 다양한 조직 수준에서 개선 활동을 수행함으로써 해결할 수 있다.

2단계 프랙티스 그룹은 프로세스 및 프로세스 자산에 대한 개선사항을 식별하고 이를 이행하기 위한 계획을 수립하는 내용을 다루고 있다.

프로세스 개선 활동을 처음 시작하는 조직의 경우에는 매우 다양한 유형의 많은 개선 항목이 식별될 수 있다. 이 경우, 조직의 비즈니스 목표 및 프로세스 개선 목표와 연계하여 개선 효과가 클 것이라고 판단되는 개선 항목 위주로 우선순위를 정하여 개선 활동을 수행해 나가는 것이 바람직하다. 욕심을 앞세워 동시에 너무 많은 항목에 대한 개선 활동을 수행하게 되면 형식에 치우치게 되고 결국은 개선 활동이 무의미해질 수 있기 때문이다. 개선 항목은 프로세스 심사뿐만이 아니라, 품질보증 결과와 측정결과 그리고 개선제안이나 학습된 교훈 등과 같이 다양한 경로로부터 식별되어 질 수 있다. 분석 및 평가가 적시에 수행되고 이를 통해 식별된 개선 항목이 기대되는 가치와 영향을 토대로 선정되었는지 확인해야 한다. 개선 활동을 수행하는데 비용이 너무 많이 들거나 시간이 너무 오래 걸리는 항목들을 개선하는 것은 바람직하지 않지만, 그렇다고 해서 '낮게 매달린 열매'만을 다루면 변화가 전혀 없거나, 미미한 수준에만 그칠 수 있다. 따라서 비즈니스에 최상의 영향을 줄 수 있는 개선사항을 선택하고 전개하는데 도움이 되는 기준을 마련하는 것이 바람직하다.

선정된 프로세스 개선사항을 이행하기 위한 계획을 수립할 때는 프로젝트 수행 계획서처럼 구체적으로 작성하는 것이 바람직하다. 프로세스 개선 목표, 프로세스 개선을 위한 자원, 프로세스 개선 담당자별 역할 및 책임, 프로세스 개선 범위, 일정, 비용, 위험요소, 시범적용 및 확산 전략, 확산전개 계획 및 모니터링 방법 그리고 개선효과 평가 방법 등이 프로세스 개선 실행 계획서에 포함된다. 만약 더 많은 노력을 기울여야 할 때는 일회성보다는 반복적이거나 점진적인 접근 방식을 고려하는 것이 좋다. 예를 들어, 신속한 피드백을 받으려면 최대한 빨리 확산전개가 가능한 시범적용 결과를 사용할 수 있어야 한다.

3단계 프랙티스 그룹은 프로세스 개선 활동의 구체적인 접근 방법을 다루고 있다.

우선 프로세스 개선 목표를 분석하여 비즈니스 목표를 달성하는 주요 원인을 파악한다. 이를 위해, 비즈니스 목표 및 달성 방법, 비즈니스 모델, 사업 환경, 도전 과제와 기회 등을 분석해 볼 수 있다. 프로세스 개선 목표는 프로세스 심사, 근본원인 분석, 품질 평가 등의 결과를 기반으로 수립할 수 있다. 그리고 이러한 활동을 통해 어떤 개선목표가 최우선 순위인지를 판단하는데 도움이 된다.

프로세스 니즈와 프로세스는 정적이지 않다. 따라서 조직의 성과를 현저하게 개선하기 위해 많은 신기술과 도구 및 방법들이 사용된다. 조직은 잠재적인 개선을 위해 내외부적으로 지속적인 조사를 하고, 성과에 대한 효과성을 평가하여 유익하다고 입증된 것을 채택해야 한다. 제안된 개선사항은 점진적이거나 혁신적이거나 또는 둘 다일 수 있다. 점진적 개선은 일반적으로 작업을 수행하는 사람들(예: 프로세스 또는 기술 사용자)에 의해 발생한다. 점진적인 개선은 엄격한 확인이나 시범적용을 필요로 하지 않고 이행 및 전개가 비교적 간단하고 저렴하다. 반면에, 혁신적인 개선은 정상적인 작업의 흐름을 방해할 수 있는 프로세스나 기술에 대한 급진적인 변경을 포함한다. 그렇기에 이러한 변화는 전형적으로 확인하고, 시범적용하고, 이행하고, 교육훈련 및 유지를 하기 위해 더 많은 노력과 자원이 요구된다. 시범적용을 위한 개선사항을 선정하기 위해 기준을 정의하여 사용할 필요가 있다. 기준에는 위험, 변경의 변형적 특성, 영향을 받는 기능 영역의 수 또는 비용과 같은 사항들이 고려되어야 한다.

프로세스 개선사항을 이행 및 전개하고 유지해 나가기 위한 지원을 제공해야 한다. 이는 개선된 프로세스와 자산이 조직 내 잘 전달되고, 훈련되며, 유용하다고 인식이 되어 내재화되도록 하는 것을 의미한다. 전개된 프로세스와 프로세스 자산을 지속적으로 지원하기 위해 헬프 데스크나 교육훈련 등을 통한 코칭이 제공될 수도 있다. 가시적이고 적극적으로 개선활동을 지원하기 위해 최고경영진으로부터 합의를 이끌어내고 승인을 받는 것도 매우 중요하다. 최고경영진은 일상적으로 수행되는 프로세스와 이의 개선작업을 특정 팀이나 조직의 특정 전담부서에 위임해야 한다.

조직의 표준 프로세스 및 프로세스 자산을 계획에 따라 확산전개해 나간다. 확산전개를 해 나갈 때는 프로세스 및 관련된 기능(예: 교육, 품질보증)을 이행하고 실행하는 직원을 참여시킨다. 교육을 통해 참석자는 프로세스를 일관되고 지속가능한 방식으로 적용할 수 있다. 무언가가 잘못되거나 사용자가 프로세스를 이해하지 못할 때 발생하는 좌절을 방지하기 위해 지속적인 지원이 제공되어야 한다. 매우 효과적인 지원방법은 코칭이다. 코칭의 메커니즘은 프로세스, 기술, 방법 및 템플릿 등을 적용할 때 정해진 간격이나 이벤트 별로 사용자에게 멘토링을 해주거나 질의응답 등의 방법을 통해 가이드를 해 주는 것이다.

모니터링은 조직의 표준 프로세스와 기타 프로세스 자산들이 효과적으로 전개될 수 있도록 해 줄뿐만 아니라, 현재 사용 중인 프로세스 자산들이 어디에서 왜 그리고 어떻게 사용되고 있는지를 파악하게 해준다. 조직의 표준 프로세스와 프로세스 자산의 변경사항을 통합하기 위해 정의된 프로세스를 갱신한다. 이러한 활동을 통해 학습한 내용이 활동에 도움이 되는지 여부를 확인할 수 있다. 표준 프로세스 및 프로세스 자산이 변경되거나 새로 개발되었다고 해서 수행하고 있는 작업을 즉시 변경할 필요는 없다. 프로젝트가 변경사항을 보다 효과적으로 적용할 수 있을 때까지 확산전개를 지연하는 것이 좋다. 효율적이고 효과적인 이행과 실행을 보장하기 위해 능동적으로 계획된 성과개선 노력들 사이의 의존성을 이해하고 관리해야 한다. 조직에는 다양한 개선 이니셔티브와 이에 따른 동시 개선 및 확산전개 활동이 수행되고 있을 수 있다. 따라서 혼란스럽거나 낭비적이며 모순된 결과와 부작용을 피하기 위해 프로세스의 확산전개를 조정할 필요가 있다. 너무나도 많은 변화를 겪고 있는 조직의 특정 영역에 지나친 부담을 주지 않으려면, 조직의 다른 영역에 다른 개선사항을 선택해서 확산전개해 나갈 수 있어야 한다.

확산전개된 개선사항이 프로세스 개선 목표를 달성했는지 그 효과를 평가하고 결과를 이해관계자에게 보고한다. 효과적이기 위해서는 확산전개된 프로세스가 작업성과에 유의미한 긍정적 변화를 가져왔는지가 파악되어야 한다. 프로세스 개선 결과를 명시된 프로세스 개선 목표와 비교하여 성공과 성취를 결정하고 이에 따라 적절한 시정활동을 수행한다.

4단계 프랙티스 그룹은 통계 및 기타 정량적 기법을 사용하여 선정된 성과 개선사항을 제안된 개선의 기대효과, 비즈니스 목표 또는 품질 및 프로세스 성과 목표와 비교하여 확인하는 활동이다. 즉, 통계적이거나 정량적 기법을 사용하여 개선제안에 따라 선택된 개선사항의 유효성을 검증한다. 개선사항을 검증하기 위한 통계적이거나 정량적인 기법으로는 가설검정을 사용한 변화의 통계적 유의성 분석이나 프로세스 변동 및 안정성 분석 그리고 모델링 및 시뮬레이션 등이 있다.

2.4.4 프로세스 자산 개발 Process Asset Development, PAD

프로세스 자산 개발의 목적은 업무 수행을 위해 필요한 프로세스 자산을 개발하고 갱신하기 위한 것이다.

조직은 이 활동을 통해 성공적인 성과를 이해하고 반복할 수 있는 능력을 제공할 수 있다.

> Develop and keep updated the process assets necessary to perform the work.
> Provides a capability to understand and repeat successful performance.

■ 1단계 프랙티스 그룹

PAD 1.1	업무 수행을 위한 프로세스 자산을 개발한다. (Develop process assets to perform the work.)
가치	목표 달성의 가능성 증진을 위한 일관성을 향상한다. (Improves consistency to increase likelihood of meeting objectives.)
활동 예시	• 업무 지시사항을 기록
산출물 예시	• 업무 지시사항 • 프로세스 명세 • 템플릿

■ 2단계 프랙티스 그룹

PAD 2.1	업무 수행에 필요한 프로세스 자산을 결정한다. (Determine what process assets will be needed to perform the work.)
가치	업무 수행에 필요한 프로세스 자산에만 자원을 집중하여 낭비를 방지한다. (Avoids waste by focusing resources only on the process assets needed to perform the work.)
활동 예시	• 프로젝트에 필요한 프로세스 자산 식별
산출물 예시	• 템플릿 • 업무 지시사항 • 도구
PAD 2.2	프로세스 자산을 자체 개발하거나 구매 또는 재사용한다. (Develop, buy, or reuse process assets.)
가치	자산 개발에 필요한 비용, 노력 및 시간을 최소화한다. (Helps to minimize costs, effort, and time needed for developing the assets.)
활동 예시	• 자체개발, 구매, 재사용 분석의 대상이 될 자산 선정 • 다양하게 선정된 자산이 최적의 선택이 되도록 자체개발, 구매, 재사용 분석 수행 • 분석결과 기록 • 선정된 자산을 자체개발, 구매 또는 재사용
산출물 예시	• 자체개발, 구매, 재사용 분석 결과 • 프로세스 자산
PAD 2.3	프로세스와 자산의 가용성을 확보한다. (Make processes and assets available.)
가치	기존의 프로세스 자산을 사용하여 업무 수행에 필요한 비용과 시간을 절감한다. (Using existing process assets reduces cost and time needed for performing the work.)
활동 예시	• 프로젝트 자산의 가용성 확보 • 자산의 가용성 공유
산출물 예시	• 프로세스 자산

■ 3단계 프랙티스 그룹

PAD 3.1	프로세스 자산을 구축하고 최신화하기 위한 전략을 개발 및 갱신하고 준수한다. (Develop, keep updated, and follow a strategy for building and updating process assets.)
가치	최소 비용으로 자산 구축을 위한 구조와 방향을 제공한다. (Provides a structure and direction for asset building that minimizes cost.)
활동 예시	• 프로세스 자산 구축 및 최신화 전략 개발
산출물 예시	• 프로세스 자산 구축 및 최신화 전략
PAD 3.2	조직 프로세스 및 프로세스 자산의 구조를 설명하는 프로세스 아키텍처를 개발 및 기록하고 갱신한다. (Develop, record, and keep updated a process architecture that describes the structure of the organization's processes and process assets.)
가치	견고한 프로세스 아키텍처가 가치를 더하는 프로세스를 보장한다. (A robust process architecture ensures that processes add value.)
활동 예시	• 프로세스 요구사항 식별 • 프로세스 아키텍처 목표 식별 • 프로세스 아키텍처 양식 개발 및 기록 • 프로세스 아키텍처 개발, 기록, 갱신 • 영향 받는 이해관계자와 프로세스 아키텍처 검토 및 갱신 • 프로세스 아키텍처 공유 및 가용성 확보
산출물 예시	• 프로세스 요구사항 • 프로세스 아키텍처 양식 • 프로세스 아키텍처
PAD 3.3	프로세스 및 자산을 개발 및 갱신하고 가용성을 확보한다. (Develop, keep updated, and make processes and assets available for use.)
가치	업무를 보다 효율적이고 효과적으로 수행하여 비용과 낭비를 절감한다. (Enables work to be done more efficiently and effectively, which leads to reduced cost and waste.)
활동 예시	• 조직의 표준 프로세스 및 자산이 전략적 프로세스 요구 및 목표에 부합하는지 확인 • 프로세스와 자산의 획득, 개발, 유지보수 책임 할당 • 프로세스 개선 권고사항을 조직 프로세스 및 자산에 통합할지 검토 및 결정 • 프로세스 및 자산의 조직 표준 개발 • 프로세스 활동 계획 기록

	• 프로세스 활동 계획의 진척 및 협의사항 추적 • 활동 수행을 위한 프로세스 활동 팀 구성 • 프로세스와 자산 구축 및 기록 • 조직의 표준 프로세스나 자산에 대한 검토 수행 • 필요에 따라 조직의 표준 프로세스 및 자산 수정 • 프로세스와 자산의 가용성 확보
산출물 예시	• 활동 계획 • 활동 계획 이행상태 및 결과 • 조직 표준 프로세스 및 자산 • 새로운 프로세스 또는 자산
PAD 3.4	표준 프로세스 및 자산에 대한 조정 기준과 지침을 개발 및 갱신하고 사용한다. (Develop, keep updated, and use tailoring criteria and guidelines for the set of standard processes and assets.)
가치	각 프로젝트의 고유한 니즈를 수용할 수 있도록 표준 프로세스를 조정 및 적용하여 불필요한 업무를 회피한다. (Adapting a standard process to accommodate the unique needs of each project avoids unnecessary work.)
활동 예시	• 조직의 표준 프로세스 조정을 위한 선택 기준 및 절차 명세 • 정의된 프로세스 기록에 사용되는 표준 명세 • 조직 표준 프로세스의 예외대상을 제출하고 승인 받는데 사용되는 절차 명세 • 조직의 표준 프로세스 조정 지침 기록, 승인 및 공유 • 필요한 경우 조정 지침 수정
산출물 예시	• 조직 표준 프로세스 조정 지침 • 예외 또는 프로세스 적용 예외 요청
PAD 3.5	조직의 프로세스 자산 라이브러리를 구축 및 갱신하고 가용성을 확보한다. (Develop, keep updated, and make the organization's process asset library available for use.)
가치	프로세스 자산의 구성, 접근, 갱신에 필요한 시간과 노력을 절감한다. (Reduces the time and effort needed to organize, access, and update process assets.)
활동 예시	• 조직 프로세스 자산 라이브러리 설계 및 구현 • 라이브러리에 포함될 자산선정 기준 명세 • 자산 저장, 갱신, 검색 절차 명세 • 선정된 자산을 라이브러리에 등록하고 참조 및 검색이 용이하도록 목록화

	• 프로젝트의 자산 가용성 확보 • 자산의 유용성 주기적 검토
산출물 예시	• 조직 프로세스 자산 라이브러리 설계 • 조직 프로세스 자산 라이브러리 • 프로세스 자산 라이브러리의 프로세스 관련 작업산출물
PAD 3.6	업무환경 표준을 개발 및 갱신하고 가용성을 확보한다. (Develop, keep updated, and make work environment standards available for use.)
가치	구체적이고 확립된 업무환경을 통해 프로젝트 전반의 생산성과 일관성을 증진한다. (Increases productivity and consistency across projects through a specified and established work environment.)
활동 예시	• 업무환경 표준의 유용성에 대한 상업적 평가 • 조직의 프로세스 니즈 및 목표에 근거하여 차이를 극복할 수 있도록 업무환경 표준 채택, 개발 및 조정 • 업무성과를 개선할 수 있는 변경사항이나 자원을 식별하기 위한 주기적인 업무환경 분석 • 업무환경의 잠정적인 개선사항에 대한 우선순위 결정 • 성과향상을 위한 자원 식별 • 프로젝트가 비즈니스 활동을 가장 잘 지원할 수 있도록 업무환경을 구성하고 조정할 권한이 있는지 확인 • 프로젝트와 함께 업무환경 검토
산출물 예시	• 업무환경 표준 • 예외 또는 업무환경 예외 요청
PAD 3.7	조직의 측정 및 분석 표준을 개발 및 갱신하고 가용성을 확보한다. (Develop, keep updated, and make organizational measurement and analysis standards available for use.)
가치	더 나은 의사 결정을 위해 측정 및 관련 분석의 일관된 사용을 지원한다. (Supports consistent use of measurements and related analysis for better decision making.)
활동 예시	• 조직의 측정 및 분석 표준 명세 • 각 프로젝트에 측정 표준을 적용하기 위한 조정 지침 명세
산출물 예시	• 조직 측정 및 분석 표준 • 예외 또는 측정 및 분석 예외 요청

조직의 프로세스 자산은 조직 전반에 걸쳐 일관성 있는 프로세스의 실행을 가능하게 하고, 조직에 장기적인 이점을 제공하는 기반이 된다. 조직의 프로세스 자산 라이브러리는 조직 전반에 걸쳐 모범사례 및 학습된 교훈을 공유하게 함으로써 조직의 학습 및 프로세스 개선을 지원한다. 조직의 일련의 표준 프로세스는 프로젝트별로 조정되어 해당 프로젝트의 정의된 프로세스를 만드는데 사용된다. 그 외의 프로세스 자산들은 정의된 프로세스의 조정 및 이행을 지원하는데 사용된다. 작업환경 표준은 프로젝트 작업환경 생성을 가이드하는 역할을 한다. '표준 프로세스'는 다른 여러 프로세스들 또는 프로세스 요소들로 구성된다. '프로세스 요소'는 업무를 일관성 있는 방식으로 수행하는 데, 필요한 활동 및 작업을 기술하는 프로세스 정의의 기본적 단위이다. 프로세스 아키텍처는 표준 프로세스의 프로세스 요소들을 서로 연결하는 데 필요한 규칙을 제공한다. 조직의 표준 프로세스 세트에는 여러 개의 프로세스 아키텍처가 포함될 수 있다.

프로세스 자산 개발 프랙티스 영역은 1단계부터 3단계까지 3개의 프랙티스 그룹으로 구성되어 있다.

1단계 프랙티스 그룹은 업무 수행을 위한 프로세스 자산을 개발하는 활동이다. 그렇다고 해서 조직 차원의 표준화된 프로세스가 요구되는 것은 아니다. 조직 차원의 표준화된 절차나 지침이 없더라도 해당 프로젝트 수행을 위한 계획서가 작성되고 이에 따라 프로젝트가 수행되면 된다. 이 프랙티스는 주로 작업지시사항을 기록하는 형태로 나타나는데, 목표 달성의 가능성 증진을 위한 일관성을 향상시킬 수 있다.

2단계 프랙티스 그룹은 업무 수행에 필요한 프로세스 자산을 파악하여 자체 개발할 것인지 아니면 구매 또는 재사용할 것인지를 결정하고 프로세스와 자산의 가용성을 확보하는 내용을 다루고 있다. 업무의 내용과 범위는 필요한 프로세스 자산을 결정하는 데 도움이 된다. 특히 대형 프로젝트의 경우, 프로세스 자산이 필요한 시기를 고려해야 한다. 업무의 내용이나 범위가 변경되면 해당 니즈를 검토하고 개정한다. 팀 구성원들은 그들이 사용할 수 있는 프로세스 자산과 접근방법을 확인하여 프로젝트에서 사용할 수 있도록 해야 한다.

3단계 프랙티스 그룹은 조직의 표준 프로세스 및 프로세스 자산을 개발하고 활용하는 구체적인 접근방법을 설명하고 있다.

조직의 프로세스 자산은 기업 내 다양한 수준에서 정의할 수 있으며, 상호 계층적으로 연관될 수 있다. 예를 들어, 기업이 프로세스 자산을 개발하는데 있어 기업 내 사업부문들과 같은 여러 개별 조직들이 각자 조정한 프로세스 자산을 보유할 수 있다. 또한, 그 프로세스 자산은 그 조직의 사업영역이나 솔루션라인 또는 서비스별로 조정될 수도 있다. 따라서 어떤 조직에서는 프로세스 자산이 단일수준으로만 개발될 수도 있지만, 조직 프로세스 자산은 조직차원에서 개발된 프로세스 자산과 하위 조직에서 개발된 프로세스 자산들을 포함할 수도 있다. 각기 다른 어플리케이션 영역, 생명주기 모델, 방법론 및 도구의 니즈를 충족하려면 여러 개의 프로세스 자산이 필요할 수 있다. 따라서 조직에서는 어떠한 방식으로 프로세스 자산을 개발하고 최신화할 것인지에 대한 전략이 필요하다.

프로세스 아키텍처는 프로세스와 프로세스 자산 그리고 이들 간의 연결을 포함하는데 필요한 구조를 정의한다. 프로세스 아키텍처는 구조적 측면의 아키텍처와 내용적 측면의 아키텍처, 두 가지를 고려하고 해결해야 한다. 구조적 측면의 아키텍처는 내용을 구성하기 위한 물리적 구조나 프레임워크로 책을 예로 들자면, 목차, 개요, 장, 절, 색인 및 부록 등으로 구조화될 수 있다. 내용적 측면의 아키텍처는 구조적 아키텍처 내에서 데이터가 구성되는 방식으로 마찬가지로 책을 예로 들자면, 각 장, 절의 페이지 수와 각 장, 절이 포함하고 있는 내용 등이 될 수 있다. 조직의 니즈는 시간의 흐름에 따라 변경되고 이로 인해 내용적 아키텍처 또한 달라지기 때문에 이 프랙티스는 구조적 아키텍처에 중점을 둔다. 구조적 아키텍처는 일반적으로 조직, 프로세스 니즈 또는 프로세스 접근 방식에 중대한 변화가 있을 때만 변경된다. 분명하게 명세화된 프로세스는 효율적으로 상호 작용하여 중복성과 갭을 줄이고 모든 프로세스의 가치를 높일 수 있다.

조직의 프로세스 및 자산을 개발하고 개선하기 위한 작업을 계획하고 이행한다. 프로세스 개발 및 개선을 효과적으로 진행하려면 지원 조직과 프로세스를 수행하는 사람들이 프로세스를 개발하고 이행하고 확산전개하는 과정에 참여하도록 해야 한다. 표준 프로세스와 자산은 조직의 여러 수준에서 정의되고 각 조직의 비즈니스 영역 또는 기능에 맞게 조정될 수 있다. 각 프로세스는 밀접하게 연관된 일련의 활동을 다룬다. 완전하게 정의된 프로세스나 자산에는 훈련되고 숙련된 사람들이 일관되게 수행할 수 있는 세부 사항이 충분히 포함되어 있다. 프로세스에 대한 조정은 조직이나 부서 또는 기능 수준에서 수행될 수 있다. 조직의 각 단위부서나 기능에서는 조직의 프로세스와 자산들로부터 조정된 일련의 표준 프로세스 또는 자산을 보유 할 수 있다. 물론 어떤 조직은 한 수준의 표준 프로세스만 가질 수도 있다. 조직의 일련의 표준 프로세스에는 프로세스 요소 간의 관계를 설명하는 하나 이상의 프로세스 아키텍처에 따라 상호 연결될 수 있는 프로세스 요소를 포함한다. 조직의 표준 프로세스에는 일반적으로 기술, 관리, 행정, 지원 및 조직 프로세스가 포함된다. 또한 영향을 받는 이해관계자는 조직의 표준 프로세스에 반영된 변경사항을 통합하기 위해 정의된 프로세스 및 자산을 주기적으로 갱신해야 한다. 프로세스와 자산의 갱신이란 지식과 스킬 그리고 프로세스 능력의 주기적인 개정을 반영하는 것을 의미한다.

일반적으로 조직의 표준 프로세스는 그동안 수행했던 여러 프로젝트들로부터의 모범사례를 기초로 정립하게 된다. 그리고 정립된 표준 프로세스는 다시 다른 프로젝트를 수행할 때 활용되는 데, 프로젝트 마다 특성이나 환경이 다르기 때문에 조직의 표준 프로세스를 그대로 사용하기 어려운 경우도 발생한다. 이러한 경우, 조직의 표준 프로세스를 조정할 필요가 있다. 중요한 것은 조직의 표준 프로세스를 프로젝트에서 조정하고자 할 때 임의적 판단에 의해서 하는 것이 아니라 조정 기준 및 지침을 따라야 한다는 것이다. 표준 프로세스를 정의하여 사용하도록 하는 것은 그동안의 경험을 토대로 프로젝트를 보다 성공적으로 수행하기 위한 방법을 제시하는 것인데 프로젝트 마다 편의에 의해 표준 프로세스를 조정하는 것은 바람직하지 않다. 즉, 프로젝트는 표준 프로세스를 필요에 따라 임의적으로 조정해서는 안 되고, 정해진 기준에 의해 최소한의 조정만이 허용된다. 일반적으로 중요한 사업목표와 직접적으로 관련된 프로세스 및 프로세스 요소들은 조정이 허용되지 않는다. 사업목표를 달성하는데 핵심적이지 않거나 간접적인 영향을 미치는 프로세스 및 프로세스 요소들에 대해 조정이 허용된다. 또한, 조정이 이뤄지는 정도는 해당 프로젝트의 생명주기 모델이나 공급자 활용 및 기타 여러 요인에 따라 달라질 수 있다. 조정 기준과 지침은 아무런 조정 없이 표준 프로세스를 그대로 사용하는 것을 허용한다. 만약 여러분 조직에서 수행하는 대부분의 프로젝트들이 조직 표준 프로세스를 조정하고 있다면 조직에서 정의한 표준 프로세스가 프로젝트의 상황을 제대로 반영하지 못한다는 의미이므로 조직 표준 프로세스를 다시 정의할 필요가 있을 것이다.

프로세스 자산 라이브러리는 글자 그대로 도서관(라이브러리)이라고 생각하면 된다. 우리가 도서관에 가서 읽고 싶은 책을 색인표에 따라 쉽게 찾아보듯이 업무 수행을 위한 규정, 프로세스 기술서, 절차 및 지침서와 개발 계획서, 품질보증 계획서, 형상관리 계획서 등과 같은 각종 계획서 템플릿, 교육 교재, 체크리스트, 양식 등 프로젝트 수행을 위한 문서들을 등록해 놓고 필요할 때 사용할 수 있도록 해 주는 것이다. 다만 유의할 사항은 오랜 기간 동안 많은 양의 문서가 등록되면 오히려 필요한 문서를 찾아 사용하기가 어려울 수 있으므로 문서에 대한 버전관리와 아울러 불필요한 문서는 정기적으로 폐기하는 것이다. 주기가 정해져 있는 것은 아니지만 일반적으로 1년에서 1년 6개월 간격으로 프로세스 자산 라이브러리에 등록된 문서를 검토하여 계속 보관하거나 폐기한다.

작업환경 표준을 정의하는 것은 조직이나 프로젝트에서 유사한 작업을 수행하면서도 각기 다른 방법이나 도구를 사용함으로써 발생하게 되는 노력이나 비용 손실을 최소화하자는 의미이다. 예를 들어, 프로젝트 팀원에게 개발 방법론을 교육하기 위해 프로젝트 마다 교육 교재를 만든다면 이는 괜한 노력의 낭비일 것이다. 작업환경 표준에는 조직이나 프로젝트에서 공통적으로 사용하는 운영, 안전, 보안 등과 관련한 절차나 각종 장비, 도구 등이 포함된다.

조직의 비즈니스 목표 및 요구사항을 평가하여 조직의 측정 및 분석 표준을 정의한다. 업무가 다양하고 다른 접근법이 필요한 경우, 조직은 여러 가지 유형의 측정 및 분석 표준을 보유 할 수 있다. 측정 및 분석 표준은 측정이 사용되는 방법과 비즈니스 목표를 달성하는 방법에 맞게 조정되어야 한다.

2.4.5 성과 및 측정관리 | Managing Performance and Measurement, MPM

성과 및 측정관리의 목적은 비즈니스 목표를 달성하기 위해 측정 및 분석을 사용하여 성과를 관리하기 위한 것이다.

조직은 이 활동을 통해 비용, 일정 및 품질 성과에 대한 관리 및 개선 노력에 집중하여 비즈니스 투자 수익(ROI)을 극대화할 수 있다.

> Manage performance using measurement and analysis to achieve business objectives.
> Maximizes business return on investment by focusing management and improvement efforts on cost, schedule, and quality performance.

▪ 1단계 프랙티스 그룹

MPM 1.1	측정지표를 수집하고 성과를 기록한다. (Collect measures and record performance.)
가치	성과관리를 통해 목표 달성의 가능성을 증진한다. (Enables performance management to increase likelihood of meeting objectives.)
활동 예시	• 가능한 측정 및 수집방법 식별 • 성과 이해를 위해 측정지표 수집 및 기록 • 성과 및 공유결과 기록
산출물 예시	• 측정지표 • 성과분석 결과
MPM 1.2	성과 이슈를 식별하고 해결한다. (Identify and address performance issues.)
가치	목표 달성 능력을 향상하고 고객 만족을 증진한다. (Improves the ability to achieve objectives and increases customer satisfaction.)
활동 예시	• 측정지표 수집 및 성과 데이터 도출 • 성과 검토 • 성과 관련 이슈 식별 • 성과 이슈에 대한 원인 이해 • 성과 개선을 위한 제안 작성 • 제안에 따른 성과 이슈 해결
산출물 예시	• 성과 이슈 목록 • 제안 목록

▪ 2단계 프랙티스 그룹

MPM 2.1	선정된 비즈니스 니즈와 목표로부터 측정 및 성과목표를 도출하여 기록하고 갱신한다. (Derive and record measurement and performance objectives from selected business needs and objectives and keep them updated.)
가치	측정 및 성과활동을 조정하여 비즈니스 결과 달성의 가능성을 증진한다. (Aligns measurement and performance activities to increase the likelihood of achieving business results.)

활동 예시	• 현재 또는 계획된 성과 개선안 식별 • 비즈니스 요구 및 목표 기록, 우선순위 결정 • 측정지표 및 성과목표 검토 및 갱신 • 영향 받는 이해관계자들과 측정 및 성과목표 대비 비즈니스 요구사항과 목표 검토
산출물 예시	• 측정 및 성과목표
MPM 2.2	측정지표에 대한 운영정의서를 작성 및 갱신하고 사용한다. (Develop, keep updated, and use operational definitions for measures.)
가치	운영정의서는 측정지표의 일관성과 비즈니스 니즈 및 목표가 효율적이고 효과적으로 달성될 가능성을 증진시킨다. (Operational definitions increase the consistency of measures and the likelihood that business needs and objectives are met efficiently and effectively.)
활동 예시	• 현행 작업산출물과 프로세스 및 전환에서 가용하거나 수집이 가능하고 측정목표에 해당하는 기존 측정지표 식별 • 조직의 품질과 성과에 대한 통찰력을 제공하는 측정지표 선정 • 선정한 측정지표에 대한 운영정의서 작성 • 측정지표 수집 및 저장방법 명세 • 데이터 분석 방법 및 도구 선택 • 영향 받는 이해관계자와 운영정의서 검토 및 갱신
산출물 예시	• 측정지표 운영정의서 • 분석방법 및 도구 • 데이터 수집 절차
MPM 2.3	운영정의서에 따라 명세화된 측정 데이터를 획득한다. (Obtain specified measurement data according to the operational definitions.)
가치	품질 데이터는 의사결정 개선 및 프로젝트의 성공적인 완료 가능성을 증진한다. (Quality data improves decisions and increases the likelihood of successfully completing projects.)
활동 예시	• 기본 측정지표 데이터 수집 • 파생 측정지표 계산 • 데이터 소스에 가깝도록 데이터 무결성 확인
산출물 예시	• 기본 및 파생 측정지표 데이터 • 데이터 무결성 검사 결과
MPM 2.4	운영정의서에 따라 성과 및 측정 데이터를 분석한다. (Analyze performance and measurement data according to the operational definitions.)

가치	분석은 목표달성에 필요한 성과 및 활동에 대한 통찰력을 제공한다. (Analysis provides insight into performance and actions needed to meet objectives.)
활동 예시	• 분석수행, 계획에 따라 결과 해석, 결론 도출 • 분석결과 및 중요한 차이 기록 • 영향 받는 이해관계자와 결과 검토 • 운영정의서에 측정 및 분석 기술 구체화
산출물 예시	• 성과 데이터 분석 결과 • 갱신된 운영정의서
MPM 2.5	운영정의서에 따라 측정 데이터, 측정 사양 및 분석 결과를 저장한다. (Store measurement data, measurement specifications, and analysis results according to the operational definitions.)
가치	측정 데이터를 저장하고 성공이 반복되도록 성과를 분석한다. (Storing measurement data enables analysis of performance which enables repeating successes.)
활동 예시	• 품질을 보장하기 위해 데이터를 검토 • 데이터 저장 절차에 따라 데이터를 저장 • 저장된 데이터의 가용성 확보 • 저장된 정보의 부적절한 사용을 방지
산출물 예시	• 저장된 데이터
MPM 2.6	측정 및 성과목표 달성을 위해 식별된 이슈를 해결하기 위한 시정활동을 수행한다. (Take actions to address identified issues with meeting measurement and performance objectives.)
가치	성과 상태를 이해하여 목표 달성을 지원한다. (Understanding performance status helps to meet objectives.)
활동 예시	• 시정조치를 수행하고 기록하며 완료까지 관리 • 제안된 개선사항을 기록 및 제출하고 결과를 공유
산출물 예시	• 개정된 목표, 계획 및 협의사항 • 성과평가 기록 • 중요한 차이의 기록 • 제안된 개선사항

■ 3단계 프랙티스 그룹

MPM 3.1	비즈니스 목표와 추적가능한 조직의 측정 및 성과목표를 개발 및 갱신하고 사용한다. (Develop, keep updated, and use organizational measurement and performance objectives traceable to business objectives.)
가치	비즈니스 성공 달성 및 증진을 위해 자원 사용을 최적화 할 수 있도록 측정 및 성과목표를 비즈니스 목표와 연계시킨다. (Linking measurement and performance objectives to business objectives optimizes resource usage to achieve and increase business success.)
활동 예시	• 측정 및 성과목표를 도출하는 비즈니스 목표 개발, 검토 및 분석 • 조직의 측정 및 성과목표를 개발, 기록, 사용 및 갱신 • 조직 내 프로젝트 성과 분석 • 영향 받는 이해관계자와 협력하여 프로젝트에 조직 측정 및 성과목표 할당 • 비즈니스 목표에 따라 측정 및 성과목표 제, 개정 • 측정 및 성과목표 할당 검토 및 갱신하고 영향 받는 이해관계자와 공유
산출물 예시	• 비즈니스 목표 • 측정목표 • 성과목표 • 할당된 측정 및 성과목표
MPM 3.2	조직의 프로세스와 표준에 따라 측정지표 운영정의서를 개발 및 사용하고 갱신한다. (Follow organizational processes and standards to develop and use operational definitions for measures and keep them updated.)
가치	조직의 측정 및 성과 데이터의 일관된 수집, 이해, 사용을 통해 성과를 향상하고 성공의 가능성을 증진시킨다. (Enables consistent collection, understanding, and use of organizational measurement and performance data to improve performance and increase likelihood of success.)
활동 예시	• 선택한 측정지표를 조직의 표준 운영정의서에 따라 기록, 공유 및 갱신 • 필요 시, 측정지표 운영정의서 수정
산출물 예시	• 조직 표준에 따른 운영정의서
MPM 3.3	데이터 품질 프로세스를 개발 및 갱신하고 준수한다. (Develop, keep updated, and follow a data quality process.)
가치	측정 및 성과 데이터 결과를 활용하여 더 나은 의사결정이 가능해진다. (Ensures that use of the measurement and performance data results in better decision making.)

활동 예시	• 데이터 품질, 정확성 및 유효성에 대한 기준 개발 • 데이터 품질 기준 충족을 판단하기 위해 측정저장소 및 데이터의 객관적 평가 • 데이터 품질 문제를 식별, 공유하고 완료되는지 추적 • 데이터 개선제안 식별 및 공유
산출물 예시	• 데이터 품질 기준 • 측정저장소 데이터 품질 보고서 • 데이터 품질 이슈 • 개선제안
MPM 3.4	조직의 측정저장소를 구축 및 최신화하고 사용한다. (Develop, keep updated, and use the organization's measurement repository.)
가치	측정 및 성과 데이터에 대한 신속한 접근으로 보다 성공적인 프로젝트 수행을 위한 의사결정을 지원한다. (Timely access to measurement and performance data supports informed decisions leading to more successful projects.)
활동 예시	• 측정 데이터의 저장, 검색 및 분석에 대한 조직의 요구 결정 • 측정저장소 설계 및 구현 • 콘텐츠를 채우고 측정저장소의 가용성과 이점을 공유 • 필요하면 측정저장소 수정
산출물 예시	• 측정저장소 설계 • 조직의 측정저장소 • 조직의 측정 데이터
MPM 3.5	측정 및 성과 데이터를 활용하여 조직의 성과를 분석하고 성과향상 니즈를 파악한다. (Analyze organizational performance using measurement and performance data to determine performance improvement needs.)
가치	분석 및 성과향상으로 비즈니스 성공에 기여한다. (Analyzing and improving performance contributes to business success.)
활동 예시	• 성과 데이터를 비즈니스 수준으로 집계 • 현재의 성과 대비 측정 및 성과목표를 분석하여 조직의 비즈니스 목표달성 능력평가 • 실제 성과가 비즈니스 목표를 충족시키지 못하는 부분과 잠정적 개선영역 식별 • 성과 개선요구 기록 • 성과 개선요구 해결과 관련된 예상 비용 및 이점 분석, 기록 • 영향 받는 이해관계자와 결과 공유 • 성과 개선제안 제출

산출물 예시	• 집계된 성과 결과 • 성과 분석결과 • 성과향상 요구 • 제출된 성과 개선제안
MPM 3.6	정기적으로 성과결과를 조직 내에 공유한다. (Periodically communicate performance results to the organization.)
가치	낭비를 줄이고 목표 달성의 가능성을 증진시키기 위해, 성과 및 개선 가치에 대한 조정과 이해를 강화한다. (Enhances coordination and understanding of performance and improvement value to reduce waste and increase the likelihood of achieving objectives.)
활동 예시	• 성과 개선 보고서 개발 및 기록 • 영향 받는 이해관계자에게 성과 개선결과 공유
산출물 예시	• 성과 개선 및 분석 보고서

■ 4단계 프랙티스 그룹

MPM 4.1	통계 및 기타 정량적 기법을 사용하여 비즈니스 목표를 추적할 수 있는 품질 및 프로세스 성과 목표를 수립 및 갱신하고 공유한다. (Use statistical and other quantitative techniques to develop, keep updated, and communicate quality and process performance objectives that are traceable to business objectives.)
가치	현실적인 품질과 프로세스 성과 목표를 수립하여 더 나은 의사결정을 가능하게 하고, 비즈니스 목표 달성의 가능성을 증진시킨다. (Establishing realistic quality and process performance objectives enables making better decisions, which increases the likelihood of meeting business objectives.)
활동 예시	• 품질 및 프로세스 성과 목표 정의, 기록, 갱신 및 공유 • 명시된 목표를 달성할 수 있도록 진척 상황을 모니터링할 수 있는 중간목표 도출 • 품질 및 프로세스 성과 목표를 달성하지 못할 위험식별 및 기록 • 품질 및 프로세스 성과 목표 간 충돌 해결(예: 다른 목표를 포기하지 않고는 한 가지 목표를 달성 할 수 없는 경우)
산출물 예시	• 품질 및 프로세스 성과 목표 • 품질 및 프로세스 성과 목표를 미달성할 위험

MPM 4.2	품질 및 프로세스 성과 목표를 달성하기 위하여 성과를 정량적으로 관리하기 위한 측정지표 및 분석기법을 선정한다. (Select measures and analytic techniques to quantitatively manage performance to achieve quality and process performance objectives.)
가치	목표 달성에 가장 크게 통찰력을 제공하는 데이터에 측정 및 관리 활동을 집중한다. (Focuses measurement and management activities on the data that provide the most insight into achieving the objectives.)
활동 예시	• 조직의 측정저장소에서 일반적인 측정지표 식별 • 선정된 프로세스의 중요 작업산출물과 프로세스 속성을 다루는데 필요한 추가 측정 지표 식별 • 통계 및 기타 정량적 기법을 사용하여 프로세스를 관리할 측정지표 선정 • 새로운 측정지표의 운영정의 명세 • 사용할 통계 및 기타 정량적 기법 식별 • 식별된 측정지표와 품질 및 프로세스 성과 목표의 관계를 분석하고 목표를 도출 • 새로운 측정지표의 수집, 유도, 분석을 지원하기 위한 환경을 개발하고 최신화 • 측정지표 및 통계분석 기법 기록, 갱신 및 사용
산출물 예시	• 선정 및 신규 측정지표 목록 • 분석 및 통계기법 저장소 • 신규 측정지표 수집 및 분석을 위한 지원환경 • 분석결과 및 도출된 목표 • 목표 추적성
MPM 4.3	통계 및 기타 정량적 기법을 사용하여 프로세스 성과 기준선을 개발 및 분석하고 최신화한다. (Use statistical and other quantitative techniques to develop and analyze process performance baselines and keep them updated.)
가치	목표를 달성할 수 있도록 보장하는 성과와 능력에 대한 정량적 이해가 가능해진다. (Enables quantitative understanding of performance and capability to ensure that objectives can be met.)
활동 예시	• 선정된 프로세스의 기대되는 특성 결과의 중앙집중화 경향과 분포 범위를 수립하기 위해 수집된 측정지표 분석 • 프로세스 성과 기준선 기록, 갱신 및 사용 • 영향 받는 이해관계자와 프로세스 성과 기준선 검토 • 조직 측정저장소의 프로세스 성과 기준선을 가용하도록 하고 조직과 공유 • 필요한 경우 프로세스 성과 기준선 수정
산출물 예시	• 프로세스 성과 데이터 분석 결과 • 프로세스 성과 기준선

MPM 4.4	통계 및 기타 정량적 기법을 사용하여 프로세스 성과 모델을 개발 및 분석하고 최신화한다. (Use statistical and other quantitative techniques to develop and analyze process performance models and keep them updated.)
가치	목표 달성 가능성의 예측과 조기 시정활동을 통해 비용을 절감하고 품질을 향상한다. (Reduces cost and increases quality by predicting likelihood of meeting objectives and allowing for early corrective action.)
활동 예시	• 프로세스 성과 모델 수립 • 프로세스 성과 모델의 유효성 확인 • 결과에 따라 프로세스 성과 모델 조정 • 영향 받는 이해관계자와 프로세스 성과 모델 검토 • 조직 측정저장소의 프로세스 성과 모델을 가용하게 하고 조직과 공유 • 프로젝트의 프로세스 성과 모델 사용을 지원 • 필요한 경우 프로세스 성과 모델 보정
산출물 예시	• 프로세스 성과 모델 • 확인 결과 • 보정 결과
MPM 4.5	통계 및 기타 정량적 기법을 사용하여 품질 및 프로세스 성과 목표의 달성 여부를 결정하거나 예측한다. (Use statistical and other quantitative techniques to determine or predict achievement of quality and process performance objectives.)
가치	성공 가능성을 극대화하여 목표를 달성할 수 있도록 위험에 대한 정량적 이해가 가능해진다. (Facilitates a quantitative understanding of risks to achieving objectives which maximizes likelihood of success.)
활동 예시	• 선정된 프로세스와 부족한 영역의 변동 및 안정성 분석 • 품질 및 프로세스 성과목표 달성에 부족한 영역을 해결하기 위해 필요한 활동 수행 • 데이터로 보정한 프로세스 성과 모델을 사용하여 품질 및 프로세스 성과목표 달성의 진척을 평가 • 품질 및 프로세스 성과목표 달성과 관련된 위험식별 및 관리 • 분석, 의사결정, 식별된 활동 결과 기록 및 공유
산출물 예시	• 분석, 확인, 보정 결과 • 품질 및 프로세스 성과목표 달성과 관련된 예측 결과 • 품질 및 프로세스 성과목표를 달성하지 못한 것에 대한 기록된 위험 • 각 선정된 프로세스의 안정성과 능력 부족에 필요한 활동 목록

■ 5단계 프랙티스 그룹

MPM 5.1	통계 및 기타 정량적 기법을 사용하여 비즈니스 목표가 비즈니스 전략 및 성과에 부합함을 보장한다. (Use statistical and other quantitative techniques to ensure that business objectives are aligned with business strategy and performance.)
가치	합리적인 목표 설정 및 달성의 가능성을 증진시킬 수 있도록 능력에 대한 보다 정확한 이해를 통해 낭비와 재작업을 최소화한다. (Minimizes waste and rework through a more accurate understanding of capability which increases the likelihood of setting and meeting reasonable objectives.)
활동 예시	• 정기 또는 수시로 비즈니스 전략에 부합되도록 비즈니스 목표 평가 및 갱신 • 목표가 현실적인지를 확인하기 위해 비즈니스 목표를 프로세스 성과 기준선 및 모델 예측결과와 비교 • 기록된 기준에 따라 비즈니스 목표의 우선순위 결정 • 비즈니스 목표 변경이 반영되도록 품질 및 프로세스 성과목표 유지 관리 • 품질 및 프로세스 성과목표에 부합하도록 측정지표 수정 • 이해관계자와 비즈니스 전략, 비즈니스 목표, 품질 및 프로세스 성과목표 변경 사항 공유
산출물 예시	• 현재의 성과분석 결과 • 품질 및 프로세스 성과목표 • 비즈니스 목표 • 비즈니스 전략 • 수정된 비즈니스 목표 및 전략 • 수정된 품질 및 프로세스 성과목표 • 수정된 측정지표
MPM 5.2	선정된 비즈니스 목표의 달성과 성과 향상을 위해 식별한 잠재적 영역에 대한 조직의 능력을 결정하기 위해 통계 및 기타 정량적 기법을 사용하여 성과 데이터를 분석한다. (Analyze performance data using statistical and other quantitative techniques to determine the organization's ability to satisfy selected business objectives and identify potential areas for performance improvement.)
가치	비즈니스 목표를 달성하는 데 가장 큰 위험이 되거나 비즈니스 성과 증진에 가장 큰 기회가 되는 영역을 식별한다. (Identifies areas that pose the greatest risk to achieving business objectives or greatest opportunity for increasing business performance.)
활동 예시	• 정기적이거나 수시로 조직의 능력이 비즈니스 목표를 달성할 수 있는지를 평가하고 예측하기 위해 품질 및 프로세스 성과목표와 프로세스 성과 기준선 및 모델과 비교 • 비즈니스 목표를 충족시키지 못하는 성과 영역 식별

	• 성과부족 분석을 기반으로 잠정적 개선 영역 식별 • 결과 공유 및 개선제안 목록 작성
산출물 예시	• 성과분석 결과 • 성과부족 목록 • 잠정적 개선제안 목록
MPM 5.3	비즈니스, 품질 및 프로세스 성과 목표 달성을 위해 제안된 개선안들의 예상효과를 통계적이고 정량적으로 분석하여 개선제안을 선정하고 이행한다. (Select and implement improvement proposals, based on the statistical and quantitative analysis of the expected effect of proposed improvements on meeting business, quality, and process performance objectives.)
가치	선정한 개선안이 비즈니스, 품질 및 프로세스 성과 목표를 달성하는 데 크게 기여할 가능성을 증진시킨다. (Increases likelihood that selected improvements will significantly contribute to achieving business, quality, and process performance objectives.)
활동 예시	• 제안된 개선안 기반으로 프로세스 성과 예측을 위해 프로세스 성과 모델 사용 • 제안된 개선안 기반으로 예비 프로세스 성과를 결정하도록 시범적용 수행 • 모델링되거나 시범적용 결과에 대한 통계적 검증 수행 • 제안된 개선안의 비용과 이익 분석 • 제안된 각 개선안 확대적용 시, 발생할 수 있는 장애 및 위험식별 • 평가결과를 기록하고 평가기준에 따라 이행 개선안 결정 • 변경사항의 광범위한 확산전개 전에 사용할 확인방법 결정 및 기록 • 선정된 개선안 이행 • 광범위한 확산전개 전에 이행된 개선안 확인 • 확인된 개선안 확산전개
산출물 예시	• 제안된 개선안의 잠정적 영향 분석 • 시범적용 보고서 및 비용 대비 이익 분석 결과 • 개선안 수행 시, 장애 및 위험 목록 • 기록된 확인 방법 • 수행을 위해 제출된 개선안 목록

초기단계의 측정활동은 프로젝트 차원에 초점을 둔다. 하지만 측정능력은 조직 전체 및 전사적 차원의 정보 요구를 충족시키는데도 유용할 수 있다. 측정능력을 지원하기 위해 측정활동은 조직이 성숙되어 감에 따라 필요한 재작업을 최소화할 수 있도록

기업, 조직 구성단위 및 프로젝트 등 다양한 차원에서 정보요구를 지원해야 한다. 측정능력을 이행하는데 필요한 인력은 조직 차원의 별도 프로그램에 소속되어 있을 수도 있고 그렇지 않을 수도 있다. 측정능력은 개별 프로젝트나 품질보증과 같은 타 조직기능에 통합시킬 수 있다.

프로젝트는 프로젝트 고유 데이터와 결과를 프로젝트 고유의 저장소에 저장할 수 있지만, 데이터가 폭넓게 사용되거나, 또는 데이터 동향이나 벤치마크 판단을 뒷받침하는 분석에 사용될 때는 그 데이터를 조직 차원의 측정저장소에 등록해야 한다.

데이터의 수집 및 분석, 그리고 프로세스 성과 기준선 및 모델의 생성 작업은 필요에 따라 프로젝트 및 조직의 니즈를 바탕으로 개별 프로젝트 또는 관련 프로젝트 그룹 등 조직 내 다양한 수준에서 수행될 수 있다.

조직에서 공통적으로 사용하는 측정지표는 조직 내 각 프로젝트에서 프로세스의 실제 성과를 나타내는데 사용될 수 있는 프로세스와 솔루션의 측정지표들로 구성된다. 결과물의 측정값을 분석함으로써, 결과 값의 분포나 범위를 수립하여 이를 개별 프로젝트에서 사용했을 때 프로세스의 기대성과를 수량화할 수 있다.

품질 및 프로세스 성과 측정은 프로젝트나 조직 차원에서 전체적인 효율성 및 효과성에 조금 더 많은 통찰력을 제공하기 위해 기본 측정지표를 결합하여 추가적인 파생 측정지표를 만드는 것을 포함할 수 있다. 조직 차원에서 분석은 조직 내 여러 프로젝트에 걸쳐 생산성을 연구하고, 효율성을 개선하며, 처리량을 늘리는 목적으로 사용될 수 있다.

프로세스의 기대성과는 프로젝트의 품질 및 프로세스 성과 목표 수립에 사용할 수 있으며, 실제 프로젝트 성과의 비교 대상이 되는 기준선으로 사용할 수 있다. 이 정보는 프로젝트를 정량적으로 관리하는데 사용된다. 이에 따라, 정량적으로 관리되는 프로젝트는 각각 조직의 프로젝트 자산의 일부가 되어 모든 프로젝트에서 이용할 수 있는 실제 성과결과물을 제공하게 된다.

과거 및 현재의 프로세스 성과를 표현하고, 프로세스의 미래 결과를 예측하는 데는 프로세스 성과 모델이 사용된다. 예를 들어, 인도된 솔루션에 존재하는 잠재적 결함은 복잡성과 같은 작업산출물 속성 측정지표나 동료검토를 위한 준비시간과 같은 프로세스 속성 측정지표를 사용해 예측 가능하다.

조직이 핵심 프로세스나 솔루션 특성에 대해 측정지표와 데이터 및 분석기법을 충분히 보유하고 있으면 다음과 같은 일을 할 수가 있다.

- 프로세스가 일관되게 진행되고 있는지, 또는 안정적 동향을 보이고 있는지(예측 가능한지) 여부를 판단
- 성과가 여러 프로젝트에 걸쳐 일관성을 가지며, 통합도 가능한 본원적 변동범위 내에 있는 프로세스 식별
- 특이한 행태(예: 산발적, 예측 불가)를 보이는 프로세스 식별
- 조직의 표준 프로세스 세트에서 개선 가능한 프로세스 측면 파악
- 최상의 성과를 보이는 프로세스의 이행을 식별

조직은 품질 및 프로세스 성과 목표를 달성할 수 있는지 판단하기 위해 프로젝트에서 생성하는 솔루션 및 프로세스 성과 데이터를 분석한다. 프로세스 성과 기준선과 프로세스 성과 모델이 분석의 일부로 사용되어 지며, 원인분석 및 해결 프랙티스를 통해 개선 후보 분야 또는 구체적인 개선안을 식별하는데 사용될 수 있다.

조직은 조직 내부뿐만 아니라 학계, 경쟁사 정보 및 다른 곳에서 이행된 성공적인 개선안 등과 같은 외부 소스로부터 점진적이며 혁신적인 개선안을 식별하고 능동적으로 구현한다. 개선안이 품질 및 프로세스 성과목표에 대해 갖는 효과의 실현 여부는 조직의 프로세스 및 기술에 대한 개선안을 효과적으로 식별, 평가, 이행 및 확산전개해 나갈 수 있는 능력에 달려 있다. 또한, 개선안과 그에 따른 이점의 실현은 가능한

개선안을 식별 및 평가하고 혁신발굴을 포함한 장기계획 수립에 지속적으로 중점을 두는 노력에 직원들을 참여시킬 수 있는지에 달려 있다.

개선안은 목표 환경 내에서 해당 개선안이 갖는 효과성을 바탕으로 평가 및 확인된다. 이 같은 평가를 바탕으로 개선안의 우선순위를 결정하고 신규 및 진행 중인 프로젝트에 확산전개할 개선안을 선택하게 된다. 조직 전반에 걸쳐 확산하여 전개하는 활동은 확산전개 계획서에 따라 관리하며, 품질 및 프로세스 성과목표에 대한 개선 효과를 판단하기 위해 통계적 기법 및 기타 정량적인 기법을 사용하여 성과 데이터를 분석한다.

이와 같은 개선주기를 통해 품질 및 프로세스 성과목표를 바탕으로 조직의 프로세스를 최적화한다. 비즈니스 목표는 주기적인 검토를 통해 타당성이 계속 유지되도록 하고, 품질 및 프로세스 성과목표는 필요에 따라 갱신한다.

성과 및 측정관리 프랙티스 영역은 1단계부터 5단계까지 5개의 프랙티스 그룹으로 구성되어 있다.

1단계 프랙티스 그룹은 측정지표를 수집하여 성과를 파악하고, 성과 상의 이슈를 식별하여 해결하는 활동이다.

프로젝트에서는 유용한 데이터를 수집하여 관리자와 경영진에게 성과에 대한 통찰력을 제공해야 한다. 이를 위해 프로젝트를 관리하는 데 사용할 수 있는 데이터를 식별하고, 이 데이터를 사용함으로써, 효과적인 성과관리가 가능해진다. 만약 제한된 데이터만이 유용한 경우에는 최고경영진은 프로젝트를 관리하는 데 필요한 기본정보가 무엇인지를 식별해야 한다. 업무와 관련된 측정 데이터를 수집하면 조직에서는 일반적으로 성과가 뛰어난 측정값을 모으려는 경향이 있다. 따라서 실질적인 성공을 위해 최고경영진과 기타 이해관계자는 현행 성과요구와 비즈니스 목표를 명확하게 제시하고 연관된 데이터가 수집될 수 있도록 해야 한다.

성과 상의 이슈는 산업계 데이터나 고객 요구사항 또는 이전 실적이나 계획된 성과 및 목표 등과 실제 나타난 성과를 비교하여 식별할 수 있다. 성과이슈와 그들의 원인 및 가능한 해결방법을 기록하고, 이를 통해 다른 프로젝트에 성과향상을 성공적으로 전파할 수 있다.

2단계 프랙티스 그룹은 프로젝트에서의 측정 및 성과목표를 수립하고 측정방법을 정의하여 이에 따라 측정활동을 수행하는 내용을 다루고 있다.

'측정 및 성과 목표'라는 용어는 통계적이거나 기타 정량적인 기법의 사용에 대한 엄격성을 요구하지 않는 정량적 또는 정성적 목표를 설명하는 데 사용된다. 이에 반해, '품질 및 프로세스 성과 목표'라는 용어는 상위성숙도 수준에서 사용된다. 이러한 목표에는 통계적이거나 기타 정량적인 기법과 관련한 데이터가 사용된다. 따라서 여기서 언급하고 있는 측정 및 성과 목표의 수립은 측정과 분석활동을 실시하는 목적을 문서화하고, 데이터 분석을 바탕으로 취할 수 있는 조치의 유형을 명시하는 것을 의미한다. 측정 및 성과 목표는 기존 프로세스, 가용자원 또는 기타 측정 고려사항에 의해 제한될 수 있으며 측정결과 값이 해당 작업에 투입된 자원에 적절한지 여부를 판단할 필요도 있다. 측정 및 성과 목표는 일정변동 및 진척사항 파악, 계획 대비 실제 범위 파악, 솔루션 개발 생명주기 동안 결함식별의 효과성 평가 등과 같이 수립할 수 있다.

측정 및 성과 목표가 수립되면 이러한 목표 달성을 위해 어떤 측정지표를 어떠한 방법으로 관리할 것인지에 대한 운영정의서가 작성되고 활용되어야 한다. 측정지표의 선정은 수립된 측정 및 성과 목표가 달성되는지를 파악하기 위한 측정지표를 선정하라는 의미이다. 측정을 위한 지표는 기본 측정지표와 파생 측정지표로 구분할 수 있다. 기본 측정지표는 요구사항 등록이나 변경 건 수, 결함 건 수 등과 같이 데이터를 직접적으로 수집할 수 있는 지표 유형이며 파생 측정지표는 결함밀도, 검토 및 시험 커버리지, 생산성 등과 같이 몇 개의 기본 측정지표 값의 연산을 통해 파악이 가능한 지표 유형이다. 따라서 파생 측정지표는 기본 측정지표보다 정량적으로 신뢰도가 더 높고 의미 있게 해석 가능한 경우가 많다. 프로젝트의 상태를 파악하는 데 있어 파생 측정지표의 활용도가 더 높지만 파생 측정지표는 기본 측정지표를 근간으로 하기 때문에 프로젝트에서는 기본 측정지표와 파생 측정지표 모두를 정의하고 사용해야 한다. 수집된 측정 데이터를 분석하고 보고하는 방법 또한 정의되어야 한다. 측정 데이터 유형에 따라 차트, 막대그래프, 히스토그램 등 적절한 통계적 분석 기법을 사용할 수 있다. 측정 데이터 분석 결과를 보고할 대상과 시기 그리고 방법 등도 포함된다. 뿐만 아니라, 운영정의서에는 각 측정지표별로 누가, 무엇을, 언제, 어떻게 수집하고 어디에 저장하여 관리할 것인지도 담겨야 한다. 특히 저장과 관련해서는 저장 장소에 대한 접근권한과 정보보안 여부 또한 고려돼야 한다.

수집된 측정 데이터는 진행상황과 성과를 모니터링하고 데이터를 근거로 한 의사결정 및 적절한 시정활동을 수행할 수 있게 해주는 이점이 있다. 다만, 유념해야 할 것은 측정 데이터는 수집하는 과정에서 오류나 누락이 발생할 가능성이 존재한다는 것이다. 이 같은 오류나 누락 데이터는 가능한 초기에 발견하는 것이 좋다. 따라서 측정 데이터 수집 시 데이터의 완전성과 무결성을 확인하는 점검활동이 필요한 데 주로 누락 데이터, 범위 외 데이터 값, 예외적 패턴 및 측정지표 간의 상관관계 등을 찾아내는 작업이 수행된다.

수집된 측정 데이터를 프로젝트의 측정 및 성과 목표와 비교하여 조직의 목표달성 가능성을 파악해 볼 수 있다. 분석결과 성과가 부족한 경우에는 잠재적인 개선영역을 식별하고 이 정보를 사용하여 제안된 개선안을 개발 및 평가하고 우선순위를 지정할 수 있으며, 분석을 위한 추가 영역의 식별 또한 가능하다. 그런데 여기서 주의해야 할 점은 '분석과 해석'에 대한 의미이다. 물론 조직마다 차이는 있겠지만 일반적으로 측정 데이터가 수집되어 등록되면 유형에 적합한 그래프 등을 자동으로 그리도록 프로그램화 해 놓는다. 그러고 나서 수집된 측정 데이터에 따라 그려진 그래프를 보고 분석했다고 하는 경우가 있는데, 분석이란 그려진 그래프 자체를 말하는 것이 아니라 그 그래프가 가진 의미가 무엇인지를 파악하는 것이다. 관리기준이 있는 경우, 관리기준과 비교하여 차이가 있는지, 차이가 있다면 이유가 무엇인지를 살펴보는 것이 분석이고 필요하다면 시정을 위한 방안을 수립하는 것이 해석이다. 만약 여러분이 측정 데이터별로 표현된 그래프나 차트 등을 경영진에게 그대로 보고한다고 생각해 보라. 이는 마치 "데이터 수집 결과가 그래프로 이렇게 나타났는데, 의미는 알아서 파악하세요!"라는 것과 다를 바 없다. 과연 이러한 식의 보고를 받은 경영진은 여러분에게 무엇이라 얘기할까? 생각만 해도 끔찍하지 않은가?

저장된 정보는 측정 데이터를 이해하고 해석하고 합리성 및 적용 가능성을 평가하기 위해 필요한 다른 정보를 포함하거나 참조한다(예: 프로젝트를 비교할 때 다른 프로젝트에서 사용된 측정명세). 프로젝트는 프로젝트의 측정 데이터와 결과를 프로젝트 별 저장소에 저장할 수 있다. 만약 그 데이터가 프로젝트 간에 공유가 필요하다면, 데이터는 조직의 측정저장소에 등록되어야 한다. 다만 기밀유지 조건으로 제공된 정보가 공개된다거나 불완전하거나 상황과 무관하거나 또는 오해를 불러일으킬 수 있는 정보를 근거로 한 잘못된 해석이나 직원들의 성과를 부적절하게 평가하거나 프로젝트 순위를 정하는데 사용되는 측정 데이터들과 같이 부적절하게 사용되는 건 방지해야 한다. 데이터 및 관련정보의 부적절한 사용을 방지하기 위해서는 데이터에 대한 접근을 통제하는 방법과 데이터의 적절한 사용에 대해 직원교육을 실시하는 방법 등이 있다.

측정 및 성과 목표 달성을 위해 식별된 이슈는 이를 해결하기 위해 시정활동을 수행한다. 대표적인 시정활동 방법으로는 차이의 원인을 파악하고 시정하기 위한 원인분석 활동이 있고, 이 외에 계획을 다시 세우거나 목표를 재조정할 수도 있다.

3단계 프랙티스 그룹에서는 프로젝트 수준에서 수행하던 2단계 프랙티스 그룹의 측정 및 성과관리 활동이 조직수준의 활동으로 바뀐다.

조직의 비즈니스 목표를 검토하고 분석한다. 각 조직은 대개 조직으로부터 파생된 자체적인 비즈니스 목표를 가진 여러 하위수준의 단위조직(예: 부문, 본부, 팀, 프로젝트 등)으로 구성된다. 하위수준의 단위조직에서 목표 할당의 스케일과 변동은 비즈니스 전략 및 전술, 고객 기반, 규모, 복잡성 및 솔루션 생명주기에 따라 달라질 수 있다. 전체 조직수준에서의 비즈니스 목표에 대한 검토가 완료되면 조직 차원의 측정 및 성과 목표를 프로젝트에 할당한다.

조직의 측정활동의 일관성을 유지하기 위해 조직의 측정지표 운영정의서에는 측정지표 정의, 데이터 수집 및 보관, 데이터 분석 및 해석, 데이터 저장 및 보고 등과 관련한 내용이 포함된다.

데이터 품질은 성과 및 측정정보의 완전성과 정확성과 같은 영역에서의 무결성에 중점을 둔다. 즉, 데이터 품질은 측정활동이 운영정의서를 준수하고 측정저장소의 데이터가 무결성을 확보함을 보장해야 한다. 측정저장소의 데이터가 무결성을 확보하면 효율적이고 효과적인 운영과 의사결정 및 계획수립이 가능하며 의사결정 과정에서의 오류가 감소하고 성과가 향상되는 이점이 있다. 데이터 품질을 분석하고 향상시키는 프로세스에는 일반적으로 다음사항이 포함된다.

- 측정시스템 오류 최소화
- 데이터 입력이 유효한지 확인하는 방법
- 효과적인 의사결정을 지원하는 측정 데이터와 측정방법
- 데이터의 정확성, 완전성 및 적용범위
- 적절한 교육훈련 제공

측정 결과물들은 조직의 측정저장소에 모여진다. 측정저장소는 개별 프로젝트로부터 수집된 측정 데이터와 분석 결과들을 모아 놓은 곳으로, 조직차원에서 분석하여 향후 프로젝트 수행을 예측하기 위해 활용되어진다. 예를 들어, 기존에 수행했던 어떤 프로젝트의 시험 단계에서 결함이 많이 발견되어 프로젝트가 지연되었다고 하면 아마도 여러분은 제일 먼저 해당 프로젝트 내에서 그 원인을 찾을 것이다. 그런데 여러분이 찾은 원인 중의 하나가 프로젝트에서 요구사항 단계를 제대로 수행하지 않았기 때문이라면, 이 원인이 진짜로 시험결과에 영향을 주었는지를 확인해 봐야 할 것이다. 이러한 경우 여러분은 조직의 측정저장소를 활용해 요구사항 단계와 시험 단계의 상관관계를 분석해 볼 수 있을 것이다. 반면 프로젝트로부터 수집된 데이터를 분석한 결과, 모든 프로젝트에서 공통의 문제점을 발견했지만, 오직 하나의 프로젝트에서는 그러한 문제점이 발생하지 않았다면 문제점이 발생하지 않은 하나의 프로젝트에서 왜 문제점이 발생하지 않았는지에 대해 심도 있게 분석할 수도 있을 것이다. 따라서 여러분은 이러한 목적으로도 조직의 측정저장소를 활용할 수 있을 것이다. 그리고 여러분이 프로젝트 관리자라면 여러분의 프로젝트를 어떻게 계획하고, 일정을 수립할지에 대해서도 이러한 측정저장소가 많은 아이디어를 제공할 것이다. 실제로 프로젝트 관리자의 경우, 프로젝트 진행 시 제일 고민되고 시간을 많이 할애하게 되는 것이 이 부분이기 때문이다.

조직 차원의 분석을 통해 잠재적인 개선영역을 식별하고 프로세스 성과 상의 부족함을 해결할 수 있는 영역을 결정한다. 분석을 통해 잠재적 개선안을 평가하고 우선순위를 정하며, 이러한 개선을 달성하는데 가장 큰 영향을 줄 프로세스와 기술을 식별한다. 여러분은 성과개선 전후의 데이터 비교를 통해 개선효과를 파악할 수 있다. 따라서 다양한 프로젝트의 데이터를 조직 수준으로 모아서 결과를 비즈니스 목표와 비교하고 결과와 달성이익 그리고 목표달성 여부를 이해관계자들에게 보고한다.

정기적으로 성과결과를 조직 내에 공유함으로써, 조직 전반에서 성과향상의 이점을 보다 잘 이해하게 된다. 이러한 이해는 측정활동과 성과관리 그리고 프로세스 개선 활동에 대한 긍정적 인 태도를 갖게 하여 지속 가능한 개선 문화를 구축하는 데 중요한 요소가 된다.

4단계 프랙티스 그룹은 품질 및 프로세스 성과 목표를 달성하기 위해 조직의 표준 프로세스 중에서 선정된 프로세스의 성과를 정량적으로 이해하고 활용하며, 프로젝트를 정량적으로 관리하기 위한 프로세스 성과 데이터, 기준선 및 모델을 개발하여 활용하는 데, 중점을 두고 있다.

상위성숙도 조직에서는 조직의 비즈니스 목표 달성에 기여할 수 있도록 조직의 '품질 및 프로세스 성과 목표'를 수립한다. 여기서 주의할 점은 대부분의 기업은 비전과 중장기 목표 그리고 이에 따른 연간 비즈니스 목표를 가지고 있는데, 이러한 비즈니스 목표를 품질 및 프로세스 성과 목표와 동일시하는 경향이 있다는 것이다. 정량적으로 관리되는 균형성과평가제도나 핵심성과지표를 품질 및 프로세스 성과 목표로 설정하는 경우가 그 예이다. 균형성과평가제도나 핵심평가지표의 경우, 정량적으로 관리되고 하위 조직으로 목표를 할당한다는 점에서 품질 및 프로세스 성과 목표와 유사할 수 있지만 이는 방식의 유사함이지 항목의 유사함은 아니다. 물론 균형성과평가제도나 핵심성과지표의 항목 중 일부 항목이 품질 및 프로세스 성과 목표가 될 수는 있다.

이 프랙티스에서 정의하는 품질 및 프로세스 성과 목표란 개별 프로젝트에서도 측정 가능해야 함을 의미한다. 예를 들어, 최종 인수시험 결함밀도, 운영 중 나타나는 결함밀도, 프로젝트 일정 준수율 등이 품질 및 프로세스 성과 목표가 될 수 있다. 이러한 값들은 조직 수준에서 평균이나 범위, 합계 등의 형태로 조직의 품질 및 프로세스 성과 목표가 될 수 있기 때문이다.

따라서 품질 및 프로세스 성과 목표를 수립할 때는 다음 사항을 고려하는 것이 좋다.

- 비즈니스 목표를 정제하여 조직과 프로젝트 수준에서 측정 가능한 항목으로 상세화 한다. '고객을 위한 가치 창출'이 비즈니스 목표라면 우선 고객을 정의하고 고객에게 가치란 무엇인가를 정의한 후, 우리가 제공하는 솔루션이 어떻게 고객의 가치를 창출하는지를 정의한다. 그리고 정의된 가치를 프로젝트 단위에서 어떻게 측정할 것인지 상세화 한다.

- 비즈니스 목표와 품질 및 프로세스 성과 목표는 정량적인 관계이거나 논리적인 연관관계를 가지고 있어야 한다. 이러한 연관관계는 상관분석이나 회귀분석과 같은 통계적 기법을 사용하여 보여줄 수 있다.

- 조직의 현재 수준을 고려하고 경쟁업체나 산업계 동향을 파악하여 목표수준을 설정한다. 목표는 조직구성원 입장에서 최선의 노력을 다해 수행할 경우 달성 가능한 수준이어야 하며 전 구성원이 목표에 대해 공유하고 공감해야 한다. 지나치게 과도한 목표는 구성원의 목표달성 의욕을 떨어뜨릴 수 있다.

- 품질 및 프로세스 성과 목표에 대한 중간단계 목표를 수립하고 일정 주기 별로 관리할 계획을 수립한다.

- 품질 및 프로세스 성과 목표 건 수에 대한 제약은 없지만 일반적으로 품질, 일정 및 비용과 관련된 목표는 수립하는 것이 바람직하다.

- 조직이 이미 균형성과평가제도나 핵심평가지표를 이용해 목표를 관리하고 있다면 품질 및 프로세스 성과 목표를 기존의 목표와 통합해 관리하는 것도 중복된 관리를 방지하는 측면에서 바람직하다.

- 품질 및 프로세스 성과 목표는 조직의 비즈니스 목표가 변경되거나 조직의 표준 프로세스가 변경되었을 때 또는 품질 및 프로세스 성과의 실제 값이 목표치와 현격하게 차이가 날 때는 개정하는 것이 좋다.

성숙도 단계가 낮은 조직의 경우에는 측정활동을 수행함에 있어, 프로세스보다는 프로젝트 자체를 대상으로 하는 경우가 많다. 예를 들면 프로젝트에 투입된 전체적인 노력은 측정을 하지만 요구사항 분석이나 관리에 투입된 노력과 같이 작업 단위별로는 구분하여 관리하지 않는 경우가 대부분이다. 상위성숙도 단계로의 진입을 위해서는 솔루션이나 프로세스의 품질수준을 정량적으로 나타내기 위해 솔루션과 프로세스 2가지 측면에서의 측정지표가 선정되어 활용돼야 한다. 일반적으로 프로세스 측정지표로는 투입인력, 개발기간, 결함제거율 등이 있으며, 솔루션 측정지표로는 신뢰성이나 결함밀도 등이 있다. 프로세스 측정지표인 결함제거율과 솔루션 측정지표인 결함밀도는 결함이라고 하는 같은 데이터를 사용하고 있지만, 하나는 프로세스 측정지표이며 다른 하나는 솔루션 측정지표로 사용된다는 점을 유의해야 한다.

이 밖에 성과와 관련된 측정지표로는 일정 지연율이나 투입인력 초과율, 계획되지 않은 작업의 수 등이 있으며, 품질관련 측정지표로는 재작업 시간이나 결함 수 등이 있다.

품질 및 프로세스 성과 목표를 잘 설명해 줄 수 있는 측정지표를 선정하기 위해서는 다음 사항을 고려하는 것이 좋다.

- 조직에서 정의하고 있는 측정지표의 종류와 실제 측정치를 수집한다.
- 품질 및 프로세스 목표에 영향을 줄 것으로 추정되는 측정지표를 목록화하고 그 중 측정 가능한 지표를 수집한다.
- 품질 및 프로세스 성과 목표와 측정지표 간의 상관분석을 통해 상관관계가 높은 측정지표를 선정한다.
- 향후 추가로 수집돼야 할 측정지표를 정의하고 평가기준(예: 측정 가능성, 수집 주기, 향후 활용도 등)을 수립하여 평가를 통해 측정지표를 선정한다.

- 선정된 측정지표가 품질 및 프로세스 성과 목표와 정량적인 관계가 있거나 논리적인 연관성을 가지고 있는지 확인한다.
- 선정된 측정지표는 프로젝트 전 단계에 걸쳐 측정이 가능해야 하며, 일정 주기별로도 측정 가능해야 한다. 프로젝트 초기나 말기에만 측정 가능한 지표는 향후 활용에 제약이 있을 수 있다.

정량적 관리를 위한 측정지표를 모두 관리도로 분석할 필요는 없다. 관리도로 분석할 수 있는 측정지표의 경우에는 관리도를 사용하는 것이 좋지만, 그 외의 측정지표는 적절한 분석기법을 사용하면 된다. 예를 들어, 프로젝트 전 기간에 걸쳐 10회 이내로 측정되는 지표가 있다면 시계열 그래프만으로도 분석이 가능하다. 측정지표에 대한 정량적 분석을 위해서는 다음 사항을 고려하는 것이 좋다.

- 관리도는 측정지표의 특성을 고려하여 선택한다. 일반적으로 7가지 형태의 관리도를 선택하여 사용할 수 있으나, 데이터의 유형에 따라 I(X)-MR 관리도나 U 관리도 또는 C 관리도가 많이 사용된다.
- 관리도의 경우, 프로세스 성과 기준선을 활용하여 관리 상한선과 관리 하한선을 설정한다. 관리 상한선과 하한선은 일반적으로 ±3σ로 설정한다. σ^{시그마}는 분포도의 척도로 표준편차를 의미하는데, 데이터가 정규분포인 경우 중심치에서 ±3σ의 범위 안에 전체 데이터의 99.73%가 포함됨을 의미한다. 관리 상한선 및 하한선과는 별도로 품질 및 프로세스 성과 목표를 달성할 수 있는 범위를 확인하고 목표를 달성할 수 있는 측정지표의 범위인 규격 상한선과 규격 하한선을 설정한다.

프로세스 성과 기준선이란 어떤 프로세스를 적용하면서 수집한 결과들이다. 따라서 프로세스 성과 기준선을 통해 기대되는 프로세스 성과와 실제 프로세스 성과를 비교할 수 있다. 프로세스 성과 기준선은 숫자로 이뤄진 집단의 특징을 설명하는 것이기에 분포의 형태나 평균, 표준편차로 나타내는 것이 일반적이다.

프로세스 성과 기준선 수립 시에는 다음 사항을 고려하는 것이 좋다.

- 프로세스 성과 기준선 수립 대상이 되는 프로세스와 지표를 수집하고 이상치를 제거한다. 산술적으로 이상치로 보이는 값들이 실제 이상치인지 확인하기 위해 프로젝트 상황을 확인할 필요가 있다.
- 프로세스 간 차이가 식별돼야 한다. 프로젝트를 정량적으로 관리하기 위해 프로젝트에서 사용하는 프로세스를 구성하는 기본 틀은 프로세스 성과 기준선이 제공해줘야 한다. 프로세스 간 차이는 유사한 프로세스를 정리하고 측정지표 사이에 차이가 있는지 통계적으로 확인하는 것이다. 일반적으로 분산분석을 사용하여 프로세스 간 차이가 있음을 보여줄 수 있다.
- 프로세스 성과 기준선은 안정된 프로세스 지표를 대상으로 해야 한다. 프로세스 성과 기준선은 과거 수행된 프로세스의 결과 값이면서 동시에 미래 프로세스에 대해 기대되는 결과 값이다. 안정적이지 않은 데이터를 사용하는 경우 미래에 기대하는 결과 값의 범위가 넓어지게 되고 넓어진 범위는 프로세스 관리의 효과를 떨어뜨리게 된다.

일반적으로 프로세스 성과 기준선은 다음 순서에 따라 수립하고 활용할 수 있다.

1. 프로세스 별로 측정지표를 수집한다. 수집된 측정지표의 이상치를 확인한다. 박스플롯을 그려보거나 정규성검증을 통해 이상치로 추정되는 데이터를 확인할

수 있다. 그러나 이상치로 나타났다고 해서 실제 이상치라고 판단할 근거는 없기 때문에 해당 프로젝트를 수행한 인원으로부터 당시 상황에 대한 설명을 듣고 이상치로 제거할 것인지를 판단한다.

2. 정제된 데이터 중 집단화가 필요한 측정지표는 분리하여 별도의 집단으로 분석한다. 일반적으로 고려할 수 있는 집단은 프로젝트의 특성(예: 대/중/소, 대외/대내, 방법론 유형, 사용언어, 개발단계 등)이나 프로세스의 특성(예: 데스크 체크/인스펙션/워크쓰루, 시험의 기법/종류/차수, 개발자 수준 등)으로 구분 할 수 있다. 한 번에 모든 집단을 구분하는 것은 현실적으로 어렵기 때문에 다양한 시각을 가지고 특성들을 고려해야 한다. 이렇게 구분된 프로세스 성과 기준선은 프로젝트를 정량적으로 관리하기 위한 대안 프로세스 선정의 근거로 활용되어 각 프로젝트 목표 달성을 위한 프로젝트 수행 프로세스의 구성에 활용된다.

3. 위에서 구분한 특성 중에서 의미가 있는 특성을 이용하여 데이터를 집단화하고 분포형태, 평균, 표준편차, 범위 등을 사용해 프로세스 성과 기준선을 수립한다.

4. 수립된 프로세스 성과 기준선은 조직 내에 공유하고 각 프로젝트에서 분석 결과를 활용할 수 있도록 한다. 활용을 위한 템플릿이 필요한 경우 함께 제공한다.

프로세스 성과 모델은 품질 및 프로세스 성과 목표와 측정지표의 관계를 설명하는 것으로 결함과 같은 '프로세스의 속성과 해당 프로세스의 작업산출물과의 관계'를 설명한다. 그러므로 프로세스 성과 모델을 이용하면 프로젝트 후반부에나 측정이 가능한 성과에 대해 프로젝트 초기에 수집된 프로세스 속성을 기반으로 예측할 수 있게 해준다. 일반적으로 시스템 다이내믹 모델, 회귀 모델, 복잡도 모델, 몬테카를로 시뮬레이션 모델과 같이 논문에서 사용된 모델이나 상용 모델을 프로세스 성과 모델로 생각하는 경우가 많지만, 프로세스 측정지표와 성과 목표의 관계를 설명하고 해당 성과 목표를 예측할 수 있다면 프로세스 성과 모델이 될 수 있다. 성과 목표는 대다수의 경우 프로젝트 완료 시점이나 후반에 알 수 있지만, 장기 프로젝트의 경우에는 주요 마일스톤에서 파악할 수도 있다.

프로세스 성과 모델 수립 시에는 다음 사항을 고려하는 것이 좋다.

- 수집된 프로세스 측정지표와 품질 및 프로세스 성과 목표를 분석해 품질 및 프로세스 성과 목표를 예측할 수 있는 프로세스 성과 모델을 수립하고 조직 내에 공유한다.
- 상용 모델 중 조직에서 활용 가능한 모델은 실제 데이터를 사용하여 검증해 보고 사용이 가능하다고 판단되는 경우 활용한다.
- 프로세스 성과 모델은 프로젝트 전 단계에 걸쳐 사용가능해야 하며, 예측 결과는 특정한 값을 예측하는 것이 아니라 구간이나 확률로 예측 가능해야 한다.
- 프로세스 성과 모델을 구성하는 프로세스 측정지표 중 일부는 반드시 통제 가능해야 한다. 통제 가능하다는 것은 수행하는 프로젝트 환경에서 프로젝트 의도에 따라 변경 가능해야 함을 의미한다. 예를 들어, 요구사항이 이미 확정되어 프로젝트 진행 중에는 변경이 불가능하다면 통제 불가능한 것이고 고객과 협의를 통해 배포 단계를 조정할 수 있거나 요구사항의 성격을 변경 할 수 있다면 통제 가능한 것이다. 동일한 측정지표라도 조직이 처한 상황, 프로젝트 특성에 따라 통제가 가능할 수도 있고 불가능 할 수도 있다.

프로세스 성과 기준선을 통해 집단화한 데이터는 각 집단별로 프로세스 성과 모델을 개발하게 되는 데, 일반적으로 다음 순서에 따라 개발하고 활용할 수 있다.

1. 프로세스 측정지표 중 특정 품질 및 프로세스 성과 목표와 회귀 관계가 있을 것으로 추정되는 측정지표를 식별한다.

2. 상관분석을 통해 상관관계가 높은 프로세스 측정지표를 선정한다.

3. 회귀분석을 통해 회귀방정식이 유효한 프로세스 측정지표를 식별한다.

4. 프로세스 성과 모델을 개발하고 조직 내에 공지한다.

5. 프로세스 성과 모델을 쉽게 사용할 수 있도록 템플릿과 교육을 제공한다.

통계 및 기타 정량적 기법을 사용하여 프로세스 성과의 변동을 분석하고 목표 달성을 위해 선정된 프로세스를 모니터링하며 정기적으로 품질 및 프로세스 성과 목표를 검토한다. 뿐만 아니라 여러 유형의 입력물을 사용하여 품질 및 프로세스 성과 목표가 충족될 것인지에 대해서도 예측을 해본다. 성과에 대한 정량적 모델은 능력에 관한 간단한 이론적 통계부터 복잡한 확률론적 또는 다 변수 예측 모델에 이르기까지 다양하다. 이러한 모델들은 프로세스의 현재 능력과 프로세스에 영향을 미치는 조건에 따라 프로젝트나 팀 또는 조직의 성과를 예측하는데 사용될 수 있다. 조직은 관련된 산업계의 표준 모델로 시작하여 시간이 지남에 따라 내부 데이터나 경험을 통해 알고리즘이나 매개변수를 다듬어 나갈 수 있다.

정량적 모델의 유형은 다음과 같다.

- 프로젝트의 집계된 성과 결과로부터 품질 및 프로세스 성과 목표의 달성 가능성을 예측하는 모델

- 프로젝트의 능력과 성과에 영향을 미칠 가능성이 높은 특성을 예측하는 모델 및 개선안을 선택하거나 성과 기대치를 조정하는데 사용되는 모델

- 프로세스의 결과 능력과 성과에 대한 프랙티스 및 활동의 변동에 영향을 주는 모델

- 성과에 대한 트레이드오프와 관련된 결정을 평가하는 모델

마지막으로 5단계 프랙티스 그룹은 조직의 비즈니스 목표를 달성하기 위해 통계 및 기타 정량적 기법을 사용하여 조직의 성과를 능동적으로 관리하는 활동이다. 즉, 프로세스 성과 상의 부족한 부분을 파악하고 프로세스 개선 대상 분야를 식별하기 위해 통계적이고 정량적인 기법을 사용하여 조직의 비즈니스 성과를 관리하고, 품질 및 프로세스 성과 목표 달성의 기여 정도를 바탕으로 확산이 필요한 개선안을 선정하며, 조직의 프로세스와 기술에 대해 측정 가능한 개선안을 확산전개하고 통계적이고 정량적인 기법을 사용해 평가하는 활동이다.

조직의 비즈니스 목표와 품질 및 프로세스 성과 목표가 정량적으로 또는 논리적으로 관계가 있다는 것을 실증적으로 증명하기 위해서는 비즈니스 목표와 품질 및 프로세스 성과 목표의 실적 관리가 필요하다. 비즈니스 목표와 실적 그리고 품질 및 프로세스 성과 목표와 실적은 주기적으로 관리하며, 조직의 품질 및 프로세스 성과 목표는 개별 프로젝트의 품질 및 프로세스 성과 목표를 취합하여 표시할 수 있다. 일반적으로 프로세스 성과 기준선과 프로세스 성과 모델로 특징지어지는 조직의 성과 데이터를 사용하여 비즈니스 목표가 현실적이고 비즈니스 전략에 부합하는지를 평가한다.

비즈니스 목표의 달성 여부를 확인하기 위해, 성과 데이터를 분석한다는 것은 비즈니스 목표와 성과 목표에 대한 관리를 통해 개선되어야 할 영역을 식별하고 개선활동을 수행하여 비즈니스 목표가 달성될 수 있도록 관리한다는 의미이다.

주로 다음과 같은 순서로 활동을 수행한다.

1. 품질 및 프로세스 성과 목표와 조직의 비즈니스 목표 상, 달성되지 못하는 부분을 식별한다. 조직의 품질 및 프로세스 성과 목표는 비즈니스 목표 달성에 기여하도록 수립되어 있다. 따라서 품질 및 프로세스 성과 목표의 이동이 기대한 비즈니스 목표의 개선에 기여하는지 확인한다.

2. 목표가 달성되지 못하는 원인과 위험을 식별한다.

3. 분석된 결과는 경영진에 보고한다.

개선이 필요한 영역에 대한 개선을 위해 제안된 개선안은 조직의 품질 및 프로세스 성과 목표 달성에 어느 정도의 영향을 미칠 것인지가 분석되어야 한다. 개선 결과의 예측은 단순 예측이나 의지가 아니라 프로세스 성과 모델이나 프로세스 성과 기준선을 사용해 분석되고 평가되어야 한다. 특히 개선안 분석 시에는 비용 분석을 통해 개선에 필요한 비용과 효과를 분석해야 한다.

개선안 선정은 일반적으로 다음과 같이 수행한다.

1. 제안된 개선안의 비용과 효과를 분석하고 수행을 위한 위험을 식별한다.

2. 프로세스 성과 기준선과 프로세스 성과 모델을 사용해 정량적인 기대효과를 분석하고 개선안 수행을 위해 필요한 비용, 노력, 일정을 산정한다.

3. 개선안에 우선순위를 부여하고 우선적으로 전개할 개선안을 선택한다.

선정된 개선안은 시범적용을 통해 검증하고 검증을 거친 개선안 중 조직 전체나 부분적으로 확산전개할 개선안을 결정한다. 개선안이 검증되었다고 해서 모두 확산전개 하는 것이 아니라 투자수익률 관점에서 효과가 있었던 개선안만을 확산전개한다. 시범적용 결과를 취합하고 분석하여 각 개선안별로 우선순위를 부여한다. 그리고 각각의 개선안을 어떻게 전개할 것인지 결정한다. 전 조직에 일괄적으로 전개할 수도 있고 전개 대상을 선정하여 순차적으로 전개할 수도 있다. 개선안 중 조직에 확산전개할 개선안이 선정되면 이제 어떠한 방법을 통해 조직에 확산전개할 것인지에 대한 구체적인 계획을 수립하고 이에 따라 전개한 후 그 결과를 평가하면 된다.

시범적용 결과 효과가 있었다고 해서 확산전개 후에도 효과가 있을 것이라고는 확신할 수 없기 때문에 확산전개 계획을 수립하고 전개할 때 진행현황에 대한 모니터링이 필요하다. 따라서 각 개선안을 조직 전반에 확산전개하기 위한 대상 프로젝트와 예상되는 문제점을 고려해 실행 계획을 수립해야 한다. 확산전개가 완료되면 개선의 기대효과(목표)와 개선 결과를 통계적으로 비교하여 투자수익률 관점에서 개선을 위해 투입된 노력과 개선의 효과가 평가되어야 한다.

CMMI 적용

C H A P T E R 3

　　대부분의 기업에서는 규모에 상관없이 기업 내 각 분야별로 여러 가지 서로 다른 개선 활동을 수행하고 있다. 이러한 현상은 개별 분야에 적합하다고 생각하는 서로 다른 모델이나 방법에 기초하여 그들의 작업을 수행하거나 개선하는 것을 의미한다. 기업에서 전개되는 다양한 시도들은 조직의 개선 활동을 활성화할 수 있는 긍정적인 효과를 가져다주기도 하지만, 반대로 서로 다른 접근방법으로 인해 수많은 혼란을 야기하기도 한다. 그뿐만 아니라, 개선 모델별 접근방법상의 불일치로 인해 발생한 문제점들은 개선 활동을 수행하는 주체들 간의 생존 게임과도 관련되어 있기 때문에 좀처럼 해결하기가 쉽지 않은 경향이 있다.

　　아마 여러분 중에는 위에서와 같은 조직 내 문제점 때문에 CMMI를 적용하려는 사람들도 있을 것이다. 왜냐하면 CMMI는 소프트웨어나 시스템 엔지니어링뿐만 아니라 서비스나 획득업무 등과 같은 여러 가지 모델을 하나로 통합한 모델이기 때문에 조직 내 여러 분야에서 한 가지 모델로 개선 활동을 가능하게 하기 때문이다. 조직에서의 이러한 시도는 비록 개선 활동을 수행하는 주체는 다르더라도 우선적으로 하나의 모델을 기반으로 수행되기 때문에 동일한 시각을 유지할 수 있어 굉장히 의미 있는 시도라고 할 수 있다.

　　이 장에서는 조직에서의 이러한 시도를 도울 수 있는 몇 가지 핵심적인 내용들을 소개하고자 한다. 우선 프로세스 개선을 위한 접근 방법을 소개할 것이다. 여러분은 이를 통해 프로세스 개선 활동이 전반적으로 어떻게 수행되는지 살펴 볼 수 있다. 다음으로는 프로세스 개선 활동을 수행하는 조직과 이 조직이 개선 활동을 성공적으로 수행하기 위해 어떻게 계획을 세우고 모니터링해야 하는 지를 소개할 것이다. 마지막으로 프로세스 개선 활동을 수행하는데 필요한 몇 가지 문서들을 작성하기 위한 지침과 템플릿을 제공하여, 여러분이 개선 활동을 수행하는데 도움을 주고자 한다.

3.1   프로세스 개선 접근 방법

프로세스 개선을 위한 접근 방법은 여러분이 현재 적용하고 있는 참조 모델이 CMMI이거나, 그렇지 않고 ISO나 다른 어떤 모델을 사용하고 있더라도 공통적으로 적용될 수 있는 것이다.

다음은 프로세스 개선 활동을 수행하기 위한 4가지 단계이다.

1. **착수 단계** : 프로세스 개선 활동을 수행하기 위한 조직의 기반을 마련하고, 프로세스 개선 팀을 조직하는 단계. 여기에는 현재의 조직에서 적용하고 있는 프로세스들의 기준선을 설정하고, 초기 프로세스 개선 계획을 수립하고, 관련 자원이나 자금을 확보하고, 전체 조직구성원으로부터의 적극적인 참여를 보장하는 활동이 포함된다.

2. **정의 단계** : 조직의 정책, 프로세스, 절차, 표준 등을 작성하는 단계.

3. **시범적용 단계** : 프로세스 개선 활동에 참여하는 모든 사람들을 교육하고, 일부 영역에서의 프로세스나 절차들을 시범적용하는 단계. 필요한 경우, 시범적용 결과를 토대로 프로세스나 절차들을 개정하는 작업도 수행된다.

4. **확산전개 단계** : 조직의 모든 프로젝트에서 프로세스나 절차들을 적용하고, 그 효과를 측정하는 단계.

3.1.1 착수 단계

대부분의 조직에서는 프로세스 개선 활동에 대해 관련 컨퍼런스나 책, 그리고 기사 등을 통해 이러한 내용을 처음 접하거나, 프로젝트 제안 작업을 준비하면서 발주자가 이러한 활동을 요구하여 알게 되었을 것이다. 그러므로 착수 단계에서는 프로세스 개선 개념을 조직에 전파하고, 프로세스 개선 계획을 세우며, 자원 및 자금을 확보하여 관련 조직을 구성해야 한다. 그 다음에는 프로세스 개선 활동을 책임질 수 있는 '챔피언'을 선정해야 한다. 챔피언은 해당 조직에서 진정으로 프로세스 개선 활동이 필요하다고 생각하는 사람이어야 하며, 전체 조직에 프로세스 개선 활동을 전개할 수 있는 권한을 가지고 있어야 한다.

그리고 챔피언을 선정하는 작업과 함께 수행할 수 있는 활동은 프로세스 개선 활동에 대한 비용이나 효과 등을 분석하여, 프로세스 개선 활동에 대한 예산을 편성하고, 투자회수율 같은 측정지표를 계산하는 것이다. 여러분이 이러한 책임을 맡았다면 CMMI 인스티튜트의 홈페이지(cmmiinstitute.com)에서 많은 정보를 얻을 수 있을 것이다.

조직에서 프로세스 개선 활동을 수행하기 위해서는 프로세스 개선 팀을 구성해야 한다. 프로세스 개선 팀의 역할은 프로세스 개선 관련 활동들의 우선순위를 결정하고, 이를 위한 계획을 수립하며, 수립된 계획을 수행할 책임을 진다. 그뿐만 아니라 프로세스 개선 팀에서는 조직의 프로세스를 개발하거나 검토하는 역할까지도 수행한다. 프로세스 개선 팀의 역할과 책임에 대해서는 '2. 프로세스 개선 조직' 편에서 좀 더 자세하게 설명할 것이다.

착수 단계에서 제일 중요한 활동은 프로세스 개선과 관련된 계획을 수립하는 것이다. 프로세스 개선 계획은 조직의 상황에 따라 다르게 작성되어야 하지만, 다음과 같은 계획들이 작성되어야 한다.

- **프로세스 개선 계획** : 해당 조직의 프로세스 개선 활동의 장기 비전과 성공 요인이나 프로세스 개선 활동을 위한 초기 예산들에 대한 근거 등을 포함한 계획
- **프로세스 이행 계획** : 프로세스 개선 관련 팀의 구성에 대한 내용과 프로세스 개선 활동의 전반적인 일정 및 예상 작업산출물을 규정한 계획
- **프로세스 실행 계획** : 프로세스 평가 결과를 바탕으로 해당 조직의 약점이나 문

제점을 해결하기 위한 아주 구체적인 계획. 일반적으로 프로세스 영역별로 작성된다.

■ CMMI 심사

개선 조직에서의 초기 프로세스 평가 활동은 프로세스 개선 계획을 수립한 후, 프로세스 이행 계획을 수립하기 전에 일반적으로 실시된다. 프로세스 개선 활동을 본격적으로 착수하기 전에 여러분은 조직에 대해 전반적으로 이해할 필요가 있기 때문이다.

대부분의 조직에서는 그들 조직에 대해서 자신들이 모든 것을 알고 있다고 이야기한다. 물론 그럴 수도 있지만 사실이 아닐 수도 있다. 특히 자신이 직접 수행하는 일에 대해서는 어느 정도 알고 있겠지만, 조직 내 다른 사람들이 수행하는 업무에 대해서는 모르는 경우가 많으며, 또한 자신들이 소속된 부서의 업무들이 조직 내에서 전체적으로 어떻게 조화를 이뤄 가는지에 대해서도 잘 모를 수 있다. 이것은 조직 내의 경영진도 마찬가지이다. 일반적으로 경영진은 자신이 지시한 내용들이 조직에서 수행되고 있을 거라고 믿지만, 필자의 경험에 비추어보면 그들의 지시가 전체 조직에서 수행되기 위해서는 최소한 3가지 이상의 방법을 통해 7번 이상 이야기해야만 어느 정도 수행될 수 있다.

또한, 조직 내 모든 사람들이 똑같은 방법으로 업무를 수행하는 것도 아니다. 프로세스 개선을 위해 가장 중요하게 생각해야 할 부분은 일관성의 문제이다. 이것은 조직 구성원을 아무 생각 없이 주어진 일만 하도록 만들려는 것이 아니라 조직 내의 정책이나 프로세스, 절차 등에 따라 업무를 수행하도록 하라는 의미이다.

이런 이유 때문에 프로세스 개선 활동을 본격적으로 시작하기 전에 조직의 현재 상황을 파악하기 위한 초기 프로세스 평가 활동을 수행하는 것이 바람직하다. 초기 프로세스 평가 활동은 CMMI 심사방법을 이용해 진행하는 것이 일반적이다.

초기 프로세스 평가 활동을 위해 CMMI 심사에서는 설문서를 작성하거나, 조직과 프로젝트의 문서를 검토하고, 관련 인원들과 인터뷰를 하는 등의 활동을 수행한다. 그 결과 조직의 현재 성숙단계나 능력단계, 그리고 프로세스 영역별 강점과 약점, 향후 개선방향 등을 제시하며, 이러한 평가 결과들은 향후 프로세스 개선 활동을 위한 기준으로 활용할 수 있을 것이다.

3.1.2 정의 단계

정의 단계에서는 프로세스 실행 팀을 구성하여 조직의 프로세스를 정립하게 된다. 다음은 프로세스 실행 팀을 구성하는 방법을 단계적으로 제시한 것이다.

1. 프로세스 실행 팀의 미션을 수립한다.
2. 수립된 미션을 검토하고, 승인한다.
3. 개발해야 하거나 수정해야 하는 정책이나 프로세스, 절차, 표준 등을 결정하는 활동계획을 수립한다.
4. 활동계획을 검토하고, 승인한다.
5. 활동계획에 포함된 정책이나 프로세스, 절차, 표준 등에 대해 구체적인 작업방법이나 작업담당자를 정한다.
6. 활동계획에 따라 정책이나 프로세스, 절차, 표준 등을 개발한다.
7. 측정항목과 측정방법을 정의한다.
8. 측정항목에 대한 교육 자료를 개발한다.
9. 측정항목에 대한 현재 수준을 파악한다.
10. 도구를 검토하고, 필요한 경우 도입을 권고한다.
11. 수행 작업들을 검토하고, 모니터링한다.
12. 필요한 경우 활동계획을 개정한다.
13. 프로세스 개선 팀과의 회의에 참여하고, 프로세스 개선 팀을 지원한다.

3.1.3 시범적용 단계

프로세스 개선을 위한 정의 단계가 완료되면 개발된 프로세스들은 다음과 같은 순서에 따라 최소한 2개 이상의 프로젝트에 시범적용해야 한다.

다음 내용들은 시범적용 단계에서 수행되는 주요 활동에 대한 설명이다.

1. 시범적용 프로젝트를 선정한다.
2. 성공기준과 측정방법을 문서화한다.
3. 프로젝트 팀원들에게 CMMI의 개념에 대한 교육을 실시한다.
4. 시범적용할 프로세스에 대한 교육을 실시한다.
5. 시범적용한다.
6. 시범적용 활동을 모니터링한다.
7. 시범적용 결과를 분석한다.
8. 성공기준과 비교한다.
9. 시범적용 결과를 공유한다.
10. 시범적용 결과를 반영하여 해당 프로세스를 개정하고, 필요한 경우 다시 시범적용한다.

■ 시범적용 프로젝트 선정

시범적용을 위한 프로젝트들은 시범적용하고자 하는 프로세스를 이행하기에 적당한 단계를 수행하고 있어야 한다. 예를 들어 시험 프로세스와 절차들을 시범적용하기 위해 선정된 프로젝트들이 시험활동들을 거의 완료했거나, 이제 막 프로젝트를 시작하는 경우라면 시범적용 프로젝트로는 적절하지 못할 것이다.

그리고 시범적용 프로젝트는 어느 정도 규모와 기간을 가진 프로젝트들이 선정되어야 하며, 시범적용될 프로세스가 포함하는 분야의 프로젝트들이 선정되어야 한다. 예를 들어 1년 정도 소요되는 시스템 엔지니어링 프로젝트를 기준으로 작성된 프로세스를 시범적용하기 위해 웹 기반의 시스템 설계 프로젝트를 선정하는 것도 역시 적절하지 못할 것이다.

일반적으로 시범적용 활동은 주로 프로젝트 기간이 2~6개월 정도인 프로젝트에 대해 프로세스 개선 관련 인원을 적어도 5명 정도 투입해 진행하는 것이 적절하다.

■ 성공기준 문서화

시범적용 활동의 성공 여부를 결정하기 위해서는 먼저 시범적용 활동의 성공 의미를 명확하게 정의해야 한다. 다음 항목들은 이러한 성공기준을 정의하는 데 사용할 수 있는 예이다.

- 시범적용 활동이 중단되지 않고 얼마나 오랫동안 지속되는가?
- 시범적용 프로젝트 수는 얼마나 많은가?
- 시범적용 대상 프로세스가 이행되고 있는 것을 어떻게 모니터링할 것인가?
- 시범적용 대상 프로세스가 얼마나 많은 변경을 필요로 하는가?

■ 시범적용 참가자 교육

시범적용 프로젝트에 참여하는 인원들은 CMMI의 개념이나 시범적용될 프로세스에 대한 교육을 받아야 한다. 이러한 교육은 단순히 프로세스나 교육 자료를 나눠주고 그것에 따라 업무를 수행하라는 정도의 교육이 아니라, 프로세스 개선 팀이나 해당 프로세스를 직접 개발한 프로세스 실행 팀에서 실시하는 구체적인 교육이어야 한다.

■ 시범적용 활동 모니터링

프로세스 개선 팀에서는 시범적용 기간 동안에 항상 시범적용 프로젝트에서의 질문에 적절하게 답할 수 있는 체계가 갖추어져야 하며, 시범적용 상황을 수시로 모니터링해야 한다.

■ 시범적용 결과에 따른 정책 및 프로세스 개정

프로세스 실행 팀은 시범적용 결과를 바탕으로 필요한 경우 해당 정책이나 프로세스들을 변경해야 한다.

■ 시범적용 이후

시범적용 활동은 가능한 많은 프로세스 영역들에 대해 실시되어야 하며, 또한 시범적용 활동은 조직 내의 정책이나 프로세스에서의 중요한 변경이 있을 경우 계속해서 실시되어야 한다. 필자는 주요한 변경에 대해 다시 시범적용해야 할 경우에는 최초 시범적용했던 프로젝트를 대상으로 하는 것을 추천하지만, 해당 프로젝트에 적용할 수 없는 경우에는 다른 프로젝트를 대상으로 실시할 수도 있다.

시범적용 활동의 계획 수립이나 효과성 등을 확인할 수 있는 체크리스트는 다음과 같다.

■ 시범적용 계획 수립 및 수행을 위한 체크리스트

착수 단계

1. 제기된 문제정의
2. 가능한 경우, 문제에 대한 대안 수집
3. 대안 분석 (실행 가능성, 비용 대비 효과 분석 등)
4. 대안 중에서 시범적용을 위한 하나의 해결안 선정

5. 측정할 필요가 있는 주요 포인트 정의

6. 시범적용 결과 확인을 위한 기술 및 운영 측면에서의 방법정의(관련 회의체, 프로세스 개선 팀의 지원, 성공 및 실패의 정의, 수집 데이터 등)

정의 단계

7. 시범적용에 사용될 프로세스 및 절차 문서화

8. 시범적용 평가기준 정의

9. 시범적용 평가방법 정의 (담당자, 데이터 수집, 보고 등)

10. 시범적용에 도움을 줄 수 있는 입력물 및 관계자 식별

11. 비용 대비 효과를 파악하기 위한 데이터 수집 및 추적방법 정의

12. 시범적용 계획 수립 (주요 단계 및 작업산출물 포함)

시범적용 단계

13. 정의 단계에서 작성된 계획에 따라 시범적용 실시

    – 프로세스 시범적용

    – 시범적용에 영향을 미칠 수 있는 관계들과의 의사소통

    – 필요한 데이터 수집

    – 주요 단계별 작업산출물 개발

14. 계획과 차이가 발생할 경우, 그 차이 및 원인을 기록

15. 시범적용 동안 발생한 모든 이슈 및 해당 이슈의 해결방법 기록

16. 평가 단계에서 사용될 시범적용 결과 및 모든 데이터 수집

평가 단계

17. 시범적용 계획에 따라 평가활동 수행

18. 정의된 평가방법 사용

    – 결과 조사

    – 데이터 분석

    – 단계 준수 및 작업산출물 개발 여부

19. 평가계획과 차이가 발생할 경우, 그 차이 및 원인을 기록

20. 평가기간 동안 발생한 모든 이슈 및 해당 이슈의 해결방법 기록

21. 평가활동과 관련된 결과, 교훈, 그리고 모든 데이터 저장

22. 시범적용 결과를 기초로 해결책의 효과성 및 실행 가능성 결정

23. 확산전개 단계로 진행할지에 대한 의사결정 (비용 대비 효과 분석)

24. 모든 교훈들을 다른 시범적용 프로젝트에서 사용할 수 있도록 정리

25. 다른 시범적용 프로젝트의 사용을 위한 권고사항 정리

26. 시범적용 수행 활동 자체에 대한 분석

확산전개 단계

27. 주관적 판단이 아닌 시범적용 평가 결과에 따라 확산전개 단계로의 진행을 결정

28. 진행 중인 다른 대안의 시범적용 결과와 비교한 후 확산전개 단계로의 진행을 결정

29. 조직 내에서 수행 중인 다른 시범적용 프로젝트의 결과와 비교하여 확산전개 단계로의 진행을 결정

30. 확산전개 단계에서의 효과성에 대한 지속적인 데이터 수집 (비용 대비 효과, 일정 개선, 품질 개선 등)

31. 확산전개 단계에서의 교훈 문서화 및 분석

■ 시범적용 결과에 대한 효과성을 측정하기 위한 체크리스트

착수 단계

1. 이번 시범적용 활동은 시범적용을 하기 위한 몇 번째 시도인가? (조직에서 첫 번째 시도, 이 팀에 의해 최초로 시도 등)
2. 이것이 하나의 이슈나 프로세스를 시범적용하려는 최초의 시도였는가?
3. 좁은 범위의 시범적용 프로젝트의 결과가 전체 조직으로의 확산전개 결정에 의미가 있다고 할 수 있는가?
4. 시범적용 계획이나 성공기준에 개인의 주관이 들어가지 않았는가?
5. 비용 대비 효과는 계획에서 미리 제시되었는가?
6. 다른 대안들도 적절히 고려되었는가?
7. 재시범적용 실시에 대한 계획은 수립되었는가?

정의 단계

8. 평가계획은 준비되었는가?
9. 계획에 평가 및 측정기준이 포함되었는가?
10. 평가에 대한 주요 요인들이 식별되었는가?
11. 시범적용 프로젝트에 영향을 미칠 수 있는 관련 인원들이 식별되었는가?
12. 관련 인원들의 의견 등을 계획에 적절하게 반영했는가?
13. 비용 대비 효과 분석에 대한 정보를 수집 및 분석하기 위한 방법이 정의되었는가?
14. 적절한 비용 대비 효과 분석 활동을 실제로 수행했는가?

시범적용 단계

15. 이슈 및 프로세스에 대한 시범적용 프로젝트의 중점사항이 식별되었는가?
16. 시범적용 결과가 문서화되었는가?

17. 시범적용 수행 교훈이 기록되었는가?

18. 관련 문서가 적절한가?

19. 시범적용 프로젝트의 평가를 위한 피드백 메커니즘은 이행되었는가?

20. 피드백을 받기 위해 모든 관련자들의 의견을 청취했는가?

21. 피드백 내용은 문서화 및 분석되었는가?

22. 비용 대비 효과 정보는 수집 및 분석되었는가?

평가 단계

23. 문서화된 평가 단계가 있었는가?

24. 시범적용 결과를 평가하기 위한 활동을 수행했는가?

25. 관련자의 피드백이 수집되고, 분석되었는가?

26. 시범적용 결과에서 얻은 권고사항들은 시범적용 결과 파악한 교훈을 기초로 만들어졌는가?

27. 조직에서 시범적용 프로젝트의 확산전개를 위한 정식 의사결정 프로세스가 존재하는가?

28. 조직에서 이번 시범적용 결과의 확산전개를 위해 정식 의사결정 프로세스를 사용했는가?

29. 비용 대비 효과 분석은 실시되었는가?

30. 시범적용 프로젝트의 비용 대비 효과 분석의 기준은 있는가?

31. 비용 대비 효과 데이터는 의사결정 프로세스에 사용되었는가?

32. 만약 효과가 없는 것으로 나왔다면, 이 시범적용 결과에서 이끌어낼 수 있는 다른 유용한 결과가 있는가?

33. 평가에 대한 기준이 있고, 그것을 따랐는가?

34. 평가 및 측정기준이 식별되었는가?

35. 데이터 수집에 대한 방법이 정의되었는가?

36. 데이터 수집 방법에는 구체적인 수행 작업을 포함하고 있는가?

37. 평가결과를 정확하게 기록했는가?

38. 평가하기 위한 충분한 증거가 도출되었는가?

39. 시범적용 프로젝트의 모든 결과에 대해 당신은 얼마나 자신이 있는가?

40. 재시범적용 활동이 필요한가?

확산전개 단계

41. 평가결과에 따라 확산전개 단계로의 진행을 결정했는가?

42. 확산전개 계획 수립 시 다른 대안에 대해서도 분석했는가?

43. 비용 대비 효과 분석 결과를 바탕으로 확산전개 단계로의 진행을 결정했는가?

44. 확산전개 단계로 진행하거나 혹은 진행하지 않았을 경우에 대해 비용 분석 활동을 수행했는가?

45. 의사결정 프로세스에서 다른 대안에 대해서도 비용 대비 효과 측면에서 논의되었는가?

46. 확산전개 활동은 시범적용한 방법 그대로 수행할 것인가? 그렇지 않고 수정하여 수행할 것인가?

47. 수정하여 수행할 경우, 비용 대비 효과에는 영향을 미치지 않는가?

48. 확산전개 단계 동안 정확한 비용 대비 효과 데이터가 유지되는가?

49. 비용, 효과, 일정 및 품질에 대한 측정이 이루어지고 있는가?

50. 제품 혹은 프로세스의 변경이 필요한가?

51. 확산전개 단계에서의 교훈을 이끌어낼 수 있는가?

52. 착수 단계에 수립된 계획에 따라 시범적용 프로젝트가 수행되었는가?

53. 시범적용 프로젝트가 단지 기술적인 실행 가능성만을 고려하여 수행된 것은 아

닌가?

54. 시범적용 프로젝트를 모니터링하기 위한 조직의 프로세스를 준수했는가?

55. 공식적이고 문서화된 평가 프로세스가 시범적용을 위해 존재하는가?

56. 만약 그렇다면, 이것이 유효한 결과를 산출했는가?

57. 시범적용 프로젝트에서 예상된 효과가 실제로 발생했는가?

3.1.4 확산전개 단계

시범적용 단계가 성공적으로 완료되면 프로세스 개선 팀에서는 확산전개 단계를 시작해야 한다. 확산전개 단계는 새로운 프로세스들을 전체 조직에 단계적으로 적용하는 데 중점을 두고 있다. 여기에서 '단계적'이라는 표현은 확산전개 단계라고 해서 처음부터 전체 조직의 모든 프로젝트에 새로운 프로세스를 적용하는 것이 아니라, 일부 프로젝트에 대해 적용하면서 그 범위를 단계적으로 확대해가는 것을 의미한다. 확산전개 단계에서도 시범적용 단계와 마찬가지로 프로젝트들을 계속 모니터링해야 하며, 그 결과들을 반영하여 지속적으로 프로세스들을 개정해나가야 한다.

확산전개 단계에서 적용 중인 프로세스들을 전체 조직에 계속해서 확대해나갈지, 그렇지 않으면 중단해야 하는지에 대한 판단은 경영진과 프로세스 개선 팀에 의해 결정된다. 만약 새로운 프로세스를 전체 조직에 확대 적용하기 힘들다고 판단되면, 해당 프로세스의 재개발이나 추가 교육 등과 같은 활동을 수행해야 할 것이다.

이러한 이유 때문에 다음에 정의된 확산전개 단계에서의 활동들을 보면 적용범위와 기간만 다를 뿐, 시범적용 단계와 매우 흡사하다는 것을 알 수 있다.

1. 확산전개 단계를 위한, 하나 이상의 프로젝트를 선정한다.

2. 성공기준과 측정방법을 문서화한다.

3. 프로젝트 팀원들에게 CMMI의 개념에 대한 교육을 실시한다.

4. 프로젝트 팀원들에게 프로세스에 대한 교육을 실시한다.

5. 필요한 경우 프로젝트에서의 확산전개 활동을 지원한다. (프로세스 개선 팀, 프로세스 실행 팀, 프로세스 개발자 등)

6. 확산전개 활동을 모니터링한다.

7. 확산전개 결과를 분석한다.

8. 필요한 경우 프로세스를 개정한다.

9. 더 많은 프로젝트에 적용하여 확산전개 한다.

10. 해당 프로세스에 대한 프로세스 실행 팀의 활동을 종료한다.

프로세스 개선 팀에서는 프로세스나 절차들을 모든 프로젝트에 적용할 것인지, 아니면 한 번에 한두 프로젝트에 적용할 것인지를 결정해야 한다. 모든 프로젝트에 대해 모든 프로세스나 절차들을 한꺼번에 적용하여 확산전개 하는 것을 추천하고 싶지는 않다.

3.1.5 프로세스 개선 활동 모니터링

그동안 프로세스 개선 활동에 대한 경영진의 불만은 진척 상황을 쉽게 알 수 없다는 것이었다. 필자는 여러분이 프로세스 개선 활동의 가시성을 높이기 위해 다음 항목만이라도 먼저 모니터링해 나갈 것을 권한다.

* 프로세스 개선 활동의 작업산출물 양
* 주요 프로세스 개선 활동에 투입된 인력 규모
* 주요 프로세스 개선 활동의 시작 및 완료일
* 사전에 정의한 주요 단계의 완료일 (프로세스 영역별 정의 – 시범적용 – 확산전개 등)
* 프로세스 개선 전략의 변경 횟수 및 내역

이러한 모니터링 활동은 개발 프로젝트의 진척도를 모니터링하기 위한 방법에도 활용할 수 있으며, 프로세스 개선 팀에서의 이러한 활동은 프로젝트 팀에 본보기가 될 것이다.

3.1.6 프로세스 개선 활동을 위한 다른 접근 방법

여기서는 프로세스 개선 활동과 관련된 2가지의 다른 접근 방법에 대해 설명하고자 한다.

■ 전통적인 프로세스 개선 방법

- 프로세스 개선 팀을 구성한다. (일반적으로 관련 인원이 최소 35명 이상 정도)
- '현행(As-Is)' 프로세스를 정의한다.
- '목표(To-Be)' 프로세스를 정의한다.
- '목표(To-Be)' 프로세스에 대한 조직 전체의 합의를 얻는다.
- 프로세스 실행 팀별로 전체 조직에 '목표(To-Be)' 프로세스를 적용한다.
- 위의 활동을 계속 반복한다.

전통적인 접근 방법은 '현행(As-Is)' 프로세스를 정의함으로써 조직 구성원들이 해당 조직 내에서 수행되는 전체 프로세스를 바라볼 수 있게 해주며, 특히 CMMI와 같은 모델이 정의하고 있지 못한 프로세스에 대해서도 함께 개선 작업을 수행할 수 있게 하는 장점이 있다.

그러나 이 방법은 시간이 너무 많이 걸리는 단점을 가지고 있다. 일반적으로 조직에서 수행하는 '현행(As-Is)' 프로세스를 정의하는 데만도 거의 6개월 정도 걸릴 것이며, '목표(To-Be)' 프로세스를 만들기 위해서는 약 1년 이상 소요될 것이다. 그렇기 때문에 경영진에게 프로세스 개선 활동의 효과나 진척상황을 보여주기도 쉽지 않을뿐더

CHAPTER 3 CMMI 적용   293

러, 새롭게 만든 프로세스들을 적용해보기도 전에 많은 프로세스 개선 관련 작업자들이 개선 팀을 떠나버릴 수도 있다. 그리고 프로세스 개선 팀의 규모가 크기 때문에 의사결정하는 것이 매우 힘들거나 시간이 오래 걸릴 수도 있으며, 이러한 과정에서 프로세스 개선 활동 자체가 취소될 수도 있을 것이다.

■ 또 다른 접근 방법

- 프로세스 평가를 수행한다. (CMMI 심사)
- 프로세스 개선 팀을 구성한다. (이미 구성되어 있는 경우, 프로세스 평가에 참여함)
- 프로세스 평가 결과에 따라 프로세스 개선 활동을 수행한다.
- 좀 더 집중해야 할 프로세스 개선 영역을 결정한다.
- 결정된 개선 영역에 대한 프로세스 실행 팀을 구성하여 개선 활동을 수행한다.

이러한 접근 방법은 전체 조직의 참여를 좀 더 앞당기거나 경영진에게 프로세스 개선 활동의 진척 상황을 더 쉽게 보고할 수 있으며, 프로세스 개선 활동 초기에 프로세스 평가를 실시함으로써 조직의 문제점이나 프로세스 개선의 필요성 등을 공유할 수 있다.

반면에 조직에서 수행되는 프로세스에 대한 전체적인 시각을 제공하기 힘든 면이 있으며, 일부 프로세스 개선 인원들에게는 조직에서 적은 인력으로 프로세스 개선 활동을 밀어붙이고 있다는 느낌을 줄 수도 있다.

프로세스 개선을 위한 4가지 단계들은 조직의 상황에 따라 조금씩 다르게 적용될 수 있지만, 중요한 것은 프로세스 개선 활동을 계획하고, 그 효과를 지속적으로 모니터링하는 것이라고 할 수 있다.

여러분은 프로세스 개선 활동도 하나의 개발 프로젝트와 똑같이 인식해야 한다. 만

약 그렇게 하지 않으면 프로세스 개선 활동이 계속 지연되면서 조직에서 탄력을 잃어
버릴 수도 있다.

3.2 프로세스 개선 조직

여기서는 프로세스 개선 활동과 관련된 주요 조직에 대해 설명하고자 한다. 여기에
서 언급한 프로세스 개선 조직들은 그대로 여러분의 조직에서 구성할 수도 있으며, 그
렇지 않고 여러분 조직의 상황에 따라 부분적으로 적용하거나 혹은 여기에서 언급하
지 않은 다른 조직을 구성할 수도 있다. 그리고 조직의 규모와 프로세스 개선 활동의
성격에 따라 한 사람이 여러 개의 프로세스 개선 조직에 포함될 수도 있다.

3.2.1 프로세스 개선 조직

일반적으로 프로세스 개선 활동을 수행하기 위해서는 다음과 같은 조직이 필요하다.

- **프로세스 개선 후원자** : 프로세스 개선 활동에 대해 전체적인 책임을 지며, 프로
  세스 개선 활동을 위한 자금이나 인력에 대한 권한을 가진다. 일반적으로 해당
  조직의 임원들 중에서 적합한 사람이 맡는다.
- **프로세스 개선 챔피언** : 프로세스 개선 활동에 대해 직접적인 책임을 부여 받은
  사람으로, 프로세스 개선 팀의 리더가 맡을 수도 있다. 프로세스 개선 챔피언은
  프로세스 개선 활동의 개념이나 접근 방법, 그 결과 등을 조직에 전파할 의무가
  있다.
- **프로세스 개선 팀 리더** : 프로세스 개선 팀 리더는 프로세스 개선 팀의 업무에 대
  해 계획하고, 계획에 따라 팀원들이 작업하는 것을 관리해야 한다.

- **프로세스 개선 팀원** : 프로세스 개선 팀원은 프로세스 개선 관련 문서, 즉 정책, 프로세스, 절차, 계획 등이 작성되고, 수행되고 있는지 확인할 책임을 가진다. 그 뿐만 아니라 프로세스 개선 활동을 모니터링하는 측정항목을 정의하고, 수집해야 한다. 그리고 프로세스 개선 팀원들은 자신이 속한 프로세스 실행 팀을 리드하는 책임도 맡고 있다.
- **프로세스 실행 팀** : 프로세스 실행 팀에서는 해당 팀이 담당한 프로세스 영역에 대한 정책이나 프로세스, 절차 등과 같은 문서들을 작성하고, 이를 시범적용하는 책임을 진다.
- **이행 파트너** : 일반적으로 이행 파트너는 조직에서 프로세스 개선 활동을 착수하고, 계획하고, 이행하고, 모니터링하는 것을 돕는 조직 외부의 컨설턴트를 말하며, 보통 한두 명 정도로 구성된다. 이러한 이행 파트너는 다양한 조직이나 산업 분야에서 프로세스 개선 활동을 경험한 사람들로 구성하는 것이 바람직하다.

3.2.2 프로세스 개선 팀

CMMI에서는 프로세스 개선 체계를 확립하고 그에 따라 프로세스 개선 활동이 수행되고 있는지를 모니터링하는 책임을 가진 그룹을 '프로세스 개선 팀'이라고 한다.

일반적으로 프로세스 개선 팀은 소프트웨어 엔지니어링이나 시스템 엔지니어링 그리고 획득 등과 같이 조직 내 프로세스 개선의 대상이 되는 모든 분야에 대한 개선 활동을 담당하게 된다. 그러므로 프로세스 개선 팀 리더나 프로세스 개선 팀은 조직 내 다양한 분야에서 다양한 계층의 사람들과 의사소통해야 한다. [그림 3-1]은 일반적인 프로세스 개선 조직의 구조에 대해 설명하고 있다.

프로세스 개선 팀의 주요 역할은 조직 내 프로세스를 개선하는 것이다. 이를 위해 프로세스 개선 팀은 현재 조직에서 수행 중인 '현행(As-Is)' 프로세스를 이해하고 있어야 하며, '목표(To-Be)' 프로세스에 대한 비전을 제시해야 한다. 그뿐만 아니라 '목표

(To-Be)' 프로세스에 대한 비전을 실현하기 위한 프로세스 개선 활동의 우선순위를 정하고, 그에 따라 구체적인 실행 계획을 수립하며, 수립된 계획을 실행하기 위한 자원을 확보해야 한다.

프로세스 개선 팀은 해당 조직의 구성원으로 이뤄지며, 프로세스 개선 팀의 책임자인 프로세스 개선 팀 리더는 전체 프로세스 개선 활동의 진행 상황이나 결과 등을 '프로세스 개선 위원회'에 보고해야 한다.

그리고 프로세스 개선 위원회는 프로세스 개선 활동에 필요한 자원이나 예산 등을 프로세스 개선 팀에 제공할 책임을 가지며, 프로세스 개선 활동과 관련된 주요 의사결정에도 참여한다.

프로세스 실행 팀들은 프로세스 개선 활동이 필요한 부분이나 프로세스 영역별로 만들어진다. 일반적으로 프로세스 실행 팀은 프로세스 평가를 통해 발견된 조직의 약점이나 문제점들을 개선하기 위해 프로세스 영역별로 구성한다.

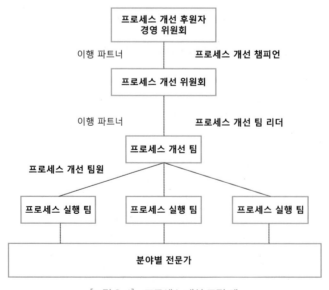

[그림 3-1] 프로세스 개선 조직 예

프로세스 개선과 관련된 실제적인 작업은 프로세스 실행 팀에서 거의 다 수행된다. 프로세스 실행 팀은 프로세스나 절차를 개발하고, 시범적용하고, 그 결과를 반영하여 프로세스나 절차를 개정하는 역할을 수행한다.

프로세스 실행 팀은 조직 내 프로젝트에 투입된 분야별 전문가들로 구성된다. 여기에는 프로젝트 관리자도 포함될 수 있으며, 어떤 조직에서는 이행 파트너를 고용해 해당 조직의 프로세스 개선 구조를 확립하고, 프로세스 개선 활동을 모니터링하는 경우도 있다. 하나의 조직에 여러 개의 프로세스 실행 팀이 구성되는 것이 보통이지만, 해당 조직의 규모와 조직 구조에 따라 다르게 구성할 수도 있다.

그리고 프로세스 개선 조직을 구성할 때 '프로세스 개선 챔피언'도 선정해야 한다. 프로세스 개선 챔피언은 프로세스 개선 활동을 위한 자원이나 자금을 확보하고, 프로세스 개선 개념을 조직 내 전파할 책임이 있다. 프로세스 개선 챔피언은 자신이 직접 프로세스 개선 팀 리더를 맡거나, 적절한 사람으로 프로세스 개선 팀 리더를 지정해야 한다. 그리고 조직 내의 프로세스 실행 팀들을 관리할 책임을 지며, 프로세스 개선 활동을 관리할 수 있는 계획을 수립하고, 이를 유지해야 한다. 이 계획에는 프로세스 개선 활동이나 투입 자원, 일정, 위험 요소 등이 포함된다. 조직 내 수행되고 있는 프로세스 개선 활동 결과에 대해서는 경영진에 보고해야 한다.

프로세스 개선 팀 리더는 프로세스 개선 팀이 구성되기 전에 선정되어야 하며, 경영진과 함께 프로세스 개선 활동을 위한 조직의 전반적인 인프라에 대해 협의해야 한다. 다음의 내용은 경영진과 협의하여 결정할 프로세스 개선 활동을 위한 인프라들이다.

- 프로세스 개선 활동과 관련된 조직 전체의 의사소통 체계 수립
- 프로세스 개선 팀, 프로세스 개선 위원회 등의 참여 인원 확정
- 형상관리위원회의 수립 및 유지
- 프로세스 개선 관련 문서에 대한 관리 방안 마련

- 프로세스 개선 팀과 프로세스 실행 팀, 그리고 전체 조직원들 사이의 프로세스 개선 아이디어 공유 방법
- 프로세스 영역에 대한 조직의 정책 개발
- 프로세스 개선 활동의 성공 및 진척상황을 평가하기 위한 측정항목 및 측정방법 개발
- 필요한 교육 제공
- 필요한 도구 제공

프로세스 개선 팀은 프로세스 평가 활동 결과 발견된 약점에 대해 구체적인 개선 계획을 수립하고, 이를 실행할 책임을 진다. 이러한 개선 계획은 실제로는 개별 프로세스 실행 팀에서 작성하여 프로세스 개선 팀의 검토를 받는 것이 일반적이다. 이러한 개선 계획의 검토 활동은 계획의 구체성이나 해당 조직에서 효과적으로 실행될 수 있는 것인지에 초점을 맞추어 진행하며, 조직 내 다른 사람들과 함께 수행할 수도 있다. 그리고 이러한 개선 계획은 반드시 프로세스 평가 결과와 조직의 비즈니스 목표에 근거하여 작성되어야 함을 명심해야 한다.

프로세스 개선 계획을 수립하거나 개별 프로세스를 새로 개발하기 위한 효과적인 방법 중의 하나는 워크숍을 실시하는 것이다. 이러한 워크숍은 '현행(As-Is)' 프로세스에 대한 분석 작업을 마친 후 '목표(To-Be)' 프로세스를 작성하기 전에 실시하는 것이 좋다. 워크숍에는 보통 프로세스 개선 팀의 구성원들과 프로세스 실행 팀, 그리고 프로세스와 관련된 조직 내 전문가들이 참여하는 것이 일반적이다. 워크숍 결과에 따라 새로운 이슈사항들을 반영하기 위해 프로세스 개선 계획을 좀 더 구체화하거나 변경할 수도 있다.

그리고 프로세스 개선 팀은 조직 내 모든 프로젝트에서 프로젝트 착수 시점과 주요 단계 말, 그리고 종료 시점에 프로세스 검토회의를 실시해야 한다. 프로젝트 착수 시

점에서의 프로세스 검토 회의는 프로젝트에서 조정한 프로세스에 대한 승인의 성격이 강하며, 주요 단계 말에서의 검토 회의는 수행된 프로세스들의 측정 데이터를 수집하기 위해서, 마지막으로 프로젝트 종료 시점에서의 검토 회의는 우수 사례를 수집하고 계획 대비 실적 데이터를 분석하기 위해서 수행된다.

프로세스 개선 팀은 프로세스 및 제품을 측정하기 위해 조직에서 사용하고 있는 방법들에 대해서도 검토해야 한다. 만약 제대로 데이터가 수집되고 있지 않다면 측정 프로세스를 변경해야 한다. 물론 측정 데이터에 대한 보고체계나 분석결과에 따른 조치 활동 등에 대해서도 검토해야 한다.

그리고 프로세스 개선 팀은 6개월마다 프로세스 평가나 미니 평가를 수행해 초기 프로세스 평가에서 발견된 약점들이 해결되었는지 확인하는 것이 좋다. 발견된 약점들이 대부분 해소되었다면 조직에서 목표로 하는 성숙단계나 능력단계에 대해 정식으로 프로세스 평가 활동을 수행하여 조직의 프로세스 개선 활동에 대한 새로운 기준선을 설정할 수 있다.

위에서와 같이 프로세스 개선 팀은 굉장히 많은 일을 수행하기 때문에 대부분 조직에서 프로세스 개선 팀원들은 풀타임으로 일하고 있다. 프로세스 개선 팀원들이 파트타임으로 일하고 있다면, 아마도 그 조직의 프로세스 개선 활동은 실패할 가능성이 높다고 볼 수 있다. 이러한 실패는 이미 알려진 사실이다. 이들은 프로세스 개선이 무엇이고, 왜 프로세스 개선을 해야 하는지에 대해 잘못 이해하고 있는 경우가 많기 때문이다.

이와 유사한 예는 해당 조직의 경영진이 주어진 기한 내에 CMMI의 특정 단계까지 도달하라고 주문하는 경우도 마찬가지이다. 보통의 경우, 주어지는 기한도 1~2년 정도의 그리 길지 않은 것이 일반적이다. 프로세스 개선 활동은 상당히 긴 시간을 요구하는 활동이다. 이러한 활동을 짧은 기간 내에 특정 성숙도 단계만을 위해 수행하라고 요구하는 것은 이미 시작과 동시에 실패한 것이나 마찬가지이다. 이러한 시도 역시 많은 조직에서 수행되었다가 대부분 실패로 끝났다. 비록 성공적으로 CMMI 심사를 통과한 조직조차도 CMMI 심사 시 수행되었던 프로세스들이 조직에 내재화되지 못했기 때문에 그 후 다시 제자리로 돌아갈 수밖에 없다.

3.2.3 프로세스 실행 팀

보통 프로세스 실행 팀은 프로세스 개선 팀원 중 한 명을 리더로 하여 해당 프로세스에 대한 조직 내 전문가들로 구성하는 경우가 많다. 프로세스 실행 팀에 포함된 전문가들은 일반적으로 프로젝트를 수행하면서 프로세스 실행 팀에 참가하는 경우가 많지만, 해당 프로세스 실행 팀에서 개발하는 프로세스나 절차들의 조직 내 파급 효과가 크거나, 중요한 프로세스인 경우에는 풀타임으로 참여하기도 한다.

프로세스 실행 팀은 프로세스 개선 팀과 마찬가지로 팀 미션을 만들고, 팀 활동지침을 만들고, 프로세스를 개발하고, 이를 시범적용하는 역할을 수행한다. 그러므로 프로세스 실행 팀원들은 해당 팀에서 담당한 프로세스 영역에 대한 교육을 받아야 한다. 만약 이러한 교육을 받지 않았다면 그들은 CMMI에서 무엇을 요구하는지도 모를 것이며, CMMI에서 요구하는 것들 중에서 어떤 것은 받아들이고 어떤 것은 대체 안을 적용해야 할지 모르기 때문이다.

프로세스 실행 팀에서 만드는 모든 작업산출물들은 템플릿이 필요하다. 왜냐하면 조직 내에서 프로세스 실행 팀은 여러 팀이 존재하며, 이들 팀에서의 작업산출물들은 대상 프로세스 영역만 다를 뿐이지 형식은 거의 동일하기 때문이다. 만약 프로세스 개선 팀에서 이러한 템플릿을 제공하지 않았다면, 프로세스 실행 팀 중에서 하나의 팀이 이러한 템플릿을 작성해서 다른 팀들과 공유하면 된다. 이러한 템플릿들은 인터넷에서 많이 제공되고 있기 때문에 조직에 적합한 템플릿이 있으면 활용할 수 있을 것이며, CMMI 인스티튜트 홈페이지를 참조하는 것도 상당히 도움이 될 것이다.

프로세스 실행 팀은 개별 팀에서 담당한 프로세스 영역에 대한 프로세스나 절차를

작성할 때 CMMI 조견표 같은 것을 작성하는 것이 관리하기에 편하다. CMMI 조견표
는 해당 프랙티스 영역의 프랙티스별로 조직의 프로세스에 언급된 활동 명, 담당자,
일정 등을 기록할 수 있도록 한 것이다. 이러한 조견표는 해당 조직에서 수행되는 프
로세스의 현상 파악을 위해서 활용할 수도 있으며, 여기서와 같이 해당 프로세스의 개
발이나 이행 활동을 관리하기 위해서도 사용될 수 있다.

　프로세스 실행 팀은 프로세스를 개발할 때 자신들이 담당한 프로세스 영역의 모든
프랙티스들을 중심으로 작업을 수행할지, 프로세스 평가 결과를 중심으로 작업을 수
행할지 결정해야 한다. 프로세스 실행 팀 리더는 가용 인력이나 보유한 기술력 등을
고려해 어떤 프랙티스와 관련된 약점들을 먼저 해결할지에 대해서도 고민해야 한다.
그리고 프로세스 실행 팀 리더는 팀원들이나 프로세스 개선 팀과 함께 작업할 때, 다
음 질문들에 대한 답을 고민하면서 작업을 수행해야 한다.

- 하나의 프랙티스를 다른 프랙티스와 통합해서 하나의 문서로 만들 수 있는가?
- 하나의 프랙티스와 의존 관계를 갖는 해당 프랙티스 영역 내·외부의 프랙티스들
  은 어떠한 것들이 있는가?
- 자신의 프로세스 실행 팀의 활동이 다른 프로세스 실행 팀의 활동과는 어떤 관계
  가 있는가?
- 프랙티스 영역 내 모든 프랙티스들을 절차로 작성할 필요가 있는가?
- 해당 프랙티스의 이행부분에서 정의한 측정항목에 초점을 맞추기 위해 별도의 측
  정항목을 담당하는 프로세스 실행 팀을 구성할 필요가 있는가?

그리고 프로세스 실행 팀에서는 각 프랙티스 영역에서의 프랙티스 내용들을 해당
프랙티스 영역의 절차에 포함시켜 작성할 수도 있으며, 그렇지 않고 모든 프랙티스 영
역의 프랙티스를 통합하여 하나의 절차와 체크리스트를 개발할 수도 있다. 이러한 체

크리스트는 개별 프랙티스 영역을 검토하기 위한 것이다. 여러분 조직에서는 위의 2가지 방법 중 어느 것을 선택해도 상관없다. 다만 프랙티스 영역의 프랙티스들이 모두 다 포함되기만 하면 된다.

만약 여러분 조직에서 첫 번째 방법을 사용해 개별 프로세스 실행 팀에서 프랙티스 항목을 해당 프랙티스 영역별로 절차화했다면, 프로세스 개선 팀에서는 프로세스 실행 팀에서 작성한 모든 프로세스나 절차를 한데 모아 검증할 필요가 있다. 여러 프랙티스 영역의 프랙티스에 대한 내용들이 모든 프로세스에 포함되어 있을 것이므로, 프로세스 개선 팀에서는 이러한 내용 중에서 가장 좋은 것을 선정해 나머지 프로세스의 해당 부분을 선정된 내용으로 대체하는 것이 좋다. 그리고 위에서처럼 한 가지만 선정하지 않고, 프로젝트나 프로세스의 특성을 고려해 몇 가지 내용을 선정할 수도 있다. 이런 경우에는 여러분 조직에서 벌써 조정 프로세스를 갖기 시작했다고 할 수 있다.

그리고 모든 프로세스 실행 팀은 정기적으로 모여 각자 어떤 작업을 수행하고 있는지, 그리고 서로 중복되거나 참조할 수 있는 작업은 없는지 논의해야 한다. 잘못된 것이 있으면 바로잡아야 한다. 그러나 일반적으로 프로세스 실행 팀들은 작업을 다른 프로세스 실행 팀에 미루는 경향이 있다. 왜냐하면 한 팀에서 고민하여 작성한 것을 그대로 가져와서 적용하면 훨씬 더 수월하기 때문이다. 그러나 여러분은 각각의 프로세스 실행 팀에서 서로에게 도움을 주고받는 관계가 가장 이상적임을 명심해야 한다.

3.2.4 프로세스 개선 관련 인원의 교육

프로세스 개선 팀원들은 CMMI V2.0 모델과 CMMI 심사방법에 대한 교육뿐만 아니라, 프로세스 개선 계획을 수립하는 방법에 대해서도 교육을 받아야 한다. 그리고 해당 팀이 담당한 프로세스 영역에 대한 교육도 받아야 한다.

전체 조직원들에 대해서는 CMMI V2.0 개요에 대한 교육을 실시하는 것이 좋다. 전체 조직원들의 교육 시에는 항상 조직원들의 도전적인 질문에 대비해야 한다. 만약 교육 시 질문이 하나도 없었다면 조직원들이 CMMI V2.0의 내용을 이해하지 못했거나, 프로세스 개선 활동에 관심이 없거나, 위에서 시키니까 마지못해 따라 하는 경우일 것이다.

여러분은 이와 같은 경우를 피하기 위해 조직원들에게 신뢰를 받는 사람을 활용할 수도 있다. 이러한 사람으로 하여금 CMMI V2.0에 대한 교육에서 한 시간 정도 직접 프로세스 개선 활동이 왜 중요하고, 조직원들이 어떻게 지원해야 하는지, 그리고 이러한 활동을 통해 조직원들이 어떤 도움을 얻을 수 있는지에 대해 설명하게 함으로써 조직원들의 동의를 이끌어낼 수 있을 것이다.

조직원들이 프로세스 개선 활동이 추진되는 동안 조직에서 무엇이 작성되고 있는지를 알고 작성된 정보를 공유하는 방법을 만들면, 조직원들은 자신이 이 프로세스의 일부라고 느낄 수 있을 것이다.

3.2.5　프로세스 개선 팀원과 실행 팀원의 자격 요건

프로세스 개선 팀원들과 프로세스 실행 팀원들은 프로세스 개선 활동에 대한 동기부여가 되어 있어야 한다. 퇴직을 앞두고 있거나, 또는 현재 맡고 있는 일이 너무 많은 사람들은 적당하지 않다. 또한 말만 앞세우고 책임감이 부족한 사람들도 역시 마찬가지이다. 프로세스 개선 활동 관련 팀원들은 다양한 경험을 가진 창의적인 사람들이 적당하다. 이러한 경험에는 조직 내에서의 경험도 포함되지만 다른 회사에서 업무를 수행했던 경험도 해당된다. 그리고 문서작업이 많은 부분을 차지하기 때문에 문서작성을 좋아하거나 잘 할 수 있는 사람이어야 한다. 팀에서 작성된 프로세스나 절차를 수행하는 데 있어서 중요한 점은 조직 내에서 기술적으로 존경받는 사람이 작성하면 더 효과적이라는 것이다.

CMMI 인스티튜트에 따르면, 프로세스 개선 팀은 전체 조직 인원의 1~3%의 인원으로 구성하라고 권한다. 그러나 이렇게 비율만으로 계산하면 조직의 규모가 큰 경우에는 프로세스 개선 팀의 인원이 너무 많아질 수 있으며, 규모가 작은 조직의 경우에는 구성원 수가 너무 적어질 수 있다. 필자의 경험에 비추어보면 5~10명의 의욕적인 사람들로 구성하는 것이 적절한 것 같다.

어떤 경우에는 조직 내 어떤 팀에서 자신들의 팀에 유리하게 프로세스나 절차들이 작성되도록 하기 위해 프로세스 개선 팀원이나 실행 팀원들을 의도적으로 추천하기도 한다. 여러분은 선택의 여지가 없을 경우에는 어쩔 수 없이 그들과 함께 일해야 하지만, 직접 선택할 수 있다면 양보다는 질을, 그리고 정치적인 선택보다는 능력을 중심으로 뽑아야 한다.

3.2.6 회의

여기에서 설명한 내용은 프로세스 개선 팀이나 프로세스 실행 팀에 공통적으로 적용될 수 있는 내용이다. 회의는 최소한 일주일에 한 번은 개최해야 하며, 참석자들은 항상 시간을 준수하여 제시간에 회의가 열릴 수 있도록 해야 한다. 회의록은 반드시 작성해서 회람해야 하며, 순번을 정해 돌아가면서 작성하도록 한다. 어떤 한 사람을 정해 회의록을 작성하는 것은 좋지 않다.

그리고 적어도 회의 하루 전에는 참석자들에게 회의에서 무슨 논의를 할지 알려주어야 한다. 가능하면 프로세스 개선 후원자나 경영진이 회의에 참석하도록 하는 것이 좋다. 경영진의 회의 참석은 프로세스 개선 활동을 수행하는 인원들에게는 자신들이 조직에서 중요한 일을 하고 있다는 느낌을 갖게 하며, 나머지 조직원들에게 프로세스 개선 활동이 경영진의 관심과 동의를 얻고 있다고 생각하게끔 하기 때문이다.

프로세스 개선 팀의 회의에서는 주로 프로세스 실행 팀에서 일어나는 작업에 대해 검토하고, 이들 팀에서 일어나는 이슈를 어떻게 해결할 것인지에 대해 논의해야 한다. 그리고 그 외의 프로세스 개선 활동과 관련된 어떤 이슈나 문제점에 대해서도 논의할 수 있다. 회의에서 결정된 사항들은 항상 문서화하고, 그것들이 종료될 때까지 추적해야 한다.

그리고 프로세스 개선 활동 관련 팀들과 나머지 조직구성원들 간의 직접적인 의사소통 채널이 있어야 한다. 이러한 채널을 통해 조직구성원들의 프로세스 개선에 대한 아이디어나 이슈들을 서로 공유할 수 있을 것이다. 조직 내 인트라넷을 통해서도 할 수 있고, 제안 활동을 통해서도 가능하다. 중요한 것은 조직구성원들 자신이 프로세스 개선 활동의 일부를 담당하고 있다고 느낄 수 있어야 한다. 그들이 낸 아이디어를 통해 프로세스 개선 팀에 도전할 수 있도록 해야 한다.

3.2.7 품질보증 그룹과 프로세스 개선 팀

결론부터 말하자면 품질보증 그룹과 프로세스 개선 팀은 서로 다른 기능을 수행한다. 어떤 조직에서는 품질보증 그룹을 통해 프로세스 개선 활동을 추진하기도 한다. 하지만 그것은 프로세스 개선 활동을 시작하기도 전에 실패하게 만드는 것이다. 이것은 조직의 프로세스 개선 활동을 품질보증 그룹의 역할 중 하나로 만들어, 조직구성원들로 하여금 프로세스 개선 활동을 품질보증 활동으로 인식하게 만들기 때문이다. 이렇게 되면 프로세스 개선 활동은 조직 내 관리자들이나 다른 조직구성원들로부터 주목을 받을 수 없다. 품질보증 요원이 프로세스 개선 팀원은 될 수 있지만, 품질보증 요원들만으로 프로세스 개선 팀을 구성해서는 안 된다. 프로세스 개선 팀은 조직 전체를 대표할 수 있어야 하기 때문이다.

품질보증 그룹은 프로젝트에서 만든 작업산출물이나 제품 또는 시스템을 검토하고, 프로세스 개선 팀에서는 전체 조직에서 수행되는 프로세스를 검토하므로 일부 역할이 겹치는 부분이 있다. 그러나 품질보증 그룹의 주된 역할이 프로젝트에 초점을 맞추는 반면, 프로세스 개선 팀은 조직 전체의 프로세스에 초점을 맞추어야 한다. 프로세스 개선 팀은 제품이나 시스템에 초점을 맞추지 않는다. 그것은 품질보증 그룹에서 할 일이기 때문이다.

조직 내 사용되는 표준들도 마찬가지이다. 품질보증 그룹에서는 하나의 프로젝트에서 조직 내 표준을 준수하고 있는지를 검토할 것이다. 그러나 프로세스 개선 팀에서는 조직 내 모든 프로젝트나 제품 또는 시스템들을 고려하여 표준을 개발하고, 개발된 표준이 전체 프로젝트에서 활용되고 있는지를 확인해야 한다.

CMMI의 오류 중 하나가 대부분의 조직에서 그들이 필요한 표준을 가지고 있다고 가정하는 것이다. 물론 규모가 크거나 오래된 조직에서는 나름대로 표준을 확립하고 있겠지만, 규모가 작은 대부분의 조직에서는 표준이 정립되어 있지 않은 경우가 많다. 따라서 프로세스 개선 팀에서는 프로세스에 집중하기 전에 자신들의 제품 표준이나 개발 표준 등을 작성해야 한다. 이러한 표준들은 조직의 문화와도 일치해야 하며, 이를 사용하는 모든 사람들의 작업에 맞게 작성되어야 한다. 그렇지 않고 단지 다른 조직에서 사용하던 것을 그대로 가져온다면 아마 조금 사용하다가 더 이상 사용하지 않을 것이다.

프로세스 개선 조직이 역동적으로 활동하기 위해서는 적절한 자원이 할당되어야 하고, 관리 가능한 크기로 작업들을 세분화하여 일정을 수립해야 하며, 수행 활동들을 모니터링하고, 성과를 측정할 수 있어야 한다. 필자는 이러한 방법들을 개발하는 역할을 직접 프로세스 개선 활동에 참여한 인원들에게 부여하는 것이 좋다고 생각한다.

그리고 CMMI는 굉장히 다양한 영역에서 복잡하게 얽혀 있다. 여러분 조직에서는 이러한 것들이 서로 어떻게 연결되어 있는지 알고 싶을 것이다. 그렇다고 CMMI를 몇 장의 흐름도나 이미지 등으로 나타내려고 애쓰는 것은 좋지 않다. 왜냐하면 조직원들이 CMMI에 대한 경험이 거의 없기 때문에 단순히 그림 몇 장으로 CMMI를 이해할 수 없으며, 설명을 듣더라도 아마 한 귀로 듣고 한 귀로 흘려버릴 것이다. 필자는 여러분 조직에서 CMMI가 제안하는 대부분의 일들을 수행해보기를 바란다. 그런 다음에 CMMI의 내용이 적당하지 않으면 그 이유와 대체 안을 정리할 수 있을 것이다.

여러분은 프로세스 개선 활동이 시작은 있지만 끝이 없는 작업이라는 것을 명심해야 한다. 한번 시작하면 개선되어야 할 영역과 해결되어야 할 이슈들이 점점 더 많이 나타날 것이기 때문이다.

3.3 프로세스 개선 계획 수립 및 모니터링

여기서는 프로세스 개선 활동을 위해 필요한 여러 가지 계획과 수립된 계획을 모니터링하기 위한 몇 가지 방법에 대해 설명하고자 한다.

CMMI에서는 프랙티스 영역별로 필요한 프로세스 및 절차들도 계획의 일부로 간주하지만, 여기서는 계획의 범위를 프로세스 개선 활동을 수행하려는 조직에서 준비해야 하는 전략으로 한정한다.

3.3.1 계획 수립

일반적으로 프로세스 개선 활동을 수행하는 조직에서는 수행활동, 일정, 접근방법, 전략, 소요 자원이나 산정 등을 포함한 프로세스 개선 활동 관련 계획을 작성해야 한다. 이러한 계획은 단순한 일정이 아니라, 어떤 목적을 달성하기 위해 필요한 전략을 문서화한 것이다. 그러므로 개선 계획에는 어떤 목적을 달성하기 위한 작업범위를 정하고, 왜 그런 작업을 수행해야 하는지에 대한 근거를 기록하고, 이를 수행하기 위해 필요한 자원과 비용 및 일정을 산정하고, 마지막으로 수행된 작업을 어떻게 추적하고 검토할지에 대한 구체적인 방법이 포함되어야 한다.

또한, 해당 계획의 내용이 어떻게 해서 만들어졌는지 충분히 설명하여 계획에 문제가 있거나 변경해야 할 경우, 팀에서 해당 계획의 내용을 충분히 이해한 후 개정하게 함으로써, 이전 계획과의 일관성을 유지할 수 있도록 해야 한다.

프로세스 개선 활동을 위한 계획에는 크게 다음과 같은 3가지 종류의 계획이 있으며, 조직에 따라 통합된 계획서를 사용하거나 다른 명칭을 사용하기도 한다.

1. **프로세스 개선 계획** : 프로세스 개선 활동에 대한 전체적인 전략 계획. 프로세스 개선 활동의 목적, 비전, 성공요인 등을 정의하여 프로세스 개선 프로그램의 근거를 명확히 하고, 필요 예산이나 자원 확보를 위해 사용된다.

2. **프로세스 이행 계획** : 프로세스 개선 관련 그룹의 구성에 대한 내용과 프로세스 개선 활동의 전반적인 일정 및 예상 작업산출물을 정의한 계획. 이 계획은 일반적으로 초기 프로세스 평가 결과를 바탕으로 작성된다. 프로세스 이행 계획은 프로세스 개선 팀에서 프로세스 평가 결과에 대해 어떻게 개선해나갈지를 종합적인 관점에서 작성한다.

3. **프로세스 실행 계획** : 프로세스 평가 결과를 바탕으로, 조직에서의 약점이나 문제점을 해결하기 위해 프로세스 실행 팀별로 작성하는 아주 구체적인 계획이다.

■ 프로세스 개선 계획

프로세스 개선 계획은 조직의 경영진을 위해 필요하다. 프로세스 개선 계획의 목적은 경영진의 승인을 얻어 프로세스 개선 활동을 위한 예산을 확보하기 위한 것이다.

이러한 프로세스 개선 계획은 프로세스 개선 후원자가 직접 작성하거나, 프로세스 개선 팀 리더나 이행 파트너가 작성하기도 한다. 중요한 것은 누가 작성했는지가 아니라, 프로세스 개선 활동이 개발 프로젝트와 같이 체계적으로 관리될 수 있도록 작성되었느냐 하는 것이다. 일반적으로 프로세스 개선 계획에는 다음 활동들에 대한 일정이나 필요 자원 등을 담고 있어야 한다.

- 초기 프로세스 평가 활동
- 프로세스 개선 팀 및 프로세스 실행 팀의 구성

- CMMI 및 개별 프로세스 영역에 대한 교육
- 프로세스 개선 활동의 진척 상태를 파악하기 위한 미니 심사
- 프로세스에 대한 대략적인 정의 단계 – 시범적용 단계 – 확산전개 단계
- 공식 인증을 위한 CMMI 심사 등

프로세스 개선 계획에는 해당 조직의 문제점이나 프로세스 개선 활동의 목적에 대해서도 구체적으로 정의하는 것이 좋다. 그 이유는 경영진 및 전체 조직원에게 CMMI와 프로세스 개선 활동에 대한 필요성을 알리는 데 사용될 수 있기 때문이다. 그리고 현재 해당 조직이 직면하고 있는 비즈니스 이슈들과 관련된 비즈니스 목적 및 목표를 정의하여 프로세스 개선 활동의 비용 및 효과 분석 시 활용할 수 있도록 해야 한다.

프로세스 개선 활동을 위한 작업의 범위도 정해야 하며, 프로세스 개선 활동에 필요한 자원이나 기타 지원 사항들도 문서화해야 한다. 그리고 프로세스 개선 활동과 관련된 가정사항이나 위험들도 기술해야 한다. 여러분이 가장 주의해야 하는 위험으로는 조직의 수익성이나 다른 이유로 인해 특정 팀이나 프로젝트들을 프로세스 개선 범위에서 제외시키는 활동이다. 이러한 조치는 조직원들로 하여금 프로세스 개선 활동이 요식적인 활동이라는 느낌을 갖게 한다.

프로세스 개선 계획에서는 조직 내의 개선 노력을 추적하고 관리하기 위한 방법과 추적 결과를 보고하는 방법을 결정해야 한다. 개선 노력을 추적하기 위해서는 프로세스 개선 활동의 주요 단계별로 최하위 작업 단위까지 일정을 상세하게 수립해서 해당 작업을 수행하게 하고, 그 결과를 취합해야 한다. 또한, 보상에 대해서도 정의하여 프로세스 개선 활동에 장애가 될 수 있는 사람들에게 조금은 정치적인 동기부여를 할 수도 있다.

이 책에서는 프로세스 개선 계획에 대한 예를 제공하지 않는다. 그 이유는 프로세스 개선 활동을 수행하는 조직별로 프로세스 개선 활동을 시작하게 된 배경이나 조직의

문화에 따라 계획의 수준이나 내용이 많이 다르기 때문이다. 그러므로 프로세스 개선 계획은 종종 이행 파트너와 해당 조직의 프로세스 개선 챔피언이나 후원자가 함께 작성하는 것이 제일 좋다.

■ 프로세스 이행 계획

프로세스 이행 계획은 초기 프로세스 평가 결과를 바탕으로 작성한다. 이제 프로세스 개선 활동에 대한 본격적인 작업을 수행할 시간이 된 것이다. 프로세스 개선 계획이 프로세스 개선 활동에 대한 전략적인 시각으로 상위수준의 계획을 정의한 것이라면, 프로세스 이행 계획은 이보다는 한 단계 더 구체화되었다고 생각하면 될 것이다.

초기 프로세스 평가 결과에는 해당 조직의 성숙단계나 능력단계, 프로세스 영역별 충족 여부, 개별 프로세스 영역별 강, 약점 등을 포함하고 있다. 따라서 프로세스 이행 계획은 프로세스 개선 계획보다 훨씬 더 실제적이며, 조직 내의 이슈에 기초하고 있다.

프로세스 이행 계획을 작성하기 위해서는 초기 프로세스 평가 결과를 검토하여 어떻게 개선해나갈지에 대해 논의되어야 한다. 초기 프로세스 평가 결과들을 검토하여 프로세스 영역이나 주요 이슈별로 우선순위를 결정해야 한다. 그리고 프로세스 개선 팀, 프로세스 실행 팀, 형상관리위원회 등과 같은 조직을 어떻게 구성할 것인지도 결정하여 어떤 사람들을 포함시킬지, 필요한 교육이나 초기 시범적용 전략 등을 결정해야 한다.

프로세스 영역별 우선순위를 결정할 경우에는 조직 내에서의 수행 난이도, 초기 프로세스 평가 결과 나타난 프로세스 영역의 충족 정도, 비용 대비 효과, 프로세스 개선 활동의 초기 성공을 어디에서 달성할 것인가를 고려하여 결정해야 한다.

[표 3-1]은 프로세스 개선 활동의 4가지 단계, 즉 착수, 정의, 시범적용, 확산전개 단계 순으로 작성한 프로세스 이행 계획의 목차이다. [표 3-1]의 제일 마지막 절인 '5.

모니터링 및 관리'에서는 프로세스 개선 활동에 대한 모니터링 방법에 대해 정의하고 있다.

[표 3-1] 프로세스 이행 계획 템플릿

1. 착수 단계
   1.1 프로세스 평가 결과
   1.2 중점 개선 영역
   1.3 프로세스 개선 팀 구조
   1.4 프로세스 실행 팀 구조
   1.5 형상관리위원회
   1.6 품질보증 그룹
   1.7 세부일정
   1.8 관련도구
   1.9 위험요소
   1.10 승인

2. 정의 단계
   2.1 프로세스 실행 팀 차터 작성
   2.2 프로세스 실행 팀 차터 검토 및 승인
   2.3 프로세스 실행 계획 작성
   2.4 프로세스 실행 계획 검토 및 승인
   2.5 프로세스 실행 계획별 작업 할당
   2.6 작업 수행(정책/프로세스/절차/표준)
   2.7 측정항목 및 측정 프로그램 개발
   2.8 교육자료 개발
   2.9 진행상황 확인
   2.10 도구도입 검토
   2.11 작업결과 검토
   2.12 프로세스 실행 계획 개정
   2.13 회의 참석/프로세스 개선 팀 지원

3. 시범적용 단계
   3.1 시범적용 프로젝트 선정
   3.2 성공 기준 및 측정 방법 정의
   3.3 CMMI 개념 교육(시범적용 프로젝트 팀원)
   3.4 프로세스/절차 교육(시범적용 프로젝트 팀원)

[표 3-1] 프로세스 이행 계획 템플릿 (계속)

3.5 시범적용
3.6 시범적용 모니터링
3.7 시범적용 결과 분석
3.8 결과 확인
3.9 경험 및 교훈 전파
3.10 조직 표준 프로세스 개정

4. 확산전개 단계
4.1 이행 프로젝트 선정
4.2 성공기준 및 측정방법 정의
4.3 CMMI 개념 교육
4.4 프로세스/절차 교육
4.5 이행지원
4.6 결과확인
4.7 경험 및 교훈 전파
4.8 조직 표준 프로세스 개정
4.9 다른 프로젝트 이행 확산
4.10 프로세스 실행 팀 역할 완료 결정

5. 모니터링 및 관리

처음 프로세스 개선 활동을 수행하는 조직이라면 다음 측정항목 위주로 모니터링 활동을 수행하는 것이 바람직하며, 그 후 점진적으로 측정항목을 추가할 것을 권한다.

- 작업 결과물의 실제 크기
- 주요 활동에 대해 소요된 실제 노력 (작업 시간)
- 주요 활동의 시작일과 종료일
- 사전에 정의한 주요 단계의 완료일
- 계획의 변경 횟수 및 유형

■ 프로세스 실행 계획

[표 3-2]와 같은 프로세스 실행 계획은 프로세스 평가에서 발견된 약점들을 담당한 프로세스 실행 팀별로 작성한다. 프로세스 실행 팀은 일반적으로 프로세스 영역별로 구성되므로 해당 프로세스 실행 계획은 CMMI의 프로세스 영역에 초점을 맞추어야 하며, 진척 상태를 추적할 수 있어야 한다.

그리고 프로세스 실행 계획은 해당 프로세스와 절차를 어떻게 작성하고, 개발된 프로세스와 절차를 조직에 어떻게 적용할 것인가에 대해 중점적으로 다룬다. 이러한 프로세스 실행 계획을 모니터링하는 활동은 일반적으로 프로세스 개선 팀에서 수행하는 경우가 많다.

[표 3-2] 프로세스 실행 계획 템플릿

I.　개요
1.　목적 및 범위 　　　1.1 문제정의 　　　1.2 문제해결 후의 모습 　　　1.3 목적정의
2.　착수 조건 　　　2.1 후원자 지정
3.　주요 입력물 　　　3.1 관련된 프로세스 평가 결과(약점) 　　　3.2 현재 진행 중인 관련 작업
4.　접근방법 개요 　　　4.1 프랙티스 영역 및 프랙티스 　　　4.2 단기 시나리오(이행 일정)
5.　주요 출력물
6.　종료 조건

[표 3-2] 프로세스 실행 계획 템플릿 (계속)

II. 상세 계획

7. 주요 이슈
7.1 제약사항
7.2 가정 또는 의존관계
7.3 위험
7.4 대안

8. 일정
8.1 단계
8.2 상세 일정(PERT/간트차트)

9. 필요 자원
9.1 인원(이름/투입 시간)
9.2 관련 교육
9.3 컴퓨터/도구
9.4 기타

III. 관리 계획

10. 검토
10.1 동료검토
10.2 관리자 검토
10.3 기타 검토
10.4 측정기준

11. 이행/교육 계획

■ 의사소통 계획

프로세스 개선 활동을 성공적으로 수행하기 위해서는 보다 효과적인 의사소통 계획
이 필요하다. 프로세스 개선 활동에는 많은 비용이 들어가지만, 그 효과는 상당 기간
지나서 나타나는 경향이 있기 때문에 프로세스 개선 활동에 대한 조직의 확고한 동의

가 필요하다. 이를 위해 조직 내 모든 사람들에게 프로세스 개선 활동에 대한 진척 상황이나 결과들을 지속적으로 알릴 필요가 있다. 다음은 의사소통 계획의 4가지 목적이다.

1. 모든 조직구성원에게 CMMI와 프로세스 개선 프로그램에 대한 지식을 제공한다.
2. 프로세스 개선 활동에 대한 관심과 집중력을 유지한다.
3. 프로세스 개선 활동을 촉진한다.
4. 보상이나 성공사례에 대해 소개한다.

그리고 조직에는 여러 부류의 사람들이 있다. 이러한 사람들은 프로세스 개선 활동에 대해 여러 가지 생각이나 반응을 보일 것이다. 의사소통은 이와 같은 여러 부류의 사람들을 대상으로 해야 한다. 또한, 의사소통은 보다 많은 사람들에게 메시지가 전달되도록 여러 가지 방법이나 도구를 활용해야 한다. 우리의 경험상, 하나의 메시지가 확실하게 전달되기 위해서는 다음과 같은 의사소통 방법 중 최소한 3가지 이상의 방법으로 적어도 7번 정도를 의사소통해야 할 것이다.

- 사보
- 월례 조회에서의 발표
- 사내 게시판을 통한 게시물
- 프로세스 자산 라이브러리
- 성과 평가 항목

3.3.2 계획 모니터링

프로세스 개선 활동을 모니터링하는 것은 해당 조직의 프로세스 개선 노력의 성과가 이루어지고 있다는 것을 확인시켜주기 때문에 매우 중요한 일이다. [표 3-3]은 프로세스 실행 팀의 활동을 모니터링하기 위한 CMMI의 '요구사항 개발 및 관리' 프랙티스 영역에 대한 조견표의 일부이다.

[표 3-3] CMMI 조견표

번호	프랙티스	관련 절차/문서	담당자	완료일	검토일	상태
		요구사항 개발 및 관리 프랙티스 영역				
	1단계 프랙티스 그룹					
1	RDM 1.1 요구사항을 기록한다.	요구사항 개발 및 관리 절차 1장				완료
	2단계 프랙티스 그룹					
2	RDM 2.1 이해관계자의 니즈, 기대사항, 제약 요소 및 인터페이스 또는 연결 요구사항을 도출한다.	요구사항 개발 및 관리 절차 1장				완료
3	RDM 2.2 이해관계자의 니즈, 기대사항, 제약 요소 및 인터페이스 또는 연결 요구사항을 우선순위화한 고객 요구사항으로 변환한다.	요구사항 개발 및 관리 절차 1장				완료
4	RDM 2.3 요구사항의 의미에 대해 요구사항 제공자와 함께 이해를 증진시킨다.	요구사항 개발 및 관리 절차 1장				완료
5	RDM 2.4 프로젝트 참여자가 요구사항을 구현할 수 있다는 합의를 획득한다.	요구사항 개발 및 관리 절차 1장				완료

번호	프랙티스	관련 절차/문서	담당자	완료일	검토일	상태
6	RDM 2.5 요구사항과 활동 또는 작업산출물 간 양방향 추적성을 확보하고 기록 및 활용한다.	요구사항 개발 및 관리 절차 2장				프로세스 개선 팀 검토 중
7	RDM 2.6 계획과 활동 또는 작업산출물과 요구사항 간의 일관성을 보장한다.	요구사항 개발 및 관리 절차 2장 동료검토 절차 2장				프로세스 개선 팀 검토 중
3단계 프랙티스 그룹						
8	RDM 3.1 솔루션과 해당 컴포넌트에 대한 요구사항을 개발하고 갱신한다.	요구사항 개발 및 관리 절차 3장				보류
9	RDM 3.2 운영개념과 시나리오를 개발한다.	요구사항 개발 및 관리 절차 3장				거부
10	RDM 3.3 구현할 요구사항을 할당한다.	요구사항 개발 및 관리 절차 3장				보류
11	RDM 3.4 인터페이스 또는 연결 요구사항을 식별 및 개발하고 갱신한다.	요구사항 개발 및 관리 절차 3장				보류
12	RDM 3.5 요구사항이 필요하고 충분한지를 보장한다.	요구사항 개발 및 관리 절차 4장 검증 및 확인 절차 2장				보류
13	RDM 3.6 이해관계자의 니즈와 제약요소 간 균형을 유지한다.	요구사항 개발 및 관리 절차 4장 검증 및 확인 절차 2장				보류
14	RDM 3.7 솔루션이 대상 환경에서 의도한 대로 작동하도록 보장하기 위해 요구사항을 확인한다.	요구사항 개발 및 관리 절차 4장 검증 및 확인 절차 3장				보류

프로세스 개선 활동의 '정의 단계'에서 많은 문서들이 프로세스 실행 팀에 의해 만들어지며, 이 조견표는 '정의 단계' 동안 수행되는 활동들을 추적하기 위해 우선적으로 사용된다. 그러나 이 조견표에 완료 체크를 했다고 해서 그 일이 완료된 것은 아니다. 앞으로 시범적용 단계에서 해당 문서의 교육이나 시범적용 활동, 그리고 확산전개 단계의 활동이 남아 있기 때문이다. 이러한 활동은 프로세스 실행 계획을 통해 계속 추적되어야 하며, 프로세스 개선 계획과 프로세스 이행 계획은 프로세스 개선 팀이나 조직 차원에서의 활동을 추적하기 위해 사용된다.

[표 3-3]은 '요구사항 개발 및 관리' 프랙티스 영역의 프랙티스들을 나열한 후, 각각의 프랙티스에 대한 관련 문서나 활동들을 추적할 수 있도록 했다. 이러한 조견표는 조금만 변형하면 여러분 조직에서 다양한 방법으로 활용할 수 있을 것이다. 프로세스 평가 활동 시에도 활용할 수 있으며, 여기에서처럼 프로세스 개선 활동을 추적하기 위해서도 사용될 수 있다.

여러분은 CMMI에서 정의한 대부분의 프랙티스들은 어떤 방법을 사용하든지 상관없이 문서로 나타내야 한다는 것을 명심해야 한다. 문서로 나타낼 때에는 하나의 프랙티스가 하나의 문서로 존재할 수도 있으며, 또는 여러 프랙티스들이 함께 하나의 문서로 존재할 수도 있다.

그리고 이렇게 만들어진 문서들이 프로젝트에서 어떻게 사용되는지를 지속적으로 모니터링해야 한다. 이를 위해서는 프로젝트 팀원들과 의사소통이 필요하다. 조직구성원들이 아무 말을 하지 않거나, 불만을 이야기하지 않는다고 해서 그들이 만족하고 있다고 생각해서는 안 된다. 그들은 아예 관심이 없거나, 제시한 문서나 절차들이 본인들과는 상관없기 때문에 의견을 낼 필요가 없다고 느낄 수도 있기 때문이다. 이러한 조직원들의 무관심은 프로세스 개선 활동에서 제일 큰 걸림돌이다. 그렇기 때문에 프로젝트에서 어떤 일이 일어나고 있고, 프로젝트 팀원들이 무슨 생각을 하고 있는지 적극적으로 파악해야 한다.

반대로 프로세스 개선 활동에 대한 조직구성원들의 불평 때문에 골치 아픈 경우도 있다. 일반적으로 사람들이 절차에 대해 불평하고 싫어하는 이유는 다음과 같다.

- 사람들은 무언가를 읽는 것을 싫어한다. 그것이 절차일 경우에는 더욱더 싫어하는 경향이 있다.
- 사람들은 절차에 따라 일하는 것을 싫어한다.
- 자신들의 일하는 방식을 바꾸는 것을 싫어한다.
- 누군가 자신들이 어떻게 일하는지 감시하는 것을 싫어한다.

조직의 문화를 바꾸어나가야 하지만 사람들은 일반적으로 변화를 싫어한다. 따라서 여러분은 그들의 노력에 대해 보상을 해주고 칭찬해주어야 한다.

앞에서 여러분에게 프로젝트 팀원들과 대화를 나누라고 제안했다. 한걸음 더 나아가 적절한 평가 및 보상을 위해 프로젝트에서 직접 자신들의 점수를 매기는 방법을 활용할 수도 있다. 프로세스 개선 팀에서 개발한 체크리스트를 개별 프로젝트 관리자가 체크하여 다시 프로세스 개선 팀으로 보내도록 하는 것이다. 프로젝트에서 절차를 사용하는지, 어떤 절차를 사용하고 어떤 절차를 사용하지 않는지, 그 이유는 무엇인지 확인할 수 있어야 한다.

여러분은 조직구성원들의 불평에 쉽게 흔들려서도 안 되지만, 그전에 먼저 여러분이 사람들의 불평을 당연시하여 무시하지는 않았는지도 생각해보아야 한다. 이를 위해 여러분은 다시 한 번 사용 중인 절차나 문서들이 프로젝트나 조직에 적절한지 고민해야 한다. 여러분은 많은 시간이나 인력을 투입해 절차나 문서를 개발했기 때문에, 또는 여러분 조직에서 추진 중인 어떤 계약을 위해 성숙도 단계를 획득해야 하기 때문에 해당 절차를 사용해야 한다고 강요하고 있지는 않은지 생각해보아야 한다.

그러나 조직원들의 불평이 단지 변화에 대한 거부나 두려움 때문이라면 경영진의

참여를 통해 이러한 문제들을 해결해야 한다. 어쩌면 프로세스 개선 활동에 대한 경영
진의 관심이나 참여가 조직원들의 맹목적인 거부를 해소하는 최선의 방법일 수도 있
다. 그러나 대부분의 조직에서는 경영진이 관심을 보이기는 하나 참여하는 일은 드물
다. 대부분의 경영진은 프로세스 개선 활동에 관심이 많다고 하지만, 그들의 주요 의
사결정 결과를 확인해보면 결코 그렇지 않다는 것을 알 수 있다. 그렇기 때문에 경영
진에 대한 CMMI나 프로세스 개선 활동에 대한 교육을 제일 먼저 고려해야 한다. 이러
한 교육을 통한 경영진의 인식 변화가 프로세스 개선 활동에 관심을 가질 수 있도록
하며, 충분한 예산이나 시간, 그리고 적절한 자원을 지원받도록 할 것이다.

3.4 프로세스, 절차 및 정책

여러분은 지금까지 프로세스 개선을 위한 접근 방법과 프로세스 개선 활동을 수행
하는 조직 그리고 이 조직이 개선 활동을 성공적으로 수행하기 위해 어떻게 계획을 세
우고 모니터링해야 하는 지를 살펴봤다. 이번에는 마지막으로 여러분이 프로세스 개
선 활동을 수행하는 데 필요한 몇 가지 문서를 작성하기 위한 가이드라인과 템플릿을
제공하고자 한다. 제공하는 템플릿들은 단지 문서작업을 시작하는 데 도움을 주기 위
한 것이므로 여기서 제공하는 템플릿을 반드시 사용할 필요는 없다. 여러분 조직의 문
화에 맞게 템플릿을 수정해서 사용하거나, 인터넷에서 제공하는 다른 템플릿을 사용
할 수도 있을 것이다.

3.4.1 프로세스

일반적으로 프로세스에는 다음의 내용이 포함된다.

- 해당 프로세스를 수행하기 위해 필요한 인원들의 역할 및 책임
- 해당 프로세스를 수행하기 위해 필요한 적절한 도구 및 장비
- 수행 활동 및 이들 활동들 간의 연관관계

위의 내용에서도 알 수 있듯이 프로세스란 단순히 상위수준의 흐름도가 아니기 때문에 'ISO 12207' 등과 같은 생명주기 모델들은 정확하게 말하자면 프로세스라고 할수 없다. 마찬가지로 형상관리 도구나 시험 도구 등과 같은 자동화 도구들도 프로세스라고 할 수 없다. 프로세스는 무엇이 수행되어야 하는가에 대한 순차적인 단계를 말하며, 어떻게 그것을 수행해야 하는가를 상세하게 기술한 절차들을 포함한다.

CMMI에서는 '프로세스'에 대해 다음과 같이 정의하고 있다.

"CMMI에서의 프로세스란 CMMI의 프랙티스들을 이행하기 위한 일련의 활동들로 구성되어 있다. 이러한 활동들은 CMMI 프랙티스 영역의 하나 이상의 프랙티스들과 연관되어 있으며, 프로세스 개선 및 프로세스 평가 활동에 기초를 제공한다."

그러나 프로세스에 대한 정의보다는 CMMI에서의 '프로세스 기술서'에 대한 정의가 여기서는 더 적당할 것 같다.

"프로세스 기술서는 하나의 프로세스의 주어진 목적을 달성하기 위해 수행되는 일련의 활동들에 대한 문서화된 표현이다. 이러한 문서는 완전하고, 명확하며, 검증 가능하도록 작성되어야 하며, 해당 프로세스에 대한 요건이나 수행 활동, 그리고 입출력물과 같은 다른 특성들도 포함해야 한다. 그리고 이러한 사항들이 어느 정도 수행되어야 하는지 결정할 수 있는 절차를 포함할 수도 있다. 프로세스 기술서는 프로젝트나 조직 수준에서 작성된다."

CMMI에서 정의한 내용에 따르면 프로세스는 작업자가 수행해야 하는 작업들을 나타내는 것이며, 절차는 프로세스에 정의된 작업들을 효율적으로 수행할 수 있는 구체적인 방법이나 기준 등을 의미한다.

여러분은 조직의 품질이나 생산성, 비용 및 일정 등을 향상시키기 위해 제일 먼저 해당 프로젝트가 사용했던 프로세스를 분석함으로써 개선 영역을 찾으려고 할 것이다. 그렇기 때문에 프로세스를 개선하기 위해서는 무엇보다도 프로세스가 정의되어 있어야 한다. 만약 프로세스가 정의되어 있지 않거나 정의되어 있더라도 사용되지 않는다면, 프로세스를 개선하는 것은 불가능하다.

그럼 프로세스는 어떻게 정의해야 하는가? 여러분은 프로세스를 정의하기 위해 현재 조직에서 사용하고 있는 '현행' 프로세스를 먼저 분석하여 어디에 문제가 있는지 파악해야 하며, 그 결과를 기반으로 '목표' 프로세스를 개발해야 한다. 만약 조직에서 정의된 프로세스가 하나도 없다면 직접 프로젝트를 수행하는 담당자들에게 어떻게 작업을 수행하고 있는지 확인해야 하며, 이러한 확인 작업은 비록 '현행' 프로세스가 있는 경우에도 수행하는 것이 좋다. 왜냐하면 조직에서 정의되어 있는 '현행' 프로세스가 실제 프로젝트에서는 사용되지 않을 수도 있기 때문이다.

그리고 '목표' 프로세스를 작성할 때에는 조직의 최종 출력물인 제품과 서비스로부터 시작해 개발 순서와는 반대로 정의해보는 것도 하나의 방법일 수 있다. 왜냐하면 조직에서 필요한 프로세스들을 빠뜨리지 않고 정의할 수 있기 때문이다.

예를 들어 여러분 조직에서 스마트폰을 만들고 있다면, 최종 출력물인 제품은 스마트폰이 되는 것이다. 그 다음에는 이와 같은 최종 제품을 구성하는 부분, 즉 소프트웨어, 하드웨어, 기구 등으로 구분하며, 이렇게 나누어진 부분은 다시 그것을 구성하는 구성요소들로 나뉜다. 이렇게 최종 제품을 구성하는 세부 단위로 분해하는 작업을 완료한 후에 해당 세부 단위들을 어떻게 개발해야 하는지를 문서화함으로써 프로세스를 작성하게 된다. 그리고 작성된 프로세스에는 반드시 해당 프로세스가 적용되는 조직의 단위와 지원 영역을 정의해야 하며, 수행해야 하는 활동과 관련된 입력물과 출력물, 역할과 책임, 상호 의존관계까지도 포함하고 있어야 한다.

프로세스를 정의하는 작업은 굉장히 힘든 일이지만, 조직에서 반드시 필요한 활동이다. 다음은 일반적으로 프로세스에 포함되어야 하는 항목들이다.

- 착수기준
- 완료기준
- 입력물
- 출력물
- 작업자
- 다음 작업

위의 항목들을 포함하여 프로세스를 작성하는 방법을 'ETVX 방법'이라고 한다. ETVX 방법은 1980년대 IBM에서 자체 프로세스를 정의하기 위해 사용한 방법으로, ETVX는 Entry Criteria – Tasks – Verification – eXit Criteria를 뜻한다.

ETVX 방법의 세부 항목들에 대해서는 간단한 질문과 답변 형식을 빌려 설명할 것이다. 사용되는 용어들은 다음과 같이 이해하면 된다.

- **작업산출물**: 모든 제품, 서비스뿐만 아니라 이를 위한 중간 산출물(예: 프로젝트 계획, 할당된 요구사항, 설계서, 시험케이스, 경영진 승인, 교육 받은 인원 등)
- **작업**: 제품이나 서비스 및 중간산출물을 개발하기 위해 수행되는 활동으로 ETVX 의 Task에 해당
- **작업자**: 제품이나 서비스 또는 중간산출물을 개발하기 위한 작업을 수행하는 사람

■ 착수기준

질문: 이 작업은 언제 시작하는가?

답변: 착수기준에는 작업을 시작할 수 있는 조건을 동사 형태로 기술한다.

예제: 작업기술서 승인, 시험계획 승인 등

■ 완료기준

질문: 이 작업은 언제 완료되었다고 할 수 있는가?

답변: 작업의 완료가 선언되는 조건이나 다음 작업을 시작할 수 있는 조건을 산출물이나 작업 상태로써 기술한다.

예제: 프로젝트 계획서가 검토를 위해 준비됨, 고객이 프로젝트 계획을 승인함

■ 입력물

질문: 이 작업에 사용되는 작업산출물은 무엇인가?

답변: 입력물은 작업과 작업 사이의 연관관계를 나타내며, 이전 작업의 출력물을 현행 작업의 입력물로 사용할 수 있다.

예제: 작업기술서, 승인된 요구사항

■ 출력물

질문: 이 작업을 통해 만들어지는 작업산출물은 무엇인가?

답변: 출력물은 입력물과 마찬가지로 작업과 작업 사이의 연관관계를 나타내며, 해당 작업을 수행하고 난 후 만들어진 결과산출물이다.

예제: 소스코드, 설계서, 작업기술서

■ 작업자

질문: 이 작업은 누가 수행하는가?

답변: 해당 작업을 수행할 책임이 있는 조직의 단위나 역할을 기록

예제: 품질보증 그룹, 프로젝트 관리자, 소프트웨어 엔지니어링 리더

■ **다음 작업**

질문: 이 작업을 완료한 후에는 무슨 작업을 수행해야 하는가?

답변: 해당 작업을 완료한 후 수행해야 하는 작업이나 프로세스 명을 기록하거나, 해당 작업이 최종 작업일 경우에는 최종산출물 명을 기록한다.

예제: 단위시험 수행, 설계 단계 고객검토

어떤 조직에서는 착수기준과 입력물을 함께 묶어서 작성하거나, 완료기준과 출력물을 함께 작성하기도 하지만 올바른 방법이 아니다. 왜냐하면 착수기준이나 완료기준은 일종의 '지시자Trigger'이며, 입력물이나 출력물은 작업산출물이기 때문이다. 프로세스 개선 활동을 수행하는 대부분의 조직에서는 착수기준과 입력물이나 완료기준과 출력물을 구분하여 작성하고 있는 것이 일반적이다.

그리고 ETVX 방법 대신에 하나의 흐름도를 사용하여 프로세스를 작성하는 경우도 있다. 표현 방식은 별로 중요하지 않지만, 프로세스에 포함되어야 하는 항목들이 들어가 있다면 조직 구성원에게 익숙한 방법을 선택하는 것이 더 나을 것이다.

[표 3-4]는 표 형식으로 작성한 요구사항 관리 프로세스에 대한 사례이다. 이런 방법은 서술식을 싫어하는 조직에서 쉽게 적용할 수 있다. 언뜻 보기에는 아주 간단해보이지만, 수행해야 하는 활동이 많은 경우에는 굉장히 복잡해질 수 있으므로 조심해야 한다.

[표 3-4] 요구사항 관리 프로세스 예 (표 형식)

활동	책임
고객으로부터 작업요청서 접수	상위관리자, 프로젝트 관리자
작업요청서 검토	프로젝트 관리자
예산 및 일정 산정	프로젝트 관리자

활동	책임
작업계획 수립	프로젝트 관리자, 프로젝트 팀
상위수준 요구사항 개발	프로젝트 관리자, 프로젝트 팀, 고객
위험식별 및 문서화	프로젝트 관리자
요구사항 명세서 작성	프로젝트 관리자, 프로젝트 팀
기술검토 수행	프로젝트 관리자, 프로젝트 팀, 품질보증 그룹
고객검토	고객
요구사항 구체화	프로젝트 관리자, 프로젝트 팀, 고객
요구사항 추적표 작성	프로젝트 관리자, 프로젝트 팀
요구사항 및 요구사항 추적표 검토	프로젝트 관리자, 고객, 프로젝트 팀, 품질보증 그룹
위험관리 및 개정	프로젝트 관리자
예산 및 일정 개정 (필요 시)	프로젝트 관리자
요구사항, 산정, 일정 검토	프로젝트 관리자, 프로젝트 팀, 품질보증 그룹, 고객
요구사항 명세서 확정	프로젝트 관리자, 분석가
승인	고객, 품질보증 그룹, 프로젝트 관리자, 상위관리자, 프로세스 개선 팀
요구사항 명세서 형상관리	프로젝트 관리자, 형상관리위원회, 프로세스 개선 팀
변경관리 및 통합	프로젝트 관리자, 형상관리위원회, 품질보증 그룹, 프로세스 개선 팀, 고객, 프로젝트 팀

그리고 [표 3-5]는 서술식으로 정의한 프로세스의 목차만 뽑아놓은 것이다. 이러한 방법은 단순히 활동 명만으로는 작업자들이 어떻게 수행해야 하는지 잘 모를 경우에 이를 좀 더 자세하게 설명하기 위해 사용한다.

조직에서는 프로세스를 문서화한 후에 이를 지원하는 절차를 작성해야 한다.

[표 3-5] 요구사항 관리 프로세스 예 (서술식)

목차

1. 개요
   1.1 목적
   1.2 범위
   1.3 역할 및 책임

2. 요구사항 관리 프로세스
   2.1 프로세스 개요
   2.2 프로세스 흐름도
   2.3 수행 활동
      2.3.1 요구사항 명세서 개발
         2.3.1.1 개요
         2.3.1.2 착수조건/입력물
         2.3.1.3 작업
         2.3.1.4 검토
         2.3.1.5 출력물/완료조건
      2.3.2 요구사항 추적표 개발
      2.3.3 요구사항 변경
      2.3.4 검증
         2.3.4.1 개요
         2.3.4.2 착수조건/입력물
         2.3.4.3 작업
            2.3.4.3.1 프로젝트 관리자 검토
            2.3.4.3.2 품질보증 그룹 검토
            2.3.4.3.3 고객검토
         2.3.4.4 출력물/완료조건

3. 자원 및 자금

4. 측정

5. 교육

6. 관련 문서

7. 변경 이력

3.4.2 절차

절차란 [표 3-6]의 예처럼 프로세스에서 정의된 작업들을 수행하기 위한 구체적인 방법을 설명하는 문서이다. 하나의 작업이 조직 내에서 반복 수행되기 위해서는 이를 수행하는 작업자들이 해당 작업에 대해 충분히 이해하고 있어야 하며, 이를 위해 절차에서는 작업자가 충분히 작업할 수 있는 수준까지 구체적으로 작업방법을 설명하고 있어야 한다. 그러므로 절차는 프로세스의 부분집합이라고 할 수 있으며, 프로세스에서는 무엇을 할 것인지를 정의하고, 절차에서는 어떻게 수행할 것인지를 정의하게 된다.

절차는 다음 항목들을 중심으로 해당 프로세스의 작업이 어떻게 수행되어야 하는지에 대해 구체적으로 설명한다.

- 작업
- 작업산출물
- 작업관리 방법
- 검토 방법

사용되어야 하는 가이드나 표준 절차는 프로세스와 같은 방법으로 만들어진다. 프로세스가 작성되면 프로세스에 언급된 주요 작업에 대한 절차를 작성해야 한다. [표 3-5]에서의 '2.3.1 요구사항 명세서 개발'이나 '2.3.4 검증' 등이 작업에 해당되며, 이러한 작업들 중에서 구체적인 작업 지시가 필요한 경우 절차를 작성한다. 절차는 여러 작업들을 묶어서 하나로 작성할 수도 있으며, 하나의 작업에 해당되는 절차만 작성할 수도 있다. 절차에서 언급되는 작업들은 '2.3.1.3 작업'이나 '2.3.4.3. 작업' 등에 포함된 작업 명이 될 것이다. 이를 토대로 구체적인 측정방법이나 검증절차를 작성한다.

그러나 측정방법이나 검증방법은 모든 프로세스 영역에서 이루어져야 하기 때문에 대부분의 조직에서는 하나의 측정절차나 검증절차에 통합해 작성하는 것이 보통이다.

[표 3-6]은 여러분 조직에서 절차를 개발할 때 사용할 수 있는 템플릿이다. 여러분은 반드시 이 템플릿을 사용할 필요는 없지만, 이 템플릿에 포함된 내용은 빠뜨리지 않고 절차를 작성해야 한다.

[표 3-6] 절차 템플릿 예

문서번호 :　　　　　　　　　개 정 일 : 개정번호 : 1. 개요 　　　　　이 절차는……을(를) 포함한다. 이 작업들의 주요 목적은 ……이다. 2. 착수기준/입력물 :　　　　　　　3. 완료기준/출력물 : 4. 역할 : 요구사항 담당자 : ……해야 한다. 프로젝트 관리자 : ……해야 한다. 5. 관련 자료 : 표준, 참조 자료, 작업결과물 등 6. 작업 개요 작업 1 작업 2 작업 3 작업 4 7. 상세 작업 작업 1 　　　　　상세 작업 1 　　　　　상세 작업 2 　　　　　상세 작업 3 　　　　　상세 작업 4

[표 3-6] 절차 템플릿 예 (계속)

```
작업 2
            상세 작업 1
            상세 작업 2
            상세 작업 3
            상세 작업 4
계속……
```

3.4.3 정책

정책은 [표 3-7]과 같이 프로세스보다 상위수준에서 해당 프로세스나 활동의 목적이나 범위, 그리고 누가 수행해야 하는지 등에 대해 정의한 문서이다. 정책에는 최고경영진의 강력한 의지가 담겨 있어야 한다. 목욕탕에서 조직 폭력배인 듯 보이는 사람의 팔뚝에 '차카게 살자'라고 새긴 문신을 보면서 정말 그 사람이 '착하게 살려고 하는구나!'라고 생각하는 사람은 없을 것이다. 그 이유는 맞춤법이 틀려서가 아니라, 조직 폭력배 두목의 의지가 반영된 것이 아니기 때문이다. 조직의 정책도 마찬가지이다. 경영진의 의지가 담겨 있지 않으면 아무리 잘 만들어진 프로세스나 절차가 있더라도 그 조직에서 실행되지 않을 것이다.

[표 3-7] 요구사항 관리 정책 예

1. 목적
요구사항 관리의 목적은 프로젝트의 제품 및 중간산출물에 대한 요구사항을 관리하고, 이러한 요구사항과 프로젝트 계획의 일관성을 확보하기 위한 활동이다.

2. 범위
요구사항 관리 정책은 OO사업부의 소프트웨어 프로젝트에 대해 적용된다. 이 정책에서 사용되는 '프로젝트'란 시스템 및 소프트웨어 엔지니어링 활동을 포함하고 있는 신규 개발, 유지보수, 기능개선 및 획득 프로젝트를 포함한다.

[표 3-7] 요구사항 관리 정책 예 (계속)

> 3. 책임
> 프로젝트 관리자는 프로젝트가 요구사항 관리 프로세스를 따르도록 할 책임이 있으며, 개별 프로젝트에서는 요구사항이 문서화되고, 관리되고, 추적될 수 있도록 해야 한다.
>
> 4. 검토
> 요구사항 관리 활동은 상위관리자들과 함께 검토해야 하며, 품질보증 그룹이 개별 프로젝트에서 요구사항 관리 프로세스를 준수하고 있는가를 객관적으로 평가한다.
>
> 5. 승인
> 이 정책은 다음 사람들에 의해 검토되고 승인되었다.
> • 사업부장
> • 품질보증 그룹
> • 프로세스 개선 팀장

3.4.4 차터Charter

프로세스 개선 팀과 프로세스 실행 팀에서는 팀의 존재 이유나 운영방법 등을 명확히 정의하기 위해 차터를 작성한다. 두 팀의 차터는 형식면에서 거의 유사하지만 활동 범위가 서로 다르기 때문에 내용면에서는 많은 차이가 있다. 일반적으로 차터에는 다음 항목들이 포함된다.

• **고객**: 프로세스 개선 팀이나 프로세스 실행 팀의 고객은 누구인가?
• **후원자**: 조직 내에서 프로세스 개선 활동을 후원하는 사람은 누구인가?
• **활동 시작일 또는 종료일**: 프로세스 실행 팀이 활동을 시작한 날짜나 활동 종료 예정인 날짜. 만약 프로세스 개선 팀인 경우에는 이 차터에서 정의한 활동 목적을 달성하기 위한 시작일과 종료일을 기록
• **목적**: 팀에서 수행하는 활동의 근본적인 목적을 기록. 주로 조직 내의 어떠한 문제를 해결하는 것을 목적으로 많이 사용

- **범위**: 팀에서 수행하는 활동의 적용 범위
- **작업결과물**: 계획, 프로세스, 교육 자료, 절차, 정책 등이 해당
- **팀원**: 팀원의 이름, 직위, 직책 등을 기록
- **팀원의 작업투입 비율**: 개별 팀원이 팀에서 활동하는 시간비율을 기록. 만약 풀타임으로 참여하는 팀원인 경우에는 100%가 될 것이며, 파트타임으로 참여하는 인원들은 그 비율을 기록하며, 반드시 포함시켜야 하는 항목이다. 이것은 프로세스 개선 활동과 관련된 하나의 측정항목으로도 사용할 수 있으며, 팀원들의 실제 작업량을 추적하거나 업무배분 등과 관련하여 활용될 수 있기 때문이다.
- **팀원 역할**: 개별 팀원들의 역할 및 작성해야 하는 작업결과물이 무엇인지를 구체적으로 기록
- **프로세스 개선 팀 및 실행 팀 권한**: 문제를 해결하는 데 필요한 권한 등을 부여받아야 함. 특히 프로세스 실행 팀의 경우에는 프로젝트 관리자들을 제압할 권한을 기록해야 한다.
- **가정사항**: 모든 구성원들은 모든 회의에 적극적으로 참여
- **기본규칙**: 정시에 참석
- **참석**: 100% 참석률이 요구되는가? 아니면 일부 인원은 다른 곳에 있어도 되는가? 정족수가 사용되는가? 정족수를 대신할 수 있는 것은 무엇인가?
- **의사결정 프로세스**: 보통 합의를 통해 이뤄짐. 합의는 모든 팀원들이 결정에 동의하는 것을 의미한다.

[표 3-8]은 프로세스 개선 팀 차터를 어떤 식으로 작성하는지 예를 보여주고, [표 3-9]는 프로세스 실행 팀 차터를 개발할 때 사용할 수 있는 템플릿이다.

[표 3-8] 프로세스 개선 팀 차터 예

이 차터는 프로세스 개선 팀의 활동 목적, 역할에 대한 내용을 설명한다. 이 차터는 전체 프로세스 개선 팀원들에게 적용된다.

팀 사명

프로세스 개선 팀의 사명은 OO사업부에서 프로세스 개선 활동을 주도적으로 이행하는 것이다. 프로세스 개선 활동은 CMMI를 기초로 하여 진행될 것이며, 정기적으로 CMMI 심사를 실시해 그 결과에 따라 구체적인 실행계획을 만들고, 이를 수행하고, 그 결과들을 전파하고 모니터링하는 활동을 수행한다.

목적

프로세스 개선 팀의 목적은 OO사업부가 성숙도 3단계를 달성하는 것이다. 이를 위해 YYYY년 MM월까지는 성숙도 2단계를 달성해야 하며, 최종 목표인 성숙도 3단계는 YYYY년 MM월까지 달성할 것이다. 이러한 목적은 기존의 문서들을 검토하여 개정하고, 정기적으로 프로세스를 평가하고, 필요한 경우 조직구성원들을 교육시키며, 그 결과를 모니터링하고 측정함으로써 달성할 수 있다.

프로세스 개선 팀원 자격 및 운영 절차

프로세스 개선 팀원은 시스템 및 소프트웨어 개발 인원들 중 5년차 이상의 인원들로 구성하며, 프로세스 개선 팀 리더에 의해 관리된다. 또한, 각 사업부마다 프로세스 개선 컨설턴트를 이행 파트너로 1명씩 두어 외부 전문가의 도움을 받을 수 있도록 한다. 프로세스 개선 팀원들은 하나 이상의 프로세스 실행 팀에 포함되어 작업을 수행해야 하며, 일주일에 최소 1일은 프로세스 개선 팀에서 주간 회의 및 주요 이슈들을 서로 논의한다.

프로세스 개선 활동 관련 팀 구조

프로세스 개선 팀장 및 외부 컨설턴트를 제외한 모든 프로세스 개선 팀원들은 자기가 속한 프로세스 실행 팀의 리더로서 활동한다. 이러한 구조를 통해 프로세스 개선 팀에서 개별 프로세스 실행 팀으로, 혹은 개별 프로세스 실행 팀에서 프로세스 개선 팀으로의 정보흐름을 효과적으로 수행할 수 있게 하며, 서로 다른 프로세스 실행 팀 간의 정보공유를 활성화한다.

모든 프로세스 실행 팀들은 한시적인 조직이다. 개별 프로세스 실행 팀은 그들의 활동 계획에 정의된 작업을 수행하여 해당 목적을 달성하면 자동적으로 해산하는 것을 원칙으로 한다.

예를 들면 프로세스 실행 계획 중 하나의 작업이 형상관리 표준을 만드는 것이라면, 이러한 활동을 위한 프로세스 실행 팀이 만들어진다.

프로세스 실행 팀 리더는 업계에서 사용하고 있는 형상관리 표준에 대해 잘 알고 있는 조직의 다른 인원에게서 이러한 작업에 대한 도움을 받을 수 있다. 이 사람들은 해당 표준을 만드는 일을 파트타임으로 돕도록 일시적으로 선발될 수 있으며, 표준이 문서화되고 프로세스 개선 팀으로부터 승인받은 후에는 해당 프로세스 실행 팀은 해체하게 된다. 그리고 이 프로세스 실행 팀 리더는 다른 프로세스 실행 팀에서 활동하거나, 다른 프로세스 실행 계획을 맡게 된다.

[표 3-8] 프로세스 개선 팀 차터 예 (계속)

운영위원회 의무

프로세스 개선 팀장은 조직 내에서 수행되는 프로세스 개선 활동을 경영진 및 임원진으로 구성된 운영위원회에 보고한다. 운영위원회에서는 프로세스 개선 활동과 관련된 예산을 결정하고, 조직 내에서 프로세스 개선 활동이 효과적으로 수행될 수 있도록 적절한 지원과 참여할 책임이 있다.

프로세스 개선 팀 활동

프로세스 개선 팀은 개선 활동 초기에 CMMI 모델 및 심사 관련 교육을 조직구성원들에게 실시하고, 필요한 프로세스 실행 팀들을 구성하며, 프로세스 영역별로 실행계획을 상세히 개발하고, 프로세스 개선 활동 관련 인프라를 확립하는 것이 포함된다. YYYY년 MM월 DD일에 경영진에 보고된 CMMI 심사의 결과로 다음과 같은 작업들이 생성되었다.

앞으로의 프로세스 개선 활동을 구조화하기 위한 조직 표준 프로세스를 개발하고, 이러한 조직 표준 프로세스를 효율적으로 활용할 수 있도록 검색시스템을 구축하며, 요구사항에 대한 변경과 형상관리를 이행하기 위한 별도의 자원을 제공할 때까지는 프로세스 개선 팀에서 형상관리위원회 역할을 수행한다.

그리고 계획수립 프랙티스 영역과 모니터링 및 통제 프랙티스 영역은 앞에서 언급한 요구사항 변경 및 형상 관리 프로세스에 대한 시범적용 결과가 검토된 이후에 실행될 것이다. 그 후 성숙도 2단계와 3단계의 프랙티스 영역에 대해 단계적으로 이행해나갈 것이다. 그리고 모든 시범적용 프로젝트는 프로세스 개선 팀의 모니터링하에서 진행되어야 한다.

[표 3-9] 프로세스 실행 팀 차터 템플릿 예

고객:

후원자:

활동 시작일: **활동 완료일 :**

프로세스 실행 팀의 목적:

비즈니스 목표와의 연관성:

(만약 보유하고 있는 것이 있다면 전략이나 비즈니스 계획)

범위:

[표 3-9] 프로세스 실행 팀 차터 템플릿 예 (계속)

작업 결과물:

프로세스 실행 팀원:

	이름	투입시간 비율(%)	역할
1.			
2.			
3.			
4.			

프로세스 실행 팀 권한:

가정사항:

기본 규칙:

회의참석:
의사결정:
활동기준:

승인 :

　　프로세스 개선 활동은 지속적으로 수행되어야 한다. 어떠한 경우에도 완벽한 프로세스나 절차를 만든다는 것은 거의 불가능하다. 중요한 것은 조금 부족하더라도 실행할 수 있는 프로세스나 절차를 만드는 것이다.

　　프로세스는 적용을 통해 조금씩 향상되는 것이다. 여러분은 이러한 활동이 여러분이 직접 찾아다니면서 하지 않더라도 조직구성원들에 의해 자발적으로 수행될 수 있도록 해야 한다.

인터미션

둘째 돼지의 후회

동화나라 도시의 불빛은 마음이 시리도록 아름다웠습니다. 버섯지붕을 가진 귀엽고 앙증맞은 건물, 하늘을 찌를 듯 솟아있는 참나무 건물. 그리고 건물 사이로 쭉 뻗은 길 위에는 날랜 솜씨로 도시를 누비는 다람쥐들도 보였습니다. 저 도시의 건물 중에는 둘째 돼지의 사무실도 있었지만, 지금 둘째 돼지는 도심 외곽의 언덕 위에 올라 과거를 회상하며 큰 엉덩이로 땅 바닥의 찬 기운을 뼈 속 깊이 느끼고 있었습니다. 둘째 돼지는 이제야 깨달았습니다. 살면서 지난 일들에 대해 후회는 할 수 있지만, 되돌릴 수 없는 큰 후회는 삶이 너무 불행해 진다는 것을. 오늘은 하늘에 폭죽이 터진 듯 유난히도 별 빛이 밝았습니다. 유난히 빛나는 별들. 마치 CMMI 성숙도 3단계 인증을 받던 그날 최종보고서에 담겨있던 폭죽 모양의 애니메이션과도 너무 닮았습니다. 하지만 그 폭죽이 터지기 전까지 너무 많은 일들이 있었습니다.

"회사가 정말 개념이 없어."

한 개발자 돼지가 황당하다는 듯한 표정을 지으며 말했습니다.

"시스템 오픈이 얼마 남지 않았는데, 인증심사 받는다고 문서를 모두 다시 만들라고 하면 우리보고 어쩌란 거야! 더군다나 프로젝트 수행 경험도 없고 개발 경험도 없는 QA는 한술 더 뜨더군. 우리 프로젝트에 체크리스트 가져와서는 문서가 있는지 없는지만 점검하고 없으면 만들라고 하고, 그런 건 나도 하겠다."

또 다른 개발자 돼지는 지금까지 회사의 표준 프로세스를 이행하면서 힘들고 기분

나빴던 일들이 모두 생각나는 듯 얼굴을 찌푸렸습니다.

"도대체 인증은 왜 받으려는 거야? 프로세스나 절차 없이도 그 동안 아무런 문제없이 잘해왔는데."

개발자 돼지는 인증에 대해서 이야기를 하면 할수록 더욱 짜증이 났습니다.

"개발 프로젝트 사업 제안에 참여하려면 필요하다나 봐. 이번 인증도 개발부서에서 추진한 게 아니고, 영업에서 먼저 필요하다고 경영층에 보고했대."

"그럼 자기네들이 하지, 왜 우리한테 난리래?"

개발자 돼지는 지금 자신에게 벌어지고 있는 일들이 도무지 이해가 되지 않았습니다. 일정에 맞춰 개발하기도 힘든데 인증심사 인터뷰한답시고 오라 가라 하고, 문서 잘못 만들었다고 깡그리 고치라고 하고, 정말 죽을 맛이었거든요.

"지난번 중간보고 때 컨설턴트가 이야기 하는 걸 들어보면, 처음에는 힘들지만 차차 조직에 맞게 프로세스가 개선되면서 좋아질 거라고 하던데…"

"그렇게 되면 내 손에 장을 지진다. 네가 우리 사장님하고 팀장님 성격을 몰라서 그런 얘기를 하나본데, 그들은 개선이나 그런데 관심 없어. 빨리 인증이나 따길 바라겠지."

둘째 돼지가 실질적인 프로세스 개선보다는 인증에 관심이 더 많은 건 사실이었습니다. 소프트웨어를 해외에 수출하거나 중요한 개발 프로젝트 사업에 참여하기 위해서는 발주기관이 CMMI 성숙도 3단계 인증서 제출을 요구했기 때문이지요.

"하긴, 내부심사 때 작업산출물도 준비가 안 되어있고 인터뷰도 엉망이어서 CMMI 성숙도 결과가 엉망으로 나오니까 프로젝트 일정이야 어찌됐든 야근하고 휴일에도 나와서 그거 다 보완하라고 했지. 이게 무슨 개선이야. 개악이지. 정말 소프트웨어 개발은 3D를 넘어 4D라는 말이 실감나네."

"4D? 그건 뭐야?"

개발자 돼지는 낯선 용어에 살짝 관심을 가졌습니다.

"너 몰라? 3D 는 Dirty, Difficult, Dangerous잖아. 여기에 Dreamless를 더해서 4D 라고 해. 점점 업무환경은 힘들어지고, 개발업무에서 빨리 벗어나야 하는데, 다른 일을 찾을 수도 없고, 답답하다."

개발자 돼지는 이야기를 하면 할수록 자신의 처지가 안타깝고 답답해졌습니다.

이러한 개발자 돼지들의 심정을 아는지 모르는지, 둘째 돼지는 인증을 밀어붙이기만 했습니다. 잘 안되면 임원회의 때 관련 부서장들을 엄청 닦달하며, 정해진 기한 내에 인증을 획득하는데 아무 문제가 없도록 하라고 지시하곤 했습니다.

마침내 인증심사가 진행되었습니다. 조직적으로 많은 노력을 한 결과, 심사는 순조롭게 진행되어 둘째 돼지 회사는 CMMI 성숙도 3단계 인증을 획득했습니다. 인증을 받고 며칠이 지나지 않아 둘째 돼지는 품질팀장을 호출했습니다.

"사장님, 품질팀장입니다."

비서는 품질팀장이 사장실로 들어오자 둘째 돼지에게 인터폰으로 이를 알렸습니다.

넓은 사장실에 묵직하게 놓인 원목 책상 위로 깔끔하고 세련된 모양의 모니터를 통해 영업과 프로젝트 현황을 점검하던 둘째 돼지는, 모니터에서 눈을 떼며 안경을 책상에 놓고는 품질팀장을 맞았습니다.

"사장님 부르셨습니까?"

품질팀장은 정중하게 인사를 하고는 둘째 돼지의 다음 지시를 기다렸습니다.

"어서 오게. 이쪽으로 앉지."

둘째 돼지가 자리를 안내하자 조금 긴장한 듯한 모습으로 품질팀장은 의자에 앉아서는 허리를 꼿꼿이 세우고 엉덩이는 의자에 절반쯤만 걸쳤습니다.

"요즘 뭐하나?"

둘째 돼지는 뜬금없는 질문을 했습니다. 매주 주간보고를 통해 품질팀이 무슨 일을 하는지는 다 알 텐데 무슨 의도로 이런 질문을 하는지 알 수 없었던 품질팀장은 일순간 몸이 경직되었습니다.

"프로세스 개선 팀과 함께 심사결과에 따른 프로세스 개선 계획을 세우고 담당 QA들은 프로세스가 내재화될 수 있도록 프로젝트 품질보증 활동을 수행하고 있습니다."

사장님 앞이라 조금 긴장은 되었지만, 품질팀장은 진행 중인 일에 대해 일목요연하게 설명했습니다.

"음, CMMI 인증심사가 끝난 뒤에도 할 일이 많군. 품질팀장이 보기에 프로세스 개선 활동이나 품질보증 활동이 프로젝트 수행에 도움이 많이 되는 것 같은가? 현장에서는 너무 품질을 챙기다 보니 프로젝트 수행이 어렵다고 하던데."

품질팀장은 당황스러웠습니다. 지금 둘째 돼지가 말하고 있는 건, 둘째 돼지 스스로도 너무 잘 아는 일이고 지난 번 선임심사원과의 면담 때에도 초기 개선 활동 때의 이런 어려움들을 극복하고 지속적으로 품질활동을 강화하겠다고 말했었으니까요.

"사장님도 잘 아시는 것처럼 내재화되기까지는 많은 어려움이 있겠지만, 이것은 지속적인 노력을 통해서 극복해야 할 문제인 것 같습니다."

품질팀장은 불길한 느낌이 들기 시작했습니다. 이미 다른 회사의 사례를 봤기 때문입니다. 많은 회사들이 CMMI 인증을 받고 나면, 품질팀을 형식적으로만 운영하고 개선 활동을 수행했던 담당자들은 다시 현장 프로젝트로 보낸다는 사실을 알고 있었습니다.

"그래서 말인데, 아무래도 현장 프로젝트의 품질을 강화하려면 개선 활동을 수행했던 담당자들을 현장으로 돌려보내는 것이 좋을 것 같아. 마침 근래에 프로젝트도 많아져서 현장에서 많이 힘들어 한다더군. 현장에 가서 필요한 작업산출물도 작성해주고 가이드도 하고 아무래도 개발자들이 여러 유형의 문서를 작성하면서 개발 활동까지 하기에는 버거운 것 같아. 그리고 자네도 새로운 일을 맡도록 해!"

"그럼 품질팀은..."

"담당 임원에게 직접 챙기라고 했어. 인증도 끝났는데 담당자 한 명 정도만 있으면 될 것 같은데, 자네 생각은 어떤가?"

드디어 올 것이 오고야 말았네요. 품질팀장은 개선 활동을 하면서 많은 것을 느꼈고 프로세스 내재화 활동을 잘해보고 싶었습니다. 하지만 둘째 돼지는 겉으로는 의견을 물어 보는 것 같았지만 사실은 통보나 다름이 없었습니다. 품질팀장은 소신을 갖고 옳은 일이 무엇인지를 둘째 돼지에게 이야기하고 싶었지만 그럴 수는 없었습니다. 하루 종일 업무로 부대껴서 지친 몸을 이끌고 집으로 가면 익숙하면서도 정감어린 미소로 자신을 맞아주는 아내, 즐거운 음악처럼 재잘거리는 아이들과의 소소한 행복이, 많지는 않지만 자신이 받는 월급 때문이라는 것을 너무나도 잘 알고 있기 때문입니다. 만약 둘째 돼지에게 밉보여 지금의 회사를 그만두게 되면 소박하지만 자신에게는 너무 소중한 행복이 모두 사라질지도 모르니까요.

"현장 상황을 보면서 저도 그런 생각을 했었는데, 사장님께서 개선 활동을 강조하셔서 미처 엄두를 내지 못하던 차에 먼저 말씀해 주시니 한결 마음이 가볍습니다."

이것이 직장인의 모습입니다. 자신의 생각보다는 사장의 생각에 따라야 하고 자신의 생활보다는 직장 생활을 우선해야 하고. 품질팀장도 신입사원 때는 이렇지 않았습니다. 하지만 세월은 그의 꿈을 쪼그라들게 했고, 이제는 현실을 지키기에 급급한 그냥 보통의 월급쟁이로 만들어 버렸습니다.

"이런, 사람하고는. 왜 그렇게 패기가 없나. 자신이 생각하는 것이 옳다면 목에 칼이 들어와도 말해야지. 쯧쯧, 내가 일일이 다 챙겨야 하나. 이제는 좀 더 주도적으로 일해 보도록 하게. 지금까지 고생 많이 했어. 내가 자네 능력은 인정하고 있지. 기획팀을 맡아서 회사의 청사진을 잘 만들어 보도록 하게."

가끔 둘째 돼지의 의견에 반대하는 임원이나 팀장도 있었기에, 둘째 돼지는 자신의 생각에 맞장구를 쳐주는 품질팀장의 말에 기분이 좋아졌습니다. 물론 둘째 돼지의 의견에 동조하지 않는 임원이나 팀장은 모두 집으로 갔지요.

둘째 돼지는 은근히 자신을 치켜 세워주는 품질팀장이 귀여웠습니다. 역시 말 한마디는 천 냥 빚도 갚습니다.

월급쟁이. 명함에 의존해서 연극처럼 사는 삶이죠. 무대에서 내려와 명함이 없어지면 그냥 김씨, 이씨, 박씨로 불려 질 것이니까요. 품질팀장은 그렇게 자신의 신념과 그리고 함께 했던 팀원들을 새로운 자신의 자리와 맞바꾸었습니다.

품질팀이 해체되고 몇 달 후 드디어 문제는 터졌습니다. 악명 높은 리스키때문에 프로젝트는 엉망이 되고 발주기관은 둘째 돼지 회사에 손해배상을 청구했고, 둘째 돼지 회사는 더 이상 사업을 할 수 없게 되어 회사는 문을 닫았습니다.

눈앞의 사소한 이익은 결국 많은 직원들의 행복을 앗아가 버렸습니다. 둘째 돼지는 마지막으로 회사 문을 나오던 날, 원망으로 가득한 직원들의 눈빛을 기억합니다. 경영자의 잘못된 의사결정으로 인해 아내들을 고달픈 생활전선으로 몰아넣고 아이들의 소중한 미래를 불안한 삶 속으로 밀어 넣은 가장들의 원망이 싸늘한 로비의 공기를 타고 둘째 돼지의 폐부를 찔렀습니다.

세상에는 우리가 인식하지 못하지만 힘들고 귀찮아서 하루하루를 잊고 지내다 보면 우리에게 재앙으로 돌아오는 소중한 것들이 너무 많습니다. 둘째 돼지는 지금에서야 그러한 것들을 하나하나 깨닫고 있습니다. 하지만 후회를 하기에는 너무 늦었습니다. 그에게 지금 남은 것은 싸늘한 밤공기와 함께 밀려오는 과거의 아픈 기억뿐 아무 것도 없었기 때문입니다.

도시의 황홀한 불 빛, 과거의 기억들, 외로움. 이 모든 것들이 한꺼번에 둘째 돼지의 눈물샘을 자극했습니다. 하염없이 흐르는 눈물로 인해 눈물범벅, 콧물범벅이 되었을 무렵 한 남자가 둘째 돼지에게 말을 걸어왔습니다.

"대표님, 여기는 웬일이세요?"

남자는 둘째 돼지를 잘 아는 듯 했습니다. 하지만 둘째 돼지는 그가 누구인지 도통 감이 잡히질 않았습니다.

"누구신지...?"

둘째 돼지는 기억을 더듬어 봤지만 도무지 기억할 수가 없었습니다. 솔직히 기억이 난다 해도 지금 같은 상황에서는 반갑게 아는 체하기도 싫었습니다.

"셋째 돼지님 아니신가요? 죄송합니다. 제가 밤이라 잘 못 봤네요."

남자는 둘째 돼지가 자신을 못 알아보자 자신이 실수 했다는 것을 알았습니다. 실제로 첫째 돼지, 둘째 돼지, 셋째 돼지는 형제여서 많이 닮았습니다.

"제 동생과 아는 분이군요. 저는 셋째 돼지의 바로 위에 형입니다."

"그럼 둘째 돼지님?"

남자는 둘째 돼지에 대해서 아주 잘 안다는 듯 반가운 목소리로 대답했습니다. 하지만 둘째 돼지는 갑자기 창피해졌습니다. 얼굴은 눈물과 콧물로 범벅이 되었고, 며칠 동안의 노숙생활로 몰골이 말이 아니었거든요. 둘째 돼지는 자신을 밝힌 것이 후회스러워 말까지 더듬었습니다.

"네... 그, 그, 그렇습니다."

예전에 사장으로 있었을 때의 자신감은 다 어디로 간 걸까요? 사장이란 자리를 잃었을 뿐인데, 둘째 돼지는 자신감도 같이 잃었나 봅니다.

"사장님의 안타까운 소식은 들었습니다. 하지만 이렇게 밖에 계속 계시면 건강에 안 좋습니다."

남자는 둘째 돼지의 모습이 너무 불쌍해 보여서 걱정이 되었습니다. 희미한 도시의 불 빛에 비춰진 남자의 모습은 온화하고 여유로운 느낌이었지만, 세련된 회색의 후드

티와 트레이닝 바지를 갖춰 입은 모습은 당당해 보였습니다.

"제 동생과 친한가 보군요. 저의 집안일을 잘 아시는 걸 보면..."

둘째 돼지는 기분이 살짝 나빠졌습니다. 동생인 셋째 돼지가 여기저기에 자기 형들의 이야기를 하고 다닌다고 생각했기 때문입니다.

"셋째 돼지님과는 잘 아는 사이기는 합니다만, 첫째 돼지님과 둘째 돼지님의 이야기는 셋째 돼지님께 들은 것은 아닙니다. 저도 IT분야에 있다 보니 자연스럽게 알게 된 것입니다."

남자는 눈치도 빠른 것 같았습니다. 둘째 돼지의 속마음을 읽고 있는 것 같았습니다. 그러면서 오른손을 내밀며 둘째 돼지에게 악수를 청했습니다.

"저는 셋째 돼지님 회사에서 CMMI 컨설팅을 했던 컨설턴트입니다."

둘째 돼지는 남자와 악수를 하려다가 CMMI 컨설턴트란 말에 귀가 번쩍 뜨였습니다. 자신의 지금 모습과 CMMI를 떼어 놓고 생각할 수가 없었기 때문입니다. 간절함은 운명을 만드는 것일까요? 아니면 우연일까요? 어쨌든 상관은 없습니다. 둘째 돼지는 회사가 문을 닫고 한번쯤 자신의 앞에 있는 이 컨설턴트를 찾아가고 싶었거든요. 셋째 돼지 회사의 프로세스 개선 작업을 성공적으로 수행한 컨설턴트를 찾아가서 자신의 문제가 무엇이었는지를 알고 싶었습니다.

"아! 그럼 제 동생 회사에서 일했다던 그 컨설턴트..."

"예! 벌써 3년째네요."

"그럼 아직도 제 동생 회사에 컨설팅을 하시나요?"

둘째 돼지는 이해가 되지 않았습니다. CMMI 인증을 획득했는데, 또 무슨 컨설팅이 필요할까 싶어서였습니다.

"이미 CMMI 성숙도 3단계 인증을 받았는데, 또 다른 인증을 준비 중인가요?"

"아닙니다. 동생분의 회사는 아직 CMMI 성숙도 3단계에 대한 내재화를 진행 중입니다."

"CMMI 성숙도 3단계 내재화요? 인증을 획득했는데 무슨 내재화를 한다는 거죠?"

둘째 돼지는 이해가 되지 않았습니다. 인증을 획득하고 그걸 또 내재화하기 위해 컨설팅을 받는다고 하니 둘째 돼지는 셋째 돼지가 돈을 아주 많이 버나 싶었습니다. 그렇지 않으면 이렇게 중복 투자할 이유가 없잖아요.

"워낙 셋째 돼지님이 프로세스 내재화에 대한 의지가 강하셔서요. 사실 많은 회사들이 인증을 획득하고 나면 지속적인 개선작업이나 내재화에 소홀한 경향이 있습니다. 물론 잘하고 있는 회사도 많기는 하지만. 지속적인 내재화를 위해 제삼자의 객관적인 시각이 계속 필요하다고 판단하신 것 같습니다."

"그래야 되는 것이었군요."

둘째 돼지는 조금은 이해할 수 있다는 듯 조그만 목소리로 혼잣말을 했습니다. 하지만 둘째 돼지는 프로세스 개선 활동의 효과에 대해서는 여전히 의심을 갖고 있었습니다.

"정말 지속적으로 개선 활동을 하면 조직이 효과적으로 관리되고 프로젝트의 수행 역량과 제품의 품질이 향상되나요? 프로젝트의 수행 역량은 PM의 능력에 따라 좌우되고 소프트웨어 품질이라는 것은 측정하기가 어렵잖아요?"

둘째 돼지는 오랫동안 소프트웨어 개발 회사를 경영했기 때문에 현장의 상황을 잘 알고 있었습니다. 안타깝게도 동화나라에서의 프로젝트 현실은 너무 열악했습니다. 고객은 시도 때도 없이 요구사항을 추가하거나 변경하고, 프로젝트 일정도 합리적인 기준이 없이 정해지고는 합니다. 전체적인 개발 규모나 프로젝트 자원의 활용 가능성은 고려하지 않고 정해진 시스템 오픈 일자에 맞춰 역산해서 프로젝트 일정을 정하는 것이 일반적이거든요.

관리자들이 프로젝트 진행 중에는 일정이 지연되는 줄 어떻게 알겠습니까? 소프트웨어 품질만 하더라도 마찬가지죠. 소프트웨어 품질이 좋다는 것은 작업산출물도 잘 만들어져야 하지만 무엇보다도 결함이 없어야 하거든요. 하지만 품질보증 활동을 하는 것을 보면 대부분 작업산출물 위주로만 점검을 합니다. 객관적인 시험 활동도 매우 중요한데, 시험 환경도 다양하고 소프트웨어의 특성상 결함을 완전히 제거하기 어렵다는 이유로 어지간히 큰 규모의 기업이 아니고서는 시험조직을 별도로 운영하는 것은 엄두도 못 내죠.

"말씀하신 대로 되지 않을 거면 왜 비싼 돈 들여가면서 개선활동을 수행하겠어요? 물론 인증을 받는 것도 의미가 있겠지만, 조직의 프로세스 개선 작업은 신중해야 하고 인내가 필요합니다. 인증을 받았다고 모든 것이 완벽해지는 건 아닌 것처럼 말이죠. 운전면허를 취득했다고 해서 운전을 바로 할 수 있는 건 아니잖아요. 운전을 잘하려면 면허를 딴 이후에도 도로에서 자주 운전도 하고 주차도 해 봐야 하는 것과 같죠. 그런대도 많은 기업들은 인증을 받으면 모든 개선 작업이 끝났다고 생각하는 경향이 종종 있습니다."

컨설턴트는 거침이 없었습니다. 물론 이제는 개선할 회사도 가지고 있지 않은 둘째 돼지에게 말해 봐야 아무 의미가 없을 수 있지만, 둘째 돼지가 재기를 하기 위해서는 무엇이 잘못되었는지 명확히 알 필요가 있다고 생각했습니다. 더구나 둘째 돼지는 중요한 고객사인 셋째 돼지의 형이니까요.

"CMMI 인증이 완료되면 기업의 입장에서는 그렇게 생각할 수밖에 없지 않나요? 목표가 완료되면 조직인원을 효율적으로 운영하기 위해서는 당연하고 자연스러운 일이죠. 특히 개선 활동을 하는 인력이 얼마나 고급인력인데요."

둘째 돼지는 나름대로 기업을 운영했던 경험으로 이야기를 했습니다. 기업에서 인력을 효율적으로 운영하는 것은 회사의 수익과 연결되는 중요한 문제이니까요.

"목표의 달성이요? 결국 둘째 돼지님은 프로세스 개선보다도 인증이 목표이셨던 것 같네요!"

컨설턴트는 CMMI 추진에 대한 둘째 돼지의 생각을 읽을 수 있었습니다.

"뭐, 꼭 그런 건 아니지만… 기업을 경영하다 보면 어쩔 수 없어요. 개발 프로젝트 사업을 수주하려면 CMMI 인증은 꼭 필요하잖아요."

둘째 돼지는 속내가 들킨 것 같아 당황했습니다.

"이해합니다. CMMI를 추진하는 회사 중에는 그런 경우가 자주 있죠. 하지만 인증에만 목표를 두는 프로세스 개선 활동은 정말 위험하다는 것을 아셔야 합니다."

"왜 그렇죠?"

둘째 돼지는 CMMI 인증을 받는다는 것이 프로세스 이행이 내재화 되었다는 것을 공식적으로 인정해 주는 것인데, 뭐가 문제인지 이해가 되지 않았습니다.

"CMMI 인증은 현시점에서 프로세스를 보유하고 프로세스대로 이행할 기반을 갖췄다는 필요조건을 의미하는 것이지 향후에도 지속적으로 프로세스가 이행됨을 보장하는 충분조건은 아닙니다. 물론 내재화가 되었다면 향후에도 프로세스가 제대로 이행될 가능성은 크지만요. 그런데 여기서 문제가 발생합니다. 경영진은 인증을 획득했으니, 품질이 당연히 좋아질 거라고 생각하죠. 현장은 제품의 품질보다는 작업산출물 만들기에 급급하고요. 결국 어설픈 개선 활동은 경영진에게는 환상을 현장에는 고통을 줍니다. 하지만 이런 문제에 대해 개선 프로젝트가 끝난 후에는 아무도 이야기하지 않습니다. 그렇게 회사는 속으로 곪아가는 것이죠. 그래서 경영진이 지속적으로 프로세스를 개선하려는 의지가 있는 경우에는 인증을 받고 난 후에도 프로세스가 내재화 되고 있는지를 객관적으로 평가받아 보고자 하는 거죠. 셋째 돼지님 경우도 마찬가지입니다."

둘째 돼지는 컨설턴트와 얘기를 나누며, 차츰 무엇이 잘못되었었는지 알게 되었습니다. 인증을 받고 난 후, 이제 회사의 품질은 당연히 좋아질 거라 생각했거든요. 가끔 프로젝트 관리 시스템에 들어가 작업산출물들을 보면서 모든 것이 잘 되어가고 있다고 생각한 적이 많았습니다.

"그러면 프로세스 개선을 제대로 하려면 어떻게 해야 되는 거죠?"

둘째 돼지가 컨설턴트의 이야기에 너무 깊숙이 빠져 버린 걸까요? 이제는 자신에게 아무 필요도 없는 질문을 하고 있네요.

"진정한 프로세스 개선은 어떻게 하는 건지 알고 싶으세요? 하지만 지금은 조직도 회사도 없으신데..."

말을 마치고 컨설턴트는 아차 싶었습니다. 둘째 돼지의 상황에서는 작고 사소한 말실수도 큰 상처가 될 수 있기 때문이죠. 말꼬리를 흐리는 컨설턴트를 보며 둘째 돼지는 자신의 처지를 인식하게 되었습니다.

"맞아요, 이제 와서 그것을 알아봐야 소용이 없겠네요. 진작 관심을 가졌어야 했는데, 후회가 되네요."

둘째 돼지는 마음이 착잡했습니다.

"꼭 알고 싶으시다면 방법이 없는 것도 아닙니다."

컨설턴트는 축 처진 어깨위로 고개를 떨어뜨리고 있는 둘째 돼지에게 말했습니다.

"어떻게..."

"둘째 돼지님께서 괜찮으시다면, 셋째 돼지님의 회사를 저와 함께 방문해 보시는 것은 어떨까요?"

컨설턴트의 말에 둘째 돼지는 망설여졌습니다. 회사의 문을 닫게 되면서 그렇지 않아도 가장 먼저 셋째 돼지가 생각났었지만, 자존심이 허락하지 않았거든요. 그리고 셋째 돼지가 가끔 연락을 해왔었는데, 그 때 마다도 괜찮다고만 했거든요.

둘째 돼지는 불현 듯 예전에 CMMI를 처음하게 되었던 때가 생각이 났습니다.

프로세스 개선 작업을 진행하기 전에 돼지 삼형제가 만났을 때, 둘째 돼지는 언제나 어린애 같은 셋째 돼지가 순진하단 생각에 핀잔을 주었던 기억이 났습니다.

"둘째야, CMMI에 대해 들어 봤어?"

"예, 요새 그거 인증서 없으면 입찰에 참여하지 못하는 경우가 많아서 이미 검토를 했어요."

둘째 돼지는 형인 첫째 돼지의 질문에 우쭐해 하며 자신 있게 대답했습니다.

"그거 하려면 돈도 많이 들고 사람도 많이 필요하다고 하는데 어떻게 하냐? 좀 쉽게 할 방법이 없을까?"

첫째 돼지는 돈이 많이 든다고 해서 CMMI를 추진하기 싫었지만, 사업상 안할 수도 없고 해서조금 쉽게 할 수 있는 방법을 찾고 있었습니다.

"CMMI는 성숙도 단계가 1단계부터 5단계까지 있다는데, 컨설팅 받으면서 프로세스하고 절차서 만들고 심사 대상 프로젝트 미리 선정해서 집중적으로 훈련시키면 성숙도 2단계는 한 10개월 정도면 가능한 것 같아요."

둘째 돼지는 나름대로 사전 조사를 해서 CMMI를 어떻게 추진할 지 전략을 세운 것 같았습니다. 예전부터 삼형제 중에 사업적인 머리 회전이 가장 빨랐거든요. 하지만 항상 성실하고 원칙적인 것을 좋아하는 셋째 돼지는 이러한 형들의 모습이 안타까웠습니다. 눈앞의 달콤한 이익이 회사의 미래에는 치명적인 독이 될 수 있다는 것을 알기 때문입니다.

아직 형들에게는 말하지 않았지만, 셋째 돼지는 얼마 전에 뼈아픈 경험을 했습니다. 사업을 확장하기 위해 전문경영인을 채용했었거든요. 전문경영인은 처음 2년간은 성과가 매우 좋았습니다. 회사 매출과 영업이익이 모두 증가했죠. 하지만 2년이 지나자 그 전문경영인은 더 이상의 성과를 내지 못했습니다. 오히려 다른 회사와의 경쟁에서 계속 쳐지기만 하는 것이었어요. 결국 전문경영인을 해고하고 셋째 돼지가 직접 회사를 경영했지만, 한번 어려워진 회사의 상황은 쉽사리 나아지지가 않았습니다. 제법 알차게 사업을 했던 회사가 이렇게 된 이유가 무엇인지 몰라 답답했는데, 오랫동안 셋째 돼지와 같이 일했던 임원이 말해 주었죠. 그 전문경영인은 지난 2년 동안 성과를 내기 위해 연구개발 활동에는 전혀 투자하지 않고, 거간꾼 노릇만 한 것이라네요. 개발 프로젝트 사업을 수주하면 셋째 돼지 회사의 자체 인력을 활용하기보다는 외주협력사들을 압박해서 저비용으로 싸게 소프트웨어를 개발하게 했대요. 그러다 보니 연구개발 활동을 했던 인력들은 회사를 그만두게 되었고, 결국 회사의 기술력은 점점 떨어졌던 거죠. 외주협력사들도 싼 비용에 소프트웨어를 개발하다 보니, 제품의 품질을 확보하는 것은 엄두도 낼 수 없었고요. 결국 셋째 돼지 회사의 평판이 안 좋아져서 영업도 잘 안되게 되었던 거죠. 그 전문경영인은 자신의 성과를 위해서 회사의 영속적인 가치를 팔아버린 거지요. 셋째 돼지는 형들도 그렇게 될 지도 모른다는 걱정이 들었습니다.

"하지만 개발 활동에 대해서 전반적인 체계를 잡는 것은 중요한 것 아닌가요? 그리고 지속적인 프로세스 개선을 통해서 업무 생산성과 제품의 품질을 향상시키는 것이 CMMI의 목적이라고 하던데, 이왕 하려면 제대로 하는 것이 좋을 것 같은데요."

언제나 형들 앞에서는 조심스러운 셋째 돼지는 나지막한 목소리로 이야기를 했습니다.

"그렇게 샌님 같아서 회사를 어떻게 운영할래? 네가 말한 것처럼 하면 좋은걸 누가 모르냐? 하지만 투자대비 효과가 명확해야지. 프로세스 개선한다고 회사 영업력이 나아지냐, 아니면 이익이 엄청 늘어 나냐? 이런 일은 적당히 시늉만 내는 게 좋아. 그나저나 네 회사는 괜찮아? 요즘 어렵다며?"

둘째 돼지는 셋째 돼지가 세상물정을 모르는 것 같았습니다. 처음에는 형들보다 실적도 좋고 전반적으로 운영이 잘 되는 것 같아 부럽기도 했지만, 요즘 셋째 돼지 회사가 어려워졌거든요. 어릴 때부터 성실하고 원리원칙을 중요하게 생각했던 셋째 돼지가 사업과는 잘 맞지 않는다는 생각이 들었습니다.

"너도 이제는 제법 큰 회사를 경영하니까 적당한 타협도 배워야지. 원리원칙대로만 사업을 할 수 있는 건 아니야."

첫째 돼지도 둘째 돼지를 거들었습니다. 하지만 셋째 돼지가 볼 때 형들의 경영방식은 마치 셋째 돼지 회사에 있던 이전의 전문경영인 같았습니다. 그럼에도 두형 모두 회사를 오래 경영한 경험 때문인지 회사는 제법 잘 되었습니다. 그래서 셋째 돼지는 그런 형들이 조금은 불안했지만, 딱히 뭐라고 말을 할 수는 없었습니다.

"형은 CMMI 어떻게 할 거에요?"

둘째 돼지가 첫째 돼지에게 물었습니다.

"나는 성숙도 2단계만 할래. 돈도 없고 인력도 없고 시간도 없다. 그야말로 3무(無)야. 대충 시늉만 내지 뭐."

"셋째, 너는?"

"저는 잘 모르겠어요. 실무진에 검토해 보라고 했고, 컨설턴트도 만나보고 결정하려고요."

"너는 여전히 소심하구나. 이런 건 대충 빨리 끝내는 게 좋아!"

둘째 돼지는 셋째 돼지가 너무 많은 걸 생각하는 것 같아 답답했습니다.

둘째 돼지는 과거의 일들이 주마등처럼 스쳐지나 갔습니다. 지금 와서 생각해보니 셋째 돼지가 왜 그렇게 신중했는지 이해할 수 있을 것 같았고, 자신이 너무 부끄러웠습니다. 이미 때는 놓쳤지만 그래도 둘째 돼지는 재기를 위해 프로세스 개선을 제대로 할 수 있는 방법을 알아 둘 필요가 있다는 생각이 들었습니다. 한참을 생각하던 둘째 돼지는 고개를 들어 하늘을 보았습니다. 저녁 하늘의 별들이 아름다웠습니다. 이렇게 별을 바라 본지도 참 오랜만인 것 같습니다. 둘째 돼지는 생각을 굳히고는 컨설턴트를 보고 말했습니다.

"좋습니다. 가겠습니다. 생각난 김에 지금 바로 연락하겠습니다. 컨설턴트님도 저를 도와주실 거죠?"

둘째 돼지는 자신의 마음속에 남아 있던 모든 망설임을 내려놓으니 한결 기분이 상쾌해졌습니다. 셋째 돼지에게 전화를 해서 지금까지 컨설턴트와 나눴던 이야기를 간추려서 하고는 방문 약속을 잡았습니다. 두 형제가 대화를 나누는 모습을 바라보던 컨설턴트는 희미하지만 즐거운 미소가 머금어졌습니다.

"그럼 내일 뵙도록 하겠습니다. 아마 좋은 경험이 되실 겁니다."

컨설턴트는 둘째 돼지와 악수를 하고는 다시 달리기 시작했습니다. 둘째 돼지는 서서히 어둠 속으로 사라지는 컨설턴트의 뒷모습을 보며 마치 꿈을 꾼 듯 했습니다.

'내가 지금 무슨 짓을 한 거지? 성공하기 전까지는 형제들을 안 만나려고 했는데… 그래 이게 맞는 길 일거야. 반성하고 다시 시작하자. 무엇이 잘못되었는지 나는 알아야 해.'

둘째 돼지는 많은 생각이 들었습니다. 부끄럽고 창피한 방문이겠지만 그래도 형제이기에 조금은 안심이 되었습니다.

아침이 밝았습니다. 둘째 돼지는 밤새 이런 저런 생각 때문에 잠을 이루지 못했지만, 그래도 마음을 단단히 먹고 셋째 돼지 회사를 방문했습니다. 둘째 돼지가 사무실로 들어서자 셋째 돼지는 달려와서 형을 꼭 끌어안았습니다. 사업이 실패하고 생사조차 알기 힘들었던 형 때문에 얼마나 걱정했는지 모릅니다.

"형 나빠, 내가 얼마나 걱정했는데…"

동생은 동생인가 봅니다. 셋째 돼지가 어엿한 한 회사의 사장이지만, 지금은 둘째 돼지의 착한 동생일 뿐입니다.

"미안하다, 셋째야. 마음을 추스를 시간이 필요했단다."

둘째 돼지도 셋째 돼지를 꼭 안았습니다. 한동안 그들은 서로의 가슴을 통해 전해지는 뜨거운 형제의 마음을 읽었습니다.

"차는 어떤 것으로 할까요?"

두형제의 애잔하고 아름다운 감동을 그만 눈치 없는 비서가 깨네요. 꼭 안고 있던 형제는 갑자기 어색해져서 서로 떨어졌습니다.

"형, 여기 앉으세요. 차는?"

셋째 돼지는 형에게 상석을 권하며 앉으라고 했습니다. 둘째 돼지는 잠시 사양을 하다가, 결국 자리에 앉았습니다.

"고맙다. 나는 물만 줘"

"컨설턴트님은?"

"저는 녹차주세요."

"녹차 두잔 하고 물 한잔 부탁해요. 그리고 회의 끝날 때까지는 전화연결 하지 말아주시고요."

비서에게 차를 부탁하고 비서가 나가자 그들은 아까와는 달리 사뭇 진지해졌습니다. 셋째 돼지가 벽으로 다가가 스위치를 누르자 벽면에 하얀 스크린이 내려왔고, 빔은 화면에 빛의 그림을 그리기 시작했습니다. 화면이 표시되자 셋째 돼지는 프레젠테이션을 시작했습니다. 화면에는 그 동안 셋째 돼지 회사에서 프로세스 개선을 위해 했던 활동들이 적혀 있었는데, 둘째 돼지의 눈길을 끈 것은 마지막 페이지에 적혀 있었던 직원의 소리였습니다. 비록 한 문장 한 문장 단문으로 적혀있는 내용들이었지만, 각 문장마다 프로세스 개선에 대한 직원들의 간절함이 있었습니다.

'축적된 데이터를 활용한 산정을 통해 프로젝트 수행 일정을 수립해 주세요. 지금 같이 일정을 정하고는 거꾸로 역산해서 맞추면 일하기가 너무 힘들어요.'

'고객이 요구사항을 변경하고자 할 때에는 변경절차를 반드시 따르도록 해주세요.

PM도 모르게 개발자에게 직접 이야기해서 요구사항을 변경하려고 하니 관리가 어렵습니다.'

'QA가 담당하는 프로젝트 수를 줄여주세요. QA 한 사람이 맡아야 하는 프로젝트가 너무 많아 제대로 된 품질 검토를 할 수가 없습니다.'

'형상관리 도구 사 주세요. 파일서버로 작업산출물을 관리하는 데에는 한계가 있어요.'

직원의 소리에는 참으로 다양한 요청사항이 있었습니다. 물론 요청사항 중에는 시간을 필요로 하는 것도 있었고, 회사 경영상 당장에는 들어줄 수 없는 것도 있었습니다. 둘째 돼지는 셋째 돼지가 이런 개선 요청사항들에 대해 어떻게 의사결정을 했는지 궁금해졌습니다.

"보신 소감이 어떠세요?"

컨설턴트가 먼저 말을 했습니다.

"원래는 제가 프레젠테이션을 하려고 했는데, 셋째 돼지님께서 꼭 직접 하겠다고 하셔서…"

"지금 와서 보니 프로세스 개선 활동에는 많은 관심이 필요한 것 같네요. 저도 유사한 보고를 받았던 것 같은데, 그때는 프레젠테이션에 써진 내용들이 보이지도 않았어요. 몸은 앉아 있었는데, 보고 받는 내내 다른 생각을 했던 것 같아요. 특히 마지막 부분의 직원의 소리에서는 느끼는 것도 많고 궁금한 점도 있습니다."

컨설턴트와 둘째 돼지가 이야기하는 것을 보면서 셋째 돼지는 흐뭇한 미소를 지었고, 그들의 대화에 방해가 되지 않도록 조용히 자리에 앉았습니다.

"어떤 부분이 궁금하신가요?"

둘째 돼지는 책상에 놓인 포인터를 집어 들고는 화면의 한 곳을 가리켰습니다.

"일정에 대한 부분이요. 사실 고객이 일정을 한번 정하면 바꿀 수 없는 것 아닌가요? 개발하는 회사는 어쩔 수 없이 그 일정에 따라야 하고요."

"그 말씀은 맞습니다. 현실적으로 우리 동화나라에서는 고객이 한번 정한 일정을 바꾸기는 어렵습니다. 하지만 언제까지 그렇게 일 할 수는 없지요. 그래서 처음에는 데이터를 꾸준히 쌓아가려는 노력이 중요합니다. 프로젝트 규모에 따라 필요한 공수나 요구사항이 변경되는 추이 등과 관련한 데이터들을 모으는 겁니다. 그러면 나중에 수행하는 프로젝트에서는 보다 효과적으로 규모나 비용을 산정할 수 있는 것이죠. 지금 안 된다고 포기하면 영원히 개선을 할 수 없습니다."

컨설턴트의 말을 듣고 있던 셋째 돼지는 고개를 끄덕이며 자신의 경험을 소개했습니다.

"저도 처음에는 쓸데없는 짓을 한다고 생각했어요. 하지만 데이터를 모으다 보니 어느 정도 예측이 가능해졌어요. 처음에는 추가적인 공수 여분을 확보하는 것으로 대응을 했는데, 요즘에는 제안요청이 오면 기존의 자료를 바탕으로 프로젝트에 대한 VRB(Value Review Board)를 통해 제안 참여 여부를 결정합니다. 물론 회사 전략상 다소 손해를 감수하고 제안에 참여하는 경우도 있기는 하지만 이 역시도 예측된 범위 내에서 진행하기에 회사에 크게 위협적인 요소는 아니에요."

"VRB, 그건 뭐지?"

"개발 프로젝트 사업 제안에 참여하기 전에 사업의 가치성과 제안 전략 등을 검토하는 회의에요. 회사에 축적된 산정 데이터와 소요비용, 요구사항 변경 추이 등의 자료가 있으면 보다 정확하고 내실 있는 회의가 가능해요."

셋째 돼지는 그간의 경험이 많은 도움이 되었는지 자신감 있게 이야기를 했습니다. 둘째 돼지는 셋째 돼지의 이야기를 들으면서 많은 것을 느끼게 되었죠. 그 동안 회사를 운영하면서 프로젝트는 닥치는 대로 수주했고, 일단 프로젝트가 진행되면 어떻게 해서든지 정해진 기간 내에 끝내라고 다그치기만 했거든요. 프로젝트 수행 중에 발생한 문제들은 프로젝트 수행 팀이 알아서 해결하도록 방치했고요. 둘째 돼지 회사는 이런 잘못된 관행이 계속되었고, 결국 돌이킬 수 없는 결과에 이르게 된 것입니다.

"이와 같은 일들이 프로세스 개선을 통해 가능해 졌단 말이지? 그렇다면 효과적으로 프로세스를 개선하려면 어떻게 해야 하지?"

둘째 돼지는 셋째 돼지 회사에서 일어나고 있는 개선 활동이 어떻게 이뤄지고 있는지 궁금했습니다. 이렇게 많은 효과를 얻을 수 있는 개선 활동이건만, 둘째 돼지 회사의 직원들은 왜 말을 하지 않았던 것이었을까요?

"관심인 것 같아요."

"관심? 어떤…"

선문답 같은 셋째 돼지의 대답에 둘째 돼지의 궁금증은 더 커져가기만 했습니다.

"개선 활동을 지속하려면 경영진의 관심이 굉장히 중요합니다. 개선 활동을 진행하는 중에는 조직적으로 의사결정을 해야 할 사항들이 많은데, 경영진의 관심이 적으면 의사결정이 미뤄지게 되고 실무진 입장에서는 바쁜 업무로 인해 개선 활동은 우선순위에서 밀리게 되죠. 그러다 흐지부지 되는 거고. 하지만 저는 운이 조금 좋았던 것 같아요. 좋은 컨설턴트님 만나서 가이드도 잘 받았고, 무엇보다도 현장에서 엄청 욕을 얻어먹으면서도 끝까지 개선 활동을 멈추지 않았던 QA가 한 명 있었거든요. 더키라고. 지금은 농담 삼아 얘기하지만, 전에는 완전 미운오리였어요. 실제로는 백조였는데. 하하하."

"그건 또 무슨 이야기지?"

"그 이야기는 차차 하도록 하시지요. 중요한 이야기라서, 나중에 더키를 소개해 드리겠습니다."

셋째 돼지는 더키와의 일이 생각나는지 흐뭇한 미소를 지었습니다. 셋째 돼지는 계속해서 대화를 이어나갔습니다.

"경영진이 관심을 가지면 현장이 움직이기 시작하는데, 이때부터 조심해야 됩니다. 너무 성과만을 재촉하다 보면 실질적인 개선 데이터가 수집되지 않는 경우가 많습니다."

"일을 할 때 성과를 측정하지 않으면 개선이 되었는지 어떻게 알지?"

"맞습니다. 하지만 목표를 정해 놓고 성과를 측정하다 보면 조직원들은 본인들의 과실처럼 보일 수 있는 문제점들은 숨긴 채, 잘되고 있다는 결과만을 보고할 수가 있습니다. 그러면 실제로 원하는 개선 활동을 할 수 없게 되죠. 예를 들면, 작업산출물을 검토하는 활동 중의 하나인 인스펙션이 있는데, 이론적으로는 작업산출물의 결함을 조기에 발견해서 문제의 발생을 예방하는 매우 중요한 활동이지만 프로젝트에서 수행하는 데에는 여러모로 어려운 점이 많습니다. 물론 프로세스 개선 활동을 위해 필요한 활동이라고 현장에서는 입을 모아 얘기하지만 말이죠."

"나도 인스펙션에 대해서는 들어봤어. CMMI 인증 심사할 때 개발자들이 이 활동을 통해 결함을 사전에 발견해서 많은 도움이 되었다고 하던데, 그게 무슨 문제지?"

둘째 돼지는 CMMI 인증을 위해 프로세스 개선 활동 할 때의 경험을 떠올리며 의심스러운 듯 질문을 했습니다.

"잘하면 도움이 되지만 프로젝트의 모든 작업산출물들에 대해서 인스펙션을 할 수는 없습니다. 일정이나 투입공수 상에도 어려움이 있고요. 그래서 프로젝트에서는 인스펙션 활동에 대한 기준이 필요하지요. 작업산출물의 중요도에 따라 워크쓰루나 다른 방법을 사용할 수도 있어야 하거든요. 조직의 표준은 프로젝트의 특성을 고려해서 유연하게 적용될 필요가 있는 겁니다. 결국 조직은 프로세스 개선에 대해서 자유롭게 의견을 제시할 수 있어야 하고 이에 대한 논리적이고 합리적인 검토를 통해서 피드백이 되어야 합니다."

둘째 돼지와 셋째 돼지의 이야기를 듣고 있던 컨설턴트가 조심스럽게 이야기를 꺼냈습니다.

"기업은 개선 활동에 대해서 자유롭게 이야기하고, 이에 대한 피드백을 할 수 있는 상설화된 조직이 필요한데, 그런 일을 수행하는 조직이 프로세스 개선 팀입니다. 프로세스 개선 팀은 회사의 구성원들과 QA가 제시하는 개선사항들을 검토하여 개선 활동에 따른 프로세스 영향도와 개선 우선순위를 식별하고 개선 결과에 대한 정량적인 성과를 측정합니다. 개선이 개악이 되는 것을 방지하는 역할도 하고요. 지속적인 개선 활동을 위해서는 반드시 필요한 조직이지요."

둘째 돼지는 갑자기 얼굴이 화끈거렸습니다. 이렇게 중요한 활동을 하는 조직을 CMMI 인증을 받고 나서 해체시키고는 현장으로 돌려보냈거든요. 둘째 돼지 회사는 초반의 완전하지 않은 프로세스를 개선 없이 조직에 적용시켰고, 이를 계속 운영했던 것입니다. 아마도 둘째 돼지 회사의 개발자들은 많이 힘들었을 겁니다. 둘째 돼지는 왜 이런 이야기를 실무진들이 하지 않았는지 살짝 짜증이 났습니다.

"왜 우리 회사 실무자들은 이런 이야기를 하지 않았지? 나는 복이 없는 것 같아. 모두 자기 자리 지키기에만 급급해서는…"

컨설턴트는 얼굴이 조금 굳어졌습니다. 예상은 했지만, 둘째 돼지는 아직도 무엇이 문제인지를 깨닫지 못하고 있는 것 같았습니다.

"글쎄요, 입장을 한번 바꿔 놓고 생각해 보시죠. 사장은 별로 관심이 없고, 성과는 당장에 보이기가 어렵습니다. 일정 비용의 투자는 필요한데 결과가 잘못되면 엄청나게 욕먹을 수도 있는 상황에서 쉽게 이야기 할 수 있는 실무자가 과연 있을까요?"

컨설턴트는 작심한 듯 말했습니다. 둘째 돼지에게 문제를 명확히 인식시키기 위해서는 보다 단호하게 말할 필요가 있다고 생각한 것 같았습니다. 컨설턴트의 말에 둘째 돼지는 말문이 막혔습니다. 컨설턴트의 말 속에는 둘째 돼지 회사에서 있었던 많은 문제의 원인이 자신 때문이라는 것 같았기 때문입니다. 하지만 반박할 수가 없었습니다. 대부분이 사실이었으니까요.

"그래도 말은 해 줬으면 좋았을 텐데…"

둘째 돼지는 컨설턴트가 하는 말의 의미를 잘 알기에 풀이 죽었습니다. 의사결정을 한 건 자신이었지만, 개선 활동에 대해 관심을 보이지 않은 것도 사실이었기 때문입니다.

"지금이라도 느끼셨다면 다행입니다."

컨설턴트는 둘째 돼지의 자신감 잃은 목소리에 자신이 조금 심했다는 생각이 들었습니다.

"미리 알았더라면 좋았을 것을. 이제 남은 것이 아무것도 없으니."

둘째 돼지는 생각하면 생각할수록 후회가 되었습니다. 조금만 빨리 이런 사실을 알았더라면 이렇게 어려운 상황에 빠지지도 않았을 것이라 생각했습니다. 이런 형의 생각을 읽은 듯 셋째 돼지가 형의 손을 꼭 잡았습니다.

"형, 걱정하지 마세요. 첫째 형하고 둘째 형이 재기할 수 있도록 제가 도울게요. 형들이 힘든데, 저 혼자만 잘돼봐야 무슨 소용이겠어요."

"내가 너무 염치가 없잖아."

셋째 돼지의 말에 둘째 돼지는 고마우면서도 부끄러웠습니다.

"형들을 위해서만은 아니에요. 우리 형제가 어려울 때 서로 돕는 모습을 보인다면, 우리 애들도 이런 모습을 보면서 서로 도와가며 사이좋게 살지 않겠어요. 이런 것들이 아이들한테는 산교육이라고 생각해요."

셋째 돼지는 형이 혹시라도 부담을 가질 것을 염려해서 하는 말이었지만, 문제를 합리적이고 건설적으로 대응하는 것이 몸에 밴 셋째 돼지는 옳은 행동은 좋은 결과를 가져온다는 믿음이 있었습니다.

"그렇게 말해 주니, 정말 고맙구나. 항상 어린애로만 생각했는데 역시 내 동생이다."

"고맙다니요. 제게 형들이 있는 게 얼마나 큰 힘이 되는지 모르실거예요. 말이 난 김에 당장 큰형한테 연락해야겠어요."

형제의 아름다운 대화에 컨설턴트는 흐뭇해졌습니다. 비록 비즈니스로 엮어진 인연이었지만, 이들 형제의 관계에 긍정적인 영향을 줬다는 생각에 나름 보람을 느꼈습니다.

띠리리리~ 어두컴컴한 방안에 전화벨 소리가 시끄럽게 울렸습니다. 침대에 죽은 듯이 누워있던 커다란 덩치의 돼지가 얼굴을 베개에 묻은 채 귀찮은 듯 손을 휘저었습니다. 한때는 제법 큰 규모의 소프트웨어 개발 회사에 사장으로 있었던 첫째 돼지였습니다. 전화기에는 '둘째'라고 표시되어 있었습니다. 전화기를 멍하니 바라보던 첫째 돼지는 '수신거절'을 누르려다 한숨을 한번 크게 내뱉고는 전화를 받았습니다.

"둘째냐? 잘 지내지?"

"형님 오랜만이에요. 요즘 어떻게 지내세요?"

둘째 돼지는 형의 안부가 걱정되었습니다.

"뭐, 그냥 저냥 지낸다. 회사도 말아먹은 놈이 뭘 하겠냐. 그냥 죽지 못해 산다. 그런 너는 잘 지내냐? 목에 풀칠은 하고 사냐?"

"저도 뭐 그냥 그렇습니다."

"왜 전화했냐? 비슷한 놈끼리 술이나 한잔하면서 신세타령이나 해볼까?"

회사가 망한 이후로 첫째 돼지는 모든 것이 허망해졌습니다. 하지만 언제고 다시 기회가 주어진다면 멋지게 재기를 하고 싶었지만 현실은 그리 호락호락하지 않았습니다. 이렇게 답답해하던 차에 둘째의 전화는 무척 반가웠습니다. 마땅히 신세한탄 할 사람도 없었는데, 비슷한 처지의 둘째 전화를 받으니 만나서 술이나 한잔 해야겠다는 생각이 들었습니다. 이런 첫째 돼지의 생각을 잘 알기에 둘째 돼지는 전화를 한 목적은 이야기하지 않았습니다.

"그래요. 오랜만에 술이나 한잔해요, 형! 셋째도 부를까요?"

"됐다. 이런 모습으로 셋째를 만나는 것이..."

첫째 돼지는 막내를 보고 싶었지만 자존심이 허락하지 않았습니다.

"하지만 셋째도 형님을 보고 싶어 해요. 형제가 만나는데 이것저것 생각할 필요 없잖아요."

"하긴, 네 말이 맞다."

첫째 돼지는 둘째 돼지의 이야기를 듣고 보니 형제끼리 만나는데 자존심을 생각하는 자신이 조금 옹졸했다는 생각이 들었습니다.

"제가 셋째에게 연락해서 약속을 잡고 알려드릴게요."

"그래, 그럼 그때 보자."

첫째 돼지는 전화를 끊고 나서 천장을 우두커니 쳐다보았습니다. 한참 열심히 일할 나이인데 이렇게 시간만 죽이고 있는 자신이 한심해 보였습니다. 어둑한 방안의 공기는 이런 첫째 돼지를 더욱 초라하게 만들었습니다. 다시 시작한다면 모든 것을 잘 할 수 있을 것만 같았거든요.

"다행이다. 셋째야. 형님이 만나겠다고 한다."

"정말요?"

옆에서 둘째 돼지가 전화하는 것을 지켜보고 있었던 셋째 돼지는 믿기지 않는 듯 놀라며 반색을 했습니다. 사실 첫째 돼지는 셋째 돼지에게 아버지 같은 존재였습니다. 언제나 자신을 든든하게 지켜주었고, 아무리 힘든 상황에서도 가정을 지켰거든요. 그런 만큼 자존심도 무척 강해서 쉽게 만나 줄 거라고는 생각지도 못했거든요.

"컨설턴트님도 같이 만나시죠?"

셋째 돼지는 이 기회에 모두 같이 만나서 의견을 교환하고 싶었습니다.

"아닙니다. 우선은 세분만 만나시는 게 좋을 것 같습니다. 형제가 만나는 자리에 외부인이 끼는 것도 그렇고, 아직 첫째 돼지님의 생각을 알지도 못하는데 잘못하면 오히려 자리가 서먹해 질 것 같습니다."

"컨설턴트님 말씀이 맞네요. 제 생각이 짧았습니다."

"역시 컨설턴트님은 신중하시군요. 닮고 싶습니다."

둘째 돼지는 순간적인 상황판단과 신중함을 가진 컨설턴트가 부러웠습니다.

"둘째 돼지님은 사람 부끄럽게 만드는데, 일가견이 있으세요."

"하하하"

사무실에는 화기애애한 웃음소리와 함께 앞으로 다가올 새로운 희망을 예고하는 기운이 감돌았습니다.

마침내 약속한 날이 되었습니다. 셋째 돼지는 오랜만의 형제들의 만남이 설렜습니다. 형들의 사업 실패로 인해 그동안 형제들이 한자리에 모이기가 쉽지 않았거든요. 초조한 마음에 대문 앞에서 형들을 기다리는데 노을이 비추는 골목길 사이에 형들의 모습이 실루엣처럼 보였습니다.

"형~~~"

셋째 돼지는 달려가서 첫째 돼지를 와락 안았습니다.

"너무해, 연락도 안하고."

셋째 돼지의 마음속에는 기쁨과 섭섭함이 교차했습니다.

"자식, 너는 언제쯤 어른이 될래. 사업도 제법 크게 하는 놈이 어린애처럼 굴기는."

"밖에서야 어떻든 나는 형들한테는 여전히 막내인데, 뭐."

큰형의 농담 섞인 말에 셋째 돼지는 입을 비쭉 내밀고는 투정을 부렸습니다.

"자, 자, 들어가서 이야기 하자고. 막내 맛있는 것 많이 해놨지. 요새 제대로 못 먹어서 살이 엄청 빠졌다."

둘째 돼지도 가벼운 농담으로 형제들의 만남에 흥을 더 했습니다. 셋째 돼지는 형들을 거실로 안내하고는 살림도우미에게 음식을 준비 시켰습니다.

"큰형 그 동안 어찌 지냈어요? 연락도 뚝 끊어 버리고."

"그냥 집에만 있었지. 무엇이 잘못되었는지 생각도 해보고. 다시 재기를 할 수 있는 방법도 찾아봤지."

"좋은 결론이라도 나왔나요?"

둘째 돼지는 형의 생각이 궁금해졌습니다.

"글쎄, 정확한 건 아니지만 어렴풋이 내가 무엇을 잘못했는지는 알게 되었지. 지금 생각해보면 사업을 하는 동안 내내 운이 좋았었다는 생각이 들었어."

"사업이 망했는데 무슨 운이 좋았다는 거예요?"

둘째 돼지는 예상치 못한 형의 대답에 짐짓 놀라며 되물었습니다.

"내 말은 사업이 망하기 전까지 운이 좋았었다는 거야. 내 사업 방식을 곰곰이 생각해보면 무작정 밀어붙여서 돈을 벌려고만 했지, 사업을 내실 있게 운영하지도 않았는데도 바로 망하지 않고 운 좋게 버텨 왔다는 생각이 들었어."

첫째 돼지는 혼자 지내는 동안 여러 생각을 하며 많은 것을 깨달은 것 같았습니다. 이야기를 듣고 있던 셋째 돼지는 어쩌면 오늘 삼형제의 만남이 좋은 결과로 이어질 것 같다는 기대가 생겼습니다.

"왜 그렇게 생각하신 거예요?"

셋째 돼지는 큰 형의 의중을 떠보고 싶었습니다.

"사실 회사가 문을 닫고 나서 무엇이 잘못되었는지 생각하는 중에 막내 회사의 이야기를 들었거든. 회사의 표준 프로세스를 만들고 차근차근 보완해 나가면서 조직에 내재화를 진행했다고 하던데, 그 이야기를 듣고 깨달은 것이 있었지. 사실 내가 회사를 운영할 때는 프로세스가 없었지. 내 지시가 곧 프로세스이고 절차였으니까. 결국 내가 의사결정을 잘못하면 회사가 문을 닫는 것이었는데, 그걸 감안하면 그래도 회사를 꽤 오래도록 운영한 셈이었지."

　첫째 돼지는 자신이 무엇을 잘 못했는지 이미 알고 있었습니다. 역시 나이와 경험이 그냥 쌓이는 건 아니었나 봅니다.

　"형님도 CMMI 성숙도 2단계를 하셔서 회사의 표준 프로세스를 만들었잖아요?"

　"녀석도 참! 다 알면서 뭘 물어봐. 나는 그냥 인증이 필요하다고 해서 시늉만 냈지. 지금 와서 생각해보니 그때가 참 좋은 기회였는데. 역시 기회는 앞머리를 길게 늘어뜨리고 있고 뒤에는 대머리라더니 그 말이 꼭 맞는 것 같아."

　의외로 이야기가 쉽게 풀려가고 있었습니다. 사실 오늘 모임에서 큰형의 의중을 확인해서 설득하려고 둘째 돼지와 셋째 돼지는 마음을 먹고 있었는데, 다행히 큰형은 이미 많은 걸 생각한 것 같았습니다. 이제는 큰형이 자존심 상하지 않게 도울 방법만 찾으면 모든 일은 순조롭게 마무리 될 것 같습니다. 둘째 돼지는 조심스럽게 이야기를 꺼냈습니다.

　"형! 사실 나는 형처럼 객관적으로 나를 바라볼 수 없었어. 그런데 우연히 셋째 돼지 회사를 컨설팅 했던 컨설턴트를 만나서 많은 것을 깨달았어. 오늘 만남도 형과 함께 사업을 재기할 방법을 찾고 싶어서 만나자고 했어. 형이 좋다고만 하면 막내도 우리를 돕겠다고 했고. 나는 사업을 제대로 한번 다시 해보고 싶어."

　둘째 돼지는 솔직하게 자신의 심정을 이야기했습니다.

　"나도 너의 마음을 이해한다. 하지만 우리가 다시 소프트웨어 개발 사업을 하려면 일을 제대로 하는 방법을 알아야 하는데, 그것이 쉽지만은 않을 것 같구나. 시간도 많이 필요할 것 같고."

　"이미 우리에게 조언을 해줄 사람은 있어. 돈과 인력이 문제인데, 그건 셋째가 도와준다고 했고."

　둘째 돼지는 조바심이 났습니다.

"너는 여전히 성격이 급하구나. 너는 그 성격부터 먼저 고쳐야겠다."

첫째 돼지는 사람이 완전히 변해 있었습니다. 예전처럼 급하게 일을 추진하려 하지도 않고, 성격도 많이 너그럽고 여유로워진 것 같았습니다. 형의 질책에 둘째 돼지는 자신이 아직도 고칠 점이 많다는 생각이 들어 부끄러웠습니다.

"너를 야단치려던 건 아니니 오해하지는 마라. 사실 막내가 도와준다면 나도 다시 해보고 싶다. 하지만 막내에게 미안하기도 하고, 내가 변할 수 있을까 하는 두려움도 있어서 조금 망설여지는 거지."

첫째 돼지는 막내의 마음 씀씀이가 고마우면서도 다시 찾아온 기회를 잘 잡을 수 있을까 하는 걱정도 되었습니다.

"형님들은 제게 미안해하실 필요가 없어요. 제가 힘들 때 형님들이 도움을 많이 주셨잖아요. 이번에 제가 형님들을 도울 수 있어서 오히려 기뻐요."

셋째 돼지는 눈물이 왈칵 쏟아지려고 했습니다. 엄밀히 말해 셋째 돼지가 이렇게까지 자리를 잡을 수 있었던 것은 형님들의 도움이 커서였는데, 그동안 도움을 줄 수가 없어서 너무 안타까웠거든요. 첫째 돼지는 막내의 이야기를 잠자코 듣다가는 무언가를 깊이 생각하는 것 같았습니다. 잠시나마 그들의 공간에는 무거운 침묵이 흘렀습니다. 이어서 나지막하지만 단호한 목소리로 첫째 돼지가 말했습니다.

"그런데 조건이 있다."

"뭔데요?"

셋째 돼지는 큰형의 묵직한 목소리에 긴장이 되면서도 무슨 말을 하려는지 궁금했습니다. 첫째 돼지는 잠시 망설이다가 말했습니다.

"너 우리 도와주고는 나중에 생색내기 없기다."

"네에~?"

큰형의 뜬금없는 농담에 셋째 돼지는 긴장이 일순간에 풀리며 자기도 모르게 깜짝 놀라고 말았습니다.

"놀랐지? 하하하."

첫째 돼지는 크게 웃으며 동생들을 쳐다보았습니다.

"형도 참~"

둘째 돼지도 첫째 돼지의 농담에 살짝 웃음을 보였습니다.

"막내야 고맙다. 네 도움이 헛되지 않도록 내가 최선을 다하마."

"형. 고마워요. 제 진심을 알아주어서."

셋째 돼지는 이렇게 든든한 큰형이 있어서 얼마나 좋은지 모릅니다. 어려울 때 이해 타산 없이 서로 도울 수 있는 것. 그건 가족이기 때문에 가능하지 않을까요? 돼지 삼형제는 그날 밤새도록 이야기꽃을 피우며 오랜만에 행복한 밤을 보냈습니다. 달님도 삼형제의 이야기를 흐뭇하게 들으며 미소 지었습니다.

삼형제의 만남이 있고 수일이 지난 후, 그들은 이제 앞으로 어떻게 해야 할지 의논 하기 위해서 다시 모임을 가졌습니다.

"우리가 어떤 목표를 가져야 할지는 정했지만, 어떻게 하면 잘 실행하고 좋은 결과 를 가질 수 있을까요?"

둘째 돼지는 컨설턴트에게 의견을 구했습니다.

"모든 일은 직접 경험하면서 체득하는 것이 가장 좋겠지만, 그렇게 하면 시간이 너무 오래 걸리는 단점이 있습니다. 그래서 저는 형제분들께서 우선 CMMI에 대해서 명확히 이해하는게 좋겠다는 생각입니다."

"저도 그렇게 생각합니다. 이전에 CMMI를 추진했지만 제가 완전히 이해한 상태에서 했다고는 생각하지 않습니다."

첫째 돼지가 컨설턴트의 의견에 동의를 했습니다.

"그럼 어떻게 하면 CMMI를 잘 이해할 수 있을까요?"

둘째 돼지가 컨설턴트를 바라보며 물었습니다.

"CMMI는 한번 추진해 보셨으니, 이론적인 교육이 필요할 것 같지는 않습니다. CMMI에서 가장 중요한 것은 실행입니다. 마침 셋째 돼지님의 회사 분들이 프로세스에 따라 일을 잘하시기 때문에 셋째 돼지님 회사의 프로젝트를 벤치마킹 해 보는 것이 어떨까 싶습니다. 그 중에서도 프로세스를 가장 잘 이행하는 프로젝트를 살펴보시는 것이 어떨까요?"

컨설턴트는 지금까지의 컨설팅 경험을 토대로 첫째 돼지와 둘째 돼지에게 가장 도움이 될 방법이 무엇인지 많은 고민을 한 것 같았습니다. 이들의 이야기를 듣고 있던 셋째 돼지가 문득 생각 난 듯 컨설턴트를 바라보았습니다.

"컨설턴트님 혹시 거북이 PM 기억하세요?"

"아, 거북이 PM이요!"

컨설턴트는 셋째 돼지가 무슨 이야기를 하려는지 알 것 같았습니다.

"셋째 돼지님 회사의 CMMI를 이야기 하면서 거북이 PM을 빼놓을 수는 없지요. 하하하."

이 둘이 대체 지금 무슨 얘기를 하고 있는지 첫째 돼지와 둘째 돼지는 궁금했습니다.

"셋째야 무슨 이야기니?"

첫째 돼지가 물었습니다.

"거북이 PM이라고 저희 회사가 개선 활동을 하는 동안 묵묵히 참고 견디며 회사의 표준 프로세스에 따라 프로젝트를 관리한 PM입니다. 아마도 거북이 PM이 없었다면 저희 회사가 지금 같이 프로세스 개선 활동을 수행하지는 못했을 겁니다."

셋째 돼지는 거북이 PM을 이야기하다보니 과거가 회상되어 흐뭇했습니다. 그런 모습을 지켜보던 컨설턴트도 미소를 지으며 고개를 살짝 끄덕였습니다.

"그래, 그렇게 대단한 PM이 있었어? 빨리 만나보고 싶구나. 능력이 얼마나 대단한 거야?"

둘째 돼지는 셋째 돼지 회사의 개선 활동을 성공시킨 주인공 이야기가 나오자 귀가 솔깃했습니다. 마치 거북이 PM을 만나면 자신의 모든 고민이 해결될 것 같은 기대감이 생겼습니다. 둘째 돼지 회사의 PM들은 개선된 표준 프로세스에 따라 프로젝트를 진행하라고 하면 언제나 불만이 가득해서는 자신들의 현실을 고려하지 않는 쓸데없는 짓들을 한다고 생각했거든요. 나서서 개선활동을 하는 것이 아니라 욕먹지 않으려고 마지못해 하는 시늉만 했는데, 같은 PM이면서도 프로세스 개선 활동에 중요한 역할을 했다고 하니 정말 어떤 PM인지 궁금했습니다. 이런 생각을 알고 있는 듯 컨설턴트는 둘째 돼지를 향해 가벼운 미소를 지어 보였습니다.

"둘째 돼지님, 궁금하시죠? 어떤 PM인지?"

"컨설턴트님은 족집게예요. 직업 바꾸시는 것이 어떻겠어요? 어찌 이리도 사람 마음을 잘 읽으시는지, 하하."

"제 직업이 사람을 많이 만나는 일이다 보니, 저도 모르게 그렇게 되네요. 상대의 기분을 읽는 능력이 내재화되었나 봅니다."

"컨설턴트님은 농담도 CMMI 용어를 사용하시네요!"

둘째 돼지의 말에 삼형제와 컨설턴트의 유쾌한 웃음이 회의실에 가득했습니다. 웃음이 잦아들자 컨설턴트는 다시 진지하게 첫째 돼지에게 질문을 했습니다.

"첫째 돼지님, 진정한 고수의 모습은 어떨까요?"

예상치 못한 질문에 첫째 돼지는 조금 당황했지만, 삶의 경험은 그의 감정을 감추었습니다.

"글쎄요. 흔히 고수, 또는 전문가라고 하는 사람들은 자신이 하는 일에 확신을 가지고 할 테니 자신감이 가득하지 않을까요? 아마 자신감과 당당함이 묻어나겠죠."

"일리 있는 말씀입니다. 거기에 저는 경험을 더하겠습니다. 제가 만나본 고수들의 모습이나 행동은 비슷했습니다."

"어떤 모습들이요?"

성질 급한 둘째 돼지가 대답을 재촉했습니다.

"물론 분야마다 차이는 있겠지만, 제가 만난 PM이나 품질 고수들은 요란하지가 않았습니다. 그들이 하는 프로젝트는 차분하면서도 안정감 있게 진행이 됩니다. 우리가 흔히 프로젝트라고 생각하면 마감일정에 쫓겨서 매일 매일이 전쟁 같은 상황이라 생각하는데, 고수들이 진행하는 프로젝트는 그렇지가 않았습니다. 마치 톱니바퀴의 기어가 딱 맞아서 돌아가는 것처럼 빈틈없이 진행이 됩니다. 그러다 위험이나 이슈가 발생하면 마치 대비했다는 듯이 적절한 대응활동을 수행합니다. 마치 커다란 호수에 돌멩이가 떨어지면 잔물결이 치더라도 금방 사라지고 평온한 호수가 되는 것처럼 말이죠. 제가 품질업무를 하기 전에는 고수들은 어떤 방법을 사용해서 프로젝트를 안정적으로 관리하는지 궁금했습니다. 한때는 그들이 축복받은 능력을 가지고 있거나 프로젝트에 필요한 인력이나 다른 자원을 확보하는데 비범한 재주가 있다고까지 생각했었으니까요. 충분한 인력과 자원 확보는 프로젝트의 가장 중요한 요소라고 생각했기 때문이죠. 하지만 제가 품질업무를 본격적으로 배우면서 그들의 비법을 이해하게 되었습니다. 알고 나면 정말 단순하지만요."

"그 비법이 뭐죠?"

이번에도 성질 급한 둘째 돼지가 나섰습니다.

"프로세스!"

첫째 돼지는 자신도 모르게 프로세스라는 말이 입 밖으로 나왔습니다. 셋째 돼지와 컨설턴트를 만나면서 첫째 돼지는 자신도 모르는 사이에 프로세스의 중요성에 대해서 인식하게 되었던 것입니다. 컨설턴트가 무엇이라 말할지 몰랐지만, 지금 그가 가장 중요하다고 생각하는 것은 프로세스였습니다. 자신의 회사가 망한 것도 따지고 보면 회사와 조직원들의 현실을 고려하지 않은 비효율적인 프로세스를 만들고 그것을 개선할 노력도 하지 않았기 때문이라는 생각이 들었습니다. 첫째 돼지의 대답에 컨설턴트는 자신도 모르게 첫째 돼지를 바라보았습니다.

"어떻게 아셨어요? 고수들은 자신의 할 일에 대한 명확한 프로세스를 가지고 있었습니다. 그래서인지 프로젝트 관리 활동에 군더더기가 없어요. 할 일들이 모두 명확했죠. 그리고 프로젝트 팀원들은 자신들의 업무와 목표를 명확히 이해하고 있었고요."

컨설턴트의 이야기에는 프로세스의 존재이유가 담겨 있었습니다.

"조직 내에서 프로세스를 수립하고 관리하는 목적은 업무 절차를 명확히 하자는 데 있습니다. 이를 통해 불필요한 업무나 반복적인 시행착오를 줄이고 궁극적으로 조직원들의 생산성을 높이자는 것이죠. 프로세스에 따라 만들어진 작업산출물들은 거의 비슷한 형태로 작성되기에, 이후 비슷한 업무에 대한 재사용성을 높일 수 있어 가능한 일이죠. 하지만 프로세스를 처음 적용할 때는 모든 작업산출물을 신규로 작성해야 하는 경우가 많습니다. 그러다보니 앞서 적용하는 조직원들이 힘들다고 느끼고 자신들이 왜 이런 고생을 해야 하는지 억울한 기분을 갖게 되는 거죠. 그런데 안타까운 것은 이러한 고생을 하고 나서 결실을 맺을 때쯤 조직은 다시 처음으로 돌아간다는 겁니다. 이유는 CMMI 인증을 획득하고 나면 지속적인 개선 작업에 대해 소홀해지고, 이를 추진했던 개선팀도 현업으로 돌려보내져서 결국은 프로세스가 관리되지 않는 상황에 놓이기 때문입니다. 아무리 많은 고민을 하고 프로세스를 만들었다고 하더라도 여러 프로젝트에 적용해 보지 않고는 조직의 다양한 상황을 반영하기는 어렵습니다. 관리되지 않는 프로세스는 조직원을 멍들게 합니다. 둘째 돼지님 회사의 경우가 전형적인 사례이죠."

돼지 삼형제와 컨설턴트의 대화는 꽤 오랜 시간 계속되었지만, 누구 하나 힘든 기색이 없었습니다. 절박함은 열정을 만들어 내고 열정은 무언가를 이뤄내는 힘이기 때문입니다. 돼지 삼형제의 열정을 온몸으로 느낀 컨설턴트는 이번에 하는 개선 활동은 다른 어떤 개선 활동보다도 성공할 것이라는 확신이 들었습니다.

"그럼, 무엇을 먼저 해야 할까요?"

둘째 돼지는 생각한 일들을 빨리 진행하고 싶어 안달이 났습니다.

"먼저 거북이 PM을 인터뷰하는게 좋을 것 같습니다. PM을 통해 셋째 돼지님 회사 프로세스의 장, 단점도 파악해 보시고, 경험사례도 들어보면 좋을 것 같습니다."

컨설턴트는 인터뷰에서 해야 할 일들과 공유해야 하는 활동들에 대해서 설명했습니다.

"저, 컨설턴트님..."

조심스럽게 셋째 돼지가 의견을 제시했습니다.

"성공 사례를 듣는 것도 좋지만, 실패 사례도 분석을 해봐야 하지 않을까요? 성공 사례보다는 실패 사례에서 더 많은 것을 배울 수 있지 않을까요?"

"좋은 의견이십니다. 역시 우등생은 다르신데요."

"컨설턴트님 너무 하십니다."

둘째 돼지가 볼멘소리를 했습니다.

"그렇게 말씀하시니까 제가 꼭 열등생인 것 같잖아요. 회사를 말아먹어서 가뜩이나 의기소침해져 있는데..."

"둘째야 우리가 열등생인건 맞아. 현실을 받아들일 수 있어야 발전도 있는 거야."

첫째 돼지가 둘째 돼지를 나지막이 타일렀습니다.

"첫째 돼지님 그렇게 말씀해 주시니 고맙습니다. 제가 의도를 가지고 한 말은 아니니까, 너그럽게 이해해 주세요."

"컨설턴트님은 너무 진지한 것이 문제야, 농담인데."

둘째 돼지는 즐거운 미소를 지으며 컨설턴트를 바라보았습니다.

"으이그, 하여튼간…"

첫째 돼지는 둘째 돼지에게 꿀밤을 때리는 시늉을 했습니다. 돼지 삼형제와 컨설턴트는 또 한바탕 크게 웃었습니다.

"어떤 사례가 좋을까요? 자신의 아픈 부분을 내보이기 좋아하는 이는 아무도 없을 텐데."

둘째 돼지가 컨설턴트에게 의견을 구했습니다.

"생각나는 PM이 있기는 한데…"

컨설턴트는 셋째 돼지가 자신이 생각하는 PM을 떠올리지는 않는지, 표정을 살피며 이야기를 이어갔습니다.

"토끼 PM이 어떨까요? 프로세스 보다는 무조건 개발만을 강조하다가 프로젝트를 크게 망치고 나서 지금은 어떤 PM보다도 열심히 프로세스를 준수하고 있거든요."

"저도 실은 토끼 PM을 생각하면서 이야기를 꺼냈던 거예요. 토끼 PM의 경험도 우리에겐 정말 소중할 것 같거든요."

아니나 다를까, 셋째 돼지도 역시 같은 생각을 하고 있었습니다.

"토끼와 거북이라, 왠지 재미있는 이야기가 많은 나올 것 같군. 두 사람을 같이 인터뷰해보도록 하지."

첫째 돼지가 결정을 내린 듯 단호하게 이야기를 했습니다.

"어, 형이 의사결정을 내리는 거예요?"

둘째 돼지가 투정부리듯 말했습니다.

"그럼 네가 먼저 세상에 나오든가."

"하하하"

돼지 삼형제와 컨설턴트는 토끼 PM과 거북이 PM의 인터뷰 일정을 확인하고, 그날 다시 만나기로 했습니다.

CMMI 성숙도
4, 5단계 적용

C H A P T E R 4

CMMI에서는 성숙도 4단계와 5단계를 통칭하여 상위성숙도 단계라고 부르며 상위성숙도 단계에 도달한 조직을 상위성숙도 조직이라 부른다. 상위성숙도에 도달한 조직들은 몇 가지 특징들을 가지고 있는데, 가장 두드러진 특징은 과거에 수행된 작업의 품질과 프로세스 성과를 이해하고 이를 통해 미래의 품질과 프로세스 성과를 예측하기 위해 조직과 프로젝트 차원에서 통계적이고 정량적인 기법을 사용한다는 것이다. 해당 조직은 비즈니스 목적에 근거한 품질과 프로세스 성과 관련 목표를 수립하고 각 프로젝트는 조직과 고객 그리고 최종 사용자의 니즈에 부합하는 목표를 수립한다. 프로젝트와 구성원은 그들의 이러한 목표 달성을 위해 계획, 모니터링, 진행상황 통제 등과 같은 활동을 매일 수행함에 있어 통계적이고 정량적인 기법을 사용한다.

일반적으로 성숙도 3단계 이하의 수준을 보유하고 있는 조직에서는 계획 대비 실적을 관리한다. 즉, 프로젝트 계획 대비 실적을 비교해 보고 차이가 크게 발생하는 경우 시정활동을 통해 그 차이를 줄여 나가는 것이다. 그런데 그렇다고 해서 이러한 활동이 프로젝트의 성공을 보장하는 것은 아니다. 이에 반해 상위성숙도 조직은 목표 대비 성과를 관리하기 때문에 프로젝트의 현재 진행상황을 파악하고 향후 진행방향을 예측함으로써 목표달성 여부에 대한 파악이 가능하고 필요 시, 작업방법 등의 변경을 통해 프로젝트의 성공확률을 높여나갈 수 있다.

이 장에서는 CMMI 성숙도 4단계와 5단계에서 다루는 주요 개념들을 사례를 들어 설명함으로써 상위성숙도 단계를 보다 쉽게 이해할 수 있도록 했다.

4.1   상위성숙도 기본 개념

상위성숙도 조직의 가장 큰 특징이 일상의 작업을 수행함에 있어 통계적이고 정량적인 기법을 사용하는 것이라고 했다. CMMI에서는 '통계적이고 정량적인 기법'이라는 복합적 용어를 사용하고 있는데 그 이유는 일반적으로 [표 4-1]과 같은 통계적 기법의 사용이 예상되기는 하지만 추세 분석, 런 차트, 파레토 차트, 히스토그램, 데이터 평균 등과 같이 비 통계적인 정량적 기법도 효과적으로 사용될 수 있음을 나타내기 위해서이다. 따라서 통계적이고 정량적인 기법을 사용한다는 것은 작업을 수행하는 데 있어 투입량, 규모, 공수, 성과 등과 같은 각종 매개변수를 정량화함으로써 해당 작업을 완수할 수 있도록 하는 분석적 기법이 사용된다는 의미이다.

상위성숙도를 이해하기 위해서는 우선 통계에 대한 기본 개념을 이해할 필요가 있다. 물론 여러분들 가운데는 통계를 잘 아는 분들도 있겠지만 대다수는 통계라는 말만 들어도 머리가 지끈거리기 시작할 것이다. 그래서 여러분이 상위성숙도를 이해하기 위해 꼭 알아 둘 필요가 있는 기본적인 통계 개념에 대해서만 간략하게 설명하도록 하겠다.

[표 4-1] 통계적 기법 예

통계기법	사용대상	귀무가설	대립가설	판단기준
정규성 검증	• 데이터의 정규분포 여부 확인	• 정규분포함	• 정규분포하지 않음	• P값 > 0.05 • 귀무가설 채택
상관 분석	• 두 집단 간의 상관관계 파악 • 회귀분석을 위한 선행 분석	• 상관관계 없음	• 상관관계 있음	• P값 < 0.05 • 상관계수 R값 확인 • 대립가설 채택
회귀 분석	• 두 집단 간의 인과관계 파악	• 회귀관계 없음	• 회귀관계 있음	• P값 < 0.05 • R^2 > 0.6 • 대립가설 채택

통계기법	사용대상	귀무가설	대립가설	판단기준
분산 분석	• 둘 이상 집단 간의 평균 차이	• 집단 간 차이 없음	• 최소 한 집단은 차이 있음	• P값 < 0.05 • 대립가설 채택
2샘플 T테스트	• 두 집단 간의 평균 차이 • 개선 전, 후 비교	• 집단 간 차이 없음	• 집단 간 차이 있음	• P값 < 0.05 • 대립가설 채택

4.1.1 통계에 사용되는 기본 개념

우리는 일상생활 중에 통계의 개념을 많이 사용하고 있다. 프로야구 시합의 승부를 예측하기 위해 각 팀들의 과거 승률을 조사한다거나 대학에 진학할 때 대학수학능력 시험 성적의 분포와 특정학과의 합격선 등을 고려한다거나 하는 것이 그 예이다. 이렇듯 불확실한 상황에서 현명한 의사결정을 하기 위해 통계기법이 사용된다.

통계에 자주 사용되는 용어로는 모집단과 표본이 있다. 이를 설명하기 위해 다음과 같은 예를 살펴보자.

학생들의 지능지수가 대입수능고사 결과에 결정적인 영향을 준다는 가정 하에 서울과 부산에 있는 고등학교 학생들의 지능지수를 조사해 두 지역의 예상되는 수학능력 고사 점수의 차이를 살펴보려고 한다. 이 조사를 완벽하게 하기 위해서는 서울에 있는 고등학생들의 지능지수와 부산에 있는 고등학생들의 지능지수를 모두 조사해야 할 것이다. 그러나 이를 모두 조사하려면 막대한 비용과 시간이 소요된다. 따라서 서울과 부산의 고등학생 중에서 각각 일부 학생을 조사해 서로 비교하는 방법을 택하는 것이 일반적이다. 이와 같은 예는 주위에서 얼마든지 찾아볼 수 있다. 품질관리를 위해 음료수의 용량을 조사해 본다든지, 서울의 강북과 강남에 거주하는 시민들의 월평균 소득을 조사해 보는 경우에도 전수 조사는 어렵기 때문에 조사대상 중에서 일부를 선별해 조사하는 방법이 사용된다.

서울과 부산 고등학생들의 지능지수를 조사하는 예에서 모집단은 서울과 부산의 모든 고등학생이 되며, 이 가운데 조사대상으로 선정된 학생들이 표본이 된다. 즉, 모집단이란 조사 대상이 되는 모든 개체의 집합이며 모집단에서 조사대상으로 채택된 일부를 표본이라고 한다. 그리고 모집단의 특성을 수치로 나타낸 것을 모수라고 하며, 표본의 특성을 수치로 나타낸 것을 통계량이라고 한다. 모집단의 모수를 정확히 계산할 수 있다면 문제가 없지만 이를 알기가 어려운 상황에서는 표본에서 계산된 통계량으로 모수를 대신하게 된다.

모집단과 표본의 특성은 평균, 분산, 표준편차 등으로 표현되는 데, 모집단을 대상으로 할 때와 표본을 대상으로 할 때의 차이를 두기 위해 기호를 달리 사용한다. [그림 4-1]은 모집단, 표본, 모수 및 통계량의 관계를 보여준다.

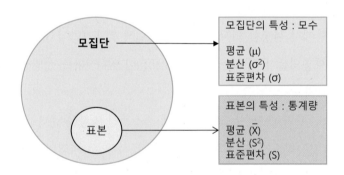

[그림 4-1] 모집단, 표본, 모수, 통계량의 관계

통계적 분석은 수집된 데이터의 분포가 가지고 있는 특성을 찾아내 그 특성을 숫자로 표시하기 위한 작업이다. 데이터의 분포를 나타내는 특성은 여러 가지가 있으나 가장 대표적인 것은 집중화 경향, 분산도, 비대칭도이다. 이러한 특성들은 그 자체로 데이터의 특성을 가리키는 중요한 지표일 뿐만 아니라 그 지표들은 다음 단계의 통계적 분석을 위한 중요한 자료로 사용된다. 집중화 경향은 수집된 데이터가 어느 위치에 집중되어 있는가를 나타내 주는 것으로써 산술평균, 중앙값, 최빈값 등이 대표적으로 사용된다. 분산도는 수집된 데이터들이 흩어져 있는 정도를 말하며 분산도를 나타내

는 방법으로는 범위, 평균편차, 표준편차, 분산 등이 있다. 비대칭도는 데이터의 분포가 대칭에서 벗어난 정도를 말하는 것인데, 분포의 특성을 나타내는 여러 방법 중 가장 많이 이용되고 있는 것은 집중화 경향을 대표하는 산술평균과 분산도를 나타내는 표준편차(또는 분산)이다.

4.1.2 통계적 프로세스 관리

통계적 프로세스 관리란 조직에서 수행하는 프로세스의 수치적인 정보를 수집 및 분석한 후, 그 결과를 해석하고 이해할 수 있도록 하는 제반 기법들로 이뤄져 있다. 통계적 프로세스 관리에서 제일 중요하게 다루는 것은 프로세스로부터 수집된 결과 데이터들의 편차이다. 동일한 사람이 똑같은 프로세스를 수행하는 경우에도 해당 프로세스의 결과 값들은 항상 다르게 나온다. 통계적 프로세스 관리는 프로세스 수행 결과 데이터들의 편차를 식별하고 그 원인을 추적하기 위해 사용된다.

여러분이 직접 차를 몰고 직장에 출근하는 경우를 예로 들면 다음과 같이 설명할 수 있다. 여러분이 항상 같은 길로 차를 몰고 출근한다고 가정하자. 이것은 여러분이 항상 동일한 프로세스를 가지고 업무를 수행한다는 것을 의미한다. 그러나 여러분이 회사로 출근하는 데 걸리는 시간은 조금씩 다를 것이다. 이러한 차이는 어디에서 오는 것일까? 가장 쉽게 생각할 수 있는 것이 신호등에서의 대기 횟수이다. 그리고 신호 대기 중에서 앞에 정지해 있는 차량들의 수도 편차의 원인으로 작용할 것이다. 만약 여러분이 출근하는 길에 교통사고가 자주 발생한다면 이러한 사고 횟수도 역시 원인이 될 것이다. 이러한 원인들은 여러분이 회사에 출근할 때마다 매번 변화하지만 운전해서 회사에 출근하는 기본적인 프로세스는 바뀌지 않는다.

앞에서 열거한 원인들은 여러분이 회사에 출근하는 프로세스의 일반적인 원인들이다. 그런데 이러한 일반적인 원인과 더불어 예외적인 원인도 존재할 수 있다. 만약 여러분이 급하게 처리할 일이 생겨 휴일에 출근해야 한다면 이것은 예외적인 원인이 될 수 있다. 여러분은 동일한 길을 따라 회사에 가겠지만 휴일에 회사에 출근하는 경우는 위의 원인들이 항상 발생하는 것이 아니기 때문이다.

모든 프로세스는 해당 프로세스를 수행할 경우, 여러 가지 원인들 때문에 항상 다른 결과들을 낳는다. 따라서 여러분은 프로세스를 수행함에 있어 다양한 원인들의 변화와 이러한 변화로 인한 수행 결과의 차이를 이해하고 있어야 적절히 대응할 수 있을 것이다.

통계적 프로세스 관리에서는 프로세스를 수행하는 데 있어 결과 값에 영향을 미치는 일반적인 원인을 우연원인 또는 일반원인이라고 하고 예외적인 원인을 이상원인이라고 한다.

신호 대기 횟수 등과 같은 프로세스 성과 변동에 대한 우연적인 원인들을 시스템 개발 과정에서 살펴보면 시스템 설계과정에서의 다양한 결정 사항들이나 특정 개발도구 사용 등과 같은 것이 해당될 수 있다. 이러한 우연적인 원인들은 시스템 개발 프로젝트에서는 항상 존재하기 때문에 우연적인 원인들에 의한 프로젝트 성과 변동을 어느 정도는 예상할 수 있다. 통계적 프로세스 관리에서는 이러한 변동을 관리 상하한 선이라는 범위로 나타낸다.

반면에 개발 프로젝트에서의 이상적인 원인들은 개발자의 갑작스런 퇴직이나 시스템 장애 발생과 같이 여러분이 예상하지 못했던 원인들이다. 이 원인들은 통계적 프로세스 관리 관점에서 보면 설정된 관리 상하한선을 벗어나는 특이 값들이 해당된다. 그러므로 이상적인 원인들은 그것이 발생하기 전에는 그 원인을 예상할 수 없는 것이 보통이다.

프로세스가 예측 가능하다는 것은 프로세스가 가지는 우연적인 원인에도 불구하고 프로세스를 수행하는 동안 정형적인 프로세스 성과를 나타낸다는 것을 의미한다. 반면 프로세스를 예측할 수 없는 경우는 이상적인 원인의 결과로 인해 프로세스 성과를 예측할 수 없는 것이다.

프로세스가 예측 가능하다면 그 결과가 좋든 나쁘든 간에 일관되게 해당 프로세스가 수행됨을 의미한다. 이러한 경우에는 프로세스 수행 결과의 편차를 줄이는 방향으로 개선 활동에 집중해야 한다. 이러한 활동이 바로 성숙도 5단계에서 수행되는 우연적인 원인들을 기반으로 한 개선 활동이다. 반면 프로세스 수행 시, 이상적인 원인들로 인해 측정결과들이 관리 상하한선을 벗어나는 경우가 많다면 편차를 줄이는 개선 활동보다는 이상적인 원인들을 찾아내 그것을 해결하는 것이 더 시급한 일일 것이다. 이것은 성숙도 4단계에서 주로 수행되는 이상적인 원인을 기반으로 한 개선활동이다.

여러분이 운전해서 회사에 출근하는 경우에 소요되는 시간이 매일매일 거의 비슷하다면 이를 개선하기 위해서는 다른 지름길을 찾거나, 다른 교통수단을 고려해야 할 것이다. 반면 출근시간의 편차가 심하다면 출근시간이 많이 걸린 날의 이상적인 원인들을 분석함으로써 어떻게 하면 출근시간을 줄일 수 있을지를 고민해 보는 것이 좋다.

4.1.3 관리도

통계적 프로세스 관리는 수집된 데이터를 이용해 의미 있는 그래프로 나타낸다. 이러한 그래프는 프로세스에서 무엇이 일어나고 있는 지를 보여줄 수 있어야 한다. 주로 체크시트, 시계열 그래프, 히스토그램, 파레토 차트, 산점도, 특성요인도 및 관리도 등이 많이 사용되는 데, 이를 통계적 프로세스 관리를 위한 7가지 도구라고도 한다.

7가지 도구들을 사용하는 데 있어 중요한 것은 그래프를 화려하게 그리는 것이 아니라, 분석 대상 데이터의 특성에 따라 적합한 그래프를 선택하고 선택된 그래프를 통해 데이터의 의미를 찾아내는 것이다.

위에서 언급한 7가지 도구 가운데 여기서는 관리도에 대해서만 설명하도록 하겠다. 물론 다른 도구들도 여러분 조직에서 정량적인 데이터를 수집하거나 분석하는데 유용하게 사용할 수 있지만, 관리도는 프로세스 수행 결과의 편차를 식별하고 이를 통해 통계적으로 예측할 수 있도록 해주기 때문에 상위성숙도 조직에서 일반적으로 많이 사용하는 통계기법이다.

관리도는 기본적으로 조직에서 수행한 프로세스 성과 데이터들의 편차를 추적하고 관리할 수 있도록 해주는 일종의 시계열 그래프로서, 편차의 관리를 위한 관리 상한선과 관리 하한선을 가지고 있다. 모든 프로세스는 편차를 갖게 마련이다. 관리도를 이용하면 프로세스 편차들의 정도를 파악할 수 있고, 그 결과를 바탕으로 어느 시점에서 적절한 시정조치 활동을 수행해 문제를 해결해야 하는지를 파악할 수 있을 것이다. 다음은 가장 많이 사용되는 관리도 유형이다.

- **c 관리도:** c 관리도는 표본 크기가 5이상이면서 동일한 경우 사용한다. 예를 들면 코드 100라인당 결함 수와 같이 표본 크기가 5이상이며, 항상 100라인이라는 동일한 표본에서의 데이터를 추출하기 때문에 c 관리도를 사용할 수 있다. 이때 'c'는 일정한 표본 크기 안의 불일치의 수를 나타내며 이산형 데이터이다.

- **u 관리도:** u 관리도는 c 관리도와 유사하지만 표본 크기가 일정하지 않을 경우 사용한다. 예를 들면 각 개발 단계에서의 결함 수 중에서 요구사항과 관련된 결함 수를 관리하기 위해서는 u 관리도를 사용할 수 있다. 즉, 개발단계별 결함 수는 매번 달라지기 때문에 표본 크기가 일정하지 않다. 'u'는 일정하지 않은 표본 크기에서의 불일치 수를 나타내며, 역시 이산형 데이터이다.

- **np 관리도:** np 관리도는 표본 크기가 50이상이면서 동일한 경우 사용한다. 예를 들면 하나의 하드웨어 컴포넌트에 포함된 불량 개수를 관리하고자 할 경우 사용할 수 있다. 'n'은 표본 크기를 말하며 'p'는 불량률을 나타낸다. 그리고 'np'는 불량 개수이며 이산형 데이터이다.

- **p 관리도:** p 관리도는 표본 크기가 50이상이면서 동일하지 않을 경우 사용한다. 예를 들어 표본 크기가 일정하지 않다면 불량 개수만 단순 비교하는 것은 의미가 없으므로 불량률을 관리해야 하며 이 경우 p 관리도를 사용한다. 여기에서 'p'는

불량률을 나타낸다.

- **XmR 관리도:** XmR 관리도는 표본 크기가 1인 연속형 데이터에 사용한다.
- **X bar R 관리도:** X bar R 관리도는 비교적 표본 크기가 작은 연속형 데이터에 대해 사용하지만, 표본 크기가 10이상인 경우에도 사용할 수 있다. 'X'는 수집된 데이터의 평균을 나타내며, 'R'은 수집된 데이터의 범위를 나타낸다.
- **X bar S 관리도:** X bar S 관리도는 표본 크기가 보통 10이상이면서 동일한 경우에 사용하며, 연속형 데이터에 사용한다.

여러분은 수집한 데이터의 표본 크기나 데이터의 성질(이산형, 연속형)에 따라 위에서 설명한 관리도 중에서 적합한 것을 선택해 사용해야 한다. 그리고 작성된 관리도를 통해 데이터의 경향이나 패턴 등을 분석해 조직의 의사결정 시 활용할 수 있을 것이다. 일반적으로 관리도를 사용하기 시작한 초기에는 표본 크기가 10개 미만이더라도 어느 정도 도움을 줄 수 있으며, 점차 익숙해지면 표본 크기를 늘려가는 것이 바람직하다.

앞에서 관리도의 종류에 대해 설명할 때 데이터의 성질을 이산형과 연속형으로 구분했다. 먼저 이산형 데이터란 관리하고자 하는 데이터가 불연속적인 경우를 말한다. 결함 수의 경우 1개, 2개, 3개로 결함의 건수를 나타낼 수 있지만, 그 중간인 1.5개 또는 2.5개와 같은 결함은 있을 수 없다. 이산형 데이터란 보통 어떤 것을 셀 때 사용되거나 '예' 또는 '아니오' 등으로 답하는 경우의 데이터에 대해 사용된다. 반면 연속형 데이터란 결함률과 같이 2개의 데이터 사이에도 수많은 데이터가 존재할 수 있는 경우를 말한다. 예를 들면 길이, 시간, 비용 등과 같이 정량적인 데이터에 사용된다.

다양한 유형의 관리도 중, 상위성숙도 조직에서 가장 많이 사용하는 관리도는 XmR 관리도이다. 이는 XmR 관리도가 상대적으로 이해하고 사용하는 것이 쉬우며 대부분의 프로세스 활동에 대해 적절하게 사용할 수 있기 때문이다. XmR 관리도는 통계학에 대한 어려운 개념들을 몰라도 사용할 수 있다. 여러분이 포아송 분포나 이항 분포가 어떻게 다른지, 그리고 이들 분포에서의 다양한 가설 검증을 어떻게 해야 하는지 등을 알지 못한다고 해서 너무 걱정할 필요는 없다. XmR 관리도만으로도 많은 의미를 추출해 낼 수 있기 때문이다. XmR 관리도에서 여러분이 해야 할 작업은 정확하게 관리도를 작성하고 이것을 기반으로 노이즈와 시그널을 구분할 수 있으면 된다. 노이즈는 해당 프로세스 수행 결과 데이터들의 정상적인 편차를 말하며, 시그널은 추가 분석활동을 요구하는 예외적인 편차를 말한다. 예를 들면 병원에 가서 혈압을 잴 때 대부분의 사람들은 조금씩 긴장하게 마련이다. 따라서 편안한 상태에서 혈압을 재는 것보다 조금씩 더 높게 나올 수 있는데 이러한 차이를 노이즈라고 한다. 반면에 정말로 몸에 이상이 생겨 혈압이 높아질 수도 있는데, 이러한 이상 징후를 잡아낼 수 있는 것을 시그널이라고 한다.

또 다른 예를 들어보면 건강을 위해 다이어트에 관심을 가지는 사람들이 많이 있을 것이다. 이러한 다이어트는 몸무게와 굉장히 밀접한 관계를 가지고 있다. 그러나 사람의 몸무게는 항상 변하게 마련이다. 아침, 저녁으로 몸무게가 조금씩 변할 수 있으며 식전이나 식후에도 조금씩 변한다. 그리고 계절에 따라서도 조금씩 변할 수 있다. 사람들은 몸무게를 기초로 하여 다이어트 강도를 조절하려고 할 것이다. 조금씩 변하는 몸무게를 확인하면서 이 정도의 변화라면 현재의 생활을 그대로 유지해도 상관없다고 판단할 수도 있으며, 지금까지의 몸무게의 변화를 지켜보면서 더 이상 현재 상태로 생활을 유지하면 안 된다고 판단할 수도 있다. 전자의 경우를 노이즈라고 하고, 후자의 경우를 시그널이라고 할 수 있다.

관리도에서 의미 있는 시그널을 파악하기 위한 가장 쉬운 방법은 관리도상의 상한선이나 하한선을 벗어나는 데이터 점들을 찾는 것이다. 그리고 관리도상에서 다음과 같은 경우가 나타나면 하나의 시그널로 인식하고 그 원인에 대해 조사해 봐야 한다.

- 관리도상의 연속된 4개 점 중에서 3개 이상이 관리도의 중앙선보다 관리 상한선이나 하한선에 더 가깝게 위치한 경우
- 관리도상의 연속된 8개 이상의 점들이 중앙선을 기준으로 위쪽이나 아래쪽에 위치한 경우(프로세스 성과에 근본적인 변화가 일어나고 있다는 증거)
- 관리도상의 연속된 6개 이상의 점들이 계속 증가하거나 감소하고 있는 경우
- 관리도상의 연속된 14개 이상의 점들이 중앙선을 기준으로 위쪽과 아래쪽으로 반복적으로 왔다 갔다 하는 경우
- 관리도상의 연속된 15개 이상의 점들이 중앙선 주위의 바로 위와 아랫부분에 집중되어 있는 경우

여기서 여러분이 주의해야 할 점은 시그널이 바로 문제를 의미하는 것은 아니라는 것이다. 그 이유는 관리도상의 이러한 현상들이 정말로 문제인지는 알 수 없기 때문이다. 그것은 여러분이 관심을 더 가져야 하는 무엇인가가 발생했다는 의미일 뿐이다.

4.1.4 프로세스 성과 기준선과 성과 모델

CMMI의 상위성숙도와 관련해 여러분이 접하게 되는 또 하나의 생소한 개념은 프로세스 성과 기준선과 프로세스 성과 모델일 것이다.

상세한 내용은 나중에 다시 설명하겠지만 프로세스 성과 기준선과 성과 모델이 무엇이고, 어떠한 용도로 사용되는 지에 대한 이해를 돕기 위해 여러분이 많이 사용해본 경험이 있는 차량용 내비게이션을 통해 간략하게 설명해 보겠다.

내비게이션으로 주행 경로를 탐색하기 위해서는 우선 [그림 4-2]와 같이 경로를 여러 단위의 구간으로 세분화해야 한다.

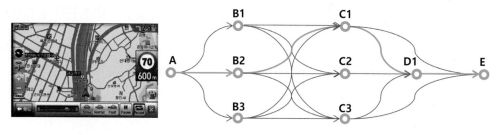

[그림 4-2] 차량용 내비게이션 경로 탐색 예

그리고 [표 4-2]와 같이 각 세부 주행 구간별 거리, 최고속도, 평균속도, 소요 비용 데이터를 수집한다. 특별한 경우가 아니라면 해당 구간을 통과하기 위해 필요한 시간과 비용을 알 수 있다. 만약 자동차가 아닌 자전거를 타고 이동한다면 속도와 시간, 비용은 별도의 테이블로 존재해야 한다.

[표 4-2] 주행 구간별 거리, 속도, 비용 정보 예

주행구간	거리(km)	최고속도 (km/h)	평균속도(km/h)			비용(원)	도로유형
			하한	평균	상한		
A → B1	10	80	60	70	90	0	자동차전용
A → B2	12	60	40	50	70	0	일반국도
A → B3	18	100	80	100	110	1200	고속도로
B1 → C1	10	80	60	70	90	0	자동차전용
………	………	………	………	………	………	………	………

세부 주행 구간별 거리와 속도 그리고 비용이 파악되면 구간별로 소요되는 시간과 비용의 계산이 가능하며 이때 소요되는 시간의 평균과 표준편차로 구성된 것이 하나의 프로세스 성과 기준선이 된다.

　그리고 각 구간별 소요시간과 비용을 합해 [표 4-3]과 같이 각 주행 경로별 소요시간과 소요비용을 예측할 수 있는데 이것이 프로세스 성과 모델을 산정에 활용한 예가 된다. 따라서 운전자는 시간이 중요한 경우에는 비용이 발생하더라도 최단 시간이 소요되는 경로를 선택하면 되고, 시간에 별로 구애를 받지 않는 경우에는 최소한의 비용이 발생하는 경로를 선택하면 된다.

[표 4-3] 주행 경로별 소요시간 및 비용 예

주행경로	1구간	2구간	3구간	소요시간 (분)	평균주행속도 (km/h)	소요비용 (원)
경로 1	B1	C1	D1	80	95	2000
경로 2	B1	C2	D1	110	85	1000
경로 3	B1	C3	D1	90	90	1800
경로 4	B1	C1	E	100	90	1200
경로 5	B1	C2	E	140	55	0
경로 6	B1	C3	E	70	100	2400
....	....	....	....	....	....	....

　내비게이션은 주행 중 남아 있는 예상 경로에 지체나 정체가 발생하는지 지속적으로 모니터링하고, 만약 경로 내에 교통사고 등이 발생해 최초 예측했던 것보다 더 많은 시간의 소요가 예상되면 현재 경로로 계속 진행할 것인지 아니면 우회하는 것이 좋은지를 판단해 운전자에게 선택하도록 해 주는데 이것이 프로세스 성과 모델을 성과 예측에 활용한 예이다.

4.2   CMMI 성숙도 4단계 적용

성숙도 4단계가 의미하는 것은 해당 조직이 정량적으로 관리되고 있다는 것이다. 여기에는 프로젝트뿐만 아니라 조직 차원에서의 정량적인 관리도 포함된다. 정량적 관리를 위한 가장 기본적인 개념은 측정 데이터를 어떻게 다루느냐 인데, 여기서 측정 데이터란 성과 및 측정관리 프랙티스 영역에서 설명했던 기본 측정지표와 파생 측정지표 모두를 의미한다. 기본 측정지표란 작업시간이나 결함 건 수 등과 같이 기록을 통해 수집되는 것을 의미하며, 파생 측정지표는 생산성이나 일정준수율과 같이 기본 측정지표들의 연산을 통해 만들어지는 측정지표들을 의미한다.

대부분의 조직에서는 측정활동을 수행하고 있을 것이다. 그러나 조직에서 측정활동을 수행한다고 해서 그 조직이 성숙도 4단계에 도달한 것은 아니다. 중요한 것은 수집하는 측정치의 상세 정도이다. 아주 구체적인 측정치를 얻기 위해서는 무엇보다 작업 단위별 측정이 필요하다. 작업 단위별 측정이란 하나의 단위 작업이 완료되었을 때 관련된 측정을 수행하는 것이다. 예를 들면 고객 인터뷰 수행, 요구사항 정의, 검토, 단위시험 등이 이러한 단위 작업에 해당된다. 성숙도 수준이 낮은 조직일수록 측정대상 단위가 커지는 경향이 있다. 즉, 초기에는 하나의 프로젝트가 종료되었을 때 전체 프로젝트 기간에 대해 측정하지만 그 다음에는 개발 단계별로 단계가 완료되면 단계별 일정에 대해 측정한다. 그리고 상위성숙도 단계의 조직에서는 개발 주요 단계 내의 단위 작업별로 해당 작업이 완료되면 그 기간이나 성과를 측정하게 되는 것이다. 이것이 의미하는 바는 측정단위가 작아질수록 관리활동 또한 상당히 구체적이고 세밀해진다는 것이다. 즉, 개발 주요 단계별로 관리하는 것보다는 단위 작업별로 관리하는 것이 훨씬 빨리 문제를 발견하거나 조치를 취할 수 있다. 더구나 작업 단위별 측정은 서로 다른 생명주기에서도 사용할 수 있다. 예를 들면 요구사항을 정의하는 작업은 폭포수형 개발 모델이나 점증형 개발 모델에서나 동일하다.

[표 4-4]는 작업 단위별 측정의 예를 보여준다. 이 표에서는 먼저 조직에서 가장 중요하게 생각하는 비즈니스 목표를 생산성, 품질, 일정의 3가지로 정의한 후, 이러한 비즈니스 목표에 결정적인 영향을 미치는 작업들을 정의했다. 그리고 해당 작업을 제대로 수행했는지를 관리할 수 있는 측정지표들을 정의함으로써 작업 단위별 측정방법을 수립했다.

[표 4-4] 작업 단위별 측정 예

목표	작업 단위	측정지표
생산성	정의된 요구사항	시간, 복잡도
	(설계된) 요구사항	시간, 복잡도
	이행된 인터페이스	시간
	코드화된 객체	시간
	통합된 부시스템	시간
	실행된 시험 시나리오	시간
산출물 품질	(완료된) 설계 검토	결함, 페이지, 시간
	(완료된) 검사	결함, 페이지, 시간
	실행된 시험 시나리오	결함, 시간, 커버리지
일정	작업 완료	일(지연 일수, 조기 완료 일수)

그럼 이제부터 성숙도 4단계를 적용하기 위한 방법에 대해 설명할 것이다. 여기에서 설명하는 내용은 익숙해질 때까지 계속 반복해서 수행해 보는 것이 좋다.

4.2.1 측정 항목 정의

성숙도 4단계 조직은 프로세스 성과 기준선과 프로세스 성과 모델을 가지고 조직 표준 프로세스의 수행 결과를 정량적으로 관리할 뿐만 아니라, 프로세스 성과 기준선 과 프로세스 성과 모델을 이용해 프로젝트의 품질 및 프로세스 성과를 관리한다.

따라서 성숙도 4단계를 위해서는 무엇보다 조직의 프로세스 성과 기준선과 프로세스 성과 모델을 먼저 개발해야 한다. 이를 위해서는 해당 조직에 적합한 측정항목이 식별되어야 하며, 식별된 측정항목들에 대해 데이터를 수집해야 한다. 그러므로 성숙도 4단계에 도달하기 위해 가장 기초가 되는 활동은 측정항목을 정의하는 것이라고 할 수 있다. 측정항목을 정의하는 방법에 대해서는 이미 설명했기 때문에 여기서는 간단하게 설명하고자 한다.

만약 조직의 목적이 "돈을 많이 버는 것"이라면 그 목적에 적절한 측정항목을 정의하면 된다. 돈을 많이 벌어야 한다는 단 한 가지 목적만을 가지고 있다고 해서 잘못된 것은 아니다. 그러나 이 한 가지 목적을 위해 조직의 결산자료만을 측정항목으로 가져가는 것은 옳지 않다. 왜냐하면 이러한 측정항목은 결과만을 관리하기 때문이다. 수집된 측정 데이터를 이용해 프로세스와 작업산출물 간의 관계를 파악할 수 있어야 한다. 그러므로 이 조직에서는 돈을 많이 벌기 위한 한 가지 목적을 달성하기 위해 시스템 엔지니어링 그룹이나 소프트웨어 엔지니어링 그룹, 그 밖의 지원그룹들이 어떠한 방법으로 기여할 수 있는지, 그들이 수행하는 프로세스를 어떻게 관리해야 하는지를 파악해야 한다. 이러한 분석 작업을 통해 돈을 많이 벌기 위한 한 가지 목적과 관련된 다양한 프로세스와 작업산출물들의 측정항목들을 정의할 수 있다. 그리고 조직에서 수행하는 프로젝트 유형에 대해서도 고려해야 한다. 예를 들어 여러분 조직에서 신규 개발 프로젝트뿐만 아니라 유지보수 프로젝트도 수행하고 있다면 신규 개발 프로젝트를 위한 측정항목 외에 유지보수 프로젝트를 위한 측정항목도 함께 정의해야 한다. 이러한 유지보수 프로젝트의 측정항목들은 신규 개발 프로젝트의 측정항목과 같을 수도 있으며 다른 항목이 포함될 수도 있다.

마지막으로 측정항목을 정의하기 위해서는 측정범위와 측정정도를 나타내는 측정활동의 폭과 깊이를 고려할 필요가 있다. 측정범위는 해당 측정항목을 수집해야 하는 대상 프로젝트나 프로세스가 되며, 측정정도는 측정항목들이 수집되는 단위에 해당한다.

4.2.2 측정 데이터 수집

측정활동에서 가장 어려운 부분은 좋은 데이터를 얻는 것이다. 좋은 데이터를 얻기 위해서는 직접 데이터를 찾아 다녀야 한다. 즉, 원하는 데이터 수집을 위해 수많은 다른 형식의 보고 자료나 조직 내 전산시스템을 뒤져야 할 수도 있다. 그리고 예전의 데이터를 찾는 데 많은 시간과 노력이 들어간다는 것도 알고 있어야 한다.

그러나 프로젝트 초기에 프로젝트 팀과 함께 작업하는 경우에는 보다 정확한 데이터를 더욱 많이 수집할 수 있다. 좋은 데이터를 수집하기 위해서는 그만큼의 시간과 노력을 투입해야 하는 것이다.

4.2.3 측정 데이터 분석

데이터를 직접 분석해보면 의외로 많은 사실을 알게 된다. 데이터가 빠짐없이 수집되고 있는지, 혹여 수집은 되고 있는데 잘못된 데이터가 수집되고 있지는 않은지, 그리고 어떤 프로젝트에서 표준 프로세스를 준수하지 않았는지 등에 대해 눈으로 확인할 수 있다.

다음은 데이터 분석 작업 시 수행해야 하는 활동들이다.

1. **수집된 데이터 확인**

   작업 수행 시간이 0으로 나오는 등 누락된 데이터나 상대적으로 값이 너무 크거나 작은 데이터에 대해 확인한다.

2. **데이터의 정규화**

모든 프로젝트에 대해 데이터를 서로 비교할 수 있도록 데이터를 정규화하는 방법을 찾는다.(예: 결함 데이터 → 결함률)

3. **도표 작성**

데이터의 분포를 보고 싶다면 히스토그램을, 데이터 간의 상관관계를 보고 싶다면 산점도를, 데이터의 경향을 보고 싶다면 시계열 그래프 등을 작성한다. 적절한 관리를 위한 시그널을 확인하려면 관리도를 작성할 수 있다.

4. **특이 값에 대한 추가 조사**

그래프 상에 나타난 특이 값들에 대한 원인을 조사한다. 이러한 데이터들은 불완전한 경우가 많기 때문에 프로젝트 팀원과 함께 수행하는 것이 좋다. 만약 문제가 있다면 적절한 조치를 취해야 한다.

4.2.4 프로세스 성과 기준선과 성과 모델 수립

측정항목이 식별되고 관련 데이터가 수집되어 분석되면 조직에서 정량적으로 관리하기를 원하는 모든 프로젝트 유형에 대해 프로세스 성과 기준선을 수립해야 한다. 바꿔 얘기하면 어떤 프로젝트 유형들을 대상으로 프로세스 성과 기준선을 수립할 것인가를 결정해야 한다는 것이다. 즉, 폭포수형 개발 모델을 사용하면서 동료검토 활동을 수행하는 대규모 프로젝트, 점증형 개발 모델을 사용하는 중간 규모의 프로젝트, 그리고 소규모 유지보수 프로젝트 등과 같이 프로젝트 유형별로 구분해 프로세스 성과 기준선을 개발하는 것을 말한다.

프로세스 성과 기준선이 수립되면 조직에서 관리하기를 원하는 항목들에 대해 프로세스 성과 모델을 만들어야 한다. 예를 들어 생산성이나 품질이 가장 중요하게 관리돼야 한다면 개발 및 유지보수 생산성이나 개발 단계별 결함 유입 수나 제거율, 결함 밀도 등에 대한 프로세스 성과 모델을 만들어야 한다.

1 프로세스 성과 기준선

프로세스 성과 기준선은 프로세스를 수행하면서 수집한 과거 데이터들을 문서화한 것이라고 할 수 있다. 조직에서 프로세스 성과 기준선을 수립하기 위해서는 동일한 프로세스에 대한 과거 데이터들이 축적되어야 하기 때문에 상당한 시간이 요구된다. 그러나 프로세스 성과 기준선이 한번 수립된 이후에는 현재 수행하고 있는 작업 성과들과 비교할 수 있는 벤치마킹 자료로 활용할 수 있을 것이다.

[표 4-5]는 하나의 조직에서 신규 개발 프로젝트를 수행하면서 수집한 생산성 데이터를 활용해 수립한 프로세스 성과 기준선의 예를 보여준다.

[표 4-5] 프로세스 성과 기준선 예

프로세스 성과 베이스라인 요소	상한선	평균	하한선	측정 단위
분석 단계	50.8	35.0	31.6	시간/복잡한 요구사항
	29.2	21.0	15.8	시간/중간 요구사항
	13.4	8.6	5.2	시간/단순 요구사항
설계 단계	81.4	49.8	43.6	시간/복잡한 요구사항
	44.4	31.7	21.2	시간/중간 요구사항
	19.6	13.3	5.5	시간/단순 요구사항
구현 단계	13.4	8.6	5.4	시간/인터페이스
	35.4	17.7	10.3	시간/설계서 페이지 수
	6.5	4.3	3.2	시간/객체
통합 단계	301.5	153.5	23.5	시간/하위 시스템
	32.5	16.8	7.8	시간/컴포넌트
시험 단계	19.5	12.4	8.3	시간/시험 시나리오

표에서 보면 이 조직에서의 신규 개발 프로젝트는 요구사항 분석, 설계, 구현, 통

합, 시험의 5개의 단계를 가지고 있음을 알 수 있고, 각 개발 단계별로 생산성의 기준이 되는 단위를 정의하고 있다. 예를 들면 요구사항 분석 단계와 설계 단계에서의 생산성은 요구사항을 기준으로 계산하고 있으며, 구현 단계에서는 인터페이스나 설계서 페이지, 객체 등을 기준으로 생산성을 계산하고 있다. 그리고 통합 단계나 시험 단계에서는 하위시스템이나 컴포넌트, 시험 시나리오를 기준으로 하고 있다. 이 표에 기록된 숫자들의 의미는 하나의 요구사항을 정의하거나 하나의 시험 시나리오를 시험하는데 걸리는 평균 시간과 관리 상하한선을 나타내고 있다.

생산성과 관련된 프로세스 성과 기준선을 수립할 경우엔 요구사항 분석이나 설계 단계에서는 요구사항을 기준으로, 구현이나 통합, 시험 단계에서는 각 단계에서의 중요한 작업산출물을 기준으로 하는 것이 일반적이다. 그리고 프로세스 성과 기준선은 생산성뿐만 아니라 조직에서 필요한 모든 측정항목에 대해 수립해 사용할 수 있다.

신뢰할 수 있는 프로세스 성과 기준선을 수립하기 위해서는 측정항목을 명확하게 정의해야 한다. [표 4-5]에서도 요구사항을 복잡, 중간, 단순 요구사항의 3가지로 구분했는데, 이 경우 데이터를 수집하는 사람들이 일관되게 그것들을 구별할 수 있어야 한다. 측정항목에 대한 정의는 상당히 힘든 작업이므로 대부분의 조직에서는 먼저 측정항목들을 정의한 후 이를 수집하면서 정의했던 내용을 다듬어가는 것이 보통이다.

그럼 지금부터는 수립된 프로세스 성과 기준선을 프로젝트에서 활용하는 방법에 대해 살펴보자. 새롭게 시작하는 프로젝트에서는 그들이 예측한 요구사항 수나 인터페이스 수 등을 근거로 하여 프로젝트에 투입되어야 하는 인력에 대해 산정할 수 있을 것이다. [표 4-5]에서와 같이 평균 투입 인력뿐만 아니라 최상의 프로젝트 수행 조건이나 최악의 경우의 데이터도 함께 제공하고 있다면 새롭게 시작하는 프로젝트의 특성에 따라 적절하게 가감할 수도 있다.

조직에서 신뢰할 수 있는 프로세스 성과 기준선을 가지고 있는 경우, 많은 긍정적인 변화가 일어난다. 이러한 변화 중의 하나는 프로젝트의 산정이나 계획수립 활동이 프로젝트 관리자나 경영진들의 감각에 의해 수행되는 것이 아니라 정량적인 데이터베이스를 기반으로 하기 때문에 일정을 단축하라는 경영진의 일방적인 압력으로 인해 프로젝트 팀이 희생되는 것을 줄일 수 있다.

산정이나 계획수립 활동은 요구사항이 정의되기 전에 수행되어야 하기 때문에 이러한 프로세스 성과 기준선은 의미가 없다고 생각하는 사람도 있을 것이다. 물론 프로젝트 초기에 다른 기준으로 프로젝트를 산정할 수 있다면 그것을 기준으로 프로세스 성과 기준선을 수립할 수도 있을 것이다. 그러나 단지 감각적으로 예측하는 것보다는 어떤 기준에 따라 예측하는 것이 예측의 정확성을 개선할 수 있는 여지가 훨씬 더 크다. 뿐만 아니라 프로젝트 산정이나 계획수립 활동이 프로젝트 초기에만 일어나는 활동은 아니라는 데 있다. 프로젝트 진행 중에도 프로젝트 수행 결과를 바탕으로 재계획 수립 활동을 수행할 수 있으며, 이를 통해 나머지 프로젝트 활동들을 더 정확하게 계획하고 모니터링할 수 있을 것이다.

마지막으로 프로세스 성과 기준선이 수립되었다고 해서 처음부터 완벽할 수는 없다. 제일 먼저 프로세스를 안정화시켜야 하고, 데이터를 수집하는 방법도 안정화시켜야 한다. 그러기 위해서는 어느 정도 시간이 필요하다. 그때까지는 프로세스 성과 기준선을 활용하더라도 예측과 실제 사이의 차이는 아주 클 수도 있다. 그렇다고 해서 프로세스 성과 기준선을 폐기한다든지 인위적으로 조작하는 것은 바람직하지 않다. 결국은 시간의 문제이다. 따라서 안정된 프로세스를 수행하고 그 결과를 정확하게 수집하는 수밖에 없다.

프로세스 성과 기준선은 다양하고 상세한 수준에서 조직의 표준 프로세스에 대한 성과 측정이다. 프로세스 성과 기준선은 프로젝트의 전체 라이프사이클을 커버하는 프로세스나 개별 작업산출물들을 개발하기 위한 프로세스에 적용할 수 있다.

[그림 4-3]은 동료검토 활동 수행 결과에 따른 결함밀도에 대한 프로세스 성과 기준선의 예시이다.

Measure	Average	Std. deviation	Range	Distribution
동료검토 결합밀도	0.21 결함/페이지	0.09 결함/페이지	0.05~0.34 결합/페이지	정규분포

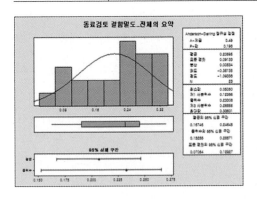
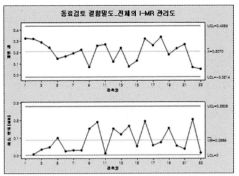

[그림 4-3] 동료검토 결함밀도 프로세스 성과 기준선 예

2 프로세스 성과 모델

프로세스 성과 모델은 프로세스와 작업산출물간의 관계를 설명하는 모델로, 프로젝트의 후반부가 되어서야 측정할 수 있는 값들을 예측하는 데 사용한다. 예를 들면 프로젝트 전체 기간 동안 투입될 인력공수나 고객에게 제공될 제품에 포함될 것으로 예측되는 결함 수 등이 될 수 있다. 프로세스의 특성은 생산성, 투입 노력, 유입된 결함, 발견한 결함, 재작업 시간 등이며 작업산출물의 특성은 산출물 규모, 안정성, 제거되지 않은 결함, 응답 속도, 평균고장간격 등이다. 보통 프로세스 성과 모델은 프로세스 성과 기준선을 기초로 만들어지며 거의 모든 프로젝트 목표들에 대해 만들어질 수 있다. 이러한 프로세스 성과 모델에는 최종 제품의 신뢰성 모델이나 결함 모델, 생산성 모델 등이 있다.

[표 4-6]은 [표 4-5]에서의 프로세스 성과 기준선과 이 조직에서의 과거 투입 노력 분포를 기반으로 투입 노력을 예측하는 프로세스 성과 모델의 사례이다.

[표 4-6] 노력(신규 개발)에 대한 프로세스 성과 모델 예

구분	요소 산정수	분석 단계	설계 단계	구현 단계	통합 단계	시험 단계	전체
1. 프로세스 성과 기준선 요소		평균	평균	평균	평균	평균	
1.1 복잡한 요구사항 수	75	35.0	49.8				
1.2 중간 요구사항 수	100	21.0	31.7				
1.3 단순 요구사항 수	200	8.6	13.3				
1.4 인터페이스 수	TBD			8.6			
1.5 설계 페이지 수	TBD			17.7			
1.6 객체 수	TBD			4.3			
1.7 하위 시스템 수	TBD				153.5		
1.8 컴포넌트 수	TBD				16.8		
1.9 시험 시나리오 수	TBD					12.4	
2. 과거 노력 분포 (%)		20.0	30.0	20.0	15.0	15.0	100
3. 산정 모델							
3.1 프로세스 성과 기준선 기반		6445	9565	0	0	0	0
3.2 과거 노력 분포 기반		6445	9668	6445	4834	4834	32225
4. 단계별 실제 값		6752	0	0	0	0	0
5. 실제 값 또는 최상의 산정 결과		6752	9565	6445	4834	4834	32430

　[표 4-6]에서 1.1부터 1.9까지는 [표 4-5]의 측정단위를 가져온 것이며, 각 측정단위의 평균값과 요소 산정 수를 곱해 3.1의 프로세스 성과 기준선 기반의 산정치를 계산한다. 또한 2. 과거 노력 분포는 조직의 측정저장소에 저장된 프로젝트의 실제 값이다. [표 4-6]의 투입 노력에 대한 프로세스 성과 모델의 목적은 신규 개발 프로젝트에 대한 총 노력을 예상하기 위한 것이다.

■ 프로세스 성과 기준선 요소(1.1 ~ 1.9)

1.1부터 1.9까지는 프로세스 성과 기준선 요소별로 요소 산정 수와 개발 단계별 평균 노력 시간, 전체 투입 노력을 칼럼별로 나타내고 있다. 이 프로젝트에서 산정한 1.1 복잡한 요구사항 수는 75개이며, [표 4-5]의 프로세스 성과 기준선에서 가져온 복잡한 요구사항에 대한 요구사항 단계에서의 평균 노력 시간은 35이다. 이 프로젝트에서는 요구사항을 제외한 나머지 요소들은 아직까지 예측되지 않았기 때문에 'TBD To Be Determined(향후 결정)'으로 남겨두었으며 프로젝트 진행 중에 추가하게 될 것이다.

■ 과거 노력 분포

과거 노력 분포는 이 조직에서 과거에 수행된 프로젝트들의 개발 단계별 투입 노력 분포를 나타내고 있다. [표 4-6]에서의 2. 과거 노력 분포가 의미하는 것은 이 조직에서 과거에 수행한 프로젝트들의 경우 전체 투입된 프로젝트 노력을 요구사항 분석 단계에서 20%, 설계 단계에서 30%, 구현 단계에서 20%, 통합 단계에서 15%, 시험 단계에서 15% 정도 사용하고 있었음을 나타낸다.

■ 산정 모델

[표 4-6]에서는 2개의 산정모델을 가지고 있다. 하나는 프로세스 성과 기준선을 기반으로 한 것이며, 다른 하나는 과거 노력 분포를 기반으로 한 것이다.

1. **프로세스 성과 기준선 기반**

프로세스 성과 기준선 기반의 산정은 각 개발 단계에 가장 영향을 많이 주는 프로세스 성과 기준선 요소들의 산정을 기반으로 계산한 것이다. 다음은 요구사항 분석 단계의 투입 노력을 예측한 것이다.

- 복잡한 요구사항 수×요구사항 분석 단계의 복잡한 요구사항에 대한 평균 투입 노력 = 75×35 = 2625
- 중간 요구사항 수×요구사항 분석 단계의 중간 요구사항에 대한 평균 투입 노력 = 100×21 = 2100
- 단순 요구사항 수×요구사항 분석 단계의 단순 요구사항에 대한 평균 투입 노력 = 200×8.6 = 1720
- 요구사항 분석 단계 평균 투입 노력 = 2625+2100+1720=6445

제일 마지막의 전체 칼럼에는 각 개발 단계별 산정 값을 합산해 기록하면 되지만 지금은 요구사항 분석 단계와 설계 단계만 산정되었기 때문에 비워두었다.

2. 과거 노력 분포 기반

과거 노력 분포 기반의 산정은 프로세스 성과 기준선 기반으로 산정한 요구사항 분석 단계의 산정 값(6445)을 기준으로 과거 노력 분포를 고려해 계산한 것이다.

- 요구사항 분석 단계 산정 = 6445(프로세스 성과 기준선 기반 산정 결과)
- 설계 단계 산정 = 6445×(0.30/0.20) = 9668
- 구현 단계 산정 = 6445×(0.20/0.20) = 6445
- 통합 단계 산정 = 6445×(0.15/0.20) = 4834
- 시험 단계 산정 = 6445×(0.15/0.20) = 4834
- 전체 = 6445 + 9668 + 6445 + 4834 + 4834 = 32225

■ 단계별 실제 값

이것은 산정 값이 아니라 실제 투입 노력을 기록한 것이다. [표 4-6]에서는 요구사항 분석 단계에서 6752의 노력이 투입되었음을 나타낸다. 그리고 다른 개발 단계들은 진행 중이거나 아직 진행되지 않았음을 알 수 있다.

■ 실제 값 또는 최상의 산정 결과

이 항목이 프로세스 성과 모델의 최종적인 결과물이다. 이 항목의 값들은 제일 먼저 단계별 실제 값이 있다면 그 값을 기록하고, 만약 아직 해당 단계가 완료되지 않아 단계별 실제 값이 존재하지 않는다면 프로세스 성과 기준선 기반의 산정 값을 기록하게 된다. 마지막으로 이 두 가지 값이 아직까지 파악되지 않았다면 최종적으로 과거 노력 분포 기반의 산정 값을 기록하게 된다.

이상에서와 같이 프로세스 성과 모델은 하나의 프로젝트를 수행할 경우, 프로젝트 후반부에 가서야 측정할 수 있는 중요한 값들을 산정하거나 예측하기 위해 사용된다. 프로젝트를 수행하는 동안에는 프로젝트가 끝날 때까지 얼마만큼의 노력이 투입되어야 하는지 아무도 알 수 없다. 그러나 프로세스 성과 모델을 이용한다면 그 값을 어느 정도 수준까지는 예측할 수 있으며 그 예측에 따라 투입 노력을 준비하거나 모니터링할 수 있다.

그리고 여기에서 프로세스 성과 모델과 관련해 주의해야 할 점은 프로세스 성과 모델과 예측 모델을 혼동하지 말아야 한다는 것이다. 예측 모델은 조직이나 프로젝트의 과거 경험 데이터를 활용해 범위, 비용, 노력 등에 대한 산정이나 예측을 위해 사용할 수 있도록 만들 수 있다. 그러나 예측 모델은 통계적이거나 확률적이기보다는 단지 결과를 결정하기 위한 것으로 요소들의 불확실한 변동을 판단하고 불확실한 결과 값의 범위를 예측하는 데 주로 사용된다. 코코모COCOMO나 EVMS와 같이 사전에 미리 정해진 벤치마킹 데이터를 사용해 결과를 예측하기 위해 통제가능 요소 및 통제 불가능 요소

모두를 독립 변수로 사용한다.

이에 반해 프로세스 성과 모델은 예측을 위해 프로젝트 결과에 영향을 주는 개발, 유지보수, 서비스 및 획득 프로세스들과 관련한 하나 이상의 하위 프로세스와 연관된 통제가능 요소를 사용한다. 프로세스 성과 모델은 또한 프로젝트 중간 단계에서의 시정활동을 통해 프로젝트를 성공적으로 수행할 수 있게 해 준다.

프로세스 성과 모델은 일반적으로 [그림 4-4]와 같이 회귀분석에 따른 회귀방정식의 형태로 표현되는데 통제가능 요소를 독립변수 X로 표현한다.

회귀 분석 : 개발생산성(LOC)

회귀방정식 :
생산성(LOC) = 25.6 - 4.94 성능개선요구량 - 복잡도 + 6.00 1일평균투입MH(~시스템통합시험)

예측변수	계수	SE 계수	T	P
상수	25.57	10.20	2.51	0.046
성능개선요구량 - 복잡도	-4.935	1.543	-3.20	0.019
1일평균투입MH(~시스템통합시험)	6.004	2.445	2.46	0.049

S = 7.83089 R-제곱 = 74.9% R-제곱(수정) = 66.6%

분산분석

> 회귀 분석 결과 R-제곱(수정) 값이 66.6%로 회귀관계를 가지고 있음

출처	DF	SS	MS	F	P
회귀	2	1100.66	550.33	8.97	0.016
잔차 오차	6	367.94	61.32		
합계	8	1468.60			

출처	DF	Seq SS
성능개선요구량 - 복잡도	1	730.75
1일평균투입MH(~시스템통합시험)	1	369.92

[그림 4-4] 개발생산성(LOC) 프로세스 성과 모델 예

통제가능 요소란 프로젝트 초기나 프로젝트 수행 기간 중에 직접적이거나 간접적으로 프로젝트에 영향을 주는 요소로, 고객이나 조건이 까다로운 계약 또는 정부의 규정 등과 같은 통제 불가능 요소와는 명확히 구분돼야 한다. 회귀방정식을 이용해 프로세스 성과 모델을 개발할 경우 하나의 회귀방정식에 여러 통제가능 요소들을 독립

변수로 사용하는 것은 각각의 통제가능 요소들이 상호 독립적이지 않기 때문에 바람직하지 않다.

지금까지 설명한 프로세스 성과 모델을 정리해 보면 프로세스 성과 모델에는 다음의 3가지 사항이 반영돼야 한다.

첫째, 프로세스 성과 모델은 프로젝트 초반이나 후반부에 한두 번만 사용가능해서는 안 되며 프로젝트 전 단계에서 개발 활동과 관리 활동 모두에 대해 사용가능해야 한다.

둘째, 프로세스 성과 모델은 점 추정이 아닌 신뢰구간과 예측구간을 사용하는 구간 추정 방법이 사용돼야 하며, 몬테카를로 시뮬레이션과 같은 기법이 활용되기도 한다.

셋째, 프로세스 성과 모델은 프로젝트의 품질 및 프로세스 성과 목표를 달성하는 데 어려움이 있다고 판단되는 경우, 이를 해결하기 위해 독립 변수 중 하나 이상의 통제가능 변수를 포함해야 한다.

상위성숙도 조직은 단순히 비용이나 일정 편차를 벗어나 품질이나 생산성, 프로세스 효과성, 개발 기간 등과 같은 성과 관련 결과를 예측하기 위한 다양한 유형의 프로세스 성과 모델을 보유하고 있다.

4.2.5 프로젝트 목표 도출

지금까지 설명한 내용은 조직 차원에서 적용되는 활동들이었다. 지금부터는 프로젝트에서 수행해야 하는 활동들에 대해 설명하고자 한다. 프로젝트는 고객에게 최종 제품이나 서비스를 제공하는 역할을 수행한다. 그러므로 프로젝트에서는 이러한 역할에 대한 구체적인 목표를 가져야 하며 수립된 목표에 따라 프로젝트에서 일어나는 모든 활동들을 관리하게 된다. 프로젝트 목표에는 일반적으로 납기 준수, 모든 요구사항의 이행, 비용 준수 등이 있다. 어떤 경우에는 고객이 직접 프로젝트 목표를 제시하는 경우도 있으며, 해당 조직에서 프로젝트 팀에게 제시할 수도 있다. 조직에서는 일반적으로 프로젝트 팀에게 과거에 수행했던 프로젝트들보다는 더 높은 목표를 제시하기 마련이다. 이러한 것들이 바로 조직의 목표이자 프로젝트 목표가 된다.

4.2.6 프로젝트에서 관리할 주요 프로세스 식별

프로젝트 목표가 도출되었다면 프로젝트 팀에서는 해당 목표를 달성하는 데 있어 중요한 영향을 미치는 프로세스들을 식별해야 한다. 성숙도 4단계를 준비하는 조직이라면 당연히 프로젝트의 작업분해 구조가 아주 세분화되어 정의되어 있을 것이기 때문에 큰 문제가 되지 않는다.

그 다음은 프로젝트 목표와 관련된 프로세스들의 측정지표가 무엇인지 파악해야 한다. 이것은 프로세스 측정지표와 작업산출물 측정지표와의 관계를 나타내는 프로세스 성과 모델을 적용하는 것과 동일하다고 할 수 있다.

만약 프로젝트 목표가 조직의 목표를 반영하고 있지 않다면 약간의 문제가 발생할 수도 있다. 프로젝트에서 활용할 수 있는 프로세스 성과 모델이 없을 수도 있기 때문이다. 그러므로 해당 조직에서 처음 수행해 보는 프로젝트가 아니라면 일반적으로 프로젝트 목표는 조직의 목표를 반영하는 것이 좋다.

4.2.7 프로세스 성과 기준선 선택

프로젝트에서 관리해야 하는 주요 프로세스가 식별되었다면 그 다음은 프로젝트에 적용할 수 있는 프로세스 성과 기준선을 선택해야 한다. 이를 위해 조직의 프로세스 성과 기준선에서 사용하고 있는 프로젝트 유형 중에서 해당 프로젝트 유형과 동일하거나 유사한 프로세스 성과 기준선을 찾아보는 것이 좋다. 만약 해당 프로젝트 유형과 유사한 프로세스 성과 기준선이 없다면 여러 가지 문제들이 발생할 수도 있지만 그렇다고 아예 포기할 필요는 없다. 프로젝트 유형이 유사하지 않더라도 프로젝트에서 수행하는 단위 작업이 비슷한 경우에는 예측 값이 거의 비슷하게 나오기 때문이다. 앞에서 작업 단위별 측정을 강조한 이유도 여기에 있다.

4.2.8 프로세스 성과 모델 선택

프로세스 성과 기준선을 선택한 후에는 프로젝트 목표를 관리할 수 있는 프로세스 성과 모델을 선정한다. 프로젝트 목표와 관련된 프로세스 성과 모델들은 일반적으로 다음과 같은 모델들이 있다.

- 프로젝트 일정 및 비용 모델
- 프로젝트 진척도 모델
- 최종 제품 신뢰성 모델
- 결함 모델
- 생산성 모델

프로세스 성과 모델은 해당 프로젝트의 특성에 따라 약간씩 조정할 수는 있지만 반드시 기존 프로세스 성과 모델에 대한 충분한 이해를 바탕으로 해야 한다.

4.2.9 프로젝트를 정량적으로 관리

프로젝트에서는 이제 프로세스 성과 기준선과 프로세스 성과 모델을 통해 해당 프로젝트의 성과를 지속적으로 관리해야 한다. 이러한 관리 작업에는 다음과 같은 것들이 있다.

- 주요 프로세스들의 관리도를 유지하고 나타난 시그널에 대해 근본원인을 식별
- 프로젝트 수행 결과를 프로세스 성과 모델에 반영
- 프로젝트의 모든 개발 단계에서 적절한 시정조치 활동을 수행하여 프로젝트의 품질 및 프로세스 성과 목표를 달성

혹시라도 아직까지 성숙도 4단계에 도달하기 위한 많은 데이터를 갖고 있지 않다고 해서 실망한다면 그럴 필요는 없다. 상위성숙도 단계에 도달한 조직의 경우, 그리 많지 않은 데이터만으로도 앞서 언급한 활동들을 어느 정도 수행할 수 있었기 때문이다.

4.3　CMMI 성숙도 5단계 적용

성숙도 4단계에 도달한 조직이라면 성숙도 5단계는 비교적 수월하게 도달할 수 있을 것이다. 성숙도 4단계를 준비하면서 성숙도 5단계에 필요한 기반을 많이 갖추었기 때문이다. 그러므로 여기서는 성숙도 5단계에서 강조할 필요가 있는 몇 가지 사항에 대해서만 간단히 설명할 것이다.

4.3.1　개선제안 담당 그룹 선정

성숙도 5단계에 도달하기 위해서는 먼저 조직 전체의 개선제안들을 수집하고, 수집된 제안을 체계적으로 처리하는 것이 무엇보다 중요하다.

조직에서 개선제안을 처리하는 담당그룹을 만드는 것은 CMMI의 필수 요건은 아니다. 그러나 조직의 다양한 경로로부터 수집되는 개선제안을 보다 체계적으로 충족시켜 나가기 위해서는 '제안사무국'과 같은 개선제안을 담당하는 그룹을 만드는 것이 바람직하다. 일반적으로 조직구성원들은 자신이 제안한 내용에 대해 적절한 피드백을

원한다. 만약 조직에서 개선제안에 대한 아무런 피드백이 없다면 조직구성원들은 제
안을 하지 않을 것이다. 그러므로 조직에서 고민하고 있는 수많은 아이디어는 조직의
프로세스에 반영돼야 한다.

개선제안을 담당하는 그룹을 만들 때 주의해야 할 점은 개선제안 주제에 대해 자유
로운 사람들로 구성해야 한다는 것이다. 만약 개선제안을 담당하는 그룹을 조직의 표
준 프로세스를 개발하는 데 참여했던 사람들로 구성한다면 그들은 대부분의 개선제안
들을 그들에 대한 개인적인 공격으로 생각하기 때문에 방어적으로 반응할 것이기 때
문이다.

4.3.2 개선제안 처리 프로세스 수립

개선제안을 처리하는 프로세스에는 개선제안 내용이나 제안방법, 개선제안의 검토
방법, 피드백 방법, 시범적용 및 효과 측정방법, 확대적용 기준 및 방법 등과 같은 내
용에 대해 구체적으로 정의해야 하며, 개선제안 활동을 관리하기 위한 측정지표도 정
의해야 한다.

예를 들면 전체 제안 수, 팀별 제안 수, 검토 대기 시간 등이다. 그리고 개선제안을
처리하는 활동에 대한 독립적인 검토와 감사 활동을 통해 적절하게 프로세스가 이행
되고 있는지 여부를 파악하는 것이 좋다.

개선제안과 관련된 활동을 성숙도 5단계 이전에 실시할 수 있느냐고 묻는다면 이
점에선 조금 회의적이다. 물론 성숙도 5단계 이전에도 조직 내에서 개선제안을 활성화
하여 프로세스들을 개선할 수 있지만 조직의 프로세스 성과 베이스라인이나 프로세스
성과 모델 등과 같은 데이터에 기반을 두지 않은 개선제안이나 개선 활동은 정확한 의
사결정이 힘들기 때문이다. 개선제안에 대한 승인 및 시범적용 등은 구체적인 데이터
에 근거하여 결정되고 실시되는 것이 바람직하다.

4.3.3 개선 목표 수립

성숙도 5단계를 준비하는 조직에서는 조직의 개선 목표를 설정하고 설정된 목표들을 관리해야 한다. 일반적으로 다음 3가지 유형의 개선 전략에 대한 개선 목표를 설정한다.

1. 점진적 개선 활동
2. 혁신적 개선 활동
3. 주요 문제에 대한 개선 활동

점진적 개선 활동은 조직에서 적용하고 있는 프로세스와 도구들을 단계적으로 개선하기 위한 전략이다. 이러한 점진적 개선 활동은 프로세스 성과 데이터의 편차에 대한 우연적인 원인들을 분석함으로써 시작할 수 있다. 성과 및 측정관리 프랙티스 영역에 정의된 접근 방법은 점진적 개선 활동을 수행하는 데 효과적인 방법이다. 점진적 개선 활동은 주로 프로세스 개선 그룹에서 수행하는 활동을 말한다.

혁신적 개선 활동은 조직에서 적용하고 있는 프로세스나 기술과는 근본적으로 다른 프로세스나 기술을 도입함으로써 비약적인 개선을 도모하는 개선 전략이다. 혁신적 개선 활동은 보통 외부 벤치마킹이나 전문 컨설턴트에 의해 시작된다. 혁신적 개선 활동은 특정 영역이나 문제를 개선해야 하는 프로세스 실행 조직에서 주로 일어난다.

주요 문제에 대한 개선 활동은 조직에서 파급 효과가 크거나 빠른 시간 내에 해결해야 하는 문제에 대해 중점적으로 개선 활동을 수행하는 것이다. 예를 들면 어떤 기업에서 지난해 출시된 제품들의 시장 품질이 급격히 떨어졌을 경우, 시장 품질과 관련된 전문가들로 태스크포스 팀을 구성해 시장 품질을 높일 수 있는 개선 활동을 수행하는 것을 말한다.

조직에는 개선해야 할 많은 문제들이 산재해 있다. 오랜 기간 동안 점진적으로 개선해야 하는 문제들도 있고 일정 기간 동안 집중적으로 개선해야 하는 문제들도 있을 것이다. 따라서 조직의 문제에 적합한 개선 전략을 선택한 후 개선 목표를 수립한다면 조직 내 개선 노력들을 효율적으로 사용할 수 있을 것이다.

4.3.4 개선 목표의 공유

경영진은 조직의 개선 목표와 그 근거에 대해 조직구성원들과 공유해야 하며 모든 조직구성원들은 조직의 개선 목표를 달성하기 위한 자신들의 역할이 무엇인지 알고 있어야 한다. 이것은 개선 활동을 수행하는 데 있어 가장 중요한 활동이다.

성숙도 5단계 조직에서 빈번하게 수행되는 또 다른 활동은 원인분석 및 해결이다. 프로세스나 작업산출물 상의 결함이나 다른 문제들에 대해 원인을 파악하고, 재발 방지를 위한 조치를 취하는 활동이다. 물론 원인분석 및 해결 활동은 성숙도 수준이 낮은 조직에서 수행할 수도 있다. 그러나 성숙도 4단계에서의 프로세스 성과 기준선과 프로세스 성과 모델을 기반으로 수행되어야 훨씬 더 효과적이다.

일반적으로 성숙도 4단계에서는 프로세스 수행 결과들의 편차에 대한 이상원인에 대해 조사하고 이를 해결하고자 한다. 그러나 성숙도 5단계에서는 프로세스 편차들의 우연적인 원인에 대해 조사하고 해결하는데 초점을 맞춘다. 성숙도 5단계에서의 이러한 활동은 조직의 점진적 개선 활동의 대부분을 차지할 것이다.

프로세스 개선
고려사항

C H A P T E R 5

최근 들어 다수의 국내 IT기업 및 조직들이 소프트웨어 개발 역량을 향상시키기 위해 품질 활동이나 프로세스 개선 활동을 추진하고 있다. 아마도 해당 조직이 처해 있는 현재의 위기 상황에 대한 새로운 돌파구가 필요하기 때문일 것이다. 그러나 이러한 새로운 시도가 오히려 상황을 더 악화시키고 있지는 않는가? 혹시 여러분 조직에서 새로운 돌파구를 마련하기 위해 시도했던 품질 활동이나 프로세스 개선 활동이 오히려 커다란 걸림돌이 되어 가로막고 있는 것은 아닌가? 아니면 프로세스 개선 기반이 모래땅 위에 구축되어 쉽게 무너져 버리는 것은 아닌가? 여러분 조직에서 수행하고 있는 품질 활동이나 프로세스 개선 활동이 설령 소기의 목적을 달성하고 있는 것처럼 보이더라도 실질적인 투자비용 대비 효과측면에서는 어떤지 심각하게 고민해 본 적은 있는가? 하는 점들을 되짚어 볼 필요가 있을 것이다.

5.1   소프트웨어 프로세스 개선, 어떻게 수행되어 왔나?

5.1.1 국내의 소프트웨어 프로세스 개선 활동 현황

화폐를 사용하기 전, 고대 중국에서는 물건(品)을 구입하기 위해 도끼(斤)를 사용한 저울로 무게(斤)를 달고 그 무게(價値)에 따라 조개(貝)를 지급했다. 즉, 품질(品質)이란 물건에 대한 가치를 의미하며, 우리는 품질이 좋은 물건을 구입하는 데 있어 많은 비용을 지불하는 것을 당연시 여긴다.

현대에 와서 품질에 대한 관심은 1930년대에 월터 쉬와트Walter Shewhart에 의해 발표된 통계적 품질관리 개념에서 시작됐고 1980년대에 필립 크로스비Philip B. Crosby의 품질 철학이 반영된 총체적 품질관리에 의해 더욱 발전되어 왔다.

국내의 경우는 1970년대 이후, 정부주도 하에 범 산업적으로 품질관리 활동이 추진돼 왔는데 국내 소프트웨어 산업에서의 품질활동과 관련된 주요 현황을 살펴보면 다음과 같이 크게 3가지 정도로 요약할 수 있다.

- **소프트웨어 개발 방법론 도입** : 관리 대상이 되는 공정 개념
- **ISO 9000 인증** : 소프트웨어 업무에 대한 계획 및 관리 개념
- **소프트웨어 프로세스 개선(CMMI, 6시그마 등)** : 지속적인 소프트웨어 프로세스 개선

물론 다른 여러 가지 활동도 있었겠지만, 그중 국내에서 가장 보편적으로 적용되고 있는 CMMI와 같이 소프트웨어 프로세스 개선에 영향을 많이 끼친 활동들에 대해 그 현황과 의미를 우선 살펴보고자 한다.

1 소프트웨어 개발 방법론 도입

1980년대 후반부터 시작해 국내 IT 조직에서는 폭포수형 생명주기로 잘 알려진 구조적 접근방법에 따른 소프트웨어 개발 방법론을 도입하기 시작했으며, 이에 따라 소프트웨어에도 제조업처럼 공정이라는 개념이 도입됐다고 할 수 있다. 이러한 변화는 소프트웨어에도 설계의 개념이 도입되면서 작업의 순서를 공학적으로 정의할 수 있게 했을 뿐만 아니라, 주요 공정별 관리대상들이 생겨나면서 작업별로 체계적인 관리가 가능하게 됐다.

이후 객체지향 개념을 근간으로 한 객체지향 개발 방법론이나 컴포넌트 기반의 개발 방법론 그리고 최근의 애자일 개발 방법론에 이르기까지 다양한 유형의 소프트웨어 개발 방법론들이 발표되어 지금은 개발 방법론을 사용하지 않는 소프트웨어 프로젝트가 거의 없을 정도로 보편화되었다.

소프트웨어 프로세스 개선 활동에서 이러한 개발 방법론의 도입은 커다란 의미를 가진다. 소프트웨어 프로젝트에서 발생하는 거의 모든 활동과 작업에 대한 프로세스

들을 보유하게 되는 것이고 이것은 개선의 대상이 생겨나게 됨을 의미한다. 소프트웨어 개발 방법론의 도입이나 다음에 설명할 ISO 9000 인증은 소프트웨어 프로세스 개선의 토대를 제공했다고 할 수 있다.

2 ISO 9000 인증

소프트웨어 개발 방법론이 어느 정도 정착된 1990년대 중반부터는 소프트웨어 업계에서도 제조업에서 사용하던 ISO 9000 인증 제도를 도입하기 시작했다. 1993년부터 대규모 시스템 통합 업체들이 ISO 9000 인증을 받았으며, 현재까지도 다수의 업체들이 계속해서 인증을 유지하고 있다. 뿐만 아니라 지금은 거의 모든 중소 소프트웨어 업체까지도 ISO 9000 인증을 받았거나 받고 있는 상태이다.

ISO 9000 인증의 의미를 간단하게 설명하자면, 품질매뉴얼 또는 품질계획서라는 광의의 계획서에 따라 업무를 계획적으로 수행할 수 있게 됐다는 것이다. 바꿔 말하면 계획과 관리의 개념이 도입되고 인적, 물적 자원과 교육의 중요성이 강조됐음을 의미한다. ISO 9000을 도입하기 전만 해도 소프트웨어 개발 조직은 최고경영진이나 관리자 또는 고객으로부터 받은 요구사항을 충족시키기 위해 주먹구구식으로 운영됐던 것이 사실이다. 그러던 것이 ISO 9000의 도입으로 인해 전반적인 계획 하에서 필요 자원을 확보하고 교육시켜 체계적으로 업무를 추진할 수 있도록 하는 체계를 갖추게 된 것이다.

3 소프트웨어 프로세스 개선(CMMI, 6시그마 등)

1990년대 후반부터는 소프트웨어 프로세스를 개선해 나가기 위한 모델이 국내에 소개되기 시작했다. 프로세스 개선 모델은 크게 2가지 유형으로 구분해 볼 수 있다. 먼저 CMMI와 같이 조직 전체적인 관점에서 성숙도 개념을 적용하여 하향방식으로 개선 활동을 수행하는 방법과 6시그마 활동과 같이 성숙도 개념 없이 개별 문제에 대해 통계적인 방법을 활용해 문제를 해결하는 상향방식이 그것이다. 이러한 프로세스 개선 활동들은 이전에 도입됐던 소프트웨어 개발 방법론이나 ISO 9000 등을 통해 정립된 프로세스들을 지속적으로 개선한다는 점이 이전 활동들과의 차이라고 할 수 있다.

CMMI는 국내 다수의 조직들이 도입해 현재 약 100여 개의 조직이 CMMI에 따른 능력 성숙도 수준을 확보하고 있으며 점점 더 증가하는 추세에 있다.

이에 그동안 수행돼 왔던 CMMI 기반의 소프트웨어 프로세스 개선 활동을 분석해 그 문제점들을 살펴보고, 이를 통해 개선 활동을 제대로 추진할 수 있는 방법을 제시하고자 한다.

5.1.2 국내 소프트웨어 프로세스 개선 활동의 문제점

그 동안 국내에서 소프트웨어 프로세스 개선 활동을 수행한 대부분의 조직들은 진행 방법에 있어 몇 가지 문제점들을 가지고 있었다. 물론 모든 조직이 그랬던 것은 아니지만 다수의 조직이 개선 활동을 수행함에 있어 품질부서나 기획부서의 주도 하에 해당 조직의 문제점들을 진단하고 개선 활동의 방향을 결정했다. 그리고 소프트웨어 개발자들에겐 단순히 결정된 방향으로 따라올 것을 요구했다. 정작 개선 활동의 주체가 돼야 할 사람들은 뒷전으로 밀려나고 개선 활동을 지원해야 할 사람들이 주축이 돼 버린 것이다.

소프트웨어 개발자들은 현대사회에서 대표적인 장이로 일컬어진다. 이러한 장이들의 일반적인 성향은 타의에 의한 변화에 대해서는 많은 거부감을 가지지만 자의에 의한 변화에 대해서는 무한한 자긍심을 가진다는 것이다. 따라서 위에서 언급한 방식으로 진행되는 프로세스 개선 활동들은 오래 지속되기 힘들다. 왜냐하면 실제로 개선 활동을 추진해야 하는 소프트웨어 개발자들로부터 외면 받는 활동이 돼 버리기 때문이다. 국내에서 CMMI를 기반으로 한 소프트웨어 프로세스 개선 활동의 역사가 어느덧 20년이 지났지만, 지난 20년 동안 소프트웨어 프로세스를 개선하기 위한 활동을 꾸준히 수행해 온 동일 조직이 많지 않다는 점은 개발자가 참여하지 않는 프로세스 개선 활동은 오래 지속되지 못한다는 것을 단적으로 보여 주는 것이다.

소프트웨어 프로세스 개선 활동을 수행함에 있어 또 다른 문제점으로는 해당 조직의 특성을 고려하지 않고 CMMI와 같은 프로세스 개선 모델에서 정의한 요건에 무조건 맞추려고 한다는 점이다. CMMI와 같은 프로세스 개선 모델에서 정의한 요건들이 자신들의 조직 특성이나 환경에 맞건 맞지 않건 일단은 따라 하는 것이 잘하는 것이라고 생각한다. 그러나 이렇듯 무조건적으로 따라 하는 것은 프로세스를 개선하려다가 더욱 불편하거나 거추장스럽게 만들어 버려 오히려 또 하나의 프로세스 개선 활동의 대상으로 전락하게 되는 결과를 초래하게 된다.

소프트웨어 프로세스 개선 활동을 수행하는 조직의 다수는 개선 활동의 목표로 소프트웨어 개발 품질 확보 및 개발 생산성 향상과 더불어 대외 경쟁력을 확보하고자 한다. 그리고 이러한 목표가 달성됐는지를 가장 빠르게 판단할 수 있는 것이 CMMI 인증이라고 생각한다. 그러다 보니 CMMI 기준의 심사를 수행하고 그 결과를 활용해 실질적인 개선 활동으로 연계해 나가려고 하기보다는 CMMI 인증 획득 그 자체에 더욱 관심을 갖는 경향이 있다.

그러다보니 CMMI 심사원들도 심사를 수행할 때, CMMI의 요건들이 심사 대상 조직에서 얼마나 효율적이고 효과적으로 수행되고 있는 지를 판단하기보다는 해당 요건들이 수행되고 있는 지의 여부만을 판단하는 데 초점을 맞추곤 한다.

CMMI 기준의 심사 활동은 프로세스 개선을 위한 또 다른 활동의 시작이라고 할 수 있다. 일반적으로 CMMI 인증 심사를 받은 후 해당 조직에서는 목표했던 인증을 받았기 때문에 좀 쉬어도 될 것이라고 생각한다. 그러나 CMMI는 6개의 성숙도 단계 전체가 하나의 개선 프레임워크로 구성돼 있다. CMMI의 성숙도 0, 1, 2, 3, 4, 5단계는 하나의 개선 사이클이다. CMMI 성숙도 0, 1, 2, 3단계를 통해 프로세스들을 정의하고 반복적으로 적용해 프로세스들의 안정성을 높인 다음, 성숙도 4단계에서 정량적 데이터를 수집해 프로세스 변동의 원인을 찾아내고, 성숙도 5단계에서 그 원인들을 제거함으로써 지속적인 개선을 이뤄나가는 것이다. 따라서 CMMI 성숙도 2단계나 3단계의 인증을 받았다고 해서 프로세스 개선 활동이 끝나는 것이 아니라 성숙도 4, 5단계를 준비하고 이행하면서 결국에는 지속적인 개선 활동과 연결시켜야 한다. 심지어는 CMMI 성숙도 5단계 조직에서도 이러한 개선 사이클을 지속적으로 수행해야 한다.

CMMI의 각 성숙도 단계의 명칭이 성숙도 2, 3, 4단계에서는 과거형인 '관리되어진 Managed', '정의되어진Defined', '정량적으로 관리되어진Quantitatively Managed'인 반면, 성숙도 5단계는 현재 진행형인 '최적화하는Optimizing'으로 표현된 것은 성숙도 5단계가 궁극적으로 도달해야 하는 종착점이 아니라 새로운 시작점이기 때문이다.

5.2 올바른 소프트웨어 프로세스 개선 방향

5.2.1 사람 중심의 소프트웨어 프로세스 개선

국내에서의 소프트웨어 프로세스 개선 활동은 주로 소프트웨어 엔지니어링 기반 하에서 이뤄졌다. 소프트웨어 엔지니어링 활동은 체계적이고 훈련되고 측정 가능한 접근방식에 따라 대규모 프로젝트나 높은 신뢰성이 요구되는 복잡한 프로젝트에서 발생하는 수많은 문제점들을 해결해 왔다. 뿐만 아니라 1960년 대 후반과 1970년 대 초의 컴퓨터 하드웨어와 이를 위한 소프트웨어 개발의 기술 수준을 이끌어 왔다.

이러한 성과들로 인해 CMMI와 같은 소프트웨어 프로세스 개선 모델은 소프트웨어 엔지니어링 개념 위에 프로세스 기반의 개선 활동을 덧씌움으로써 만들어 졌으며, 그 후 대규모 프로젝트나 조직에 적용되어 적지 않은 성과들을 거둘 수 있었다. 그러나 대규모 프로젝트에 적용된 소프트웨어 프로세스 개선 모델들의 성과들은 사람들로 하여금 소프트웨어 엔지니어링 개념을 소프트웨어 개발 활동에 있어서의 '은탄(銀彈)*'이라는 생각을 갖게 했다. 그리고 이러한 생각은 소프트웨어 프로세스 개선 활동을 마치 조직의 모든 프로세스들을 소프트웨어 엔지니어링 개념에 맞게 개선해야만 하는 것으로 잘못 인식하게 만들었다.

물론 대규모 프로젝트들을 수행하는 조직이나 높은 신뢰성을 요구하는 시스템을 개발하는 조직에서는 타당한 생각일지 모르지만 소프트웨어를 개발하는 모든 조직에 이러한 인식을 강요하는 것은 대단히 무모하다고 할 수 있다. 오늘날 소프트웨어 업체에서 개발하는 시스템이 소프트웨어 엔지니어링 개념에 적합한 대규모 시스템이나 높은 신뢰성을 요구하는 시스템만 있는 것은 아니기 때문이다. 오히려 상용 어플리케이션, 공개 소프트웨어, 어플리케이션 패키지와 양방향 컴퓨터 게임 등과 같은 빠른 시간 내 개발해야 하는 중소규모 시스템이 더 많은 비중을 차지하고 있다.

따라서 이제부터는 소프트웨어 프로세스 개선 활동도 조직 내 모든 프로세스를 소프트웨어 엔지니어링 개념에 맞게 개선하는 데에만 초점을 맞추기보다는 소프트웨어 엔지니어링 기반의 프로세스들을 조직의 개발 환경이나 제품 특성에 적합한 프로세스로 개선시키는 데 초점을 맞춰야 할 것이다.

소프트웨어 개발자는 코드를 찍어내는 기계가 아니라 사람이다.

소프트웨어 엔지니어링에서는 개발자를 기계공학적인 측면에서 바라본다. 개발자 한 사람 한 사람을 하나의 생산라인으로 인식한다는 것이다. 이런 인식은 소프트웨어 개발을 위한 구체적인 프로세스만 충분히 보유하고 있으면 6개월 정도의 짧은 기간 동안 개발자들에게 제한된 기술만을 가르치더라도 충분히 생산적인 작업을 수행할

---

* 은탄(Silver Bullet) : 늑대인간을 죽일 수 있는 은(銀)으로 만든 탄알로 문제를 해결할 수 있는 유일한 방법이라는 의미로 사용됨.

수 있을 것이라는 생각을 갖게 한다. 소프트웨어 프로젝트를 제조업의 생산 공정으로 잘못 생각했기 때문이다. 마치 제조업의 생산 공정처럼 제품이 생산 공정을 흘러갈 때 작업자들이 정해진 작업 매뉴얼에 따라 기계적으로 작업하는 것이 가능할 것이라고 여기는 것이다.

그러나 소프트웨어 프로젝트에서 수행되는 작업들을 살펴보면 이런 생각들이 잘못된 것임을 쉽게 알 수 있다. 예를 들면 소프트웨어 프로젝트에서의 요건 명세와 설계 명세 사이에는 매우 큰 갭(Gap)이 있다. 이러한 갭은 개발자들이 정해진 작업 매뉴얼에 따라 기계적인 반복 작업으로 메울 수 있는 것이 아니라 개발자들의 지적인 고민과 경험을 통해 메울 수 있는 것이다. 그렇기 때문에 소프트웨어 프로젝트를 제조업의 생산 공정과 유사한 활동으로 취급하는 것보다는 제품의 연구개발 활동으로 생각하는 것이 더 타당하다고 할 수 있다. 소프트웨어 프로젝트를 생산 공정이 아닌 연구개발 활동으로 인식한다면 소프트웨어 프로세스들은 어떻게 바꿔어야 할까?

현재 소프트웨어 프로세스 개선 활동을 추진하는 국내 조직들은 소프트웨어 프로젝트들을 생산 공정으로 바라보며 접근하기 때문에 되도록이면 소프트웨어 프로세스들을 구체적으로 작성하려고 한다. 그러나 아무리 프로세스들을 구체적으로 작성하더라도 개발자들의 다양한 경험이나 지적 산출물들을 표현하는 데는 한계가 있을 수밖에 없다. 오히려 이렇게 작성된 프로세스들은 너무 복잡해서 소프트웨어 개발 프로젝트에 적용하기가 더 힘들어진다. 뿐만 아니라 프로세스들이 너무 구체적으로 작성됐기 때문에 개발 환경의 사소한 변화나 제품 특성의 차이가 있을 때마다 프로세스를 변경하느라 정신이 없어 이미 정의된 프로세스들을 다시 개선한다는 것은 엄두도 낼 수 없다. 그러므로 여러분은 프로세스를 변경하는 것과 개선하는 것은 엄연히 다른 것임을 명심해야 한다.

그렇다면 어떻게 프로세스를 정의해야 할 것인가? 외국 기업들의 사례를 보면 어떻게 해야 하는 지가 명확해 진다. 필자는 소프트웨어 프로세스 개선 사례들을 벤치마킹

하기 위해 외국 기업에서 정의해 놓은 프로세스들을 자주 참고한다. 그런데 대부분의 프로세스들이 우리의 기준으로 판단할 때 '이것도 프로세스인가?'라는 생각이 들 정도로 간단하게 작성된 것을 볼 수 있다. 반면에 해당 프로세스를 통해 작성한 작업산출물들은 너무 꼼꼼하게 작성되어 있어 놀랄 때가 한두 번이 아니었다.

　이러한 사례는 소프트웨어 개발자들을 기계가 아닌 사람으로 인식할 때 프로세스가 어떻게 정의돼야 하는지, 그리고 개발자 개인들의 경험이나 지식을 어떤 방법으로 다른 사람들에게 전수하는 것이 좋은지를 알려준다. 우리는 그동안 하나의 프로세스에 개발자들의 경험이나 지식들을 모두 담아내려고 노력했다. 그런데 오히려 그러한 노력이 소프트웨어 프로세스 개선 활동을 방해하고 있었던 것이다. 따라서 이제부터라도 프로세스는 지식을 전달하는 도구가 아닌 작업의 일관성을 유지시켜주는 도구로 인식하는 것이 좋다. 밴드나 악단에서 곡의 전체 흐름을 잡아주는 드럼의 역할처럼 말이다.

　바람직한 소프트웨어 프로세스는 프로젝트의 전체 흐름을 잡아 줄 수 있고 프로젝트들 간의 일관성을 유지할 수 있을 정도로만 간단, 명료하게 작성하는 것이다. 반면 개발자들의 경험이나 지식 등은 지침이나 샘플 형태로 정리하거나 프로젝트 작업산출물 중 모범사례들을 체계적으로 정리하여 공유될 수 있도록 해야 할 것이다.

팀으로 작업하라.

　만약 평균 수준의 능력을 보유한 20명의 개발자 팀에게 10억 원을 지불하거나, 혹은 뛰어난 능력을 보유한 3명의 개발자 팀에게 10억 원을 지불해 동일한 시스템을 개발하고자 한다면 여러분은 어느 쪽을 선택하겠는가? 아마도 대부분의 사람들은 후자를 선택할지 모른다. 예전의 시스템 개발 환경이었다면 필자 역시도 후자를 선택할 것이다. 그러나 오늘날 소프트웨어 프로젝트는 예전처럼 몇몇 고급 기술자만으로는 개발이 가능하지 않게 되었다. 다양한 요소의 기술이 필요하게 되었고, 더 많은 개발자가 필요하게 되었다. 소프트웨어 조직에서 수행하는 모든 프로젝트에 고급 기술자를 투입할 수 없는 환경이 된 것이다. 지금의 프로젝트는 몇 명의 고급 기술자가 나머지 개발자들을 이끌고 나가는 환경이다.

이런 상황에서 소프트웨어 프로세스 개선 활동은 어디에 초점을 맞춰야 할까? 필자가 생각하기에는 소프트웨어 프로젝트가 팀으로 작업할 수 있는 환경을 갖출 수 있도록 소프트웨어 프로세스 개선 활동을 수행해야 하며 이를 위해 다음 2가지 활동에 초점을 맞출 필요가 있다.

- 검토활동 강화
- 짧은 주기의 통합

기존 소프트웨어 프로세스 개선 활동에서 검토활동의 주요 목적은 제품에 포함된 결함들을 가능한 일찍 찾아내 시험 기간을 최대한 단축하는 데 있었다. 그렇기 때문에 되도록이면 많은 작업산출물에 대한 검토 계획을 수립하고 검토회의에도 되도록이면 많은 개발자들을 참여하게 했다. 그러나 이러한 무리한 계획은 검토활동 자체를 형식적으로 만들어 버렸고, 결국은 활동 자체가 흐지부지 돼 버리는 결과를 초래했다. 이제는 검토활동을 결함을 찾아내는 것뿐만 아니라 멘토링의 일환으로 활용해야 한다는 것이다. 그리고 이를 위해 검토 대상 작업산출물을 선정하는 것에서부터 검토회의 참석자, 검토 방법, 검토 대상 작업산출물들의 작성 방법 등과 같은 모든 관련 프로세스들을 일치시켜야 할 것이다.

또한 기존의 프로세스 개선 활동들은 의사소통 체계를 강화한다거나 개발 방법론 도입 등과 같이 팀으로 작업하는 데 있어 발생 가능한 문제들을 예방하는 방법들을 주로 강조했었지만 여전히 하위시스템 간의 인터페이스나 변경관리 등에 많은 문제들이 발생했다. 만약 팀으로 작업할 때 위에서 언급한 문제들의 발생이 필연적이라면 아예 예방적인 활동을 강조하기보다는 그것들을 인정하고 되도록이면 빠른 시간 내에 그 문제들을 찾아내는 데 초점을 맞추는 것이 더 효과적일 것이다. 그러한 관점에서 볼 때 가장 효과적인 방법이 바로 프로젝트 기간 동안 짧은 주기의 통합작업을 반복해서 수행하는 것이다.

낭비를 제거하라.

최근 대다수의 소프트웨어 프로젝트들은 고객들의 요구로 인해 개발자들이 생각하는 개발 기간보다 짧거나 비용이 싼 조건에서 계약이 이뤄지는 경우가 많다. 그만큼 개발환경이 점점 더 열악해지고 있음을 의미한다. 그러나 소프트웨어 프로세스 개선 활동에서는 이런 상황을 직시하거나 인정하기보다는 오히려 이런 상황을 초래하고 있는 고객들이 바뀌어야 한다고 역설한다. 설사 고객들이 바뀌지 않더라도 프로젝트 팀은 규모, 비용 및 일정 등을 정확하게 산정하고 이를 기반으로 체계적인 소프트웨어 엔지니어링 활동들을 수행하여 프로젝트를 성공시켜야 한다고 주장한다.

그러나 이러한 주장은 비현실적이다 못해 바보스럽기까지 하다. 이제 소프트웨어 프로세스 개선 활동도 현실을 받아들여야 한다. 고객이 먼저 바뀌기를 기다려서는 안 된다. 우리가 현실에 적응해야 한다. 따라서 앞으로의 소프트웨어 프로세스 개선 활동에서는 제조업에서 적용했던 낭비 제거의 개념을 접목할 필요가 있을 것이다.

[표 5-1]은 제조업의 7대 낭비 유형들을 소프트웨어 개발 활동에 맞춰 변환한 것으로 소프트웨어 개발에서의 낭비 요소들로 바꿔 설명하면 다음과 같다.

- **미완성 작업**: 요구사항 변경이나 기타 이유로 완성되지 못한 소프트웨어
- **가외 프로세스**: 제품의 가치를 향상시키지 못하는 작업 프로세스
- **가외 기능**: 향후 사용될 것을 예측하여 시스템에 포함한 추가 기능

- **직무 전환**: 한 사람을 여러 프로젝트에 투입하는 것
- **대기**: 프로젝트 시작 전의 대기 상태나 인원 구성의 지연 등
- **이동**: 프로젝트 투입 인력의 이동뿐만 아니라 담당 작업산출물의 이동
- **결함**: 결함 그 자체

[표 5-1] 7대 낭비 유형

제조업의 7대 낭비 유형	소프트웨어 개발의 7대 낭비 유형
재고	미완성 작업
추가 작업	가외 프로세스
과잉 생산	가외 기능
운송	직무 전환
대기	대기
이동	이동
결함	결함

앞으로의 소프트웨어 프로세스 개선 활동은 소프트웨어 엔지니어링 개념에만 초점을 맞춰 진행하기보다는 위에서 정의한 소프트웨어 개발 활동에 있어서의 낭비 요소들을 제거하는 데 초점을 맞춰 수행하는 것이 보다 바람직할 것이다.

5.2.2 성과 중심의 소프트웨어 프로세스 개선

그동안 국내에서 많은 조직들이 소프트웨어 프로세스 개선 활동을 수행했지만 외부에 제시할 만한 뚜렷한 개선 성과를 거둔 조직은 손으로 꼽을 정도다. 반면 해외사례를 보면 CMMI의 적용을 통해 해당 조직의 생산성, 납기, 비용, 품질, 고객 만족도 등이 얼마만큼 향상됐는지를 명확히 제시하고 있다. 물론 국내 조직의 경우, 해당 조직

의 정보가 대외로 유출되는 것을 꺼려 발표하지 않는 것일 수도 있다. 그러나 이 보다는 그동안의 소프트웨어 프로세스 개선 활동들이 성과 중심의 개선 활동이 아니었다는 것이 더 설득력이 있다. 혹자는 CMMI 성숙도 3단계 인증 취득과 같은 성과를 거뒀다고 말할 수도 있겠지만, 여기서 이야기하고자 하는 성과는 성숙도 단계 인증과 같은 포괄적인 성과보다는 구체적인 성과에 더 초점을 맞추고자 한다.

프로세스 내재화가 우선이다.

필자가 그동안 소프트웨어 프로세스 개선 컨설팅 및 심사 활동을 수행하면서 가장 중요하게 생각한 단어 중의 하나가 'Insanity[**]'라는 단어이다. 과거에 많은 개발 프로젝트를 수행하면서 요구사항이나 납기, 비용 등을 충족하지 못했으면서도 새로운 프로젝트를 수행할 때마다 기존 활동에 대한 어떠한 보완이나 개선작업 없이 이번 프로젝트는 성공적으로 끝날 거라고 기대하는 것을 말한다. 오늘날 많은 조직들이 변화를 강조하지만 이들 중 상당수는 기존 업무방식을 바꾸지 못해 결국 경쟁사회에서 도태되고 있다. 말로만 변화를 강조하는 것이 아니라 실제 행동으로 변화하는 조직만이 경쟁사회에서 살아남을 수 있는 것이다. 소프트웨어 프로세스 개선 활동도 마찬가지다. 말로만 프로세스를 개선하는 것이 아니라 실제로 프로세스를 개선하여 업무에 적용해야 하는 것이다.

모든 성과에는 반드시 그 이유가 존재한다. 성과 중심의 소프트웨어 프로세스 개선 활동이 되기 위해서는 기본적으로 업무에 적용되는 프로세스가 개선돼야 한다. 소프트웨어 프로세스 개선 활동을 추진하는 많은 조직에서 기존 프로세스를 보완하거

[**] Insanity(어리석은 짓) : 바보 같은 또는 어리석은 행동이라는 의미로 소프트웨어 프로세스 개선 활동에서는 이전의 잘못된 방법으로 동일하게 작업을 수행하면서 결과는 나아질 것이라고 막연히 기대하는 것을 빗대어 말함.

나 신규 프로세스를 개발하곤 하지만 이 프로세스들이 제대로 업무에 적용되지 못하다 보니 실제 업무에서는 변한 게 거의 없게 된다. 업무가 실질적으로 변하지 않으니까 성과가 없는 것이다. CMMI에서 내재화를 강조하는 이유도 바로 이것 때문이라고 할 수 있다. 내재화를 통해 조직에서 실질적인 개선 활동이나 변화가 일어나고 이러한 변화가 해당 조직에 성과를 가져온다.

성과 중심적이라고 하면 대부분의 사람들은 측정체계를 갖추고 측정항목들을 정의하고 측정 데이터를 수집하는 데 초점을 맞추지만 이런 활동들은 내재화가 이뤄진 다음의 활동임을 명심해야 한다. 성과 중심적이 되기 위해 제일 중요한 점은 업무절차가 개선되고 개선된 업무방식에 따라 실질적으로 작업이 수행돼야 하는 것이다.

작은 성공이 큰 성공을 부른다.

성과 중심적이 되기 위해서는 프로세스 내재화가 중요하다고 강조했지만, 이는 굉장히 힘든 작업이며 시간도 많이 걸린다. 조직 차원에서 내재화된 업무란 어떤 사람이 와서 그 업무를 수행하더라도 똑 같은 방식으로 수행될 수 있도록 해당 조직의 모든 업무 프로세스, 시스템 그리고 인프라 등이 체계적으로 정립되어 있음을 의미한다. 그리고 이로 인해 특정 개인이 정해진 틀을 벗어나 자기 임의대로 업무를 처리할 수 없는 상태를 말한다. 소프트웨어 프로세스 개선 활동의 궁극적인 목표가 개선된 업무 프로세스의 내재화에 있지만 이를 위해 무한정 시간이 주어지는 것은 아니다. 조직에서의 투자는 항상 이윤 창출을 전제로 하며 주어진 시간 내에 가시적인 성과가 보여야 하기 때문이다.

소프트웨어 프로세스 개선 활동을 시작한 조직의 경우, 일반적으로 처음 2~3년 정도는 개선 목표 달성을 위해 열성적으로 활동을 수행한다. 그러나 이 기간 동안 경영진이나 개발 조직에게 가시적인 성과를 보여 주지 못하거나 프로세스 개선 활동에 대한 확신을 심어 주지 못한다면 더 이상 소프트웨어 프로세스 개선 활동을 유지해 나가기는 쉽지 않을 것이다.

경영진이나 개발자들은 아주 이상적인 목표를 달성하기 위해 5년이나 10년 동안 노력하기 보다는 당장 1년 뒤에 자신에게 직접적으로 도움을 줄 수 있는 조그마한 문제 해결을 더 간절히 원하기 때문이다. 그렇다면 이러한 조직원들의 요구들을 어떻게 소프트웨어 프로세스 개선 활동에 접목할 수 있을까? 소프트웨어 프로세스 개선 활동을 추진하는 조직에서는 해당 조직의 전반적인 프로세스 개선 활동 로드맵 속에서 조직원들이 작은 성공들을 체험할 수 있도록 해야 한다. 이러한 작은 성공들이 조직의 소프트웨어 프로세스 개선 활동을 계속 유지할 수 있도록 하여 궁극적으로 큰 성공을 가져다 줄 수 있는 것이다. 아무리 좋은 도구라도 자신에게 도움이 되지 않는다면 사용하지 않는다는 것을 여러분은 경험으로써 이미 알고 있을 것이다.

과거와 현재, 그리고 미래를 보여줘야 한다.

성과 중심적 소프트웨어 프로세스 개선 활동을 위해 필요한 것은 측정지표들이다. 앞에서 언급한 프로세스 내재화나 작은 성공 등은 어떻게 보면 전략적인 측면이 더 강하다. 이러한 추진 전략들의 성과들을 정량적으로 보여줄 필요가 있는 것이다. 그럼, 어떻게 해야 하는가? 한마디로 표현하면 측정해야 한다는 것이다. 그것도 과거와 현재와 미래를.

과거 데이터의 분석을 통해 소프트웨어 프로세스 개선 목표를 설정하고 현재 데이터의 수집을 통해 소프트웨어 프로세스 개선 활동을 모니터링하며 미래 데이터의 예측을 통해 소프트웨어 프로세스 개선 활동을 조정해야 한다. 말로만 프로세스 내재화나 소프트웨어 프로세스 개선 활동의 성과가 있었다고 이야기하는 것보다 직접 눈으로 볼 수 있고 손으로 만질 수 있는 것에 대해 사람들은 더 신뢰하게 되고 직접적인 행동으로 반응하게 된다. 그렇기 때문에 소프트웨어 프로세스 개선 활동을 추진하는 조직에서는 모든 활동의 과정이나 결과를 정량적인 숫자로 나타내려고 노력해야 한다. 이러한 숫자는 소프트웨어 규모나 결함 수 등과 같은 구체적인 실측값일 수도 있지만 그것이 힘들다면 순위나 단계 등과 같은 개념적인 숫자일 수도 있다. 중요한 것은 그 숫자를 통해 조직구성원들이 숫자에 담긴 의미나 메시지 등을 머릿속에서 그릴 수 있고, 느낄 수 있으면 되는 것이다.

지금까지 국내 소프트웨어 프로세스 개선 활동의 문제점에 대해 살펴보고 이에 대한 해결방안으로 '사람 중심의 소프트웨어 프로세스 개선'과 '성과 중심의 소프트웨어 프로세스 개선' 활동을 제시했다. 물론 필자도 이러한 문제점들이 하루아침에 바뀔 수 있을 것이라고 생각하지는 않지만 국내의 소프트웨어 프로세스 개선 활동이 좀 더 활성화되기 위해서는 꼭 필요한 활동임을 다시 한 번 강조한다.

5.3   프로세스 개선 활동 시, 명심해야 할 5가지

필자가 그동안 국내 60여 개 기업을 대상으로 CMMI 기반의 프로세스 개선 컨설팅과 공식 인증심사를 수행하며 개선 활동이 순조롭게 잘 진행되는 조직과 그렇지 못한 조직의 차이를 파악해 봤다. 그리고 이를 통해 프로세스 개선 활동 수행 시, 꼭 명심했으면 하는 사항을 크게 5가지로 정리해 봤다.

첫 번째, 개선 목표는 SMART하게 수립하라.

CMMI를 도입하여 적용하는 국내 기업들 중 다수는 '연내 CMMI 성숙도 3단계 인증 취득' 또는 '연내 CMMI 성숙도 3단계 인증을 통한 내부 생산성 향상 및 대외 경쟁

력 강화'와 같은 다소 두루뭉술한 형태의 프로세스 개선 목표를 수립한다. 인증 취득
이 과연 어떤 의미가 있는 것인지 또는 인증을 받으면 자동적으로 내부 생산성이 향상
되고 대외 경쟁력이 강화되는 것인지 의문이다.

[그림 5-1] 프로세스 개선 목표 수립 요건

프로세스 개선의 목표는 [그림 5-1]과 같이 명확^{Specific}하고 측정가능^{Measurable}해야 하
며 해당 기업에게 있어 실제적으로 중요^{Relevant}하면서도 정해진 기간^{Time-bound} 내에 달성
^{Attainable}할 수 있도록 수립돼야 한다. 물론 CMMI의 특정 성숙도 단계에 대한 인증 취득
이 이러한 'SMART' 요건에 맞는다고 할 수도 있겠으나, 목표는 개선 활동의 방향성을
나타내기에 인증 취득을 목표로 하게 되면 실질적인 개선 활동보다는 인증 취득 자체
에 초점을 맞춘 활동으로 흐를 수가 있다. 따라서 '개발기간 10% 단축 및 소프트웨어
결함률 10% 감소를 통한 CMMI 성숙도 3단계 인증 취득'과 같이 CMMI 인증 취득과
더불어 실제적으로 얻고자 하는 구체적인 목표를 수립하는 것이 좋다.

프로세스 개선을 담당하는 실무자 가운데 간혹 "우리 경영진은 CMMI 인증서만을
원한다!"며 불만을 토로하는 경우가 있다. 만약 여러분이 경영자라면 어떻게 할 것인
가? 어떤 경영자라도 제대로 된 개선 활동을 통해 인증서를 취득하는 것에 대해 반대

하지는 않을 것이다. 다만 사업 상 꼭 필요하니 개선 활동이 다소 미흡하더라도 인증서만은 꼭 취득하라는 의미일 것이다.

경영진의 의지와 후원은 개선 활동을 수행하는 데 있어 그 어떤 제도적 뒷받침보다 중요하며 실효성이 있다. 그렇기에 만약 여러분의 경영자가 CMMI 인증을 요구하면 빠른 시간 내에 인증을 받겠노라 약속하라. 대신에 빠른 시간 내에 인증을 받기 위해서는 관련된 인원들의 적극적인 참여를 독려하고 필요한 교육의 제공과 자동화 도구 도입 등과 같은 후원이 반드시 필요함을 언급하고 요청하라. 이것이 원원Win-Win이다.

두 번째, 빨리 가려면 혼자 가고 멀리 가려면 함께 가라.

프로세스 개선 활동을 막 시작한 조직의 경우 공통적인 현상이 있다. 프로세스 관련 표준이 있어야 한다고 조직구성원 모두가 얘기하는데 막상 표준을 만들자고 하면 바쁘니까 만들어 주면 쓰겠다고 방관한다. 그래서 소수 인원을 중심으로 태스크 포스를 구성해 만들어 적용하라고 하면 "이건 아니다!"라고 한다. 그렇기에 조직의 표준 프로세스를 정의할 때는 각 계층으로부터 가능한 많은 인원을 참여시켜야 한다. 의사 결정 및 후원자로서의 경영진, 프로세스 개선 전담 조직, 프로세스 정의 및 검토에 참여할 전문가 그룹 그리고 필요하다면 내, 외부 컨설턴트 등이 그들이다. 프로세스 개선 전담 조직은 풀타임 참여가 요구되며 그 외의 인력들도 최소한 자신의 업무의 20% 이상을 투입하는 것이 바람직하다.

이때 이러한 인원들을 중심으로 CMMI 기준의 표준 프로세스를 정의하며 간과하지 말아야 할 것은 CMMI에서 제시하는 활동이 여러분 조직에게 어떤 의미가 있고 왜 필요한지를 먼저 생각해 봐야 한다는 것이다. 그렇지 않으면 정말 필요한 프로세스는 정의하지 않고 단순히 CMMI 요건을 대응하기 위한 필요 이상의 방대한 프로세스가 정의될 것이고 결국은 사용하지 못하게 될 것이기 때문이다.

세 번째, 잘못된 표준도 우선은 따르라.

    R. H. 사이어Thayer의 조사에 따르면 표준이 강제로 지켜진 경우 76%, 그렇지 않은 경우 60%의 프로젝트가 성공했다고 한다. 즉 다수의 인원이 함께 작업을 수행하는 경우 동일한 방법을 따르는 것이 그 만큼 중요하다는 의미이다. 따라서 일단 조직의 표준 프로세스가 정해지면 적합 여부를 두고 왈가왈부하기 이전에 우선은 따르는 자세가 필요하다. 그리고 나서 불편한 부분들을 개선해 나가는 것이 좋다. 반면 프로세스 개선 조직 입장에서는 조직 구성원들이 왜 프로세스를 잘 따르지 못하는 지를 살펴보고 필요한 경우 프로세스를 재정의 하거나 프로세스 관련 반복적인 교육을 실시하거나 프로세스를 업무에 적용할 때 적극적인 지원을 통해 초기 학습기간에 겪게 되는 불편함을 덜어 줄 필요가 있다.

    표준 프로세스를 적용하며 이행이 제대로 되고 있는지를 파악하기 위해 주로 품질보증 활동이 수행되곤 한다. 그런데 프로젝트에서는 품질보증 활동을 부담스러워 한다. 아니 부담스러워 한다기보다는 싫어한다는 표현이 맞을 것이다. 프로젝트 관리자, 개발자 그리고 품질보증 담당자 간의 관점의 차이가 이러한 현상을 낳게 한다. 프로젝트 관리자의 주 관심사는 일정, 비용, 이슈 및 고객관리이고, 개발자의 주 관심사는 납기, 결함 해결 그리고 이로 인한 야근이다. 반면, 품질보증 담당자의 주 관심사는 해당 프로젝트가 표준을 준수하고 있고 작업산출물은 적기에 제대로 작성하고 있는 지이다. 이러다 보니 프로젝트 관리자나 개발자 입장에서는 품질보증 활동이 프로젝트에 도움이 되기보다는 일거리만 만들어 내는 불필요한 활동으로 인식되곤 한다.

    품질보증 활동은 '잘해야 본전'이라는 말이 있다. 제품 개발 프로젝트에서 품질 관련 이슈나 문제가 발생하면 품질보증 담당자가 제대로 하지 못해서 그런 것이고, 관련 이슈나 문제가 없으면 해당 프로젝트가 잘해서인 것처럼 여겨지곤 한다. 그만큼 품질보증 활동은 생색이 잘 나지 않는 업무이다. 그러다 보니 품질보증 업무를 수행하는 인력들은 쉽게 본인들의 업무에 대해 회의를 느끼곤 한다. 그러나 "제품 개발 프로젝트에서 체계적인 품질보증 활동이 수행되었을 때, 제품의 품질과 비용 대비 효과 측면에서의 이점이 점점 더 증가한다."는 배리 보엠Barry Boehm의 말처럼 품질보증 활동은 매우 중요하다. 따라서 품질보증 활동을 수행할 때 잘못된 점을 지적하는 쪽에만 초점을 맞추지 말고 프로젝트 생명주기 단계에 따라 초기에는 프로세스 코치 역할을 수행하고, 이후 프로세스를 모니터링하며 작업산출물을 감사하는 활동으로 옮겨 간다면 품질보증 활동에 대한 프로젝트 팀의 거부감을 완화시킬 수 있을 것이다.

네 번째, 물은 섭씨 100도에서 끓는다.

만화가 이원복 교수는 그의 저서 『먼 나라 이웃나라』의 우리나라 편에서 한국인을 세계에서 가장 과격하고 성급하고 맹렬하고 지독하며 명석하고 근면하다고 정의했다. 그리고 이러한 성격이 남에게 지기 싫어하는 문화를 만들어 냈다고 얘기하고 있다. 우리는 어려서부터 심할 정도의 경쟁 환경에서 살아 왔다. 그러다 보니 남이 하면 나도 해야 하고, 그것도 더 잘 해야 한다. 그런데 경쟁에서 살아남기 위해 초반에 너무 많은 힘을 쏟아 붓는 탓일까, 아니면 남에게 보일 만큼의 수준만 되면 더 이상은 의미가 없기 때문일까, 어느 정도 목표에 도달하면 쉽게 느슨해진다. 즉, 진득하게 오래 가는 끈기가 부족하다.

물은 100℃에서 끓는다. 99℃까지는 아무런 미동도 없다. 그러다보니 기다림의 시간이 필요하다. 만약 우리가 물이 끓기를 기다리지 못하고 중간에서 가열을 멈춰 버린다면 물은 결코 끓지 않을 것이다. 프로세스 개선 활동 또한 그 성과를 얻기 위해서는 마치 물이 끓는 데에 일정 시간이 필요한 것과 같이 일정 기간을 필요로 한다. 그러다 보니 지루할 수 있고 결과에 대한 회의감이 들 수 있다. 그리고 이로 인해 결국은 중도에서 포기하게 만든다.

J. D. 우드슨Woodson이 조사한 바에 따르면 "프로세스 개선 활동을 수행한 조직의 83%는 처음 3년 정도 개선에 대한 노력을 기울이다 결국 포기했는데, 이렇게 포기했던 조직의 57%는 일정 기간 경과 후 다시 개선 활동을 시작했다."고 한다.

물을 끓여야 하지만 끝까지 기다리지 못하고 중간에 불을 껐는데, 어쨌든 물은 끓여야 하기에 다시 불을 켠 것이다. 그렇게 되면 또 다시 기다려야 한다. 따라서 이러한 시행착오를 범하지 않기 위해서는 프로세스 개선 활동 수행 기간 동안의 변화관리가 무엇보다도 중요하다. [표 5-2]는 변화관리를 위한 '바람직하지 못한 방법'과 '바람직한 방법'의 예를 보여준다.

[표 5-2] 변화관리 방법

바람직하지 못한 방법	바람직한 방법
조직 프로세스에 대해 3일짜리 교육만을 실시	조직 프로세스에 대해 지속적으로 필요한 시점에 교육 실시
조직 프로세스 모델에 대해서만 오리엔테이션 실시	조직 프로세스 모델뿐만 아니라 변화전략과 함께 오리엔테이션 실시
새로운 프로세스를 모든 프로젝트에 예외 없이 적용하도록 요구	주로 새로 시작하는 프로젝트에 대해 프로세스를 적용하도록 하며, 적절한 지원 및 멘토링을 병행
보상위주의 전략	보상뿐만 아니라 교육 및 지원도구에도 신경을 씀
개선 혜택이 개발자 자신들에게 돌아간다고 홍보	개선 효과 관련 측정항목들을 수립하여 정확하게 모니터링하고 결과를 공유할 것임을 약속

조직구성원들은 변화에 저항하는 것이 아니다. 어떤 변화이든 불안정하고 개인적인 대가를 치러야 하는 것에 대해 저항하는 것이다. 그런데 이러한 현상은 변화의 내용과 변화로 인해 본인이 어떠한 혜택을 받게 될 것인지를 잘 모르기 때문이다. 따라서 적절한 변화관리 방법을 통해 조직구성원들을 이해시키고 참여를 유도하는 것이 필요하다. 그러나 아무리 훌륭한 변화관리 프로그램을 운영하더라도 조직구성원 모두를 동시에 변화시키기는 매우 어려우며 노력 또한 필요 이상으로 많이 들어간다.

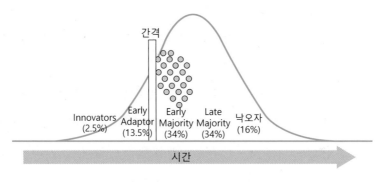

[그림 5-2] 변화관리 대상

제임스 무어[James W. Moore]는 [그림 5-2]와 같이 어느 조직이든 별도의 노력을 많이 기울이지 않더라도 변화를 빠르게 받아들이는 이노베이터[Innovator]와 얼리 어댑터[Early Adaptor] 집단 그리고 진행 상황에 따라 변화를 수용하는 얼리 머조리티[Early Majority] 집단이 존재한다고 했다. 일반적으로 이 두 집단은 조직 구성원의 약 50%를 차지하는데, 얼리 머조리티 집단이 변화될 때까지 지속적인 교육과 홍보를 하는 것이 바람직하다. 그러면 나머지 조직 구성원들은 자연스럽게 따라 올 것이다.

다섯 번째, CMMI 인증은 필요조건이지 충분조건은 아니다.

CMMI 인증을 취득했다는 것은 해당 성숙도 단계의 프로세스를 갖추고 활용할 수 있음을 나타내는 필요조건이지 해당 프로세스의 역량을 충분히 발휘할 수 있다는 충분조건은 아니다. 따라서 지속적인 프로세스 이행 및 개선을 통한 역량향상이 필요하다.

역량을 빠르게 향상시키는 데 효과적인 방법 중의 하나는 프로젝트를 수행하며 얻은 모범사례와 학습된 교훈을 활용하는 것이다. 여러분이 이미 가 봤던 맛 집이나 좋은 여행지 등을 동료들과 공유하듯이 프로젝트를 수행하며 경험했고 해결했던 방법들을 공유한다면 여러분의 동료들은 보다 쉽게 프로젝트를 수행할 수 있을 것이다. 지금 프로젝트를 수행하며 발생된 이슈는 향후에 다른 프로젝트를 수행할 때 위험요소가 될 수 있으므로 이의 공유를 통해 위험을 사전에 대비할 수 있다. 또한 지금 프로젝트를 수행하며 발견된 결함은 다른 프로젝트에서도 반복적으로 나타날 확률이 높으므로 이의 공유를 통해 결함을 사전에 예방할 수 있다.

'學問 如逆水行舟 不進則退^{학문 여역수행주 부진즉퇴}'라는 말이 있다. 풀이를 해보면 '학문은 마치 물을 거슬러 오르는 배와 같아 계속해서 앞으로 나아가지 않으면 뒤로 물러서게 된다.'는 뜻이다. 프로세스 개선 활동도 이와 같아서 인증을 취득한 후 개선 활동을 소홀히 하게 되면 달성한 수준을 유지하는 것이 아니라 오히려 떨어진다는 점을 명심해야 한다.

프로세스 개선 활동을 성공적으로 수행하기 위해서는 여러 가지 고려해야 할 사항이 많다. 그러나 무엇보다도 중요한 것은 조직구성원들을 변화에 동참시키기 위한 동기부여이다. 사람은 무한한 잠재력을 갖고 있기에 동기가 부여된다면 기대 밖의 성과가 발현될 것이다.

프로세스 개선 활동을 수행하는 조직의 문화나 환경에 따라 조직구성원의 동기를 부여하기 위한 방법은 제 각각 다를 것이다. 이 중 가장 대표적으로 일컬어지는 방법은 여러분도 잘 알고 있는 '당근과 채찍'이다.

먼저 '채찍에 의한 동기부여' 방법은 변화에 대해 사람들이 갖는 두려움보다 더 큰 두려움을 채찍으로 활용하는 방법이다. 일반적으로 최고경영자가 연초 신년사에서 흔히 사용하는 "변하지 않으면 여러분은 도태되고 말 것이다."라고 말하는 것과 유사하다고 생각하면 될 것이다.

그리고 '당근에 의한 동기부여' 방법은 변화에 대한 적절한 보상을 하는 것이다. 사람들은 자신이 변화에 성공했다는 것을 증명하고, 조직은 거기에 합당한 보상을 하는 방법이다.

이 2가지 동기부여 방법은 변화를 관리하기 위해 대표적으로 사용하는 방법으로,

강압적이거나 비용이 들어가는 단점이 있지만 나름대로 효과는 분명히 있다. 이러한 변화관리 방법들을 조직의 특성에 따라 병행하여 사용하면 된다. 다음 항목들은 변화 관리 방법을 선택할 때 고려해야 하는 사항들이다.

- 조직 규모
- 조직 문화
- 예산
- 작업 유형
- 아이디어에 대한 조직구성원의 반응 정도
- 조직구성원의 유형
- 조직 내의 정치적인 요소
- 다른 활동과의 일관성
- 다른 조직 내 이슈

프로세스 개선 활동도 일종의 변화관리 활동이기 때문에 위에서 언급한 항목들을 고려해야 한다. 만약 여러분 조직에서 프로세스 개선 활동이 제대로 수행되고 있지 않다면, 위의 항목들에 대해 검토한 후 적절한 프로세스 개선 방법을 찾아야 한다. CMMI가 여러분 조직에 맞지 않을 수도 있기 때문이다.

모든 조직에 효과적으로 적용될 수 있는 프로세스 개선 방법은 없다. CMMI도 마찬가지이기 때문에 무조건 CMMI를 따라 하기보다는 여러분 조직의 특성을 반영하여 적절하게 조정해 사용하거나, 아예 CMMI가 아니 다른 모델을 적용할 수도 있을 것이다.

그리고 프로세스 개선 활동을 처음 시작하는 조직에서 일반적으로 나타나는 가장 큰 장애물은 '우리 조직이나 프로젝트에는 아무런 문제가 없다.'라고 생각하는 사람들이다. 이런 사람들은 실제로 자신들에게 아무 문제가 없다고 생각하고 있으며, 그렇기 때문에 프로세스 개선 활동과 같은 어떠한 변화도 필요 없다고 생각한다. 그러나 이들은 보통 초기 프로세스 평가 결과를 본 후에는 생각이 달라질 수도 있다. 그들이 어떠한 변화도 필요 없다고 생각하는 것은 다른 조직에서 수행하는 더 나은 사례나 선진사례를 몰랐기 때문인 경우가 많기 때문이다.

만약 조직 대부분의 사람들이 변화의 필요성에 대해 공감하고 있으며, 프로세스 개선 활동도 조직에서 필요한 변화의 일부분이라고 받아들여지고 있다면 대단히 고무적인 일이다. 여러분은 벌써 프로세스 개선 활동의 절반은 성공한 셈이다.

이런 경우에는 사람들이 변화에 대해 식상해할 때마다 정기적으로 '충격 요법'을 사용하는 것만으로도 충분할 것이다. 이러한 충격 요법은 그동안 있었던 변화에 대한 효과나 문제점일 수도 있으며, 미래에 대한 비전일 수도 있다. 여러분은 정기적인 프로세스 평가 활동을 통해 조직의 문제점이나 향후 비전 등을 제시하기만 하면 된다. 왜냐하면 충격 요법은 사람들에게 단지 변화에 대한 동기를 부여할 뿐이지, 변화를 위한 구체적인 방법까지 제시하지는 못하기 때문이다.

많은 연구에 따르면 오랜 시간 동안 변화를 지속할 수 있는 가장 좋은 방법은 강압적인 방법이 아니라, 자율적인 방법이라고 한다. 이제 여러분은 이러한 자율적인 변화를 유도하기 위해 새로운 보상시스템을 만들 필요가 있다. 필자가 이야기하는 새로운 보상시스템이란 매일 밤늦게까지 일하는 직원들을 보상하는 것이 아니라, 적절한 시간 내에 자신이 맡은 임무를 올바르게 수행한 사람에 대해 보상하는 것을 말한다.

모든 사람이 납득할 수 있는 공정한 보상을 하는 것은 굉장히 어려운 일이다. 그렇기 때문에 대부분의 조직에서는 보상에 있어 굉장히 조심하는 경향이 있다. 잘못된 보상은 아예 보상을 하지 않는 것보다 못하기 때문이다. 그러나 너무 조심하다 보면 마땅히 받아야 할 사람들이 못 받게 되는 문제점도 있다.

조직에서 공정한 보상이 이루어지기 위해서는 다음과 같은 내용에 대해 다시 한 번더 고민해야 한다.

- 왜 이 사람은 늦게까지 남아서 일하고 있는가?
  - 이 사람이 무능한 걸까?
  - 다른 일을 추가로 맡는 것이 싫어서 일부러 일을 미룬 것은 아닐까?
  - 이 사람은 자신이 주목받는 것을 즐기고 있는 것은 아닐까?
- 자신이 작업계획을 잘못 세운 것은 아닐까?
- 프로젝트에서 작업계획을 잘못 세운 것은 아닐까?
- 이 업무에 적절하지 못한 사람을 배정한 것은 아닐까?

다시 한 번 더 강조하지만 여러분 조직에서는 프로젝트에서 구세주처럼 행동했다거나, 많은 밤을 새웠다고 해서 무조건 포상하는 우를 범해서는 안 된다. 보상을 하기 전에 보상내용에 대해 조직 내 대부분의 사람들이 공감하는지 확인해야 한다.

그리고 프로세스 개선 활동을 처음 시작하는 조직에서 간과하기 쉬운 보상 중 하나는 개인이나 팀에게 제공하는 물질적인 보상이 아니라, 잠재적인 보상이다. 즉, 조직 내의 프로세스 개선 활동을 통해 개인이나 팀의 업무를 이전보다 더 쉬운 방법으로 더 효율적으로 수행할 수 있다면, 이것보다 더 큰 보상은 없을 것이다. 여러분은 프로세스 개선 활동에 따른 잠재적인 보상 효과를 계속해서 부각시킴으로써 더 많은 사람들이 변화에 대한 두려움을 극복하고 프로세스 개선 활동에 적극적으로 동참할 수 있도록 해야 한다.

그러나 이러한 자율적인 방법만으로 조직의 변화, 즉 프로세스 개선 활동을 활성화시킬 수 있다는 생각은 아주 순진한 생각일 수 있다. 만약 여러분 조직의 구성원들이 항상 다른 사람들을 배려하거나 다른 사람들을 위해 헌신하는 사람들로만 구성되어 있다면, 자율적인 방법만으로도 프로세스 개선 활동을 성공적으로 수행할 수 있을 것이다. 그러나 이러한 생각은 이상이지 현실이 아니다. 그렇기 때문에 조직에서는 강압적인 방법도 필요한 것이다. 이러한 강압적인 방법은 프로세스 개선 활동을 주도하는 사람이나 조직에 의해서가 아니라, 조직의 최고경영진에 의해 이루어져야 부작용을 줄일 수 있다. 그러나 무조건 강압적인 방법으로만 변화를 강요할 것이 아니라, 변화와 관련된 모든 영역에서 여러분 조직은 개방되어 있어야 한다.

예를 들어 프로세스가 제대로 이행되고 있지 않다면 다양한 사람들로부터 그 원인을 청취하고 분석해야 한다. 프로세스가 잘못되었다면 그 프로세스를 변경해야 하며, 프로세스를 이행하기 위한 무언가가 부족하다면 그것들을 지원해주어야 한다. 중요한 것은 최고경영진은 한편으로는 강압적인 방법으로 변화를 주장하고, 다른 한편으로는 변화를 위한 지원활동을 병행해야 한다는 것이다.

이를 위해 여러분은 조직구성원들에게 변화에 대해 불평할 수 있는 기회를 제공해야 하며, 현장의 목소리에 귀를 기울여야 한다. 단지 여러분이 들어주는 것만으로도 사람들은 프로세스 개선 활동에 참여하고 있다고 느낄 것이다.

모든 사람들은 변화해야 한다. 심지어 고객이나 사용자까지도 변화해야 한다. 물론 변화는 고통스러운 것이다. 그러나 변하지 않으면 더 고통스럽기 때문에 사람들은 변화하려고 하는 것이다. 프로세스 개선도 마찬가지이다. 여러분이 진정으로 프로세스 개선을 원하지 않는다면 이 책은 더 이상 필요 없을 것이다.

이제 여러분 앞에는 실제로 변화하는 일만 남아 있다.

에필로그

토끼와 거북이 PM

사장실에서 나온 토끼는 뛸 듯이 기뻤습니다. 오랜 동안의 개발자 역할에서 벗어나 드디어 프로젝트 관리자(PM)가 되었습니다. 언젠가는 주도적으로 프로젝트 관리를 하고 싶었는데, 그 순간이 마침내 온 것입니다. 위에서 지시한대로 움직이고 개발하는 것이 정말 지긋지긋 했거든요. 개발업무에는 누구보다도 자신이 있었기 때문에 어떤 프로젝트를 하더라도 정말 잘할 자신이 있었습니다.

혼자만의 기쁨을 더 즐기기 위해, 프로젝트를 하다 PM에게 잔소리를 들으면 항상 가던 하늘 공원으로 갔습니다. 건물 옥상에 조성된 작은 공원으로 약간의 잔디와 나무의자가 있습니다. 오늘 따라 잔디의 녹음이 더욱 진하고 아름답게 느껴졌습니다. 그런데 저쪽 편에 거북이가 걱정이 가득한 얼굴로 앉아 있는 게 아니겠어요. 아마 오늘도 PM에게 엄청 야단을 맞았나 봅니다. 입사 동기인 거북이는 내성적인 것 빼고는 배울 점이 정말 많은 친구입니다. 프로젝트를 진행할 때면 자신이 맡은 일에 대해서는 누구보다도 열심히 하고 무엇보다도 감탄할만한 건 자신이 수행한 활동을 반드시 기록하고 관련된 작업산출물들을 다 작성한다는 겁니다. 옆에서 일하는 것을 보면 답답할 때도 많지만, 그렇게 챙길 거 다 챙겨가면서 일을 해도 일정이 지연되는 일은 없었습니다. 참 신기하죠?

"야! 거북이 오랜만이네. 요즘도 바쁘냐?"

흥에 겨운 토끼의 목소리는 아직도 개발업무만 하는 거북이에 대한 약간의 놀림이 묻어 있었습니다. 이런 토끼의 기분을 아는지 모르는지 거북이는 토끼를 한번 흘끗 보고는 무뚝뚝하게 안부를 물었습니다.

"응, 오랜만이다. 잘 지내냐?"

거북이는 뭔가 심각한 고민이 있는 것처럼 보였습니다. 하지만 토끼는 아랑곳하지 않고 자신의 기분만 생각하고는 거북이의 뒤통수를 살짝 치면서 거북이 옆에 앉았습니다.

"아침부터 왜 똥 씹은 표정이냐? 이렇게 맑고 좋은 날에. 이런 날은 없던 기운도 생기겠다."

날씨는 정말 좋았습니다. 몹시도 추웠던 겨울과 봄의 불청객 황사가 지나가고 싱그러운 녹음의 시작을 알리는 오월 햇살은 아침 공기의 상쾌함을 더욱 진하게 느끼게 했거든요. 멍한 듯 하늘을 쳐다보는 거북이의 모습은 아침의 평화로운 풍경과는 어울리지 않았습니다.

"뭔데, 그래? 걱정이 있음 말해봐. 내가 도움이 될지도 모르잖아!"

"나, PM이 됐어."

거북이는 다시 한 번 긴 한숨을 내쉬었습니다.

"뭐! 그럼 잘된 일이잖아. 근데 왜 이렇게 걱정이 가득해. 너 지금 너무 좋은데, 아닌 척 연기하는 거지?"

거북이에게 PM이 되었다고 자랑을 하려했던 토끼는 은근히 실망이 되었습니다.

"PM이 뭐가 좋아? 책임질 일도 많고 챙겨야 할 것도 한 두 개가 아니고. 시키는 일만 하는게 골치도 덜 아프고 좋지."

"시키는 일만 하는게 뭐가 좋아? 네가 하기 싫은 일 있으면, 다른 팀원 시키면 되지. 별걸 다 걱정하네. 어쨌거나 축하한다. 그리고 나도 이번에 PM이 됐어. 이참에 우리의 능력을 한껏 보여주자고. 개발이라면 너나 나나 우리 회사에서는 최고잖아. 내가 조금 더 잘하기는 하지만, 히히."

토끼는 거북이를 챙겨주는 척하며 자기자랑을 합니다.

"프로젝트 관리는 개발이 전부가 아니잖아. 일정, 범위, 위험, 형상 등 관리할게 얼마나 많은데, 그런 소리야. 그리고 이것뿐이야? 진척율과 작업산출물도 관리해야 하고."

거북이는 회사에서 하는 CMMI 개선 활동에 관심이 있었던 터라 프로젝트 관리와 관련한 프로세스에 대해서 설명을 했습니다.

"야! 그런 것이 무슨 필요야. 요구사항 받으면 바로 코딩하고 시험 끝내면 되지. 하긴 요즘 CMMI한다고 관리대상 작업산출물을 많이 만들라고 하지만, 그건 QA하고 적당히 이야기해서 프로젝트 끝날 때쯤 대충 만들면 되지."

토끼는 거침이 없었습니다. 토끼는 소프트웨어 개발 업무를 하면서 회사에서 만들라고 하는 작업산출물에 대해서 불만이 많았거든요. 실제로도 그런 유형의 작업산출물에 대한 필요성을 전혀 느끼지 못했기 때문이죠. 회사에서 작업산출물을 만들라고 충분한 시간을 주는 것도 아니었고요. 가만히 듣고 있던 거북이는 토끼에게 무슨 말을 해줘야 할지 몰랐습니다. 거북이 또한 PM을 해본 적이 없었고 단지 CMMI 교육과 컨설팅을 받으면서 프로세스대로 관리하면 좋을 것 같다는 막연한 기대만이 있었기 때문입니다.

"네 말이 맞는 것 같기도 하지만 그래도 나는 이번 프로젝트에서는 프로세스에 따라서 한번 해볼 생각인데, 그렇게 하면 프로젝트 일정이 너무 짧은 것 같기도 하고. 그래서 걱정이야."

"자식, 고지식하기는! 넌 딴 건 다 좋은데, 그게 문제야. 프로젝트는 일정 안에 개발만 잘 끝내면 돼. 결과만 좋으면 되는 거야. 과정이 아무리 좋아도 결과가 안 좋으면 무능하단 소리 듣는 거고. 너는 좀 더 세상을 배울 필요가 있어."

토끼는 거북이가 답답했습니다. 언제나 반듯한 생각에 반듯한 생활. 그것이 거북이의 장점이지만 경쟁이 심한 현대 사회를 살아가는 데, 별로 좋을 것 같지는 않았습니다.

"토끼야, QA 배정 요청했어? 테일러링은 할거야?"

"아! 그게 있었지. 또 QA가 와서 이것저것 작업산출물 만들라고 하겠지. 자기들도 잘 모르면서 시키기만 한다니까!"

개발업무를 할 때 토끼는 항상 불만이었습니다. 개발하기만도 바쁜데 자꾸 작업산출물을 이것저것 만들라고 하니, 토끼의 입장에서 QA는 참 귀찮은 존재였습니다. 특히 더키! 왕재수, 왕짜증이었어요.

"뭐 대충 이번 주 금요일쯤 보자고 하지 뭐."

"아무런 준비도 없이 QA를 만나면 어떡해! 프로젝트 범위와 일정, 소요공수 정도는 어느 정도 추정을 해야 프로젝트에 적합한 프로세스가 정의되지!"

"아, 정말! 대충 대충 좀 해라. QA 만나면 나는 우겨서 작업산출물 제일 적게 만드는 방법으로 테일러링 할거야! 작업산출물 만드는데 시간 쏟을 필요가 없잖아."

"그래도 그건 아닌 것 같은데."

거북이는 토끼가 걱정이 되었습니다. 토끼의 지나친 의욕과 근거 없는 자신감이 아무래도 나중에 큰 문제를 야기할 것만 같았거든요.

"거북아, 네 프로젝트나 걱정하세요."

토끼는 거북이의 성인군자 같은 말에 기분도 상하고 좀 골려 주고 싶은 생각이 들었습니다.

"누가 더 프로젝트를 멋지게 잘 끝내나 우리 내기 할까? 진 사람이 이긴 사람한테 찐하게 술사는 것 어때?"

"무슨! 그런 것을 가지고 내기를 해. 프로젝트가 잘 끝나면 좋은 거지."

"아니, 나는 하고 싶어. 사실 요즘 CMMI 개선 활동 때문에 개발업무가 얼마나 힘든지 알아? 이번 참에 그런 프로세스가 쓸데없다는 걸 보여주고 싶어."

"회사가 추진하는 건데 그렇게 말하면 안 되지. 개선 활동이 누구 괴롭히려고 하는 것은 아니잖아? 잘 되자고 하는 건데."

"내기 할 거야 말거야? 이번 기회에 어떤 게 조직에 좋은 건지 증명해 보자고. 좋은 방법을 조직에서 사용하도록 하는 것이 우리 선배들이 후배들을 위해 할 일이잖아."

토끼의 다소 억지 같으면서도 나름 논리 있는 설득에 거북이는 흔들렸습니다. 프로세스에 따라 일을 하는 것이 좋다는 생각은 들지만 아직 해보지 않아서 확신은 없었거든요. 그러면서 거북이는 회사에서 프로세스에 따라 프로젝트를 진행하라고 하는데, 토끼가 어떻게 프로세스를 지키지 않고 프로젝트를 진행할까 한편으로는 궁금하기도 했습니다.

"너 어떻게 프로젝트를 하려는 거야? 지금은 어쨌든 프로세스를 준수해야 하는데."

"다 생각이 있어. 걱정 마. 아무튼 너, 내기 하는 거다?"

"어? 어!"

거북이는 마지못해 내기에 동의했지만, 토끼가 많이 걱정되었습니다. 이런 거북이의 마음을 아는지 모르는지 토끼는 언제나처럼 하얀 귀를 쫑긋 세우고는 가벼운 발걸음으로 깡충깡충 뛰어 갔습니다. 토끼를 보내고 거북이도 사무실로 와서는 어떻게 프로젝트를 진행할 것인지 생각했습니다. 이번에는 자기가 PM이니까 프로세스대로 한번 해보고 싶었거든요. 그 동안 많은 교육과 공부를 통해 프로세스의 중요성을 깊이 깨닫고 있었기 때문이었죠. 사실 작업산출물은 작업이나 활동을 하면 자연스럽게 만들어 지는 것이고, 다른 사람과 생각을 공유하기 위해서도 꼭 필요한 것이지요. 그렇지만 프로젝트를 수행하면서 개발팀에 적정한 자원, 즉 인력이나 시간이 충분히 제공되지 않다 보니, 개발자들은 납기를 맞추려고 요구사항의 분석과 협의, 설계 등을 할 시간적 여유가 없는 겁니다. 게다가 요구사항의 변경까지 더해지면 개발자들은 어쩔 수 없이 개발에만 집중할 수밖에 없지요. 고객과의 충분한 검토와 협의가 없는 상태에서 다음 단계로의 진행은 소프트웨어 결함의 존재 가능성을 증가시키기 때문에, 거북이는 프로젝트에서 필요한 인력 자원에 대한 정확한 산정이 필요했습니다. 하지만 아직까지는 회사가 프로세스 개선 활동 초기라서 산정을 위한 데이터가 많이 수집되어 있지 않았습니다. 그러다보니 프로젝트 수행을 위해 필요한 인력과 비용에 대한 산정을 정확히 하기가 어려웠던 거죠. 한참을 고민하던 거북이는 컨설턴트를 만나 방법을 물어 보기로 했습니다. 지난번 교육 이후 궁금한 것이 있을 때 마다 자주 연락을 하고 가끔 커피도 같이 마시면서 그간 많이 친해졌거든요.

"안녕하세요, 컨설턴트님? 거북이에요. 통화 괜찮으세요?"

"아, 거북님! 안녕하세요? 요즘 바쁘신가 봐요? 연락도 뜸하고..., 아니면 프로세스 공부를 소홀히 하시는 건가요? 하하하."

늘 유쾌한 컨설턴트는 오늘도 가벼운 농담으로 거북이와의 전화 통화를 시작했습니다. 거북이는 컨설턴트의 이런 모습이 좋았습니다. 누군가에게 질문을 한다는 게, 마음 편한 일이 아니라는 걸 누구보다 잘 아는 컨설턴트는 상대가 부담을 갖지 않도록 항상 배려를 했거든요. 덕분에 거북이도 편한 마음으로 질문을 할 수 있었고, 많은 걸 배울 수 있었습니다.

"저, PM됐어요."

"와! 완전 축하해요. 그동안 배운 걸 이제는 현장에서 직접 해볼 수 있겠네요."

컨설턴트는 마치 자기 일 인 것처럼 축하해 주었습니다. 셋째 돼지 회사의 프로젝트를 진행하면서 거북이만큼 열심히 프로세스를 배우려고 한 직원도 없었거든요. 컨설턴트는 이번 프로세스 개선 작업에서 훌륭한 모범사례가 만들어 질 것 같다는 예감이 들었습니다.

"그런데 문제가 있습니다. 제가 프로젝트 수행을 위한 산정 작업을 하려는데, 어떻게 해야 할지를 잘 모르겠어요. 물론 프로세스대로 하면 될 것 같기는 한데, 프로세스에 정의되어 있는 활동과 작업들이 교육 때는 이해가 됐는데 실제 하려니 잘 모르겠어서요."

거북이의 빨갛게 달아오른 얼굴이 목소리만으로도 컨설턴트에게 비추어지고 있는 것만 같았습니다. 거북이는 나름 공부도 많이 했고 남보다 많이 안다고 생각했는데, 직접 해보려니 아무것도 할 수 없었습니다. 그래서 배운 건, 그 때 그 때 해보지 않으면 아무 의미가 없는 것 같습니다. 머리로는 이 세상 많은 지식들을 쉽게 이해하고 내 것 인양 떠벌일 수 있지만, 경험과 그 속에서 부딪히는 현실적인 고민이 없다면 이는 마치 약장수가 약의 효능도 모르고 만병통치약이라고 떠드는 것과 다르지 않으니까요. 배웠으면 행동으로 옮겨 봐야 합니다. 실패할까 두려워할 필요도 없습니다. 경험이란 실패든 성공이든 내일의 도전을 가능하게 하는 본인만의 지식이니까요.

"이래서 절차서가 필요한거에요. 테일러링 언제 하기로 했나요? 제가 더키 QA하고 협의해서 거북님 프로젝트 프로세스 테일러링할 때 함께 참석하겠습니다."

"정말이요? 그렇게 해주신다니 너무 고맙습니다."

거북이는 컨설턴트의 제안에 깜짝 놀랐습니다. 답답한 마음에 몇 가지 질문이나 하려고 전화를 했는데 생각지도 않게 직접 방문해 준다고 해서 정말 다행이라는 생각이 들었습니다.

"저희랑 만나기 전까지 프로젝트 계획 절차서 한 번 더 읽어보시고, 프로젝트 정보는 미리 이메일로 보내 주세요. 프로젝트 기간, 투입공수, 프로젝트 범위, 사용하고 싶은 방법론 등 프로젝트 특성을 파악할 수 있는 정보도 미리 알려 주시고요."

거북이의 목소리에서 거북이가 무엇을 원하는지 다 알고 있다는 듯 컨설턴트는 거북이가 준비해야 할 일들을 알려 주었습니다. 신중함과 경험이 묻어나는 컨설턴트의 말에 거북이의 고민은 한 여름 답답한 더위가 소나기에 씻겨 내려가는 듯한 느낌이었습니다.

"예 알겠습니다. 또 필요한 것 있으세요?"

"테일러링 날짜 검토해서 알려주세요. 가능한 날짜 알려주시면 더키 QA하고 협의해서 회신 드릴게요."

토끼는 프로젝트 범위를 점검했습니다. 제안요청서와 제안서 내용을 보니 개발 물량이 그리 많은 것 같지는 않아 안심을 했지만, 회사의 테일러링 기준에 따르면 만들어야 할 작업산출물은 무척 많은 것 같았습니다.

'소프트웨어 개발은 별로 없는데, 작성해야 할 작업산출물은 왜 이렇게 많아? 프로세스 개선 한다는 핑계로 아무것도 모르는 것들이 작업산출물만 잔뜩 정의해 놓았네. 수행계획서, 산정모델, 프로젝트 상태보고서, 위험 및 이슈 관리대장, 요구사항 관리대장, 요구사항 추적표...'

토끼는 머리에 쥐가 났습니다. 예전에는 이런 작업산출물을 만들지 않고도 프로젝트를 제때 다 끝냈거든요. 그런데 토끼가 잊고 있는 것이 있었습니다. 프로젝트는 비록 제때 검수를 받았지만, 이후에 개발자들이 얼마나 많은 재작업을 했었는지를.

'어떡하지! 이렇게 많은 작업산출물을 만들면서 개발을 진행할 수는 없는데, 일단 품질팀 동기에게 부탁을 해서 작업산출물 개수를 좀 줄여야겠다.'

토끼는 초년 개발자 시절부터 작업산출물 작성하는게 너무 싫었습니다. 지금도 보고서를 쓰려면 진땀을 빼곤 하거든요. 자신의 생각을 작성하는 것이라지만 보고서와 작업산출물은 토끼에게는 커다란 짐입니다. 하지만 소스코드는 달라요. 논리적인 흐름에 따라 작성된 소스코드가 에러 없이 작동되는 걸 볼 때 느끼는 희열은 경험해보지 않고는 알 수 없을 겁니다. 그리고 해결이 어려운 에러나 풀리지 않는 로직을 해결했을 때도 마찬가지입니다. 사실 그 맛에 개발을 하는 건데, 품질담당자들은 허구한 날 와서는 만들기 싫은 작업산출물을 만들라고 하니 토끼는 QA가 너무 싫었습니다. 프로젝트를 진행하기 위해서 토끼가 이런저런 생각을 하고 있을 때, 팀장 호출이 왔습니다. 토끼는 하던 일을 멈추고 팀장에게 갔는데, 이게 웬일이래요. 회의실에는 팀장과 함께 거북이와 QA인 더키가 함께 있었습니다.

"어서 오게. 다들 모이라고 한 것은 다름이 아니라, 사장님의 특별 지시가 있었어. 토끼와 거북이가 진행하는 프로젝트를 특별히 잘 관리하라고 하시네. 우리가 진행하는 프로세스 개선 활동에 모범사례를 만들 수 있도록 말이야. 그래서 두 프로젝트의 QA를 더키로 정했네. 우리 회사에서 QA하면 당연 더키지."

토끼는 하늘이 노래짐을 느꼈습니다. 하필이면 우리 회사에서 가장 깐깐하기로 소문난 더키라니. 정말 꼼짝없이 프로세스를 지키고 작업산출물을 만들어야만 하게 생겼습니다.

"자! 그럼 서로 인사하고 앞으로의 일들을 잘 협의해 보라고."

팀장은 토끼와 거북이의 어깨를 차례로 가볍게 두드리고는 자리를 떠났습니다.

"어느 분 먼저 테일러링과 오리엔테이션을 진행하실 건가요?"

더키는 두 PM의 얼굴을 번갈아 보며 눈길을 마주쳤습니다. 거북이가 먼저 말을 꺼냈습니다.

"저는 아직 제안서 검토가 안 끝나서 프로젝트 범위를 확정하지 못했습니다. 한 2~3일 정도면 될 것 같은데 괜찮을까요?"

"그렇게 하시죠. 테일러링하려면 먼저 프로젝트 범위에 대한 검토가 끝나야 하니까요. 토끼 PM은 어떠신가요?"

토끼는 가슴이 덜컥 내려앉았습니다. 제안서를 보고 프로젝트 범위에 대한 검토를 대충 끝냈지만, 파악한 대로 하면 만들어야 할 작업산출물이 한 두 개가 아닐 것 같았거든요. 그래서 토끼는 생각했습니다. 더키가 프로젝트 범위를 검토하기 전에 테일러링을 미리 진행하기로.

"저는 언제라도 괜찮습니다. 당장 오늘도 좋아요."

"그러시면, 저도 프로젝트를 미리 검토해 봐야 하니 모레 토끼 PM 프로젝트 먼저 테일러링을 진행하시죠."

"좋습니다."

"거북이 PM은 프로젝트 범위 검토가 끝나면 알려주세요."

더키는 주저함이 없었습니다. 이미 여러 차례 프로젝트 QA를 해서 인지 프로세스가 완전히 몸에 배어 있는 것 같았습니다. 회의를 마친 토끼는 개발리더에게 기능점수에 따라 프로젝트 규모를 산정하라고 시켰습니다. 테일러링을 진행하려면 필요한 작업산출물이기 때문이었죠. 이틀이 정말 빨리 지나갔습니다. 프로젝트 팀 구성하고, 착수보고 준비하고 토끼의 시간은 자신의 달리기 속도보다 몇 배는 빠른 것 같았습니다.

'똑똑똑'

"들어오세요."

"안녕하세요? 토끼님!"

더키였습니다.

"아, 깜박 잊고 있었네요. 오늘 테일러링하기로 했죠. 프로젝트 초기라서 정신이 없네요. 커피? 녹차?"

"녹차 주세요."

더키는 다 이해할 수 있다는 표정으로 미소를 지었습니다.

"프로젝트가 원래 그렇죠, 뭐"

"개발리더님! 프로젝트 규모산정서 좀 가지고 오세요."

토끼의 요청에 개발리더는 규모산정 내역을 토끼와 더키에게 건넸습니다.

"개발 규모가 좀 크네요. 프로젝트 관리를 잘 하셔야 할 것 같은데요."

더키는 규모산정 내역서를 꼼꼼히 체크하기 시작했습니다. 규모산정 내역서의 앞뒤 내용을 비교해가면서 검토를 했습니다. 검토가 끝나자 더키는 토끼와 개발리더를 번갈아 봤습니다. 조바심이 난 토끼가 먼저 말을 꺼냈습니다.

"이번 프로젝트가 규모에 비해서 일정이 좀 짧은 것 같습니다. 프로세스대로 작업산출물을 다 만들다가는 프로젝트 일정을 맞추기 어려울 것 같으니, 작업산출물을 좀 덜 만드는 쪽으로 테일러링했으면 합니다."

"토끼님 생각하고 저 하고 다른 것 같네요. 제 생각에는 일정이나 규모 면에서 까다로운 프로젝트이기에 더욱 꼼꼼하게 관리해야 할 것 같은데요."

"당연히 꼼꼼하게 관리하죠. 작성하는 작업산출물만 좀 줄이자는 거죠."

토끼는 발끈했습니다.

"토끼님! 프로세스에 대해 오해가 있으신 것 같은데, 현재 구축되어 있는 회사의 표준 프로세스는 작업산출물만을 만들자고 있는 것이 아니에요. 작업산출물은 프로세스대로 활동과 작업을 수행하면 결과로써 자연스럽게 작성되는 것입니다. 지금 우리는 어떤 작업산출물을 만들지를 정하는 게 아니라 어떤 활동과 작업을 할 것인지를 정하는 겁니다."

더키의 말이 옳았기에 토끼는 말문이 막혔습니다. 그렇다고 이대로 물러나선 안 될 것 같았습니다.

"물론 이론적으로는 그렇지요. 하지만 현실을 좀 고려해주세요. 테일러링 내역서에 적힌 작업산출물들을 보세요. 이거 만드는 데만도 공수가 엄청 들어갑니다. 그러면 저희 프로젝트팀은 개발할 시간이 더 없어져요"

토끼의 이야기를 가만히 듣고 있던 더키는 잠시 생각을 하더니, 토끼에게 테일러링 내역서를 내밀었습니다.

"제가 생각하기에는 최소한 이 정도 활동은 하셔야 할 것 같은데, 토끼님 생각은 어떠신가요?"

테일러링 내역서를 본 토끼는 기분 같아서는 문서를 확 찢어버리고 싶었습니다.

"제가 생각하기에는 관리활동이 각 단계마다 너무 많은 것 같습니다. QA활동도 설계 이후와 시험 이후, 각 한 번씩 두 번이면 충분할 것 같은데요. 위험관리도 제가 알아서 하겠습니다."

"프로젝트 규모와 난이도로 볼 때, 그렇게 하시면 관리가 잘 안될 것 같은데요?"

더키도 물러서지 않고 말했습니다.

"이 프로젝트의 PM은 접니다. 제가 책임진다니까요."

토끼의 신경질적인 반응에 더키는 할 말을 잊었습니다. 물론 이런 경우가 전에도 있었지만 그건 어디까지나 회사의 표준 프로세스가 정비되기 전의 일이었기 때문입니다. 지금은 회사의 표준 프로세스가 내재화단계에 있고 모든 개발 부서들이 따르겠다고 합의를 한 상태인지라 토끼의 태도가 이해가 되지 않았습니다. 더키는 더 이상 협의가 불가능하다고 생각했습니다.

"토끼님 너무 흥분하지 마시고, 조금 더 생각해보세요. 저도 저희 팀장님과 협의를 해보도록 하겠습니다. 오늘은 여기까지만 하시고 다음에 다시 일정을 잡아서 만나도록 하시죠?"

"좋습니다. 그렇게 하죠. 다시 한 번 말씀 드리지만 프로젝트에서 가장 중요한 건 개발을 빨리 끝내는 겁니다. 소프트웨어 개발 이라는 것이 설계한 대로 되나요? 요구사항 나오면 그때그때 맞춰서 바꿔줘야 하는데, 그때마다 작업산출물까지 바꿔야하면 프로젝트 진행 못합니다. 적당히 테일러링 해주시면 나중에 일괄적으로 작업산출물을 등록하겠습니다."

토끼는 선심 쓰듯 말했지만 더키는 작업산출물을 나중에 몰아서 만든다는 토끼의 생각에 어이가 없었습니다. 물론 토끼의 입장을 전혀 이해 못하는 건 아닙니다. 지금까지의 관행을 보면 나중에 작업산출물을 만드는 경우도 많았거든요. 하지만 그런 잘 못된 관행을 바꾸고자 회사의 프로세스를 정비했는데 예전과 같이 하겠다고 하니, 역시 습관을 바꾸는 건 어려운 일인가 봅니다. 더키와 회의를 끝낸 토끼는 바로 품질팀장에게 전화를 했습니다.

"팀장님 안녕하세요? 저 토끼입니다."

"아, 토끼! 오랜만이네. 오늘 더키와 테일러링은 잘 끝냈나?"

"말도 마세요. 어찌나 깐깐하던지. 더키한테 적당히 좀 하라고 말씀해주세요."

"더키가 없는 프로세스를 따르라고 하지는 않았을 텐데..."

품질팀장의 말에 토끼는 더 약이 올랐지만, 그래도 회사 상사이기에 꾹 참고는 약간 애교 섞인 목소리로 부탁을 했습니다.

"팀장님도 개발을 해보셨잖아요. 다 아시면서. 적당히 좀 하게 해주세요."

"내가 사정을 모르는 건 아니지만, 그래도 회사에 지켜야 할 프로세스가 있는데... 어쨌든 내가 더키하고 이야기 해보고 결과를 알려 주겠네."

"잘 부탁드립니다."

토끼는 공손하게 이야기하고 전화를 끊었지만, 분은 풀리지 않았습니다.

'아는 사람이 더 한다니까.'

품질팀장이 전화를 끊고 얼마 지나지 않아 더키가 사무실로 들어 왔습니다. 더키 역시 얼굴이 침울해 보였습니다. 그런 더키를 보고 팀장이 먼저 말을 건넸습니다.

"내가 방금 토끼하고 통화했네. 예상은 했지만 토끼 녀석 좀 심한 것 같더군."

더키는 팀장의 말이 무슨 뜻인지 이해가 되지 않았습니다.

"무엇을 예상하셨는데요?"

"자네도 알고 있겠지만 지금 프로세스 개선 활동에 대해서 개발자들의 불만이 이만 저만이 아니야. 뭔가 특단의 조치가 필요한데 방법이 없어 사장님께 사실대로 고민을 말씀 드렸더니, 재미있는 제안을 하시더군."

더키는 가뜩이나 튀어나온 입을 더욱 쭉 내밀며 팀장에게 가까이 다가갔습니다.

"무슨 제안을요?"

"자네도 참 눈치가 없군. 거북이 프로젝트와 토끼 프로젝트, 검토 제대로 한 것 맞아?"

"검토는 했어요. 두 프로젝트가 기간, 범위, 난이도 면에서 좀 비슷하고 둘 다 내부 프로젝트잖아요."

"흠, 검토는 제대로 했군. 사장님이 내 고민을 들으시더니 프로젝트가 만약에 실패하더라도 회사에는 크게 영향을 주지 않으면서 프로세스 적용 효과를 검증할 수 있는 프로젝트를 수배해 보라고 하셨지. 그리고 PM도 취지에 맞게 선택해보라고 지시하셨지."

더키는 이제야 퍼즐 맞추듯 모든 것이 이해가 되었습니다. 사실 토끼나 거북이 둘 다 PM을 하기에는 조금 이르다 싶었고, 비슷한 내용의 프로젝트에 성격이 다른 PM이 배정된 것 등. 더키는 고개를 끄덕였습니다.

"좀 더 두고 보자고"

"그럼 처음부터 제게 그렇게 말씀해 주지 그러셨어요? 미리 말씀해 주셨으면 토끼하고 얼굴 붉히지 않아도 됐을 텐데."

"토끼가 어떻게 나오는지 보려고 했던 거지. 다음 테일러링 협의 때는 적당히 양보하도록 해."

더키는 새삼 사장님이 존경스러워졌습니다. 회사가 손해 볼 줄 뻔히 알면서도 이런 모험을 하다니 프로세스 개선에 대한 사장님의 의지가 대단하다는 것을 느꼈습니다.

토끼하고 약속한 날짜가 되어 더키는 다시 토끼를 방문했습니다. 토끼는 더키가 말을 꺼내기도 전에 테일러링 내역서를 내밀면서 그대로 하자고 했습니다. 테일러링 내역서에는 모든 활동을 거의 안 하는 것으로 하고 그 이유가 빼곡히 적혀 있었습니다.

"아니! 이렇게 활동을 안 한다고 하면 어떻게 해요? 이래가지고 프로젝트를 제대로 관리할 수 있겠어요?"

"활동을 안 하겠다는 것이 아니에요. 작업산출물을 안 만들겠다는 거지. 프로젝트 하면서 위험관리, 일정관리 이런 것들은 말 안 해도 자연히 하게 되요. 위험관리만 해도 그래요. 위험을 미리 예측하는 활동이 뭐 필요해요. 이슈가 터지면 상황에 맞게 처리하면 되지. 더키님도 개발을 좀 더 해봐야 하는데, 너무 일찍 품질팀으로 간 건 아닌가 하는 걱정이 되네요."

더키는 자신의 경력을 은근히 비웃는 듯한 토끼에게 화가 났지만 꾹 참았습니다. 팀장님의 지시도 있었고 해서 웃으며 대답했습니다.

"알겠습니다. 토끼님은 개발이나 프로젝트 경험이 많으시니 잘 하시겠지요. 프로젝트 상황이 어렵다고 하니 어쩔 수 없네요. 그럼 요청하신 대로 테일러링을 하도록 하겠습니다. 하지만 하겠다고 약속하신 것은 꼭 해주세요."

"그렇게만 해준다면 저야 고맙죠. 여기 표시한 것은 제가 무슨 일이 있어도 하도록 하겠습니다. 오늘 저녁에 저희 프로젝트 팀 회식이 있는데, 오셔서 소주나 한잔 같이 하시죠?"

토끼는 더키의 말에 큰 짐을 벗어버린 것 같아 저녁 회식에 참석해 줄 것을 제안했습니다. 하지만 더키는 왠지 찜찜한 느낌을 떨쳐버릴 수가 없어서 토끼의 제안이 내키지 않았습니다.

"어떡하죠. 오늘 저녁에 아들하고 영화를 보러가기로 해서. 죄송합니다. 하지만 토끼님이 한번 사주신 걸로 하고 다음에 제가 토끼님께 대접하도록 하겠습니다."

더키는 정중히 토끼의 제안을 거절하고 회의실을 나왔습니다. 토끼는 더키가 나가고 나서 개발리더와 개발자들을 소집했습니다.

"테일러링이 모두 완료됐습니다. 제가 QA와 잘 협의해서 불필요한 작업산출물들은 작성하지 않아도 되도록 했으니까, 여러분들은 개발에만 집중하면 됩니다. 프로젝트는 관리보다 개발을 얼마나 빨리 끝내느냐가 프로젝트의 성공을 좌우합니다. 괜히 설계다 뭐다한답시고 꾸물거리지 말고 요구사항 나오면 바로 개발하도록 하세요. 설계는 코딩하면서 진행해도 되니까."

토끼는 일장연설을 하고는 개발을 독려했습니다. 이런 토끼의 프로젝트 운영 방식은 과연 어떤 결과를 초래하게 될까요? 사실 개발이나 코딩이 프로젝트에서 중요하다는 건 이견의 여지가 없습니다. 하지만 프로젝트 성공의 중요한 요소 중의 하나는 개발 계획을 얼마나 잘 수립하느냐에 달려 있습니다. 개발 계획을 잘 세우려면 WBS(Work Breakdown Structure, 작업분해구조)를 잘 만들어야 하는데, WBS에 포함되는 입력물 자료는 바로 프로젝트 범위와 테일러링 내역서입니다. 많은 회사가 경험을 바탕으로 프로젝트 관리활동에 대한 테일러링과 개발 방법론의 테일러링 내역을 정의하는 것도 이러한 이유 때문입니다. 토끼는 이런 과정을 무시하고 개발에만 집중하겠다고 합니다. 결국 프로젝트에 대한 자원 할당이나 진척율 관리가 제대로 될 수 없겠지요. 아마도 토끼는 프로젝트 계획서가 단순히 보고를 위한 문서로만 생각하는 것 같습니다. 하지만 이건 대단히 잘 못된 생각입니다. 프로젝트 계획서는 프로젝트 라이프사이클 기간 동안에 PM이 지속적으로 점검해야 하는 가장 기본적인 문서입니다. PM은 계획서를 보며 필요에 따라 계획을 조정하고, 계획이 조정되면 그에 따른 위험관리와 형상관리 등 관련된 활동 또한 조정해야 합니다. 또한 조정된 계획에 대해서는 프로젝트 팀원과 공유가 되어야 하고요. 이런 중요한 활동임에도 불구하고 토끼는 테일러링을 형식적으로 진행했습니다. 앞으로 토끼가 진행하는 프로젝트가 어떻게 될지 무척 걱정이 됩니다.

컨설턴트와 더키 QA의 도움으로 거북이의 프로젝트 프로세스 테일러링과 품질 오리엔테이션은 무사히 끝났습니다. 그리고 거북이도 프로세스 테일러링 결과를 토대로 WBS와 수행계획서를 작성하고 프로젝트를 진행하였습니다. 거북이는 수행계획서에 정의한 주요 파라미터인 진척율, 투입 공수, 요구사항 변경 건수, 위험처리내역 등을 관리하면서 프로젝트를 진행했습니다. 그러자 개발자들에게서 불만이 터져 나오기 시작했습니다.

"우리 PM은 쓸데없는 걸 너무 많이 관리하는 거 아냐?"

"그러게, 주간업무 보고 할 때면 정말 죽을 맛이라고. 진척율 계산해야지, 작업별 업무시간 실적 내야지…"

"게다가 위험관리는 또 어떻고? 이슈가 터지면 그때 관리하면 되는데, 발생하지도 않은 문제를 관리하느라 시간을 허비하고 있으니 정말 어이가 없다니까!"

거북이 프로젝트의 개발자들은 휴게실에 모여서 거북이를 뒷담화하고 있었습니다. 때마침 토끼 프로젝트의 개발자들이 휴게실로 들어오며 인사를 했습니다.

"오랜만이네. 잘 지내냐? 요즘 듣기로 너희 PM 완전 장난 아니라며. 프로세스에 정의된 내용을 꼬박꼬박 지킨다고 하던데, 그 많은 활동과 작업산출물을 어떻게 수행하고 만들면서 프로젝트를 진행 하냐?"

토끼 프로젝트의 개발자들은 거북이 프로젝트의 개발자들이 불쌍하다는 듯 쳐다보며 말했습니다.

"야, 말도 마라. 안 그래도 내가 개발자인지, 문서 제조기인지 알 수가 없다."

한 개발자가 한 숨을 푹 쉬며 이야기하자 옆에 있던 다른 개발자가 말을 이었습니다.

"이건 시작에 불과해. 저번 주간회의에서 PM이 이번 설계 끝나면 동료검토를 하자더라고."

"엥! 그건 뭐래?"

토끼 프로젝트의 개발자는 처음 듣는다는 듯 눈을 동그랗게 뜨고 물었습니다.

"너, 프로세스 교육할 때 잠 잤냐?"

거북이 프로젝트의 개발자가 핀잔을 주며 말했습니다. 사실은 거북이 프로젝트의 개발자도 프로세스 교육 내용은 다 까먹었지만 이번 품질 오리엔테이션 할 때 한 번 더 듣고 나니 무슨 활동인지 이해가 되었거든요. 우리가 프로세스 개선 활동을 하면서 교육의 중요성을 강조하기는 하지만 프로세스 교육은 단기에 효과를 보기는 참 어렵습니다. 조직원들에게는 생소한 용어나 활동이 많이 있을 수 있기 때문입니다. 따라서 프로세스 교육은 반복적으로 이뤄져야 하죠. 그렇다고 매달 교육을 할 수 있는 건 아니고. 그렇기에 가장 효과적인 방법이라면 프로젝트 초반 품질 오리엔테이션을 할 때, QA나 프로세스 담당자가 수행하는 것입니다. 프로젝트 착수 때마다 프로세스 교육이 실시되면 아무래도 2번, 3번 프로젝트를 수행하면서 반복적으로 프로세스 교육을 받게 되고 점차 프로세스를 이해할 수 있게 되겠죠. 거북이 프로젝트 개발자도 아마 오리엔테이션의 효과가 있는 것 같습니다. 정작 자신은 느끼지 못하겠지만요.

"들은 기억은 나는데, 정확히 뭘 말하는 건진 모르겠어."

"중요한 작업산출물에 대해서 동료 상호간에 검토를 수행해서 설계상에 결함이 있는지를 사전에 점검하는 거 몰라? 방법은 인스펙션, 워크쓰루, 뭐 그런 것들이 있잖아."

"와! 대단한걸. 너 엄청 똑똑해졌다."

토끼 프로젝트의 개발자는 자신이 모르는 용어에 대해 술술 말하는 거북이 프로젝트의 개발자가 신기했습니다. 이렇듯 반복적인 교육의 효과는 중요하답니다.

"암튼, 그게 어쨌다는 거야?"

"동료검토를 하면 결함이 발견되는 것은 뻔한 일이고, 그러면 문서 수정해야 하고 그럼 개발은 도대체 언제 진행하겠다는 건지 도대체 이해가 안 되네."

"너희 아직 개발 안 들어갔어?"

토끼 프로젝트 개발자는 깜짝 놀랐습니다. 토끼 프로젝트는 요구사항이 나오는 대로 분석하고 설계문서 없이 바로 개발에 들어갔거든요.

"야, 말도 마라. 우리는 설계문서 다 만들고 요구사항 추적표로 요구사항부터 시험까지 연관관계를 모두 파악했다니까. 내가 그거 만드느라고 며칠 밤샘한 걸 생각하면 정말!"

거북이는 요구사항을 받아서 설계문서를 만들고 설계된 내용을 기반으로 시험 시나리오까지 모두 파악할 수 있도록 요구사항 추적표도 만들었습니다. 그래서 결함이 발생하거나 요구사항이 변경되면 연관 관계를 한눈에 파악할 수 있게 되었습니다.

"어쨌든 고생이 많겠다. 토끼는 막무가내로 밀어붙여서 피곤하기는 하지만, 거북이에 비하면 엄청 좋은 PM이네. 토끼 말대로라면 이번 프로젝트는 일정을 앞당길 수 있을 것 같다고 하더라고. 이번 프로젝트 끝나면 지금까지 못 갔던 휴가나 가야겠다."

토끼 프로젝트의 개발자는 거북이 프로젝트 개발자들을 놀리 듯 이야기하며 휴게실을 빠져 나갔습니다. 휴게실에 남은 거북이 프로젝트의 개발자들은 담배에 다시 불을 붙였습니다. 긴 한숨과 함께 허공에 흩뿌려지는 연기가 휴게실을 답답하게 가득 메우고 있었습니다.

"아니, 왜 각 개발리더들은 실적차이가 나는 것에 대한 이슈보고와 시정조치계획을 구체화하지 않는 거죠?"

거북이는 프로젝트 상태보고서 상에, 실적에 대한 숫자만 기입되어 있고 계획과 비교해 차이가 나는 원인이 무엇인지 그리고 어떻게 대처할 것인지에 대한 방안이 적혀있지 않은 것을 지적했습니다.

"작업산출물에 대한 변경이 있었는데도 형상상태보고가 제때에 이뤄지지 않은 이유가 무엇인가요?"

거북이는 형상관리자에게 프로젝트 작업산출물과 관련 데이터가 제대로 일치하지 않는 이유를 물었습니다.

"프로젝트의 위험, 데이터 관리, 고객과 담당자간의 회의결과, 진척율보고, 모든 게 다 형식적으로 이뤄지고 있어요. 관리는 실질적이고 구체적으로 이뤄져야지 작업산출물에 빈 칸만 채운다고 프로젝트가 관리되는 건 아닙니다. 프로젝트 초기부터 강조했던 사항인데, 왜 지켜지지 않는 거죠?"

거북이는 답답했습니다. 프로세스에 따라 일을 해나가고 싶은데, 개발자들은 개발만을 중요하게 생각하고 관리적인 활동은 모두 자신들의 일이 아니라고 생각하는 것 같았습니다. 개발자들이 힘든 걸 알기에 지금까지는 참아왔지만, 더 이상 봐주다가 막상 개발에 들어가면 정말 큰일이겠다 싶었습니다. 아마도 더 이상 프로세스에 따른 활동을 하지 못할 것 같아, 지금까지 참아왔던 것들을 하나하나 지적했습니다. 거북이의 말 한마디 한마디는 마치 딱따구리의 뾰족한 부리가 되어 개발자의 한쪽 머리끝을 반복적으로 빠르게 찍어 치고 있었습니다. 거북이의 말이 계속되는 동안 희끗희끗한 머리카락을 세월의 훈장처럼 과시하며 도수 높은 돋보기로 삐딱하게 세상을 바라볼 것만 같은 한 선임 침팬지의 입술이 조금씩 실룩거리기 시작했습니다. 물론 모든 눈이 거북이를 향하고 있어서 그의 미세한 움직임을 눈치 챈 개발자는 없었습니다. 불행과 안 좋은 사건은 이렇듯 모두가 예상하지 못하는 상황에서 발생하나 봅니다.

"이봐, 거북이! 당신 프로젝트 처음이야? 아니면 PM됐다고 유세하는 거야?"

순간 회의실에 있던 모두는 얼음이 되었습니다. 선임 개발자인 침팬지의 공격은 거북이의 모든 주도권을 산산이 부숴버릴 것만 같았습니다.

"누가 프로세스대로 하면 좋은 줄 모르냐고. 하지만 현실을 고려해야지. 날짜는 자꾸만 지나가는데 개발은 언제 할 거야?"

개발자들은 자신들이 하고 싶은 말을 대신해주는 선임 개발자의 말이 고마웠고, 한편으로는 거북이가 공격 받는 것이 고소하기까지 했습니다.

"지금 제가 잘못하고 있다고 지적하시는 건가요? 지금까지 프로젝트에 대한 적절한 통제 없이 개발만 진행하다가 얼마나 많이 재작업을 했는지를 모르시지는 않겠지요. 저는 프로세스에 의해 프로젝트를 진행하는 것이 필요하다고 생각합니다. 익숙하지 않은 활동을 하기 때문에 힘들다는 것은 잘 알고 있습니다. 하지만 이 과정을 거치지 않으면 우리 회사는 발전할 수 없습니다."

거북이는 차분히 논리적으로 대응했습니다.

"그건 우리도 알고 있다고. 하지만 왜 우리가 앞장서서 그 힘든 일을 먼저 해야 하지? 그렇게 한다고 연봉이 오르는 것도 아니잖아! 우리를 그만 힘들게 하고 개발이나 하자고. 작업산출물은 프로젝트 끝날 무렵에 몰아서 만들면 되잖아?"

선임 개발자는 물러서지 않았습니다.

"변화에 적응하셔야 합니다. 언젠가 겪을 일이라면 지금 능동적으로 동참해 주세요!"

"능동적인 참여, 좋아하네. 이 모든 게 윗사람들에게 잘 보이려는 거 아냐? 사장님이 프로세스 개선에 관심을 가지니까 개발자들이 힘든지도 모르고 억지로 하려는 거잖아. 생고생은 우리가 하고, 성과는 자네가 챙기고. 우린 재주만 부리는 곰이 아니야!"

선임 개발자는 회의 탁자 위에 놓여 있는 업무수첩에 볼펜을 집어 던지며 자리에서 일어났습니다. 그리고 그가 일어나는 힘으로 인해 앉아있었던 의자는 팽팽한 활시위가 활을 쏜살같이 과녁에 꽂듯 벽에 부딪혔습니다. 선임 개발자는 일어나서 거북이를 다시 한 번 쏘아보고는 회의실 문을 세차게 닫고는 떠났습니다. 거북이가 비록 후배지만 그래도 프로젝트를 책임지고 있는 PM인데, 선임 개발자의 이런 무례한 행동에 다른 개발자들은 거북이가 어떤 반응을 보일지 궁금해 졌습니다. 선임 개발자가 나간

문을 잠시 바라보던 거북이는 차분하게 다시 회의를 진행했습니다.

"계속하겠습니다. 제가 나중에 침팬지님께는 따로 말씀 드리죠."

회의를 마친 거북이는 옥상에 있는 하늘정원으로 향했습니다. 침팬지는 담배연기를 길게 내뿜으며 하늘로 고개를 향하고 있었습니다. 거북이는 침팬지가 있는 벤치의자 한쪽에 앉았습니다.

"선배님! 힘드시죠?"

침팬지는 아무 말 없이 여전히 멍하게 하늘만 바라보았습니다.

"제가 많이 잘 못하고 있는 건가요? 저는 이번 프로젝트를 꼭 성공하고 싶어요. 동화나라의 모든 프로젝트가 납기를 준수하고 성공한다고는 하지만 검수 받고 재작업 때문에 많은 개발자들이 힘들어 합니다. 이번 프로젝트만큼은 그렇게 되지 않았으면 합니다. 선배님이 좀 도와주세요."

침팬지는 피우던 담배를 털어서 불씨를 날려버리고는 자리에서 일어나면서 거북이를 내려 보았습니다.

"그런 일이 어디 하루, 이틀이야? 이 바닥에서는 어쩔 수 없는 거지. 갑들은 비용을 줄이려고 하고, 회사는 적은 인력으로 많은 일을 하려고 하고, 프로세스대로 일을 하면 소프트웨어 품질이 좋아질 거라고 생각해? 웃기는 소리하지 마. 개발자들에게 잠잘 시간을 더 주고 쉴 수 있도록 하면 소프트웨어 품질은 지금보다 훨씬 좋아질 수 있어. 프로세스대로 일을 한다고? CMMI 인증 받고나면 어차피 예전처럼 하게 되어 있어. 프로세스대로 작업산출물 다 만들어 가면서 일하고, 품질조직까지 운영하면 지금보다 더 많은 비용이 들어 갈 텐데, 회사에서 그런 걸 계속 유지할거라고 생각해? 거북이, 너 너무 순진한 것 아니야?"

침팬지의 싸늘한 비웃음이 거북이 귀에 큰 종소리처럼 울려 퍼졌습니다. 거북이는 뭐라 할 말이 없었습니다. 둘째 돼지 회사도 CMMI 한다고 떠들썩하게 해 놓고는 인증을 받자마자 품질조직을 해체해 버렸거든요.

"혼자 애쓰지 말라고. 네가 아무리 노력한다고 해서 세상은 바뀌지 않아. 지금 너와 나, 우리에게 가장 좋은 방법은 하루빨리 이 지긋지긋한 IT 바닥을 떠나는 거야. 다 잊어버리고 내일부터는 개발이나 하자. 작업산출물은 내가 책임지고 프로젝트 완료 전까지 만들어 놓을 테니까 걱정하지 말고."

침팬지는 거북이의 어깨를 토닥이고는 프로젝트 룸으로 향했습니다. 거북이는 PM으로서 흔들리기 시작했습니다. 무엇이 옳은 일인지 확신이 서지 않았습니다. 프로세스 개선을 하면 소프트웨어 품질도 좋아지고 합리적으로 일을 할 수 있을 것이라고 생각했었습니다. 하지만 많은 개발자들이 작업산출물을 만드는 것 때문에 힘들어하고 이해하지도 못하는 용어에 익숙해지느라 이전에 프로젝트를 수행했을 때보다 몇 배는 힘들어 하는 것 같았습니다. 침팬지를 설득하러 왔다가 거북이의 머리는 오히려 더욱 복잡해지고 있었습니다. 거북이는 일어서서 출구를 향해 달렸습니다.

"안녕하세요, 컨설턴트님?"

거북이는 컨설턴트가 있는 회의실 문을 열며 조심스럽게 컨설턴트를 불렀습니다.

"아, 거북이님. 어서 오세요."

"시간 괜찮으세요? 여쭤볼 것이 있는데..."

"네, 괜찮습니다."

"CMMI를 적용하면 정말 효과가 있을까요? 막상 프로젝트에 프로세스를 적용해 보니까 개발자들이 너무 힘들어 해요."

거북이는 답답한 마음에 본론부터 말을 하기 시작했습니다.

"처음 프로세스를 적용할 때는 누구나 다 힘들어하죠. 익숙하지 않으니까요."

컨설턴트는 당연하다는 듯이 말을 했습니다.

"그렇게 간단한 문제가 아니에요."

거북이는 컨설턴트의 무심한 대답에 조금 짜증이 났습니다.

"지금 개발자들이 프로젝트를 못하겠다고 난리에요. 토끼 프로젝트는 개발을 거의 끝내고 조금 있으면 시험에 들어간다고 합니다. 프로세스를 지키면서 일하는 것 보다 개발 먼저하고 문제 생기면 고쳐주고 그게 더 좋은 방법 아닌가요?"

거북이는 지금까지 힘들었던 모든 걸 컨설턴트에게 쏟아 붓듯 말했습니다.

"정말 그렇게 생각하세요? 진정하시고 이제 제가 이야기를 해도 되겠죠? 저는 거북이님의 상황이 어떤지 잘 알고 있습니다. 사장님께서 거북이님과 토끼님에게 PM 역할을 부여하면서 제게 부탁한 일이 있어요. 두 개 프로젝트의 실제 비용과 일정이 얼마나 될 것인지 산정한 내용의 검토를 요청하셨죠. 저는 두 프로젝트의 개발범위와 WBS를 검토하고는 두 프로젝트 모두 일정이 잘못 산정되었다고 판단했습니다. 근거는 두 프로젝트 모두 투입공수 계획에 개발공수만 포함하고 관리공수는 반영하지 않았더군요. 요구사항 분석과 시험일정도 개발에 비해 터무니없이 짧게 잡았고요. 아마도 납기일자와 비용이 정해져 있다 보니, 거꾸로 WBS와 비용견적을 맞추셨겠죠. 아무튼 두 프로젝트 모두 납기를 맞추기는 어려울 것 같았고, 만약에 납기를 준수하려고 한다면 아마도 일정을 맞추기 위해 시험을 제대로 못할 가능성이 크다고 생각합니다."

컨설턴트는 이미 프로젝트가 어떻게 진행될 것인지 알고 있었습니다. 어쩌면 이때쯤 거북이가 찾아올 것이라 예상했을지도 모릅니다.

"그럼 어떡하면 좋죠?"

거북이는 컨설턴트의 말에 금방이라도 울어버릴 것만 같았습니다. 처음 PM을 맡은 프로젝트의 납기를 준수하지 못한다고 생각하니 아득하기만 했습니다.

"지금이라도 이슈를 보고해서 정식으로 일정을 조정하던가, 아니면 프로젝트의 범위를 조정하세요. 계획단계의 산정내용과 분석단계의 산정내용 그리고 설계단계의 산정내용을 비교해보세요. 개발요건이 상세화 될수록 개발 범위가 늘어나지 않던가요? 이를 근거로 실제 프로젝트가 완료될 수 있는 날짜를 계산해보시고 경영진에게 이슈로 보고하세요."

"하지만 사장님이나 임원들이 가만있을까요? 프로젝트를 어떻게 관리한 거냐고 엄청 야단치실 것 같은데요."

"거북이님, 이럴 때 보면 참 순진하신 것 같아요. 이미 사장님은 모든 걸 알고 계시죠. 제가 이미 얘기 했잖아요. 사장님은 두 PM이 어떻게 대처하는지 예의 주시하고 계세요. 그 결과에 따라 이번 프로세스 개선 프로젝트의 방향도 바뀔 수 있고요. 제가 거북이님이라면 미리 보고를 하고 이슈를 해결하기 위한 지원을 요청하겠어요."

거북이는 컨설턴트 말을 들으며, 지금은 어쩔 수 없다고 생각했습니다.

"알겠습니다. 지금까지의 프로젝트 수행 데이터를 점검해서 정식으로 이슈를 보고하겠습니다."

"잘 생각하셨어요. 행운을 빌어요."

거북이는 회의실을 나오며 개발리더에게 전화로 몇 가지 지시를 하고 팀원들을 모두 회의실에 모이도록 했습니다. 갑작스런 PM의 회의 소집에 개발자들은 무슨 일인가 싶었지만, 아무도 이유를 알지는 못했습니다.

"갑자기 회의를 소집해서 미안합니다. 제가 지금까지의 프로젝트 일정과 몇 가지 이슈를 점검해 본 결과를 여러분들에게 설명해 드리려고 합니다."

거북이의 말이 끝나자 개발리더는 빔 프로젝터를 켰습니다.

"지금 화면에서 보시는 것처럼 우리 프로젝트의 진척율은 초기 계획보다 15%정도 지연되고 있습니다. 원인은 여러 가지가 있겠지만, 가장 큰 원인은 여러분이 프로젝트 초반에 제출하신 개발범위와 산정이 잘못된 것입니다. 처음부터 프로젝트 범위에 따른 공수 산정과 이로 인한 일정계획이 잘못된 것이죠. 따라서 정식적으로 경영진에 이슈보고를 하고 일정조정과 함께 납기 일자를 변경하려고 합니다."

거북이의 말에 개발자들은 놀라면서도 한편으로 터져 나오는 웃음을 참을 수 없었습니다. 그동안 공수와 비용, 일정이 터무니없이 부족하게 산정된 프로젝트가 한 두 개가 아니었는데, 이제 와서 이슈보고를 하면 무엇이 달라진단 말인지 개발자들은 거북이의 행동을 이해할 수 없었습니다.

"PM님 이슈보고를 한다고 위에서 납기 일자를 조정해 줄까요? 오히려 납기 맞추라고 야근하고 주말에도 출근하라고 할 텐데, 괜히 긁어 부스럼 만들지 말고 개발이나 빨리하시죠?"

"무슨 말을 하시는지 저도 압니다. 하지만 이슈보고는 하겠습니다. 만약에 개발범위나 일정이 조정되지 않으면, 지금부터는 작업산출물이고 뭐고 다 집어치우고 개발에만 집중하겠습니다."

거북이의 단호함에 개발자들의 얼굴은 밝아졌습니다. 어차피 어떤 조정도 되지 않을 테니, 이제부터는 작업산출물은 안 만들고 개발에만 집중할 수 있겠다고 생각했습니다. 어쩌면 이참에 깐깐한 거북이 PM도 교체될 수 있겠죠.

사장님과 임원들의 무거운 분위기에 거북이는 답답했습니다. 아무 말도 하지 않고 앉아있는 컨설턴트에게 구원의 눈빛을 보냈지만, 컨설턴트는 그저 이 상황을 관망하는 듯 했습니다. 한 임원이 먼저 말을 꺼냈습니다.

"자료는 제법 잘 정리되었어. 그런데 이제 와서 어떻게 하자는 거지? 납기일정을 조정해 달라고? 아무리 내부 프로젝트지만 PM 입에서 그렇게 쉽게 납기일정을 조정해 달라는 말이 쉽게 나오나? 혹시 거북이 자네..."

임원은 말끝을 흐리는 듯하더니, 말을 계속 이어갔습니다.

"PM 역할을 수행하기에는 아직 무리인 것 아닌가? 토끼는 비슷한 프로젝트를 진행하면서도 개발일정보다 오히려 앞서나가고 있는데."

거북이는 할 말이 없었습니다. 이미 다른 개발자로부터 토끼 프로젝트의 진행 상황은 듣고 있었기 때문입니다.

"저도 잘 압니다. 변명으로 들리실지 모르겠지만, 프로젝트는 개발만 하는 것이 아닙니다. 회사의 표준 프로세스에 따라 관리가 돼야 하고, 측정데이터도 수집이 돼야 하고. 지금까지 우리 회사는 그런 활동 없이 개발만을 진행하다가 납품 후에 많은 재작업을 해야만 했고, 개발자들은 다른 프로젝트를 하면서 유지보수 업무까지 병행해야만 했습니다. 때문에 회사의 이미지 또한 안 좋아졌던 때도 있었습니다."

거북이의 말을 듣고 있던 임원은 새파랗게 젊은 PM의 반론에 어이가 없었습니다.

"자네 말은 토끼 프로젝트도 결국 품질이 안 좋을 것이라는 이야기를 하는 것 같은데, 자신의 잘못을 정당화하려는 태도가 맘에 안 드는군."

거북이는 당황했습니다.

"저의 말뜻은 그게 아닙니다. 다만 우리 회사가 지속적으로 성장해 나가기 위해서는 지금부터라도 프로세스에 따라 일을 해야 하고, 이번 기회를 계기로 프로젝트 수행에 필요한 적절한 산정을 하자는 의미입니다."

"정말 말이 안 통하는 친구군. 사장님! 지금이라도 PM을 교체하는 것이 좋을 것 같습니다. 지금까지 우리 회사에서 프로젝트를 진행하면서 이런 가당치 않은 이야기를 한 친구는 거북이 밖에 없었습니다."

임원은 화가 몹시 난 듯 보였습니다. 이 상황을 계속 지켜보던 사장의 눈길이 컨설턴트 쪽으로 향했습니다.

"컨설턴트님! 어떻게 생각하세요?"

컨설턴트는 잠시 생각을 하는 듯 허공을 보다가 다시 거북이에게 눈길을 주었습니다.

"얼마 정도 기간이 더 필요한가요?"

컨설턴트의 짧은 물음은 회의실의 분위기를 반전시켰습니다. 거북이가 대답하기도 전에 사장님의 다른 질문이 이어졌습니다.

"그 말씀은 일정 조정이 필요하다는 의미인가요?"

"예전에도 말씀드린 것처럼 거북이님 프로젝트의 일정이 부족한 것 같습니다. 보고가 조금 늦은 감은 있지만 지금이라도 납기일정을 조정하는 것이 좋겠습니다."

"하지만 같은 규모의 토끼 프로젝트는 일정대로 진행하고 있는데, 거북이 PM 프로젝트만 일정을 조정하는 것은 형평성에 어긋나는 것 같은데요?"

사장님은 일정 조정에 대한 다른 문제를 지적했습니다.

"그건 좀 더 지켜보셔야 할 것 같습니다. 우선 한 가지 문제에 집중하시죠. 이슈가 접수된 건에 대해서 먼저 처리하고 후속조치는 그 다음에 고민해도 될 것 같습니다. 비슷한 규모의 프로젝트에서 차이가 발생했다면 그 원인에 대해 따로 분석해서 보고 드리겠습니다."

"거북이 PM, 일단은 자네의 의견을 받아 드리겠네. 자네가 요청한 대로 40일 정도 납기 일정을 늦추도록 하지. 이번이 마지막이야. 더 이상 일정 조정은 없네."

사장님의 말씀은 단호했습니다. 사장님의 결정에 다른 임원들은 고개를 갸우뚱하면서도 더 이상의 이견은 없었습니다. 회의 결과는 빠르게 회사 내에 퍼졌습니다. 거북이 프로젝트의 팀원들은 어떻게 그런 결정이 이뤄졌는지 모르겠지만, 어쨌거나 앞으로 거북이의 관리가 강화될 것 같아 마냥 기쁘지만은 않았습니다. 가장 놀란 건 토끼 프로젝트 팀원들이었습니다.

"이게 말이 돼. 비슷한 프로젝트를 하면서 누구는 일정을 늘려주고, 이건 너무 불공평하잖아. 일정 맞추려고 밤새워서 개발한 우리는 뭐가 되는 거야?"

"그러게! 거북이 PM 프로젝트는 맨 날 문서만 만들고 있다던데. 사장님은 이해할 수가 없어."

회의실에서 오가는 이야기를 가만히 듣고 있던 토끼가 팀원들에게 이야기했습니다. "남의 집 이야기에는 신경 끄고, 우리 일이나 잘 하자고. 프로젝트 제때 끝나면 거북이 PM이 일정 조정 한만큼 내가 휴가를 얻어 줄 테니까 조금만 참고."

토끼도 내심 불만이 가득했지만 더 이상 팀원들이 하는 이야기를 내버려두면 사기가 떨어질 것 같아 이야기를 멈추게 했습니다. 하지만 토끼의 마음속에는 알 수 없는 불안감이 싹트기 시작했습니다. 거북이가 회의에서 이야기했던 재작업이라는 말이 자꾸 머릿속에서 맴돌았기 때문입니다. 개발에만 집중하느라 설계문서나 다른 관리문서들은 프로젝트 종료 시점에 한꺼번에 만들려고 하고 있었거든요. 그동안 요구사항도 몇 번의 변경이 있었지만, 처음에만 관리했고 이후에는 구두로 들어오는 변경사항은 개발자들이 알아서 프로그램에 반영했습니다. 이런 사실을 뻔히 알고 있었지만 일정을 맞추려고 신경을 쓰지 않았습니다. 다음 주까지 시험 시나리오 만들어서 시험팀에 전달해야 하는데, 프로그램 명세가 제대로 작성되어 있지 않아 개발된 기능 하나 하나를 점검하면서 만들어야 했기에 시간이 많이 부족했습니다. 개발자들에게는 개발된 기능을 정리해서 시험 시나리오 만들라고 말은 해 놓았지만, 결함을 귀신같이 찾아내는 시험팀이 뭐라고 트집을 잡을지 걱정이 되었습니다.

'걱정할게 뭐야. 결함 나오면 그때 수정하면 되지. 개발 한두 번 해본 것도 아니고, 소스코드 몇 줄 바꾸는 건 일도 아니지. 걱정할 것 없어.'

토끼는 불안한 마음을 애써 진정시키며 컴퓨터 모니터를 보았습니다.

토끼는 시험 시나리오를 시험팀에 전달하기 전에 최종적으로 개발 현황을 점검하기 시작했습니다. 지금까지는 주간보고서에 개발자들이 보고한 진척율을 그대로 믿고 상위관리자에게 보고를 했습니다. 하지만 시험팀에서 시험을 할 때는 모든 기능에 대해서 시험을 진행하기에 개발 물량에 누락이 있으면 허위 보고를 한 것이 됩니다. 그래서 시험팀에 시험 시나리오를 전달하기 전에는 개발하기로 된 기능이 다 개발되었는지를 검증해야만 했습니다. 그런데 토끼 프로젝트는 요구사항 관리대장이나 설계문서를 제대로 작성하지 않아 개발된 범위가 모호했습니다. 토끼는 할 수 없이 개발된 소스코드를 기반으로 역으로 프로그램 목록을 만들었습니다. 만들어진 프로그램 목록에 화면설계서와 요구사항을 끼워 맞춘 거지요. 대충 문서 간 틀과 내용을 맞추고는 시험 시나리오를 만들려고 하는 데, 토끼가 구두로 받아서 메모를 해두었던 변경된 요구사항이 프로그램에 반영되어 있지 않은 걸 발견했습니다.

"이봐, 여우. 내가 저번에 요구사항 변경된 내용 전달했는데, 왜 반영이 되어있지 않지?"

여우는 쭈뼛이 고개를 들면서 토끼를 쳐다보았습니다.

"언제 말씀 하신 거요?"

토끼는 요구사항 변경이 들어 올 때마다 메신저로 개발자에게 지시하곤 해서 여우는 언제 이야기 한 걸 말하는 건지 궁금했습니다.

"지난번에 설계회의 끝나고 나서 이야기 했던 거 기억 안나? 내가 메신저로 이야기 했잖아."

"설계회의 끝나고 말씀하신 거 다 반영했는데요."

"무슨 소리야. 반영되지 않았는데. 이리 와봐."

토끼는 급한 마음에 여우를 자기 책상으로 불렀습니다. 그리고는 화면의 기능을 보면서 여우에게 물었습니다.

"이것 좀 보라고. 여기 조회기능에서 월 단위 조회만 아니라 전체적인 조회도 가능하게 하라고 했잖아!"

화면을 바라보던 여우는 깜짝 놀랐습니다. 토끼가 지시를 하기는 했는데, 데이터베이스 응답시간이 너무 느려져서 고민하다가 다른 요구사항 변경이 있어서 나중에 한다고 밀어 놓았던 것입니다. 그러고는 그만 까맣게 잊고 있었던 거죠.

"아... 제가 깜박했습니다."

토끼는 어이가 없었습니다. 주간보고서에는 반영했다고 했었는데, 이제 와서 안 되었다고 하면 어쩌란 말인지.

"너, 다 했다고 했잖아?"

"깜박했어요. 어려운거 아니니까 금방 반영하겠습니다."

"야! 정신 좀 차려라. 다음 주면 시험할 건데. 빨리 해."

토끼는 개발 중에 가끔 있는 일이라 여우에게 크게 뭐라고 하지는 않았습니다. 구현이 어려운 것도 아닌데 괜히 개발자 기분을 상하게 하고 싶지는 않았거든요. 토끼는 구현된 기능을 이틀 꼬박 점검하고는 누락된 기능을 빨리 보완하도록 지시했습니다. 개발자들은 밤을 새워서 개발을 완료 했습니다. 시험 시나리오를 전달하기 전날 토끼는 구현해야 할 기능이 다 완료된 것을 확인하고는 개발자들을 불러 모았습니다.

"그동안 개발하느라 수고 많았어요. 시험팀에 전달할 시나리오도 다 만들어졌고 기능도 다 구현이 되었으니 이제 시험만 잘 끝나면 프로젝트는 종료될 겁니다. 시험할 때 결함이 일부 발견되기는 하겠지만 그건 그 즉시 보완하면 되고, 지금까지 미뤄뒀던 작업산출물 만드는 일을 진행하세요. 작업산출물 제대로 안 만들어지면 품질팀에서 또 지적할 테니까요."

토끼는 프로젝트가 곧 끝난다고 생각하니 조금 흥분이 되었고, 무엇보다도 경쟁자인 거북이를 이긴 것을 생각하면 더욱 기분이 좋았습니다. 거북이한테 술도 얻어먹고 잘난 척도 하고.

'아이, 좋아라!'

시험시나리오를 시험팀에 전달하고 하루가 지나지 않아, 토끼는 시험팀의 문어팀장에게 연락을 받았습니다.

"토끼 PM, 시험시나리오 최종본 제출한 것 맞아? 시험시나리오에 들어가야 할 내용이 왜 이렇게 빈약해!"

토끼는 시험팀장이 무슨 말을 하는 건지 알 수가 없었습니다. 각 기능별로 입력 값과 기댓값을 모두 적었고, 토끼도 시나리오에 따라 한번 시험을 진행했기에 문어팀장이 괜한 트집을 잡는 거란 생각이 들었습니다.

"무슨 말씀이세요. 각 기능별로 자세하게 시나리오를 작성했는데…"

"이봐, 토끼 PM. 지금 나하고 장난하자는 거야?"

문어팀장은 발끈했습니다.

"시험시나리오에 정상적인 상황만 적으면 어떻게 해? 부적합한 값이 들어오거나 시스템 오류가 발생했을 때 어떻게 처리되어야 하는지도 자세하게 적어놔야 시험담당자들이 꼼꼼하게 시험을 할 수 있지! 자네는 우리 회사 시험 시나리오 샘플도 참조 안했어?"

이건 무슨 뚱딴지같은 소리인지 토끼는 전화를 받으면서 눈만 깜박거렸습니다.

"오류사항을 왜 시험해요? 사용자들이 바보에요? 시스템에 엉뚱한 값을 넣게…"

"자네 개발 하루 이틀 해봤어? 사용자들은 우리가 전혀 상상하지도 못한 일들을 한다고. 그런 상황에 시스템이 대비하지 않으면 전혀 예상하지 못했던 장애가 발생해. 그것 때문에 시험 시나리오 샘플도 다시 만들었고 교육도 몇 번이나 했잖아!"

토끼는 그제야 지난번에 시험절차와 샘플양식 사용법에 대해 교육을 했던 것이 생각났습니다. 순간 가슴이 철렁했지만 이제 와서 그런 걸 다 고려해서 시나리오를 다시 만들기도 어렵고, 시스템도 그런 상황에 대비가 되어있지 않아 일단은 그냥 막 우기기로 했습니다.

"그런 건 시험팀이 할 일 아닌가요? 개발팀에서 그런 것들까지 어떻게 일일이 점검해요? 그런 일 하라고 시험팀이 있는 거잖아요? 지금 작업산출물 막바지 작업 때문에 시간이 없으니 시험은 좀 알아서 해주세요."

문어팀장은 어이가 없었습니다. 어쩜 컨설턴트의 예측이 하나도 빗나가지 않는지 조금은 신기하기까지 했습니다. 얼마 전 컨설턴트와 회의를 하면서 토끼 프로젝트의 시험 시나리오를 꼼꼼히 챙기고 점검해 보라고 했던 말이 기억났습니다. 덧붙여서 토끼가 어떻게 나올지도 알려 주었는데 한 치의 오차도 없네요. 문어팀장은 컨설턴트가 미리 알려준 대로 그냥 토끼의 요구를 들어주기로 했습니다.

"자네가 바쁘다면 어쩔 수 없지. 그럼 우리가 가지고 있는 시험자산 데이터베이스에서 시나리오 추가해서 시험 진행할 테니 나중에 딴말이나 하지 마!"

"무슨 딴 말을 해요? 우리 개발자들 실력이 얼마나 좋은데. 결함이 나와 봤자 사소한 것들뿐일 텐데."

토끼는 개발에는 자신이 있었기 때문에 큰소리를 빵빵 쳤습니다. 하지만 오후에 어떤 일이 일어날지 미리 알았더라면 좋았을 것을. 퇴근시간이 되자 토끼는 작업산출물들을 점검하고, 개발자들과 회식을 하기로 했습니다. 그런데 토끼가 막 사무실을 나가려던 찰나에 전화기가 요동을 쳤습니다.

"여보세요!"

수화기 너머로 문어팀장의 불벼락 같은 고함이 들렸습니다.

"자네 이걸 시스템이라고 만든 거야? 온통 결함투성이잖아. 당장 요구사항 명세서하고 설계문서 들고 와!"

"그 문서들은 왜 가져오라고 하시는거에요? 결함이 있으면 알려주고, 저희가 수정하면 되는데."

"자네 요구사항하고 시험 시나리오하고 연계해서 시험해 봤어? 요구사항에 있는 내용이 시험에 반영되지 않은 것도 있고, 요구사항에는 없는데 기능이 구현된 것도 있고 시스템이 완전 뒤죽박죽이잖아!"

토끼는 순간 움찔했습니다. 사실 요구사항 목록은 처음에 한번 작성한 이후에 변경 사항은 반영하지 않았고, 요구사항 추적표도 대충 만들었기 때문입니다. 당연히 시험 시나리오와는 맞을 수가 없죠. 그런데 더욱 큰일인건 요구사항 명세서는 아직 안 만들었고, 설계문서도 대충 그린 화면설계서만 있다는 것입니다. 하지만 토끼가 누군가요? 토끼는 이런 위급한 순간에 머리가 잘 돌아가죠.

"죄송합니다. 요구사항 변경된 내용을 문서에는 미처 반영하지 못했지만, 시스템에는 변경된 내용까지 모두 반영되어 있습니다. 시험 시나리오대로 시험을 했는데도 결함이 있나요?"

토끼는 별거 아니라는 듯 대꾸를 했습니다. 문어팀장은 토끼의 반응에 코웃음을 쳤습니다.

"자네가 만든 시험 시나리오가 너무 엉성해서 우리가 조금 수정해서 시험을 했더니 시스템이 처음 로그인할 때부터 오류가 발생하더군. 어떤 바보가 패스워드 한글자만 넣어도 로그인이 되도록 시스템을 만드나?"

토끼는 어리둥절했습니다. 아마도 요구사항 명세를 상세하게 표현하지 않아서 개발 자들이 문자수를 점검하는 루틴을 추가하지 않았나 봅니다.

"아휴, 고작 그런 사소한 것 때문에 그러시는 거예요? 그런 결함은 금방 고쳐요."

"사소한 거라고? 그래 좋아, 오늘 발견한 결함목록을 보내줄 테니 언제까지 보완할 수 있을지 내일 오후까지 회신해!"

문어팀장은 소리치고는 전화를 매몰차게 끊었습니다. 회식약속을 취소하고 토끼는 문어팀장이 보내 온 결함목록을 살펴봤습니다. 토끼는 벌어진 입을 다물 수가 없었습니다. 겨우 10가지의 기능만을 시험했을 뿐인데도 결함은 50개가 넘었습니다. 토끼는 도저히 믿기지가 않아서 시험팀의 시나리오대로 시험을 해봤습니다. 시스템은 마치 기다렸다는 듯이 결함을 마구 토해내기 시작했습니다. 토끼는 하는 수 없이 퇴근하려는 개발자들을 붙잡고는 긴급하게 회의를 했습니다.

"아니, 이게 어떻게 된 거야? 나한테 아무 오류 없이 시험이 되었다고 한 것도 결함이 있고, 구현이 안 된 것도 있고. 도대체 어디부터 잘못 된 거야?"

"저희는 화면설계서에 있는 대로 다 개발했어요. 명세서에 없는 내용은 저희 경험으로 더 개발 한 것도 있고요. 시험도 시나리오대로 다했고요."

"그런데 왜 이렇게 결함이 많아?"

토끼는 시험팀에서 보내온 시험결과서와 시나리오를 책상에 집어 던졌습니다. 개발자들은 토끼의 심기를 건드리지 않으려고 조심스럽게 시험결과서에 적혀있는 결함내용과 시나리오를 보고는 경악했습니다. 시험팀은 개발자들이 미처 예상할 수도 없을 정도로 사용자 입장에서 꼼꼼히 시험을 진행했습니다.

"이건 말도 안 돼! 어떤 바보들이 이런 식으로 입력을 해."

개발자들은 어이가 없었습니다. 토끼도 개발자들이 이해는 되었지만, 사용자들의 부적절한 입력이 시스템에 심각한 장애를 만들고 있다는 사실은 인정할 수밖에 없었습니다. 그런 상황에 대비해서 대안루틴이나 예외흐름을 시스템에 반영해야 하는데, 개발에만 급급한 나머지 신경을 쓰지 못했습니다. 입장이야 어찌되었건 내일까지 시정조치계획을 제출해야 하니, 끓어 오르는 화를 꾹꾹 눌러가며 개발자들과 일정을 다시 점검했습니다.

토끼는 시정조치계획을 문어팀장에게 제출하며 발견된 결함을 개발일정 안에 다 보완할 수 있다고 큰소리 쳤습니다. 하지만 토끼의 일상은 매일이 똑 같았습니다. 결함 발견, 수정, 수정된 것 때문에 다시 결함 발생, 시정조치, 점점 시스템은 누더기가 되어 갔습니다. 수많은 'If문', 'Select Case문', 결함이 발견될 때마다 이런 문장들이 수도 없이 추가 되었습니다. 이제 소스코드를 보고 시스템의 흐름을 찾아가는 것은 불가능하게 되었습니다. 물론 만들어야 하는 작업산출물도 작성하지 못했고, 개발자들은 매일같이 야근을 밥 먹듯이 했습니다. 설상가상으로 시간마저도 사정을 봐주지 않고 납기는 꼬박꼬박 다가오고 있었습니다.

오늘도 토끼는 모니터를 뚫어져라 바라보며 결함을 처리하고 있었습니다. 그러다 문득 자신이 왜 이런 고생을 하고 있는지를 생각하다가, 얼마 전 거북이가 프로젝트 일정을 조정한 일이 생각났습니다.

'맞아! 나도 일정을 조금 조정하자. 내부 프로젝트니까 괜찮겠지.'

토끼는 자신이 너무 똑똑하다고 생각되었습니다.

'거북이한테 어떻게 일정을 조정했는지 물어보고, 거북이가 보고한 내용을 조금 수정해서 나도 일정조정을 해야겠다.'

토끼는 다급하게 거북이더러 옥상에서 보자고 했습니다.

"거북아, 프로젝트는 잘 되냐?"

"응, 프로젝트 일정이 조정되어서 나나 우리 개발자들이 살만해. 너는 잘 되니?"

"재주도 좋아. 어떻게 일정을 조정한 거야?"

"요구사항 변경 내역, 진척도, 팀원들의 업무 생산성, 추가 공수와 일정 등 관련 데이터 수집해서 전사 품질예측자료와 비교해보니까 필요한 기간이 나오더라고. 그래서 있는 그대로 보고했지. 사실 PM에서 잘릴 줄 알았는데, 품질팀이 도와줘서 보고 자료는 비교적 수월하게 만들었어. 더 이상 일정이 지연되면 안 되는데 걱정이다. 그런데 그건 왜 물어?"

"아, 별거 아니야. 프로젝트 팀 애들이 불공평하다고 하도 말이 많아서."

"그렇겠지, 흔한 일은 아니니까!"

토끼는 거북이가 품질팀에 도움을 받았다는 이야기에 귀가 쫑긋했습니다. 그런데 거북이가 이야기한 품질데이터는 도무지 무슨 소리인지 이해가 되지 않았지만, 일단 품질팀의 더키에게 연락을 했습니다.

"더키님, 안녕하세요?"

"어, 웬일이세요? 벌써 종료단계 작업산출물 검토할 때가 되었나요?"

더키는 토끼 속이 빤히 보였지만 모른 척 너스레를 떨었습니다.

"그게 아니라, 거북이 PM이 프로젝트 일정을 연기하는데 도움을 주셨다고 해서..."

"몇 가지 알려주기는 했죠."

"저는 일정 안에 프로젝트를 끝낼 수 있을 것 같기는 한데, 저희 팀 애들이 불평이 많아서요. 일정 지키려고 자기네만 야근한다고 하도 저한테 불평을 많이 해서, 저희도 일정을 조금 조정했으면 싶은데 혹시 도움을 주실 수 있나요?"

"일정을 연기하려면 타당한 이유가 있어야 하는데, 팀원들 불만은 이유가 되지 않아요. 범위변경 내역이나 팀원 생산성자료 있으면 보내주세요. 제가 시뮬레이션 해보고 알려드릴게요."

"아, 그런 유형의 측정 데이터 수집은 지난 번 테일러링할 때 안 하기로 했는데..."

"그럼, 제가 도와 드릴 수가 없겠는데요."

토끼는 그제야 거북이가 했던 말이 이해가 되었습니다.

"다른 방법은 없나요? 이건 너무 불공평하잖아요? 같은 일을 하는데 누구는 봐주고, 누구는 죽어라 고생만하고."

"저도 방법이 없어요. 데이터가 있어야 분석을 하죠!"

"너무하네요! 품질팀은 프로젝트 현장에서 도움을 필요로 하면 알아서 해줘야 하는 것 아닌가요?"

"저희도 돕고 싶지만, 데이터가 없잖아요. 데이터를 이제 와서 만들 수도 없고."

"거북이 PM 프로젝트하고 비슷한데, 분석이 뭐 필요해요? 그냥 장표 몇 장만 만들어주면 될 일을 너무 깐깐하게 구시네요."

토끼의 말이 거칠어지자 더키는 화가 머리끝까지 났지만, 팀장님이 미리 이런 일을 예측하고 알려주어서 참기로 했습니다.

"데이터 먼저 보내 주세요. 그럼 분석보고서 보내드릴게요."

"됐어요. 내가 사장님께 직접 따질 겁니다."

전화를 끊고 나서 토끼는 분이 풀리지 않아 눈이 더 빨개졌습니다. 토끼는 거북이가 일정조정을 위해 가졌던 회의에 참석했었던 상무에게 전화를 했습니다. 토끼가 가진 여러 재주 중에서도 인맥관리는 탁월했거든요.

"상무님, 안녕하세요?"

"오, 토끼! 프로젝트 잘 하고 있다며?"

"다, 상무님 덕분이죠. 그런데 요즘 팀원들 사기가 말이 아닙니다."

"왜?"

"거북이 PM이 하고 있는 프로젝트 일정 연기 해준 것 때문에요. 누구는 일정 맞추려고 죽어라 야근하는데 누구는 문서만 만들었는데도 일정 연기해주고, 팀원들이 일할 맛이 나겠어요?"

"맞아. 나도 사장님을 이해할 수가 없어."

"그래서 부탁드리고 싶은 건데요. 사장님께 말씀드려서 저희도 일정을 조금 늦춰주세요."

"맞는 말이긴 한데, 그럴듯한 이유가 좀 필요한데."

"형평성만큼 좋은 이유가 어디 있어요? 상무님 믿고 전화 드렸는데..."

"그래, 그래, 알았어! 얼마나 연기해줘? 거북이는 40일 연기했는데..."

"거북이 PM보다는 먼저 끝내야 하니까, 30일 정도면 될 것 같습니다."

"맞아. 우리 토끼가 거북이보다 느리면 안 되지. 걱정하지 말라고."

상무님 덕분에 토끼 프로젝트도 30일 정도 오픈 일정이 연기되었습니다. 그럼 결과는 어떻게 되었을까요? 거북이 프로젝트가 설계품질을 맞추고 단위시험 결과를 꼼꼼히 확인하느라 일정이 지연되기는 했지만, 덕분에 통합시험하고 시스템시험에서 결함이 예상보다 훨씬 적게 발견되어서 일정이 많이 만회되었습니다. 작업산출물도 단계를 진행할 때마다 완료를 해서 현행화 하는데도 많은 시간이 필요하지 않았습니다. 오히려 거북이가 예상한 일정보다 5일 일찍 끝났습니다.

토끼는 일정이 연기된 덕분에 시험팀에서 지적한 시스템 오류를 간신히 고칠 수 있었습니다. 그런데 이를 어쩌죠? 오류가 난 기능을 고치고 나면 화면내용이 틀려지거나, 다른 곳에서 또 다른 오류가 나왔습니다. 시험팀에서 토끼에게 오류가 난 부분을 고칠 때는 기능과 관련 있는 작업산출물과 영향도 분석을 한 후에 오류조치 활동을 수행하도록 했습니다. 하지만 요구사항 추적표하고 기능간의 연관관계를 알 수 있는 설계서를 제대로 만들지 않아서 그런 것들을 파악할 수가 없었습니다. 문제가 발생하면 토끼 프로젝트의 개발자들은 소스코드를 하나하나 뒤져가며 문제를 해결해야 했습니다. 처음에는 토끼 프로젝트 개발자들도 어떻게든 프로젝트를 끝내려고 했지만, 시간이 지날수록 하나 둘씩 체념하기 시작했습니다. 어떤 개발자들은 회사를 옮기려고 이직 사이트를 알아보는 것으로 하루 일과를 시작하기도 했고요. 토끼는 매일 아침 회의에서 거짓말쟁이가 되었습니다. 처음에는 일주일, 보름, 한 달, 이런 식으로 대처계획서는 제출했지만 약속을 지킨 적은 한 번도 없었습니다.

토끼가 어려움에 빠지고 나서는 토끼를 귀여워했던 상무도, 프로젝트를 함께 했던 개발자들도 혹시라도 자신들이 책임져야 할 일이 생길까 두려워 토끼로부터 멀어져 갔습니다.

"계획도 없이 개발만 하고."

"프로세스 지키며 하라고 그렇게 이야기 했는데, 말도 안 듣더니 내 그럴 줄 알았어."

토끼를 귀여워하던 상무가 제일 앞장서서 토끼를 비난했습니다.

토끼는 어디서부터 잘못되었는지 이해가 되지 않았습니다. 개발자들이 모두 퇴근하고 토끼는 혼자 남았습니다. 사무실에는 낮 동안 토끼를 향했던 비난과 원망들이 여전히 떠돌고 있었습니다. 모니터에는 내일 사장님께 보고할 일일보고 문서만 덩그러니 토끼를 바라보고 있었습니다. 프로젝트가 계속 지연되다보니, 토끼는 매일같이 상황보고를 해야만 했습니다. 마침내 토끼는 결심했습니다. 전자결재 문서함에서 사직서 템플릿을 클릭했습니다. 이 때였습니다. 휴대폰의 진동음이 다 죽어가던 토끼의 심장을 두드렸습니다.

"여보세요."

"아빠, 언제와?"

사랑스런 딸의 목소리가 들립니다.

"어! 조금만 있으면 퇴근해."

"오늘 일찍 온다고 했잖아? 또 늦어! 약속했잖아?"

약속이란 말이 토끼의 가슴에 돌처럼 날아와 부딪쳤습니다. 약속, 일정, 납기라는 말 때문에 매일 상처를 받는 토끼. 딸의 말이라서 더욱 아팠습니다. 딸의 전화를 받고 전자결재 창을 닫았습니다. 포기하기에는 지켜야 할 것이 너무 많은 가장입니다. 내일 아침에 출근하면 마음을 찌르는 말 때문에 또 아프겠지만, 자리를 박차고 포기를 하면 딸은 늘 친구들을 부러워하며 살아야 합니다. 친구의 여행 이야기를, 학원 이야기를, 예쁜 옷 이야기를. 딸의 슬픈 얼굴이 토끼의 모니터 화면을 대신합니다. 서글픈 마음도 잠시, 현실이 남겨놓은 숙제에 밀려 토끼는 키보드를 눌렀습니다. 사무실에 퍼지는 키보드의 반복적인 소리에 포개져 몇 개의 발소리가 들렸습니다. 하지만 토끼는 내일 해야 할 보고에만 관심이 있는지 전혀 알아채지를 못했습니다.

"토끼!"

"어, 팀장님. 아, 사장님!"

양반다리로 의자에 앉아 있었던 탓에 신고 있었던 슬리퍼는 어디론가 도망가 있었고, 하는 수 없이 토끼는 맨발로 일어서서 사장님과 품질팀장님에게 인사를 했습니다.

"많이 힘들지? 내일은 업무보고 안 해도 되니 같이 맥주나 한잔 하러 가자고."

토끼는 학창시절 담배를 피우다 선도부장 선생님에게 걸린 학생처럼 고개도 제대로 들지 못하고 사장님과 품질팀장 뒤를 졸졸 따라갔습니다. 밤 10시가 지났지만 호프집에는 아직도 많은 사람들이 그들의 사연을 나누고 직장상사 뒷담화를 하느라 왁자지껄 했습니다. 죄지은 것 마냥 졸졸 따라간 호프집에는 컨설턴트와 장난기 가득한 더키가 이미 와 있었습니다. 더키는 뭐가 그리 재미있는지 툭 튀어 나온 입으로 쉴 새 없이 이야기를 쏟아내고 있었습니다.

"오셨어요? 토끼도 왔네."

"더키님도 계셨네요?"

"자, 앉아. 일단 입부터 축이고 이야기하자고."

사장님의 말에 토끼는 무심히 잔을 부딪치고, 다시 몸을 움츠렸습니다.

"야, 토끼! 어깨 좀 펴. 죄 졌어?"

품질팀장이 안쓰럽다는 듯 토끼를 바라봤습니다.

"그래, 품질팀장 말대로 어깨 피고, 고개 좀 들어. 얼굴 잊어버리겠다."

사장님이 품질팀장을 거들었습니다.

"더키, 분석은 다 했어? 얼마나 시간이 더 필요할 것 같아?"

"토끼 PM 프로젝트에서 만든 소스코드는 영향도 분석도구로 의존관계는 다 파악했고, 작성해야 할 작업산출물과 개발된 소스코드와 설계문서의 불일치 부분도 다 정리했습니다. 아마 토끼 PM 프로젝트하고 거북이 PM 프로젝트 개발자들이 협업을 하면 두 달 정도면 될 것 같습니다."

"거북이 PM 프로젝트에서는 도와주겠대?"

사장이라도 이제 막 프로젝트를 끝낸 거북이 PM에게 다시 일을 주려니 마음이 쓰였나 봅니다.

"저한테 신세진 거 갚으라고 했더니 꼼짝도 못하던데요."

"자넨 주고받는 것도 참 잘해."

"다 팀장님한테 배운 건데요, 뭐."

"이게 오냐, 오냐 하니까 이젠 기어오르네."

"영원한 저의 팀장님을 제가 어떻게 기어올라요."

더키는 툭 튀어나온 입을 애교 있게 더 내밀었습니다. 토끼는 도대체 지금 무슨 얘기들을 주고받는 건지 잘 몰라 어리둥절했습니다. 컨설턴트는 그런 토끼의 궁금증을 풀어줬습니다.

"이번에 프로젝트하면서 많이 배우셨나요?"

"예. 하지만 아직은 잘 모르겠습니다."

"그래요. 아직은 해결해야 할 것들이 많으니 어쩔 수 없을 거예요. 내일부터 거북이 PM하고 더키 QA가 함께 프로젝트에 투입되어 프로젝트를 끝낼 수 있도록 도와드릴 거예요. 토끼 PM님은 같이 프로젝트를 끝내면서 지금까지 놓쳤던 부분을 복기해보시고, 앞으로 더 좋은 PM이 될 수 있는 방법이 무엇인지 고민해보세요."

"토끼!"

"네, 사장님."

"살다보면 많이 넘어지고, 실패도 해. 어쩌면 사는 내내 매일 그럴 수도 있지. 하지만 그러면서 하나하나 배우고 고치면서 노력하다 보면 자네가 내 나이가 되었을 때는 지금과는 비교할 수도 없을 만큼 단단하게 될 거라고 믿어. 내가 지금 조금 손해를 보았지만 자네가 그렇게 될 수만 있다면 오히려 나는 이익을 얻었다고 생각해. 사업은 돈을 버는 것이 아니라 누군가의 마음을 얻는 것이야. 현명하고 좋은 마음. 그래야 사업을 오래할 수 있고, 보람도 있지."

토끼의 빨간 눈이 더 빨개졌습니다. 사장님께서 보듬어주시고 이해해 주시는 마음이 그 어떤 질책보다도 아팠고, 그간의 일들이 후회가 되었습니다.

"내가 손해 본 만큼 더 좋은 마음, 현명한 마음 갖겠다는 다짐으로 토끼 네가 건배 제의해라."

토끼는 울컥하는 마음을 누르고, 용기 있게 자리에서 일어나 건배사를 제의했습니다.

"제가 '고맙습니다!' 하면, '오냐!'하고 말씀해 주세요."

"고놈 참 머리는 잘 돌아가."

사장님의 기쁜 목소리가 모두의 마음을 풀어주었습니다.

"고맙습니다."

"오냐!"

토끼와 더키를 보내고 사장, 품질팀장, 컨설턴트 세 명만이 남았습니다. 컨설턴트가 먼저 사장님에 물었습니다.

"사장님, 너무 무리하신 건 아닌가요?"

"무슨 무리요? 돈보다 마음이 먼저입니다. 저는 그렇게 사업을 했습니다. 고객이 무엇을 원하는지, 마음이 어디로 향하는지, 마음이 향하는 곳에 돈이 있습니다. 이번 일로 컨설턴트님 도움 많이 받았습니다. 덕분에 확신할 수 있었고요."

"사장님의 용기와 과감함에 놀랐습니다."

"저는 사장님과 컨설턴트님만 따라 다니면 좋은 마음, 현명한 마음을 가질 수 있을 것 같네요."

"자네 같은 좋은 리더십을 가진 관리자가 있어서 좋아. 욕먹을 줄도 알고, 버틸 줄도 알고, 보듬어 안을 줄도 알고. 거북이, 토끼, 더키. 우리 회사의 좋은 인재들이야. 이제 자네만 믿네."

"믿어 주시니 열심히 해보겠습니다."

내일은, 미래는 보채지 않아도 같은 시간에 찾아옵니다. 그 자리에 토끼, 거북이, 더키가 함께 있습니다. 지난 한 달이 어떻게 지났는지도 모르겠습니다. 더키가 역공학 도구로 분석해준 소스코드와 의존관계 데이터를 활용해서 결함을 고칠 때도 다른 부분의 영향도를 고려하면서 수정해서 인지 결함도 많이 줄여나갈 수 있었습니다. 그리고 우직한 침팬지 선임의 작업산출물 가이드 덕분에 작업산출물도 모두 현행화 할 수 있었습니다.

토끼는 오랜만에 마음 편하게 퇴근을 합니다. 늦여름이지만 아직까지 해가 깁니다. 밝은 저녁노을이 밤 별빛과 달을 대신해서 토끼의 퇴근길을 밝혀주고 있습니다.

APPENDIX

A.1 용어 정의

가설 검증 Hypothesis Test	모수에 대해 특정한 가설을 세워 놓고 표본을 선택해 통계량을 계산한 다음 이를 기초로 해서 모수에 대한 가설의 진부를 판단하는 방법
감사 Audit	작업산출물 또는 이의 세트를 구체적인 기준(예: 요구사항)과 비교하는 객관적인 검사
개발 방법론 Development Methodology	시스템이나 소프트웨어를 효율적으로 개발하기 위해 개발의 각 과정에서 필요한 작업 방법과 문서 작성 형식 등을 정리한 것
객관적 평가 Objectively Evaluate	검토자의 주관과 편견을 최소화하기 위해 평가 기준에 따라 각종 활동 및 작업산출물을 검토하는 것
객체지향 개발 Object Oriented Development	객체지향 기법이 적용된 소프트웨어 개발 방법 및 절차, 객체지향 개발 도구 등이 실무적인 관점에서 하나의 체계로 정리된 것
검증 Verification	작업산출물이 규정된 요구사항(규격)을 적절하게 반영하고 있다는 것에 대한 확인. 다시 말해, 검증은 '물건을 올바르게(규격에 맞춰) 만들었음'을 보장하는 것
고객 요구사항 Customer Requirement	고객이 수용할 수 있는 방식으로 솔루션 관련 이해관계자의 니즈, 기대사항, 제약사항 및 인터페이스를 도출하여 취합한 후, 상호간의 상충점을 해소한 결과물
공급자 협약 Supplier Agreement	획득자와 공급자 사이의 문서화된 협약서. 공급자 협약은 계약, 라이센스, 양해각서라고도 부름
공식 평가 프로세스 Formal Evaluation Process	이슈 해결을 위한 권고 해결방안을 결정하기 위해 수립된 기준에 근거하여 여러 대안을 평가하는 구조화된 접근방식
공유비전 Shared Vision	프로젝트나 작업그룹이 개발하고 사용하는 미션, 목표, 기대되는 행동, 가치 및 최종 성과물 등을 포함하는 지도원칙에 대한 공통의 이해
관련 이해관계자 Relevant Stakeholder	특정 활동에 참여하는 것으로 파악되고 또한 계획에 포함되어 있는 이해관계자
관리도 Control Chart	제품의 품질관리 기술의 대표적인 방법의 하나로, 제품품질의 분포가 허용 범위 이내에 있는지 아닌지를 감시하는 데 사용
관리된 프로세스 Managed Process	정책에 따라 계획되고 실행되며 통제되는 결과물을 생산하기 위해 적절한 자원을 갖추고 숙련된 인력을 고용하며 관련 이해관계자가 참가하고 모니터링 및 통제와 검토가 이뤄지며 해당 프로세스 기술서의 준수 여부가 평가되는 프로세스

관리자 **Manager**	자신의 책임 영역 내에서 업무나 작업을 수행하는 사람들에게 기술적, 행정적 지시를 내리고 이들을 관리하는 사람
구간 추정 **Interval Estimation**	통계적 추정을 할 때 모집단의 모수가 포함되어 있는 통계량의 구간을 확률과 더불어 추정해내는 것
균형성과평가제도 **Balanced Scorecard, BSC**	기업의 사명과 전략을 측정하고 관리할 수 있는 포괄적인 측정지표의 하나로 1992년 컨설팅 회사인 르네상스 솔루션과 하버드 비즈니스 스쿨이 공동 개발함
근본 원인 분석 **Root Cause Analysis**	차이, 결함 또는 위험을 유발하는 근본적인 이유를 판별하는데 사용되는 분석 기법으로 한 가지 근본 원인이 여러 곳의 차이, 결함 또는 위험을 초래할 수 있음
기능 분석 **Functional Analysis**	정의된 기능을 달성하는 데 필요한 모든 하위기능을 식별하기 위해 해당 기능을 검토하는 것. 기능적 관계 및 (내, 외부적) 인터페이스를 식별하고, 기능 아키텍처 내에서 이 같은 연관 관계 및 인터페이스를 포착하는 것. 이 같은 상위수준 요구사항의 하향 흐름을 통해 상위수준 요구사항을 하위수준의 하위기능으로 배정하는 것
기능 아키텍처 **Functional Architecture**	기능, 기능의 내부와 외부 인터페이스 및 외부 물리적 인터페이스, 기능 요구사항 그리고 설계 제약사항의 계층적 배열
기본 측정지표 **Base Measure**	속성과 계량화 방법 측면에서 정의되는 측정지표로 기본 측정지표는 다른 측정지표와 함수적인 관계가 없음
기술 데이터 패키지 **Technical Data Package**	항목들의 집합으로 재품 및 제품 컴포넌트의 유형에 적합한 정보인 경우 다음과 같은 사항들을 포함할 수 있음. 제품 아키텍처 기술서, 할당된 요구사항, 제품 컴포넌트 기술서, 주요 제품 특성, 요구된 물리적 특성 및 제약사항, 인터페이스 요구사항, 자재 요구사항, 조립 및 제조 요구사항, 요구사항이 달성되었음을 보장하는 데 사용되는 검증기준, 사용(환경) 조건 및 운영/운영시나리오, 의사결정의 근거 및 특성
기준선 **Baseline**	공식적인 검토와 합의를 거친 명세서 또는 작업산출물의 세트로 후속 개발을 위한 기준이 되며 변경통제 절차를 통해서만 변경이 가능함
나선형 생명주기 **Spiral Lifecycle**	제품을 개발하면서 발생하게 되는 위험을 최소화하기 위해 기능을 나누어 점진적으로 나선을 돌면서 제품을 개발해 나가는 진화적인 소프트웨어 생명주기
내재화(제도화) **Institutionalization**	기업 문화의 일부로 조직이 일상적으로 따르는 체화된 사업수행 방식
능력 단계 **Capability Level**	능력 단계는 개별 프랙티스 영역에서 조직의 성과 및 프로세스 개선 성과에 적용됨. 프랙티스 영역 내의 프랙티스들은 성과개선 경로를 제공하기 위해 0단계에서 5단계로 분류되는 일련의 진화 단계로 구체화

능력 성숙도 모델 Capability Maturity Model	관심 있는 한 개 이상의 프랙티스 영역에서 효과적인 프랙티스의 필수 요소를 포함하고 있으며, 임시방편의 미성숙된 프로세스에서 개선된 품질과 효과성을 가지는 잘 훈련되고 성숙된 프로세스로 진화하는 개선 경로를 설명해 주는 모델
단위 시험 Unit Test	각각의 단위 하드웨어나 소프트웨어 또는 서로 연관된 여러 개의 단위로 구성된 그룹에 대한 시험
데이터 Data	기록된 정보. 기록된 정보에는 기술적 데이터, 컴퓨터 소프트웨어 문서, 재무 정보, 관리 정보, 사실의 표현, 숫자 또는 그 외 전달, 저장 또는 처리 가능한 모든 성격의 자료가 포함될 수 있음
데이터 관리 Data Management	전체 데이터 생명주기에 걸쳐 데이터 요구사항과 부합되도록 정해진 규칙에 따라 사업 및 기술 데이터를 계획하고, 획득하며, 관리하는 프로세스 및 제품
독립변수 Independent Variable	함수 관계에서 다른 변수의 변화와 관계없이 독립적으로 변화하는 변수
동료검토 Peer Review	작업산출물을 개발하는 동안 결함을 식별하고 제거하기 위해 동료들이 수행하는 작업산출물 검토
런 차트 Run Chart	시간 경과에 따른 결과의 추이를 보는 점에서 관리도와 비슷하지만 관리 상하한선이 정의되어 있지 않음
레거시 시스템 Legacy System	낡은 기술이나 방법론, 컴퓨터 시스템, 소프트웨어 등을 말하는 것으로 현재까지도 남아 쓰이는 기술을 부르는 말일 수도 있지만, 더 이상 쓰이지 않더라도 현재의 기술에 영향을 주는 경우도 포함
멀티보팅 Multi-Voting	다수결로 의견을 정하는데 한 사람이 하나의 아이디어만 고르는 것이 아니라 여러 개의 아이디어를 고를 수 있도록 하여 가장 선택을 많이 받은 아이디어가 선정되는 방식
멘토링 Mentoring	경험과 지식이 많은 사람이 스승역할을 하여 지도와 조언으로 그 대상자의 실력과 잠재력을 향상시키는 것 또는 그러한 체계
모범사례 Best Practice, BP	경영 목적을 지속적이고 효과적으로 달성하기 위한 가장 성공적인 해결책이나 문제 해결 방법
모수 Population Parameter	모집단의 특성을 나타내는 수치
모집단 Population	통계적인 관찰의 대상이 되는 집단 전체
목적 Intent	CMMI V2.0의 프랙티스 영역에서 '목적' 기술문은 해당 프랙티스 영역을 만족시키고 관련된 프랙티스들의 취지를 충족시키기 위한 목적과 결과물을 설명. 각 프랙티스의 목적은 프랙티스 기술문, 가치선언문, 그리고 추가적으로 필요한 정보의 집합임

몬테카를로 시뮬레이션 모델 Monte Carlo Simulation Model	불확실한 상황 하에서의 의사결정을 위한 확률적 시스템을 이용한 모의실험으로 컴퓨터를 사용해 확률변수의 미래 값을 예측하는 수치적 접근 방법
문서 Document	일반적으로 영구성을 가지며 사람이나 기계가 해독할 수 있는 데이터의 모음(기록에 사용되는 매체와 무관). 문서에는 종이문서와 전자문서가 모두 포함됨
민감도 분석 Sensitivity Analysis	한 모형에서 파라미터가 불확실할 때 이 파라미터가 취할 수 있는 가능한 값들을 모두 대입해 파라미터의 변화에 따라 결과가 어떻게 되는가를 분석하는 것
반복형 생명주기 Iterative Lifecycle	점증형 생명주기와 비슷한 생명주기로 점증형이 제품의 각 예비 버전을 확장해 더 큰 버전을 만들어 나가는 반면, 반복형은 각 버전을 재구축 한다는 개념을 함축하고 있음
버전 통제 Version Control	기준선을 수립하고 유지관리하며, 이전의 기준선으로 돌아갈 수 있도록 기준선에 대한 변경사항을 식별하는 것. 어떤 경우에는 각각의 작업산출물이 자체적인 기준선을 가지고 있어서 공식적인 형상 통제보다 낮은 수준의 통제만으로 충분한 경우도 있음
범주 Category	범주는 솔루션을 생산하거나 제공할 때 비즈니스적으로 직면하는 일반적인 문제를 해결하는 관련된 역량 영역 뷰의 논리적 그룹 또는 유형
벤치마크 모델 뷰 Benchmark Model View	CMMI 인스티튜트에 의해 사전에 정의된 CMMI V2.0 모델 컴포넌트의 논리적인 그룹으로 심사의 모델 뷰 범위를 설명하는 데 사용됨. 성숙도 단계에 대해 벤치마크 모델 뷰는 벤치마크 심사 또는 유지 심사를 수행하기 위해서 CMMI 인스티튜트에 의해 사전에 정의된 일련의 프랙티스 영역임. 능력 단계의 경우, 벤치마크 모델 뷰는 사전에 정의된 뷰 또는 프랙티스 영역 또는 역량 영역 및 조직의 비즈니스 니즈와 성과목표를 충족하는 수준의 선택일 수 있음
복합시스템 System of Systems	독립적이고 유용한 시스템들이 고유한 능력을 제공하는 대규모 시스템으로 통합되어 생겨나는 일단의 시스템 또는 시스템의 배열
본원적 변동범위 Natural Bounds	프로세스 성과 측정지표에 의해 결정되는 프로세스의 내재적 변동범위. 본원적 변동범위는 '프로세스의 소리(Voice of the Process)'로 불리기도 함. 변동이 우연 원인(즉, 해당 프로세스가 예측 가능한가, 또는 안정적인가)에 의한 것인지, 아니면 식별해 제거 가능한 이상원인에 의한 것인지를 판단하기 위해 관리도, 신뢰구간, 예측구간 등과 같은 기법들을 사용함
분산 Variance	통계에서 변량이 평균으로부터 떨어져 있는 정도를 나타내는 값
분산도(산포도) Dispersion	자료의 분산 상황을 나타내는 수의 값으로 변량과 분포가 주어졌을 때 변량이 분포의 중심 값에 흩어진 정도

분산분석 Analysis of Variance, ANOVA	두 개 이상 집단들의 평균을 비교하는 통계분석 기법으로 두 개 이상 집단들의 평균 간 차이에 대한 통계적 유의성을 검증하는 방법
뷰 View	최종사용자에 의해 선정되었거나, CMMI 인스티튜트에 의해 사전에 정의된 일련의 중요한 모델 컴포넌트. 사전 정의된 예로는 CMMI V2.0 개발, CMMI V2.0 작업계획 수립 및 관리, 범주, 역량 영역 등이 있으며, 최종사용자 선정 예로는 CMMI V2.0 서비스 및 공급자 관리, 역량 영역이나 프랙티스 영역 또는 프랙티스 그룹의 조합이 있음
브레인스토밍 Brainstorming	일정한 테마에 관해 회의형식을 채택하고 구성원의 자유발언을 통한 아이디어의 제시를 요구해 발상을 찾아내려는 방법
비기술적 요구사항 Nontechnical Requirements	제품 또는 서비스의 속성이 아니지만, 제품과 서비스 획득 또는 개발에 영향을 미치는 요구사항. 예를 들면, 인도 대상 제품이나 서비스 수, 인도되는 상용 제품이나 비개발 항목에 대한 데이터 권리, 인도 날짜, 완료기준이 있는 이정표 등. 그 외 비기술적 요구사항에는 교육훈련, 현장 준비, 배치 일정 등과 관련된 작업 제약사항이 있음
비대칭도 Skewness	통계 집단의 도수분포에서 평균값에 관한 비대칭의 방향과 그 정도를 나타내는 특성 값
산점도 Scatter Diagram	직교 좌표계를 이용해 두 개 변수 간의 관계를 나타내는 방법
상관분석 Correlation Analysis	두 변수 간에 어떤 선형적 관계를 갖고 있는 지를 분석하는 방법으로 두 변수는 서로 독립적인 관계로부터 서로 상관된 관계일 수 있으며, 이때 두 변수 간의 관계의 강도를 상관관계라 함
상용제품 Commercial off-the-shelf, COTS	상용 공급자로부터 구입 가능한 제품
상위관리자 Higher Level Management	프로세스에 대해 정책 및 전체적인 방향은 제시하지만 프로세스를 직접 일상적으로 모니터링하거나 통제하지는 않는 관리층
상위성숙도 High Maturity	CMMI V2.0의 4단계 또는 5단계 프랙티스 그룹은 상위성숙도 프랙티스 및 수준으로 간주. 상위성숙도 조직과 프로젝트는 정량적이고 통계적 분석을 사용하여 중앙집중화를 결정, 식별 및 관리하고 프로세스 안정성과 능력을 이해하고 해결하며, 이러한 것들이 품질 및 프로세스 성과 목표 달성에 어떤 영향을 미치는지를 파악함
생명주기 모델 Lifecycle Model	제품, 서비스, 프로젝트, 작업 그룹 또는 작업 활동들의 수명을 여러 단계로 나누는 것

서비스 Service	저장 불가능한 무형의 제품. 서비스는 서비스 요구사항을 충족하도록 설계된 서비스 시스템의 사용을 통해 전달됨. 많은 서비스 제공자는 서비스와 상품을 함께 제공. 하나의 서비스 시스템이 두 가지 유형의 제품을 모두 전달할 수도 있음. 예를 들어, 교육훈련 조직은 교육훈련 서비스와 더불어 교육훈련 자료도 제공할 수 있음
서비스 라인 Service Line	선정된 시장 또는 임무 영역 특정 니즈를 충족하는 통합 및 표준화된 서비스와 서비스 수준
서비스 협약 Service Agreement	서비스 제공자와 고객 사이의 약속된 가치 교환에 대한 구속력 있는 서면 기록. 서비스 협약은 전체적으로 또는 부분적으로 협상 가능하거나 불가능할 수 있으며, 상황에 따라 서비스 제공자, 고객 또는 양측이 함께 초안을 작성할 수 있음. '약속된 가치 교환'은 해당 협약을 충족시키기 위해 각 당사자가 상대 당사자에게 제공할 내역에 대해 공동으로 인식 및 수락한다는 의미. 대개의 경우, 고객이 인도받은 서비스에 대한 대가로 대금을 지급하게 되지만, 그 외 다른 내용의 협약도 가능. '서면' 기록이라고 해서 반드시 단일 문서나 그 외 다른 산출물에 포함되어 있을 필요는 없음. 또한 어떤 서비스의 경우에는 매우 간단할 수도 있음(예: 서비스 품목, 서비스 가격 및 서비스를 받은 사람이 기록된 영수증)
성과 파라미터 Performance Parameter	개발 진행과정을 보여 주고 통제하기 위해 사용되는 효과성 측정지표 및 기타 주요 측정지표
성숙(도) 단계 Maturity Level	사전에 정의된 일련의 프랙티스 영역들에서 조직의 성과와 프로세스 개선을 달성함을 의미. 각 성숙도 단계 내에서 사전에 정의된 일련의 프랙티스 영역들은 성과 향상 경로를 제공함
솔루션 Solution	CMMI V2.0에서 솔루션은 제품, 제품 컴포넌트, 서비스, 서비스 시스템, 서비스 시스템 컴포넌트 자체 또는 제공하거나 취득한 제품이나 서비스를 의미
솔루션 컴포넌트 Solution Component	작업산출물은 솔루션의 빌딩블록. 솔루션 컴포넌트가 통합되어 솔루션을 생산. 솔루션 컴포넌트는 여러 수준이 존재할 수 있음
수락(인수) 기준 Acceptance Criteria	사용자, 고객, 또는 그 외 수락(인수) 권한을 가진 주체에 의해 인수되기 위해 인도물이 충족되어야 하는 기준
수락(인수) 시험 Acceptance Test	사용자, 고객 또는 수락(인수) 권한을 가진 주체가 인도물의 수락(인수) 여부를 결정할 수 있도록 수행되는 공식적인 시험
수행된 프로세스 Performed Process	작업산출물을 개발하는데 필요한 기본적인 작업을 완수한 프랙티스
스토리보드 Storyboard	주요 내용(Story)을 그림이나 사진 등으로 정리한 계획표로 스토리를 보는 사람이 이해할 수 있도록 그림으로 그려 정리한 판(Board)이라는 뜻

시스템 시험 System Test	시스템 구성 요소나 소프트웨어 프로그램의 모듈이 하나의 시스템으로 동작하게 되면서 시스템 성능과 관련된 고객의 요구사항이 완벽하게 수행되는지를 평가하는 시험
신뢰구간 Confidence Interval	모집단의 특성(평균, 분산) 추정시의 정확도
심사 Appraisal	심사결과로 제공되는 기본 정보인 강점과 약점을 판단하는 근거가 되는 심사 참조모델을 사용해 훈련받은 전문가 그룹이 하나 이상의 프랙티스에 대해 실시하는 검사
심사 발견사항 Appraisal Findings	심사범위 내에서 가장 중요한 이슈, 문제 또는 프로세스 개선 기회를 식별하는 심사의 결과물. 심사 발견사항은 확인된 객관적 증거를 가지고 판단
심사범위 Appraisal Scope	심사 대상 프랙티스가 이행되는 조직의 범위 및 CMMI V2.0 상의 프랙티스 영역의 범위를 포함하는 심사경계의 정의
심사 참여자 Appraisal Participants	심사 중에 정보를 제공하는 심사대상 조직의 구성원
아키텍처 Architecture	제품을 논리적으로 설명하기 위해 필요한 구조들의 세트. 이 같은 구조는 구성요소, 구성요소 간 관계, 그리고 구성요소 및 관계의 속성으로 구성
안정된 프로세스 Stable Process	프로세스 변동의 이상원인이 제거되고 재발이 방지됨에 따라 해당 프로세스의 변동의 우연원인만 남아 있는 상태
양방향 추적성 Bidirectional Traceability	양쪽 방향으로 모두 인식 가능한 두 개 이상의 논리적 개체 사이의 연관성
역량 영역 Capability Area	역량 영역은 조직이나 프로젝트의 스킬과 활동에서 향상된 성과를 제공할 수 있는 관련된 프랙티스 영역의 그룹임. 역량 영역 뷰는 특정 역량 영역을 구성하는 사전에 정의된 일련의 프랙티스 영역들을 설명하는 CMMI V2.0 모델의 하위집합임. 역량 영역은 뷰의 한 유형
예측구간 Prediction Interval	회귀 예측을 반복 수행할 경우 예측 결과의 정확도
요구사항 관리 Requirements Management	기술적 및 비기술적 요구사항뿐만 아니라, 조직이 프로젝트나 작업그룹에 부과한 요구사항 등을 포함하는 프로젝트나 작업그룹이 받거나 도출한 모든 요구사항의 관리
요구사항 도출 Requirements Elicitation	고객 및 최종사용자 니즈를 능동적으로 파악하고 문서화하기 위해 프로토타입 및 구조화된 설문조사 등의 체계적 기법을 사용하는 것

요구사항 분석 **Requirements Analysis**	고객 니즈, 기대사항 및 제약사항, 운영개념, 사람, 제품, 서비스 및 프로세스에 대한 예상 활용 환경, 효과성 측정지표 등의 분석에 근거하여 제품이나 서비스의 고유한 기능 및 품질 속성의 특성을 결정하는 것
요구사항 추적성 **Requirements Traceability**	요구사항과 관련 요구사항, 구현 및 검증 사이의 식별 가능한 연관 관계
완료기준 **Exit Criteria**	어떤 활동이 완료되기 전에 반드시 존재해야 하는 상태
우연(일반) 원인 **Common Cause**	프로세스의 컴포넌트들 간에 정상적이고 당연한 상호작용으로 인해 존재하는 원인
운영 개념 **Operational Concept**	개체가 사용되거나 운영하는 방식에 대한 전반적인 설명
운영 시나리오 **Operational Scenario**	제품이나 서비스와 그 환경 및 사용자 사이의 상호작용 그리고 제품이나 서비스 컴포넌트들 사이의 상호작용을 포함하는 일련의 이벤트들에 대해 추측되는 순서의 정의로, 운영 시나리오는 시스템의 요구사항과 설계를 평가하고 시스템을 검증하며 확인하는 용도로 사용됨
유지 **Sustainment**	제품 또는 서비스가 운영 가능한 상태를 보장하기 위하여 사용되는 프로세스
위험 또는 기회 관리 **Risk or Opportunity Management**	위험의 식별, 분석, 분류 및 완화활동 수행 또는 기회의 이점을 활용하기 위한 프로세스의 사용
위험 또는 기회 분석 **Risk or Opportunity Analysis**	위험 또는 기회를 평가하고, 분류하고, 우선순위를 결정하는 것
위험 또는 기회 식별 **Risk or Opportunity Identification**	위험이나 기회를 식별하기 위한 프로세스의 사용
위험완화 **Risk Mitigation**	위험의 발생확률이나 영향을 줄이기 위해 수행하는 일련의 계획된 활동
이상원인 **Special Cause**	프로세스의 내재적인 부분은 아닌 일부 일시적 상황에 국한되며 결함의 원인
이상치 **Outlier**	두 변수를 이용한 산포도 분석결과에서 몇 개의 값들이 주변에 몰려 있지 않은 경우

이항 분포 Binomial Distribution	통계학에서 모집단이 가지는 이상적인 분포형으로 정규분포가 연속변량인 데 반해 이항분포는 이산변량임
이해관계자 Stakeholder	특정 작업 수행의 결과에 의해 영향을 받거나 어떠한 방식으로든 책임이 있는 그룹 또는 개인으로 이해관계자에는 프로젝트 또는 작업그룹 구성원, 공급자, 고객, 최종 사용자 및 그 외 사람들이 포함될 수 있음
인도물 Deliverables	협약서에 명시된 획득자 또는 다른 지정된 인수자에게 제공되는 항목. 이 항목은 문서, 하드웨어, 소프트웨어, 서비스 또는 그 외 어떠한 형태의 작업산출물이 될 수 있음
인터페이스 통제 Interface Control	형상관리에서 하나 이상의 조직이 제공한 두 개 이상의 형상 항목들 사이의 인터페이스와 관련된 모든 기능 및 물리적 특성을 파악하고 이 특성의 변경을 위한 제안이 평가 및 승인을 거친 후에 이행되도록 보장하는 프로세스
자원 Resource	일반적으로 자원에는 숙련된 인력과 같은 인적자원(Human Resources)뿐만 아니라 자금(Funding), 물리적 시설(Facilities), 도구(Tools) 등과 같은 물적자원(Material Resources)을 포함함
작업그룹 Work Group	고객이나 최종사용자에게 한 개 이상의 제품이나 서비스를 제공하는 관리 대상 인력 및 기타 할당된 자원. 작업그룹은 조직도 내 포함여부에 관계없이 정의된 목적을 가진 조직상의 모든 개체가 될 수 있음. 작업그룹은 조직상의 모든 위치(예: 팀 차원, 본부 차원, 사업부 차원 등)에서 생길 수 있고, 다른 작업그룹을 포함할 수도 있으며, 조직상의 경계 구분에 구애받지 않음. 작업그룹은 해당 그룹이 맡은 작업과 더불어 그 존속 기간이 의도적으로 한정된 경우 프로젝트와 동일한 것으로 간주될 수 있음
작업기술서 Statement of Work	수행될 작업에 대한 설명
작업분해구조 Work Breakdown Structure, WBS	작업 요소의 배열과 그 요소들 사이의 관계 및 그 요소들과 최종 제품 또는 서비스 사이의 관계
작업산출물 Work Product	프로세스의 유용한 결과물. 결과물에는 파일, 문서, 제품, 제품의 일부분, 서비스, 프로세스 기술서, 명세서 및 청구서 등이 포함될 수 있음. 작업산출물과 제품 컴포넌트의 가장 큰 차이점은 작업산출물은 최종 제품의 일부가 아닐 수도 있다는 것임.
점 추정 Point Estimation	모집단의 특성을 단일한 값으로 추정하는 방법으로 모집단의 평균과 분산을 표본평균과 표본분산으로 각각 추정함

점증형 생명주기 **Incremental Lifecycle**	최종 제품의 기능 중 일부만을 갖는 단순화된 버전 구축 후에 시험 및 사용자 평가를 거친 다음 기능을 추가하고 시험하는 작업을 시스템 완성 시까지 점증적으로 수행하는 생명주기
정규분포 **Normal Distribution**	도수분포 곡선이 평균값을 중앙으로 하여 좌우대칭인 종 모양을 이루는 것
정량적 관리 **Quantitative Management**	프로젝트나 작업그룹의 품질 및 프로세스 성과 목표 대비 프로세스의 현재 성과 또는 기대성과를 이해하기 위해 통계적 기법 및 기타 정량적 기법을 사용해 프로젝트나 작업그룹을 관리하고 필요한 시정조치를 식별하는 것
정의된 프로세스 **Defined Process**	조직의 조정 지침에 따라 조직의 표준 프로세스 세트를 조정해 만들고 관리되는 프로세스로 정의된 프로세스는 유지 관리되는 프로세스 기술서를 가지며 프로세스 관련 경험은 조직의 프로세스 자산으로 제공됨
정책(방침) **Policy**	최고경영진이 수립하여 조직에서 채택한 지도원칙으로 의사결정에 영향을 미침
제품 **Product**	고객이나 최종 사용자에게 전달되는 작업산출물
제품 라인 **Product Line**	선택된 시장이나 임무의 특정 니즈를 충족하며, 또한 정해진 방식과 공통적인 핵심 자산을 바탕으로 개발되어 공통적으로 관리되는 특징을 공유하는 제품그룹
제품 생명주기 **Product Lifecycle**	제품이나 서비스가 착안된 시점부터 시작해 그 제품 또는 서비스를 더 이상 제공하지 않는 종료시점까지의 시간을 여러 단계로 나누어 구성한 것. 한 조직이 다수의 고객을 위해 여러 개의 제품 또는 서비스를 생산할 수 있기 때문에, 제품 생명주기에 대한 하나의 생명주기 기술서만으로는 적합하지 않을 수 있음. 따라서 조직은 승인된 제품 생명주기 모델을 여러 개 정의할 수 있음. 이 모델들은 대개 문서로 정의되고 조직 내에서 용도에 맞게 조정됨
제품 컴포넌트 **Product Component**	제품의 하위수준 컴포넌트인 작업산출물로 제품 컴포넌트들은 제품생산을 위해 하나로 통합됨
조직 표준 프로세스 세트 **Organization's Set of Standard Process, OSSP**	조직 내 각종 활동을 안내하는 프로세스 정의들의 모음으로 여기에는 조직 전반에 걸친 프로젝트, 작업그룹 및 작업에서 이행되는 정의된 프로세스에 포함돼야 하는 기본적 프로세스 요소를 다룸
종속변수 **Dependent Variable**	함수관계에 있는 두 변수 중, 한 변수의 값이 변하거나 결정됨에 따라 다른 것도 그 값이 변하거나 결정되는 변수
지속성과 습관 **Persistent and Habitual**	조직이 기업 문화의 일부로써 일상적으로 따르는 비즈니스를 수행하고, 그 프로세스를 따르고 개선하는 뿌리 깊은 방법

집중화 경향 Central Tendency	관찰된 자료가 어느 위치에 집중되어 있는가를 나타내는 척도로 이 중 대표적인 것은 산술평균, 중앙값, 최빈값 등이 있음
착수기준 Entry Criteria	어떤 활동이 성공적으로 착수되기 전에 반드시 존재해야 하는 상태
체크 시트 Check Sheet	점검, 검사항목을 미리 기입해 두고 쉽고 신속하게 점검할 수 있도록 양식화된 시트
총체적(전사적) 품질관리 Total Quality Management, TQM	고객요구를 존중하고 지속적인 개선을 목표로 하는 고객지향적인 관리개선기법 중의 하나
최고경영진 Senior Management	조직 내에서 충분히 높은 위치에 있어 주어진 역할의 주된 초점이 단기적인 관심사 및 중압감보다는 조직의 장기적인 활력에 있는 관리자. 최고경영진은 조직의 프로세스 개선 효과를 지원하기 위해 자원의 할당 또는 재할당을 지시할 수 있는 권한을 가지고 있음. 조직의 최고 책임자를 포함해 이 직책 설명에 부합되는 모든 관리자는 모두 최고경영진에 해당됨. 최고경영진의 동의어로는 '임원'과 '최고경영자'가 있음
최종사용자 End User	제공된 제품을 궁극적으로 사용하거나 제공된 서비스의 혜택을 받는 당사자. 최종사용자는 동시에(협약을 체결하고 수락하거나 지불을 승인할 수 있는) 고객일 수도, 아닐 수도 있음. 하나의 서비스 협약에 여러 개의 서비스 제공이 포함되는 경우, 서비스 요청을 개시하는 당사자는 모두 최종사용자로 간주할 수 있음
추세 분석 Trend Analysis	추세란 시계열자료가 장기적으로 변화해 가는 큰 흐름을 나타내는 것으로 시계열자료가 선형모형인지, 지수모형인지에 대한 함수모형을 갖는 추세를 찾는 것
측정결과 Measurement Result	측정활동을 실시해 결정된 값
측정저장소 Measurement Repository	측정결과들을 수집하고 조직의 표준 프로세스 세트와 관련된 프로세스와 작업산출물을 이용 가능하도록 사용되는 저장소
측정지표 Measure	측정결과로써 한 값이 부여되는 변수
측정활동 Measurement	측정지표의 값을 결정하기 위한 일단의 작업
카이제곱 검증 Chi-Square Test	관찰된 자료의 빈도가 이론적 기대 빈도와 통계적으로 다른지를 결정할 때 사용되는 추론 통계 검증

컴포넌트 기반 개발 **Component Based** **Development, CBD**	소프트웨어 개발 방법론의 일종으로 프로그램의 로직을 각각의 독립적인 컴포넌트로 구성하고 이를 짜 맞춰 전체 프로그램을 구성하는 것으로 소프트웨어 재사용이 가능하고, 다른 프로그램과의 호환성 및 이식성이 우수하여 소프트웨어 개발 생산성이 높다는 장점이 있음
통계량 **Statistics**	표본의 성격을 나타내는 수치
통계적 기법 **Statistical** **Techniques**	프로세스 성과 특성화, 프로세스 변동 이해 및 결과 예측 등과 같은 활동에 사용되는 수리통계 분야에서 가져온 기법. 통계적 기법의 예로는 표본추출기법, 분산분석, 카이제곱검정, 프로세스 관리도 등이 있음
통계적 및 기타 정량적 **기법** **Statistical and** **Other Quantitative** **Techniques**	업무의 각종 매개변수(예: 투입량, 크기, 공수 및 성과)를 정량화함으로써 활동을 완수할 수 있도록 하는 분석적 기법. 이 용어는 프로젝트, 작업 및 조직차원의 프로세스에 대한 이해를 향상시키기 위해 통계적 및 기타 정량적 기법에 대한 사용이 기술되어 있는 상위성숙도(성숙도 4단계 또는 5단계)의 프랙티스 그룹에서 사용됨. 비통계적 정량적 기법의 예로는 경향분석, 런차트, 파레토분석, 막대차트, 레이더차트, 데이터 평균 등이 있음
통계적 품질관리 **Statistical Quality** **Control, SQC**	고객이 요구하는 제품과 서비스를 가장 경제적으로 생산하기 위해 생산시스템의 모든 과정에 추리통계학과 확률이론을 이용하는 품질관리 기법
통계적 프로세스 관리 **Statistical Process** **Control, SPC**	프로세스 및 프로세스 성과의 측정지표에 대한 통계 기반의 분석으로 프로세스 성과에서 변동의 우연원인과 이상원인을 파악해 프로세스 성과를 제한 범위 내로 유지시키는 것
통합 시험 **Integration Test**	제품이나 제품 컴포넌트 또는 소프트웨어 프로그램의 데이터 및 기능의 인터페이스가 정상적으로 작동하는 지에 중점을 두고 수행하는 시험
투자수익률 **Return on Investment,** **ROI**	제품 또는 서비스의 작업산출물로부터의 수익 대비 생산 비용의 비율로 조직이 생산 활동을 수행함으로써 이득을 얻고 있는지를 산정하는 것
트레이드오프 **Trade-Off**	두 개의 목표 가운데 하나를 달성하려고 하면 다른 목표의 달성이 늦거나 희생되는 경우의 양자 간의 관계
특성요인도 **Cause and Effect** **Diagram**	품질 특성과 요인 사이의 관계를 나타내는 도형으로 생선 뼈 모양을 닮았다고 하여 어골도 라고도 함

파레토 분석 Pareto Analysis	관리력이 일정한 경우에 가급적 효과가 높은 부분에 중점적으로 투입하기 위한 분석 방법
파생 측정지표 Derived Measure	두 개 이상의 기본 측정지표 값으로 이뤄진 함수로 정의되는 측정지표
평균고장간격 Mean Time Between Failure, MTBF	시스템이나 기계 장치의 신뢰성 척도의 대표적인 것으로 수리 가능한 시스템이나 기계 장치에 대한 고장 수리 완료에서 다음 고장까지의 무고장으로 동작하고 있는 시간의 평균
포아송 분포 Poisson Distribution	많은 사건 중에서 특정한 사건이 발생 가능성이 매우 적은 확률변수가 갖는 분포
폭포수형 생명주기 Waterfall Lifecycle	요구사항 분석, 설계, 구축, 시험 등을 순차적으로 수행하는 생명주기
표본 Sample	전체 모집단의 단면이 된다는 가정 하에서 모집단에서 선택된 모집단 구성단위의 일부
표준 Standard	획득, 개발 또는 서비스에 대해 일관성 있는 접근방식을 규정하기 위한 용도로 개발 및 사용되는 공식적인 요구사항. 표준의 예로는 ISO/IEC 표준, IEEE 표준, 조직차원의 표준 등이 있음
표준편차 Standard Deviation	통계집단의 단위의 계량적 특성 값에 관한 산포도를 나타내는 도수 특성 값으로 표준편차가 0일 때는 관측 값의 모두가 동일한 크기이고 표준편차가 클수록 관측 값 중에는 평균에서 떨어진 값이 많이 존재함
표준 프로세스 Standard Process	조직 내 공통 프로세스 수립을 안내하는 기본 프로세스에 대한 운영 관점의 정의. 표준 프로세스는 정의된 모든 프로세스에 반영되어야 하는 기본적인 프로세스 요소를 기술
품질 Quality	내재적 특성들이 요구사항을 만족하는 정도
품질기능전개 Quality Function Deployment, QFD	고객의 요구가 최종 제품과 서비스에 충실히 반영되도록 하여 고객 만족도를 극대화하는 품질경영 방법
품질 및 프로세스 성과 목표 Quality and Process Performance Objectives, QPPO	제품 품질, 서비스 품질, 프로세스 성과에 대한 정량적 목표 및 요구사항으로 프로세스의 정량적 성과 목표에는 품질이 포함되나 정량적으로 품질이 관리됨을 나타내기 위해 품질 및 프로세스 성과 목표라는 표현을 사용함
품질보증 Quality Assurance	프로세스에서 정의된 표준, 프랙티스, 절차·및 방법이 적용되고 있음을 경영진에게 확신시키기 위한 계획적이고 체계적인 수단

품질속성 Quality Attribute	관련 이해관계자들이 품질을 판단할 때 기준으로 사용하는 제품 또는 서비스 속성으로 품질 속성은 몇 가지 적절한 측정지표를 통해 특성화될 수 있음
품질통제 Quality Control	품질 요구사항을 만족시키는데, 사용되는 운영기법 및 활동
프랙티스 Practice	프랙티스는 필수정보와 설명정보로 구성. 필수정보는 프랙티스의 전체 목적과 가치를 파악하기 위해 필요한 정보로써, 프랙티스 기술서, 가치선언문, 그리고 프랙티스와 설명정보 사이에 필요한 모든 추가적인 필수정보를 포함. 설명정보는 필수정보의 의미와 가치를 더 잘 이해하는 데 필요한 중요하고 유용한 예제활동과 작업산출물(예: 프랙티스 기술서, 가치 및 추가 필수정보)을 포함
프랙티스 그룹 Practice Group	이해와 채택을 돕고 성과개선을 위한 경로를 제공하는 프랙티스 영역 내의 프랙티스들을 위한 조직화된 구조(예: 진화적 단계)
프랙티스 영역 Practice Area	프랙티스 영역에서 묘사된 정의된 목적, 가치 및 필요한 정보를 함께 달성하는 유사한 프랙티스들의 모음
프로세스 개선 Process Improvement	프로세스 성과 및 조직의 성숙 수준을 개선하기 위해 계획된 활동으로 이루어진 프로그램과 그러한 프로그램의 결과물
프로세스 개선 그룹 Engineering Process Group, EPG	조직에서 사용하는 프로세스의 정의, 유지관리 및 개선을 진행하는 전문가 집단
프로세스 기술서 (정의서, 설명서, 명세서) Process Description	주어진 목적을 달성하기 위해 수행되는 활동들에 대한 문서화된 표현. 프로세스 기술서는 프로세스의 주요 컴포넌트에 대한 운영상의 정의를 제공. 기술서는 프로세스의 요구사항, 설계, 행동 또는 기타 특성들을 완전하고, 정확하며, 검증 가능한 방식으로 규정하고 있음. 또한, 이 같은 조항들이 충족되었는지 여부를 판단하는 절차도 포함될 수 있음. 프로세스 기술서는 활동, 프로젝트, 작업그룹 또는 조직 수준에서 작성될 수 있음
프로세스 능력 Process Capability	프로세스를 이행함으로써 달성될 거라 기대되는 결과의 범위
프로세스 성과 Process Performance	프로세스를 따름으로써 달성한 결과물의 측정지표. 프로세스 성과는 프로세스 측정지표(예: 공수, 수행시간, 결함제거 효율 등) 및 제품이나 서비스 측정지표(예: 신뢰성, 결함밀도, 응답시간 등)로 나타낼 수 있음
프로세스 성과 기준선 Process Performance Baseline, PPB	프로세스 성과를 나타내는 특성을 문서화한 것으로 중앙집중화 경향 및 분산이 포함될 수 있으며 프로세스 성과 기준선은 실제 프로세스 성과를 기대 프로세스 성과와 비교하기 위한 벤치마크로 사용될 수 있음

프로세스 성과 모델 Process Performance Model, PPM	프로세스 성과 과거 데이터를 바탕으로 개발되고 미래 성과예측에 사용되는 하나 이상의 프로세스나 작업산출물의 측정 가능한 속성들 사이의 관계를 기술한 것으로, 하나 이상의 측정 가능한 속성이란 계획 수립, 동적 계획 재수립 및 문제 해결을 위해 가정 분석을 실시할 수 있는 하위 프로세스의 통제 가능한 입력물을 나타냄
프로세스 속성 Process Attribute	어떤 프로세스에도 적용 가능한 프로세스 능력의 측정 가능한 특성
프로세스 자산 Process Asset	프로세스를 기술하고, 이행하고 개선하는 것과 관련된 산출물. 이 같은 산출물의 예로는 정책, 측정명세서(설명서), 프로세스 기술서, 프로세스 이행지원 도구 등이 있음
프로세스 자산 라이브러리 Process Asset Library, PAL	조직 내에서 프로세스를 정의, 이행 및 관리하는 담당자들에게 유용하며 프로세스 자산을 저장 및 이용 가능하게 하기 위해 사용되는 정보 라이브러리로 여기에는 정책, 정의된 프로세스, 체크리스트, 학습된 교훈, 템플릿, 표준, 절차, 계획서, 교육훈련 자료 등과 같은 프로세스 관련 문서 등의 프로세스 자산이 등록됨
프로세스 정의 Process Definition	프로세스를 정의하고 기술하는 활동. 프로세스 정의의 결과물이 프로세스 기술서임
프로세스 조정 (테일러링) Process Tailoring	특정 목적을 위해 프로세스 기술서를 작성, 변경 또는 조정하는 것. 예를 들어, 프로젝트나 작업그룹이 그들의 목표, 제약사항 및 환경 등에 맞게 조직의 표준 프로세스 세트를 조정(테일러링)함
프로젝트 Project	인력을 포함해 고객이나 최종사용자에게 하나 이상의 제품이나 서비스를 인도하는 관리되는 상호연관 활동 및 자원들의 집합. 프로젝트에는 의도된 시작(즉, 프로젝트 착수)과 끝이 있음. 프로젝트는 대개 계획에 따라 운영됨. 이러한 계획은 문서로 작성되는 경우가 많으며, 무엇을 인도하거나 구현할 것인지, 사용될 자원과 자금, 수행될 작업, 그리고 작업수행 일정 등을 명시함
프로토타이핑 Prototyping	소프트웨어 시스템이나 하드웨어 시스템을 본격적으로 생산하기 전에 그 타당성의 검증이나 성능 평가를 위해 미리 시험 삼아 만들어 보는 모형 제작 방법
하위 프로세스 Sub-Process	상위 프로세스의 일부인 프로세스로 더 세밀한 하위 프로세스나 프로세스 요소로 나뉘질 수도 있고 그렇지 않을 수도 있음
할당된 요구사항 Allocated Requirement	상위수준 요구사항의 전체나 일부를 하위수준 아키텍처 요소나 설계 컴포넌트에 부과한 요구사항. 일반적으로 무엇이 제품이나 서비스의 요구사항을 가장 잘 달성할 수 있도록 하는가에 따라, 논리적 또는 물리적 컴포넌트인 인력, 소모품, 추가적인 인도물 등에 요구사항이 할당될 수 있음

핵심성과지표 Key Performance Indicator, KPI	목표를 성공적으로 달성하기 위해 핵심적으로 관리해야 하는 요소들에 대한 성과지표
형상감사 Configuration Audit	기준선을 구성하는 개별 형상항목 또는 여러 형상항목들의 집합체가 규정된 표준 또는 요구사항에 부합되는지 검증하기 위해 실시되는 감사
형상상태 보고 Configuration Status Accounting	형상을 효과적으로 관리하는데 필요한 정보를 기록하고 보고하는 활동으로 이뤄진 형상관리의 한 요소로 승인된 형상항목, 형상에 대해 제안된 변경상태, 승인된 변경의 이행상태 등을 포함
형상식별 Configuration Identification	제품에 대해 형상항목들을 선정하고, 항목별로 고유한 식별자를 부여하며, 그 각각의 기능 및 물리적 특성을 기술 문서에 기록하는 활동으로 이뤄진 형상관리의 한 요소
형상통제위원회 Configuration Control Board, CCB	형상항목에 대해 제안된 변경사항을 평가, 승인 또는 기각하고 승인된 변경사항이 이행되도록 보장하는 책임을 맡은 사람들로 구성된 위원회
형상항목 Configuration Item	형상관리를 위해 지정되었으며, 형상관리 프로세스에서 단일 독립체로 취급되는 작업산출물들의 집합체
확인 Validation	제공하고 있거나 제공될 제품 또는 서비스가 의도된 용도를 만족할 것이라는 것에 대한 확인. 다시 말해, 확인은 '올바른 물건(의도에 적합한 물건)을 만들었음'을 보장하는 것
회귀방정식 Regression Equation	상관관계에 있는 두 변량 사이의 관계를 나타내는 방정식으로 한 변량의 값은 일정하게 변하는 것으로 여기고 이에 대응하는 다른 변량의 값은 그들의 평균값으로 대응하게 됨
회귀분석 Regression Analysis	둘 또는 그 이상의 변수사이의 관계, 특히 변수사이의 인과관계를 분석하는 추측통계의 한 분야로 회귀분석은 특정 변수 값의 변화와 다른 변수 값의 변화가 가지는 수학적 선형의 함수식을 파악함으로써 상호관계를 추론하게 되는데 추정된 함수식을 회귀식이라고 함
획득 Acquisition	공급자 협약을 통해 제품이나 서비스를 확보하는 프로세스
획득자 Acquirer	공급자로부터 제품이나 서비스를 획득 또는 조달하는 이해관계자
획득전략 Acquisition Strategy	제품과 서비스 획득에 대한 구체적인 접근방식으로써 공급원, 획득방식, 요구사항 명세 유형, 협약유형 및 관련된 획득 위험 등을 고려한 것
히스토그램 Histogram	주어진 빈도분포의 자료를 도표로 나타내는 하나의 방법으로 횡축을 점수, 종축을 빈도로 하고 각 급간의 빈도를 네모기둥인 면적으로 나타냄

A.2 참고문헌

1. 이민재, CMMI 개발 해설서 : CMMI 레벨 5, 끝이 아닌 새로운 시작, 2013.

2. 이민재, CMMI의 GP와 SP간 연관성에 관한 실증적 연구, 숭실대학교 박사학위논문, 2012.

3. 이민재, 박남직, CMMI의 이해 : 프로세스 개선을 위한 접근방법, 피어슨에듀케이션코리아, 2006.

4. Bate, R., Garcia, S., Armitage, J., Cusick, K., Jones, R., Kuhn, D., Minnich, I., Pierson, H., Powell, T., and, Reichner, A., *A Systems Engineering Capability Maturity Model, Version 1.0*, CMU—SEI, 1994.

5. Brooks, F., *The Mythical Man-Month: Essays on Software Engineering, Anniversary Edition*, Addison—Wesley, 1995.

6. Chrissis, M., Konrad, M., and Shrum, S., *CMMI for Development: Guidelines for Process Integration and Product Improvement, Third Edition*, Addison—Wesley, 2011.

7. CMMI Institute, *CMMI Model V2.0*, 2018.

8. CMMI Institute, *CMMI Method Definition Document V2.0*, 2018

9. Cooper, J. and Fisher, M., *Software Acquisition Capability Maturity Model, Version 1.03*, CMU—SEI, 2002.

10. Crosby, P., *Quality Is Free: The Art of Making Quality Certain*, McGraw—Hill, 1979.

11. Dobyns, L., and Crawford—Mason, C., *Thinking about quality: progress, wisdom, and the Deming philosophy*, Times Books/Random House, 1994.

12. Drucker, P., *Management: Tasks, Responsibilities, Practices*, Harper & Row, 1973.

13. Florac, W. and Carleton, A., *Measuring the Software Process*, Addison—Wesley, 2006.

14. Humphrey, W., *Introduction to the Personal Software Process*, Addison–Wesley, 2000.

15. Humphrey, W., *The Team Software Process*, CMU/SEI, 2000.

16. Humphrey, W., *A Discipline for Software Engineering*, Addison–Wesley, 2001.

17. Humphrey, W., *Managing Technical People*, Addison–Wesley, 2001.

18. Humphrey, W., *Managing the Software Process*, Addison–Wesley, 2002.

19. Juran, J., *Quality Control Handbook, Sixth Edition*, McGraw–Hill, 2010.

20. Paulk, M., Curtis, B., Chrissis, M., and Weber, C., *Capability Maturity Model for Software, Version 1.0*, CMU–SEI, 1991.

21. Richardson, J. and Gwaltney, W., *Ship It!: A Practical Guide to Successful Software Projects*, Pragmatic Bookshelf, 2005.

22. Shewhart, W., *Statistical Method from the Viewpoint of Quality Control*, Dover Books on Mathematics, 1986.

23. Wheeler, D., *Understanding Variation: The Key to Managing Chaos, Second Edition*, SPC Press, 2000.

24. Yourdon, E., *Death March, 2nd Edition*, Prentice Hall PTR, 2003.

25. Birkholzer, T., Dantas, L., and Dickmann, C., *Interactive Simulation of Software Producing Organization's Operations based on Concepts of CMMI and Balanced Scorecards*, International Conference on Software Engineering, Vol.26, 2004.

26. Hollenbach, C. and Smith, D., *A Portrait of a CMMI Level 4 Effort*, Systems Engineering–New York, Vol.5, No.1, pp.52–61, 2002.

27. Huang, S., and Han, W., *Selection priority of process areas based on CMMI continuous representation*, Information and Management, Vol.43, No.3, 2006.

28. Khurshid, N., Bannerman, P., and Staples, M., *Overcoming the First Hurdle: Why Organizations Do Not Adopt CMMI*, Lecture Notes in Computer Science, No.5543, pp.38–49, 2009.

29. Miller, M., Pulgar-Vidal, F., and Ferrin, D., *Achieving Higher Levels of CMMI Maturity Using Simulation*, Winter Simulation Conference, Vol.2, pp.1473–1480, 2002.

30. Monteiro, P., Machado, R., Kazman, R., and Cristina, H., *Dependency Analysis between CMMI Process Area*, PROFES 2010, LNCS 6156, pp.263–275, 2010.

31. Pikkarainen, M., *Towards a Framework for Improving Software Development Process Mediated with CMMI Goals and Agile Practices*, VTT Publications, No.695, 2008.

32. Project Management Institute, *A Guide to the Project Management Body of Knowledge (PMBOK Guide), Fourth Edition*, PMI, 2008.

33. Radice, R., Roth, N., O'Hara, A., and Ciarfella, W., *A Programming Process Architecture*, IBM Systems Journal, Vol.24, No.2, pp.79–90, 1985.

34. SCAMPI Upgrade Team, *Standard CMMI Appraisal Method for Process Improvement(SCAMPI) A, Version 1.3: Method Definition Document*, CMU-SEI, 2011.

35. Wangenheim, C., Hauck, J., *Enhancing Open Source Software in Alignment with CMMI-DEV*, IEEE software, Vol.26, No.2, 2009.